Morbihan

ENTRE TERRE ET MER

Ah, cette envoutante et somptueuse « Petite Mer » ! Car oui, sans même le savoir, c'est ainsi que l'on désigne ce département incontournable de la Bretagne. C'est en effet la signification du mot breton « Morbihan », un département unique, et le seul en France dont le nom a été choisi dans sa langue régionale. Ça en dit long sur la fierté des Morbihannais, amoureux et grands défenseurs de leur terroir et de leur culture vivante ! Ce nom de « Petite Mer » fait honneur au célèbre Golfe du Morbihan, à quelques pas de la cité médiévale de Vannes, avec ses nombreuses îles, ses plages, sa nature préservée et son microclimat d'une douceur incroyable pour la région. Mais le Morbihan des terres saura aussi vous captiver, entre Histoire et légendes, de la mythique Forêt de Brocéliande, au Canal du Blavet et au Lac de Guerlédan, en passant par le château de Josselin, entre autres… De la randonnée au kitesurf, il y en a pour tous les goûts dans ce territoire aux multiples facettes ! Alors, que ce soit en voilier ou en Tire-Bouchon, le TER du coin, n'hésitez plus, et partez à la découverte des merveilles du Morbihan ! Au Petit-Futé, nous sommes heureux de vous accompagner dans cette exploration trépidante, avec cette toute nouvelle édition de notre guide, qui fait complètement peau neuve cette année ! Malgré la crise qui a impacté le tourisme en France et au-delà, nous souhaitons aller de l'avant avec vous et être toujours à vos côtés dans vos escapades !

PEFC
10-31-1895
Certifié PEFC
Ce produit est issu de forêts gérées durablement et de sources contrôlées.
pefc-france.org

Retrouvez cette offre en page 13

SOMMAIRE

6 INSPIRER

Les bonnes raisons d'y aller, les mots clés à connaître, les événements qui rythment l'année... Un premier aperçu de la destination, pour se mettre dans le bain !

19 DÉCOUVRIR

Histoire, géographie, gastronomie, sports, architecture, arts et culture... Toutes les clés pour comprendre le Morbihan.

49 LES ÎLES

Entre la quarantaine d'îles du Golfe du Morbihan et celles, comme Groix, au large des côtes, le terrain d'exploration est vaste et riche en surprises iodées !

69 PAYS DE VANNES

Découvrez le Morbihan médiéval dans les étroites ruelles typiques de cette charmante ville fortifiée, et flânez jusqu'à son port, à l'entrée du célèbre Golfe !

119 PAYS D'AURAY

Nature, légendes, produits locaux, art... Rien ne manque à ce pays privilégié, de Carnac, ses menhirs, la baie de Quiberon aux plages d'Erdeven et la Ria d'Etel...

167 PAYS DE LORIENT

Sortez votre biniou pour le Festival Interceltique, dégustez du merlu au port, évadez-vous le long du Blavet ou découvrez la Citadelle de Port-Louis, au choix !

© LAMAX - STOCK.ADOBE.COM

207 PAYS DE QUESTEMBERT

Venez découvrir le berceau d'Yves Rocher et le festival photo de La Gacilly, mais aussi explorer un patrimoine naturel et culturel riche, à pied ou à vélo.

237 PAYS DE BROCÉLIANDE

Le « Cœur de Bretagne »… Là où nature, histoire et légendes se mêlent, entre forêt de Brocéliande et château de Josselin, forêt de Lanouée et Lac au Duc…

259 PAYS DE PONTIVY

Le Pays des Rohan offre mille surprises naturelles et historiques, traversé par le Blavet, parsemé de monuments et coloré d'un paysage résolument vert.

© ATERROM - STOCK.ADOBE.COM

273 PAYS DU FAOUËT

Vous entrez dans le Pays du Roi Morvan, premier roi de la Bretagne unifiée ! Un paysage naturel époustouflant jalonné de chapelles gothiques fascinantes !

279 ORGANISER SON SÉJOUR

Nos astuces pour faciliter l'organisation de votre séjour en terre morbihannaise et ne rien laisser au hasard, pour profiter un maximum une fois sur place !

© KEVIN_GUILLOIS - STOCK.ADOBE.COM

Côtes - d'Armor
Finistère
Océan Atlantique
Vers Quimper
Lac de Guerlédan
St-Aigna
Ste-Brigitte
Gourin
D1
Plouray
Silfiac
Langonnet
D769
Langoëlan
Cléguérec
D1
Scorff
Séglien
Sarre
Blavet
Priziac
Ploërdut
Le Croisty
Guémené-sous-Scorff
D764
D782
Le Faouët
St-Caradec-Trégomel
Lignol
PONTIVY
D1
D769
D782
D3
Kernascléden
Scorff
Meslan
Berné
Melrand
Bieuzy
Inguiniel
D768
D2
Bubry
Plum
Blavet
D3
Plouay
Guénin
Quistinic
Scorff
D769
Calan
D23
Blavet
Inzinzac-Lochrist
Cléguer
Baud
N24
Evel
N24
Pont-Scorff
Languidic
Camors
N165
Caudan
HENNEBONT
Quéven
Laïta
Bieuzy-Lanvaux
GUIDEL
Brandérion
N165
Lanester
Pluvigner
Landévant
LORIENT
Kervignac
Brandiv
Blavet
Ploemeur
D19
Landaul
Locmiquélic
Brech
PORT-LOUIS
Riantec
Locoal-Mendon
STE-ANNE D'AURAY
Etel
Gâvres
Plouhinec
Belz
AURAY
Pluneret
Ile de Groix
GROIX
Etel
D781
Ploemel
Plougoume
Erdeven
CRACH
LE BON
Plouharnel
St-Philibert
BADEN
CARNAC
LA TRINITÉ-SUR-MER
Presqu'île de Quiberon
LOCMARIAQUER
Port-Navalo
ST-PIERRE
Larmor-Baden
QUIBERON
Houat
SAUZON
Le Palais
Belle-Ile-en-Mer
BANGOR
LOCMARIA
Nationale 4 voies
Nationale
Départementale
Préfecture
Sous-préfecture
Ville, village
Aéroport
Forêt domaniale

Morbihan
Côtes - d'Armor
Ille - et - Vilaine
Loire-Atlantique
Vers Loudéac
Vers Rennes
Vers Rennes
Vers Nantes
La Trinité-Porhoet
Mauron
Rohan
Crédin
Canal de Nantes à Brest
Forêt de Lanouée
Les Forges
Lanouée
Guilliers
Concoret
Néant-sur-Yvel
Pleugriffet
Tréhorenteuc
Camp de Coëtquidan
Loyat
Radenac
Taupont
Lac au Duc
Campénéac
Beignon
St-Malo-de-Beignon
Lantillac
Josselin
Ploërmel
Bellevue-Coëtquidan
Guillac
Porcaro
Guer
Bignan
Monterrin
Oyon
St-Jean-Brévelay
Le Roc-St-André
La Chapelle-Caro
Caro
Monteneuf
Lizio
Plumélec
Claie
Missiriac
Sérent
Ruffiac
Malestroit
Carentoir
Trédion
St-Laurent
Plaudren
St-Guyomard
LA GACILLY
Pleucadeuc
Claie
St-Martin
Elven
Monterblanc
Molac
St-Gravé
Oust
Arz
ROCHEFORT-EN-TERRE
Glénac
St-Avé
la Vraie-Croix
Pluherlin
Peillac
St-Vincent-sur-Oust
Treffléan
Malansac
Sulniac
Questembert
Séné
Theix
Allaire
Limerzel
Noyalo
Le Hézo
Noyal-Muzillac
Rieux
St-Armel
Surzur
Le Guerno
Vilaine
Péaule
le Tour-du-Parc
Muzillac
SARZEAU
Ambon
Nivillac
Théhillac
DAMGAN
Billiers
Arzal
LA-ROCHE-BERNARD
Penvins
Estuaire de la Vilaine
Pénestin
Camoël
N24
N166
N165
D1
D5
D8
D10
D20
D772
D774
D775
D776
D778
D764
30 KM

QUAND Y ALLER

JANVIER

3° / 9°

FÉVRIER

4° / 10°

MARS

5° / 13°

JUILLET

14° / 24°

JAZZ EN VILLE
(VANNES)
Vannes célèbre le jazz sous toutes ses formes et rassemble artistes de la scène internationale, jeunes talents et révélations.

FESTIVAL AU PONT DU ROCK
(MALESTROIT)
Rendez-vous incontournable, il est le plus vieux festival rock de l'été en Bretagne, créé en 1989 par une bande de copains.

AOÛT

13° / 23°

FESTIVAL INTERCELTIQUE DE LORIENT
Le rendez-vous incontournable des cultures celtiques, avec des concerts, des festoù-noz, des concours et une Grande parade.

FESTIVAL INTERNATIONAL DU FILM INSULAIRE DE GROIX
Des projections sont organisées sur 6 jours avec ce festival international annuel qui a pour thème les îles du monde.

SEPTEMBRE

11° / 22°

COURIR AURAY VANNES
(VANNES)

© PAVEL1964 -

Cet événement à Vannes rassemble de nombreux coureurs, sur ses différentes courses : semi-marathon, 10 km Arradon, 5 km Botquelen.

Les charmes du Morbihan sont si diversifiés que chaque saison offre ses avantages. Bien sûr, l'été est la saison la plus ensoleillée, lors de laquelle vous pourrez pratiquer de multiples activités en extérieur. Mais si vous pouvez venir hors saison touristique, vous bénéficierez de tarifs plus avantageux et de grands espaces rien que pour vous ! Et vous adorerez l'ambiance unique d'une déambulation entre les menhirs de Carnac ou sur la Côte Sauvage sous un ciel chargé, voire orageux...

AVRIL

6° / 15°

$ $

MAI

9° / 18°

LA SEMAINE DU GOLFE
(VANNES)

© VLEVELLY - STOCK ADOBE.COM

Cette grande fête maritime réunit plus de 1 000 bateaux du patrimoine français et européen, dans 17 ports du golfe du Morbihan.

$ $

JUIN

12° / 21°

L'ULTRA MARIN - RAID GOLFE DU MORBIHAN
(VANNES)
Différents défis attendent les sportifs (coureurs ou marcheurs) dans le cadre enchanteur du golfe du Morbihan. A vos baskets !

FESTIVAL PHOTO LA GACILLY
(LA GACILLY)
De juin à septembre, ce joli village se mue en galerie à ciel ouvert, avec plein d'expos autour de la planète, de l'environnement...

$ $ $

OCTOBRE

9° / 17°

VANNES PHOTOS FESTIVAL
(VANNES)
Expositions de photos gratuites, disséminées dans six lieux choisis de Vannes. Elles invitent à regarder le monde autrement.

LE MILLE SABORDS
(ARZON)
A Arzon, c'est l'événement attendu de tous les marins du Morbihan, et le plus grand salon du bateau d'occasion d'Europe.

$

NOVEMBRE

5° / 13°

LES INDISCIPLINÉES
(LORIENT)
Ce festival égrène les talents dans les différentes salles du pays de Lorient, dans une démarche d'accessibilité de la culture.

$

DÉCEMBRE

4° / 10°

$

LES BONNES RAISONS D'Y ALLER

LES EAUX DU GOLFE

Excursion en voilier, sortie pêche à bord d'une plate, balade en kayak ou en paddle…

EXPÉRIMENTER LA PÊCHE À PIED

Chaussé de vos bottes, allez-vous dénicher les palourdes, coques et autres crustacés ?

LES CHÂTEAUX REMARQUABLES

Mais aussi les chapelles, églises, abbayes, citadelles et autres domaines et manoirs.

© PHILIPPE PATERNOLLI - STOCK.ADOBE.COM

LES CHANTIERS OSTRÉICOLES

Plongez dans l'univers de l'huître et dans celui du métier traditionnel d'ostréiculteur !

© PRONINA MARINA - ISTOCKPHOTO.COM

LES SPÉCIALITÉS DU COIN

Palets bretons, crêpes, galettes, caramel au beurre salé… À s'en lécher les babines !

© AND_RUE - STOCK.ADOBE.COM

LES RANDONNÉES À PIED OU À VÉLO

Le long des sentiers côtiers, du Canal de Nantes à Brest, au cœur des massifs forestiers…

© RICHARD VILLALON - STOCK.ADOBE.COM

LES ACTIVITÉS NAUTIQUES

Baptême de plongée, première leçon de surf ou de kite, ou découverte du char à voile…

LES BONNES RAISONS D'Y ALLER

LES PLAGES DE RÊVE

Des dunes sauvages d'Erdeven à la plage convexe des Grands Sables à Groix, paradisiaque !

© FRANCOIS HURTAUD - SHUTTERSTOCK.COM

© ND3000 - ISTOCKPHOTO.COM

LES THALASSOS

Le choix est large entre les établissements de cette destination bien-être historique !

© GDELA - SHUTTERSTOCK.COM

LES FESTIVALS DE MUSIQUE

Festoyez au rythme des bagads et apprenez les danses d'un cercle celtique traditionnel !

LES 12 MOTS-CLÉS

#DUNES SAUVAGES

Sur 35 kilomètres, cet arc de cercle recouvert de dunes de sable sauvages a reçu le label Grand Site de France en 2018. Cet impressionnant espace dunaire de nature préservée est le plus vaste de la moitié nord du pays, et est prolongé à l'est par la Côte Sauvage de la presqu'île de Quiberon et à l'ouest par la presqu'île granitique de Gâvres.

#FEST-NOZ

Hérité des rassemblements paysans, le Fest-noz (« fête de nuit ») émerge dans les années 50 pour faire perdurer la coutume. On y danse en ronde ou enchaîne sur des musiques locales, jouées par des instruments traditionnels comme le biniou ou la cornemuse. En 2012, le Fest-noz est inscrit au patrimoine culturel immatériel de l'humanité de l'UNESCO.

#GODILLE

Ce terme désigne un aviron unique installé à l'arrière d'une barque pour assurer sa vitesse et sa direction, mais aussi la technique de navigation qui en découle, dépendant de la force de propulsion du godilleur et de ses capacités à suivre une trajectoire. Chaque été, le Championnat du Monde de Godille de Groix est un événement incontournable !

#ÎLES

Si la légende raconte que le Golfe du Morbihan compte autant d'îles que l'année de jours, on en dénombre en réalité une quarantaine au sein des 115 mètres carrés de cette petite mer intérieure, Arz et l'Île-aux-Moines étant les plus grandes. S'y ajoutent les très prisées Belle-Île-en-Mer, Groix, Houat et Hœdic, au large des côtes du département.

© PASCALE GUERET - SHUTTERSTOCK.COM

#KENAVO

C'est le « au revoir » breton, scandé au coin des rues, la main levée ! Vous pourrez aussi entendre certaines variantes de cette célèbre expression, comme « kenavo armiz all », littéralement« au mois prochain », « kenavo arwech all », un« à la prochaine » plus courant et naturel, ou encore « kenavo emberr », pour « à bientôt », tout simplement.

#MÉGALITHE

De *mégas*, « grand » et *lithos*, « pierre » en grec ancien. Le Morbihan compte plus de 550 sites mégalithiques, les alignements de Carnac étant les plus célèbres. On distingue les menhirs des dolmens (pierres horizontales posées sur des verticales), cromlechs (en cercle), cairns (monument circulaire) ou tumulus (éminence de terre et de pierres).

© RICHARD VILLALON - FOTOLIA

#PÊCHE

Ce secteur compte plus de 4 000 emplois directs et 500 entreprises sur le territoire, 2e département ostréicole, Lorient étant le troisième port de pêche de France. En mer, on pêche le bar, la daurade royale, le lieu, le maquereau… Dans les cours d'eau et plans d'eau, on trouve le saumon atlantique, la truite, le brochet, le sandre, la perche…

© GUITOU60 - STOCK.ADOBE.COM

LES 12 MOTS-CLÉS

#PLAGES

Au pluriel, bien sûr, puisqu'on n'en compte pas moins de 162 sur le territoire ! Du sable blanc de l'Île de Groix aux falaises dorées de la plage de la Mine d'Or ou aux galets du Beg Lann, en passant par les étendues infinies des plages de Landrezac, du Kerver ou de Quiberon et les criques charmantes de l'île d'Houat, combien en découvrirez-vous ?

#PLATE

Petit bateau de pêcheurs souvent construit dans les années 60, et qui servait beaucoup aux ostréiculteurs. Il permet d'accéder à tous les recoins du Golfe, et de naviguer même sur une profondeur de dix centimètres d'eau. Un incontournable du patrimoine familial du Golfe du Morbihan, aujourd'hui, la plate est surtout utilisée pour le loisir.

#RIA

Il s'agit d'un estuaire important, pénétré par la mer, souvent désigné comme un « bras de mer ». La Ria d'Étel, ou rivière pour les locaux, est connue pour sa beauté par les visiteurs, et pour sa bande de sable dangereuse, créant des rouleaux redoutables, par les navigateurs. D'ailleurs, en ancien français « ételle » signifiait« grande vague ».

#SAINT-CADO

C'est une carte postale célèbre que l'image de cette charmante petite maison aux volets bleus, seule sur son îlot de Nichtarguér (la « maison de l'huître »). Construite en 1894, c'était l'ancienne demeure du gardien des parcs ostréicoles, située en face du joli village de Saint-Cado, perché lui aussi sur une île reliée au continent par un pont.

© LIMOU CHARLIE - SHUTTERSTOCK.COM

#YEC'HED MAT

À l'heure de trinquer, vous n'y couperez pas! À condition de savoir le prononcer correctement (« yé-red-mat », avec un « r » guttural), cet « à la tienne » breton assurera votre intégration complète pour le reste de votre séjour ! L'expression signifie littéralement « bonne santé », et se clame un verre de cidre ou de chouchen à la main !

VOUS ÊTES D'ICI, SI...

- Vous vivez encore ici ! On ne quitte pas le Morbihan, on s'y établit dès l'heure venue, peut-être après quelques voyages... Car oui, les Bretons ont l'âme voyageuse, mais quand on est Morbihannais, ce que l'on préfère, c'est encore de rentrer chez soi !
- Vous usez généreusement du hashtag #BZH, un trio de lettres que vous adorez, qui exprime toute votre fierté de vivre en Bretagne, et plus encore, dans le plus beau et le plus ensoleillé des départements de la région, sans aucun doute !
- Vous avez toujours du beurre demi-sel au frais, disponible pour une tartine sur de la baguette fraîche en cas de petit creux, et que vous savez incorporer agilement à la recette de caramel crémeux transmise de génération en génération dans votre famille !
- Vous avez économisé dès l'adolescence pour vous offrir votre premier... bateau ! Quant au pied marin et aux talents de navigateur avec tout le jargon associé, ce sont des qualités tout simplement innées, et qui ne vous feront jamais défaut !

TOP 5

SE RESTAURER

Ambiance ferme pour les familles ou bistronomique pour les soirées en amoureux, produits de la mer frais avec les huîtres à l'honneur, soirées conviviales autour de généreuses tartines ou à la découverte de bières locales... Vous allez adorer nos coups de cœur à vous en lécher les babines !

LA GIROUETTE

Ile-aux-Moines
Cave à vin et bar à manger, cet établissement offre une agréable terrasse sur la vie animée du petit port de l'île aux Moines.

68

60

LA FERME DE SARAH

Sauzon
A seulement 1,9 km de Sauzon, la Ferme de Sarah est un joli endroit où faire une pause : restaurant, bar et tapas !

88

AWEN BREW PUB

Vannes
A Vannes, l'Awen Brew Pub est le lieu de référence de la bière artisanale au bord du golfe. L'endroit est multiple et surprenant !

LE CASIER

Auray
A Auray, le restaurant bistronomique Le Casier propose de superbes assiettes concoctées à partir de produits frais et locaux.

126

138

HUÎTRES LE PRIOL

Carnac
A Carnac, embarquez sur les petites chaloupes transformées en tables conviviales et dégustez des huîtres à peine sorties de l'eau.

TOP 5

SE LOGER

Un séjour dans le Morbihan est nécessairement un séjour entre l'eau et la terre... Alors nous avons sélectionné pour vous des adresses qui vous feront profiter de cette ambiance à 100 %, dans des décors naturels magnifiques. La touche d'originalité de chacun de ces hébergements a su nous séduire !

© PATRICE GOUPIL-MORBIHAN TOURISME

MOULIN DE TREVELO

Caden
Dormir sur l'eau, ça vous tente ? A Caden, découvrez des cabanes en bois sur l'eau et un gîte de charme pour un séjour insolite.

© DOMAINE DE LANN HALLAT

DOMAINE DE LANN HALLAT

Plougoumelen
A Plougoumelen, le domaine Lann Hallat vous accueille dans ses hébergements insolites pour un séjour de calme et de sérénité.

© EGI – STOCK.ADOBE.COM

LES VÉNÈTES

Arradon
A Arradon, cet hôtel de charme vous séduira pour son décor simple et élégant, et pour la qualité de son restaurant traditionnel.

© PHILIPPE SHAKESHAFT

KABANE DE KERFORN

Crach
A Crach, deux *tiny houses* posées sur un étang à 40 m du ponton d'accueil et d'où on accède en barque. Un vrai coup de cœur !

TI WAR AN DOUR

Guégon
Dans un cadre intimiste, à Guégon, des gîtes qui disposent de tout le confort nécessaire pour un séjour reposant au bord de l'eau.

© HD DRONE

TOP 5

ACTIVITÉS

Prendre l'air, s'émerveiller, découvrir, expérimenter, vivre des émotions douces et fortes... Tout est possible lors d'un séjour dans le Morbihan, pour les petits comme pour les grands ! Nous sommes certains que ces loisirs sélectionnés pour vous sauront ravir toute votre famille !

NAIA MUSEUM

Rochefort-en-Terre
Unique, le Naïa Museum, musée des arts de l'imaginaire, s'impose comme le lieu insolite à découvrir à Rochefort-en-Terre.

PARC ANIMALIER BRANFÉRÉ

Le Guerno
Ce parc est un lieu d'émerveillement qui offre aux visiteurs, petits et grands, une journée inoubliable en pleine nature.

RÉCRÉATILOUPS

Vannes
Référence en matière de loisirs en famille et de sorties pour les enfants, en Morbihan et dans toute la Bretagne. Testé et approuvé.

NAVIX - COMPAGNIE MARITIME

Etel
La compagnie maritime Navix propose des croisières commentées pour découvrir la Ria d'Etel, vallée fluviale envahie par la mer.

UTOPIA ÉCO-PARC AVENTURE

Camors
A Camors, parcours accrobranche, laser game en forêt, jeté dans le vide depuis une tour de 22 mètres, sentier pédagogique...

IDÉES DE SÉJOUR

Il y a mille façons de découvrir le Morbihan le temps d'un court séjour, et c'est un territoire qui offre des activités et des plaisirs pour tous les âges et tous les goûts. Ce qui est certain, c'est que vous ne repartirez pas indifférent, et envisagerez bientôt une prochaine visite ! Alors pour vous permettre d'avoir un aperçu le plus complet possible des richesses du département, nous vous avons concocté deux séjours bien distincts, en guise de sources d'inspiration. Nous avons d'abord choisi de rassasier les férus de sports et d'aventures « outdoor » dans une première escapade. Ce séjour haut en couleur vous permettra d'explorer la nature verte du Morbihan intérieur avant de prendre un bol d'air marin vivifiant et tonique ! Vous pourrez aussi envisager notre circuit condensé de quatre jours pour partir à la découverte des contrastes étonnants de ce territoire en suivant ses origines des plus lointaines au plus récentes !

ESCAPADE SPORTIVE ENTRE TERRE ET MER

Le Morbihan est un territoire prisé des sportifs, et il y en a pour tous les goûts et tous les niveaux ! C'est ce que nous avons voulu illustrer dans cette idée de séjour d'une semaine, d'abord dans les terres puis côté mer ! Enfilez vos baskets ou vos chaussures de marche et laissez-vous embarquer ! C'est parti !

› Jour 1

Pour vous mettre en jambe, quoi de mieux qu'une randonnée pédestre ? Rendez-vous à Le Faouët, en plein Cœur de Bretagne ! Après un tour en centre-ville pour voir les halles du XVIe siècle, choisissez l'un des parcours de cette contrée verte et vallonnée. Vos pas vous mèneront sûrement à l'exceptionnelle chapelle gothique Sainte-Barbe, construite à flanc de ravin.

› Jour 2

Le lendemain, rejoignez le Canal du Blavet et longez-le à vélo vers le Nord jusqu'à Pontivy ou vers le Sud, en direction de Lorient, selon vos envies pour le troisième jour...

› Jour 3

Changez de monture et partez à dos de cheval ! La nature luxuriante du pays de Pontivy s'offre à vous, à moins que l'air salin ne vous attire irrésistiblement. Dans ce cas, choisissez la baie de Quiberon ou le Golfe du Morbihan pour votre journée équestre !

› Jour 4

Aujourd'hui, les plus sportifs pourront se lancer sur les traces des coureurs de l'Ultra Marin Raid, un parcours de 177 km tout autour du Golfe du Morbihan, qui a lieu chaque année à la fin du mois de juin ! Jusqu'où irez-vous ? Si cela vous semble un brin excessif, une balade sur l'une des plages morbihannaises devrait faire l'affaire en ce mi-séjour !

› Jour 5

Vous voilà familiarisé aux paysages grandioses du Golfe du Morbihan. Il est temps de... prendre le large ! Et si vous montiez sur un voilier ? Que vous vous laissiez conduire ou que vous vous initiez à l'art de la navigation, vous passerez un moment inoubliable ! Et pour les fonceurs, sachez que le char à voile vous permet de tester la force du vent... sur des « voiliers » à roulettes, capables de filer à toute allure sur les plages !

› Jour 6

Aujourd'hui, l'adrénaline est au rendez-vous avec la découverte du kitesurf ! Et si vous êtes déjà un adepte, vous apprécierez sans doute la plage de Gâvres, les spots de la presqu'île de Quiberon ou encore ceux de Carnac ! Pour ceux que les sensations fortes effrayent un peu, il y a bien sûr un plan B ! Profitez donc des eaux calmes du Golfe du Morbihan sur un kayac ou un paddle et délectez-vous des vues somptueuses offertes par la « Petite Mer » !

› Jour 7

Pour clôturer votre séjour sportif dans le Morbihan, vos muscles ont suffisamment travaillé... Alors voici une dernière activité tout indiquée : la plongée sous-marine, à la recherche d'un poisson local emblématique : l'hippocampe ! Rendez-vous sur la presqu'île de Rhuys pour cette aventure exceptionnelle ! À moins que la réputation du Morbihan pour ses spas et thalassos ne vous inspire plus pour cette dernière journée en toute sérénité !

UN SÉJOUR DE RETOUR AUX ORIGINES

Le Morbihan, ce territoire fascinant, son histoire riche et sa culture incomparable... Nous vous proposons quatre jours d'immersion dans les origines du département !

IDÉES DE SÉJOUR

© GEWITTERKIND - ISTOCKPHOTO.COM

La côte sauvage, presqu'île de Quiberon.

› Jour 1

Commencez votre périple par un paysage de carte postale célèbre dans le monde entier : la Ria d'Etel, l'île de Saint-Cado et sa petite maison aux volets bleus posée sur son îlot de Nichtarguér. Cette maisonnette construite par le gardien du parc ostréicole en 1894 et autrefois entourée de parcs à huîtres témoigne de l'importance historique de cette activité, toujours très présente dans la Ria. Peut-être pourrez-vous en profiter pour visiter l'une de ces exploitations et même vous essayer au travail d'ostréiculteur !

Cap ensuite tout au bout de la presqu'île de Quiberon et sa côte sauvage ! Les cheveux au vent, admirez ces falaises granitiques escarpées sur 8 km… Un paysage à couper le souffle, rappelant les origines géologiques de ce paysage, formé il y a des millions d'années !

Rejoignez enfin la charmante station balnéaire de Carnac, où de nombreux restaurants sauront vous accueillir pour un festin de galettes au sarrasin et un dessert au caramel au beurre salé…

› Jour 2

Une fois à Carnac, à la recherche des origines du Morbihan, comment ne pas aller explorer les alignements de menhirs ? Laissez votre imaginaire vagabonder sur l'histoire de ces mégalithes, un sujet qui n'a pas fini de faire verser de l'encre ! Et pour rester dans le thème, rendez-vous directement au cœur du Golfe du Morbihan, et plus précisément sur l'île de Gavrinis. Dans un paysage magnifique, vous découvrirez un étrange monticule de pierres, creusé de couloirs recouverts de gravures antiques… Ce cairn mystérieux viendra alimenter votre curiosité !

Pour se rapprocher de l'histoire plus récente, découvrez la presqu'île de Rhuys et son célèbre château de Suscinio, résidence des Ducs de Bretagne bâti à la fin du Moyen Âge, et où il resterait un résident : un gentil fantôme… C'est des étoiles dans les yeux que vous finirez la journée dans la ville médiévale de Vannes, actuelle préfecture du Morbihan.

› Jour 3

Cette journée est dédiée à l'histoire de la famille Rohan, l'une des plus puissantes du Duché de Bretagne. Un rendez-vous incontournable qui vous mène dans les terres, au château de Josselin, somptueuse demeure de cette famille depuis un millénaire, rénovée au XIXe siècle par Josselin de Rohan. Lors de votre exploration, vous apercevrez certainement de nombreux autres édifices (chapelles, manoirs…), vestiges de la fortune de cette famille.

Voyagez ensuite au XIXe siècle à Pontivy (anciennement « Napoléonville »). Napoléon ambitionnait de transformer cette ville en centre militaire et commercial. Vous pourrez alors suivre le Canal du Blavet, construit à cette période, pour rejoindre Lorient !

› Jour 4

À Lorient, plongez dans l'histoire de la Compagnie des Indes, fondée en 1664 par Colbert. La ville de Lorient, anciennement « L'Orient », en était le siège et le port commerçant d'où les produits asiatiques circulaient en Europe. Une visite au musée dédié est à prévoir, à la citadelle de Port-Louis qui l'abrite aujourd'hui !

Pour finir votre séjour de façon festive, sachez que Lorient tient à sa culture musicale, et de nombreux groupes traditionnels s'y produisent régulièrement, même en dehors du célèbre Festival Interceltique ! Côté dégustation, c'est le berceau du gâteau breton et le lieu idéal pour savourer du merlu ou de la langoustine sortis fraîchement du port !

DÉCOUVRIR

Le Morbihan fait rêver par la consonance de son nom breton, promesse d'une culture préservée, d'un dépaysement certain, d'une découverte fascinante... Et vous ne serez pas déçu en posant les pieds sur ce petit département niché au sud de la Bretagne, riche de ses innombrables îles et de ses côtes infinies, de ses origines celtes et de son univers de légendes... Vous irez de surprise en surprise, et ne résoudrez sûrement pas toutes les énigmes rencontrées, comme celles des menhirs de Carnac. Pour vous faciliter le décryptage, nous vous donnons un aperçu thématique de ce territoire d'exception : son histoire, sa nature, sa culture... et un tour d'horizon sur les goûts, les sons, les odeurs, les paysages et les émotions qui parsèmeront votre séjour ! Irez-vous plutôt côté terres, le long du canal de Nantes à Brest, par exemple, ou vers Brocéliande, ou côté mer, avec les plages et sentiers de randonnée, entre autres ?

TERRE DE LÉGENDES

Vous avez sûrement entendu parler de Merlin, du roi Arthur, de la mythique forêt de Brocéliande et des chevaliers de la table ronde... Mais saviez-vous que le Morbihan a été occupé par des peuples des plus surprenants, et l'est peut-être toujours ? Des korrigans, des fées, des sirènes, des fantômes, et même l'Ankoù, personnage de la mort, en breton, ou encore le diable font parler d'eux à travers des centaines de légendes populaires, pour celles qui nous sont restées... Leurs histoires se retrouvent dans les contours de ce territoire, sur ses côtes, ses îles, dans ses lacs et forêts... Comment ne pas sentir la présence de ces créatures en foulant cette contrée avec curiosité, en écoutant le vent et la mer, en se baladant dans les denses forêts ou entre les alignements de menhirs... ? Bien des mystères restent impénétrables, et rendent les conteurs intarissables ! Tour d'horizon sur certaines des plus célèbres légendes du Morbihan !

De Brocéliande au golfe du Morbihan

La forêt de Brocéliande est connue pour abriter la légende arthurienne. Mais vous ne la trouverez pas sur la carte, puisque son nom n'est pas reconnu administrativement. C'est dans la forêt de Paimpont qu'il vous faudra chercher la trace des chevaliers de la table ronde et de Merlin l'enchanteur, dont on peut apercevoir le tombeau ! Connaissez-vous l'importance des fées sur ce territoire légendaire ? Elle n'est pas des moindres, et c'est d'ailleurs son amour pour la fée Viviane qui aurait fait périr Merlin ! Quant aux chevaliers, ils avaient intérêt à se méfier de la fée Morgane... Celle-ci, terriblement déçue par le chevalier Guyomard, aurait créé un piège pour enfermer tous les amants infidèles en amour, avec l'aide de Merlin. Ce fut la naissance du Val sans retour, ou encore du Val périlleux ou Val des faux amants, où elle réussit à emprisonner des chevaliers dix-sept années durant... Jusqu'à ce que Lancelot du Lac ne déjoue son sortilège et parvienne à libérer 253 chevaliers ! Quant à Guyomard, il est toujours sur les lieux, puni et pétrifié avec sa maîtresse pour l'éternité !

La tombe de Merlin dans la forêt de Paimpont.

Les pauvres fées, amoureuses de leur belle forêt de Brocéliande, auraient fini par s'en faire chasser par les korrigans, ces petites créatures similaires à des lutins, parfois bienveillantes, parfois malveillantes, omniprésentes dans les récits bretons. Les fées, alors esseulées sur une terre vallonnée, à l'actuelle localisation du golfe du Morbihan, versèrent un flot de larmes qui se transforma bientôt en torrent, tant leur désarroi était intense. De dépit, elles jetèrent leurs couronnes de fleurs... Si leurs larmes devinrent les eaux du golfe, on raconte que leurs couronnes et les pétales qui s'en détachèrent formèrent ses îles. La plus belle couronne, celle de la reine des fées, dériva au large et forma Belle-Île-en-Mer. Elles auraient ainsi contribué à la création d'autant d'îles que l'on compte de jours dans une année... Pourtant, sur ces 365 îles, les voyageurs ne semblent en compter aujourd'hui qu'une quarantaine...

Mais l'histoire du golfe du Morbihan est loin de s'arrêter là ! Parmi les légendes que l'on y raconte, il y a celle de la séparation entre l'Île-aux-Moines, alors appelée Izenah et peuplée de marins, et l'Île d'Arz, un territoire de pêcheurs. Alors que ces deux îles étaient reliées par un isthme, un jeune homme d'Izenah aimait d'un amour pur une jeune fille d'Arz. Ses parents découvrir bientôt cette relation qu'ils désapprouvèrent violemment ! Déçus de leur fils, ils l'enfermèrent chez les moines. Mais chaque jour, la jeune fille, éprise et courageuse, traversait l'isthme pour chanter au pied du monastère. Les moines, lassés par ces sérénades incessantes, chargèrent les korrigans de submerger l'isthme, provoquant de ce seul geste la noyade de cette amoureuse fidèle et la séparation des deux îles à jamais !

Ensemble mégalithique de Carnac.

Les mystères des mégalithes

C'est un incontournable lors d'un séjour dans le Morbihan : aller voir les alignements de menhirs de Carnac. Cet ensemble mégalithique, le plus grand au monde, est aujourd'hui classé comme monument historique, et daté de l'époque du Néolithique. Ce sont des centaines de menhirs qui se dressent, parfaitement alignés, sur plus de quatre kilomètres, du plus imposant au plus petit ! Entre l'origine de ces pierres de granit et leur disposition étrange, le mystère reste immense. Quoi qu'il en soit, on suppose que ces alignements furent de véritables lieux de vie, et qu'on jouait entre les menhirs, qu'on s'y mariait, qu'on y construisait des maisons dans leur alignement… On raconte même que les femmes se frottaient à ces pierres pour stimuler leur fertilité ! En outre, les mégalithes sont souvent liés à des sépultures, en particulier les plus imposants comme les tumulus, les dolmens ou les cairns.

Mais nous ne pouvons passer outre la légende de saint Cornély, l'un des premiers papes, entre les années 251 et 253 de notre ère. Ayant quitté Rome suite aux persécutions de l'empereur, il cheminait à travers la Gaule accompagné de deux bœufs portant ses bagages. Quand soudainement ce saint homme se serait fait attaquer par les innombrables soldats de l'armée romaine. Pour leur échapper, il se serait caché dans l'oreille de l'un de ses bœufs, et de là, il aurait transformé ses assaillants bien alignés… en menhirs !

De nombreux autres sites du Morbihan portent la trace de ce passé néolithique qui nous fascine tant. Parmi ceux-ci, l'île de Gavrinis, au cœur du golfe du Morbihan, est très surprenante, et plus particulièrement son monticule de pierre (ou cairns). Celui-ci est creusé d'un couloir de dolmens qui mène à une chambre funéraire. Cette tombe fut découverte en 1832, et sa grande particularité réside dans les dessins qui sont sculptés sur ses murs de granit, d'une rare complexité et régularité. Ces gravures sont classées monument historique depuis 1901, et leur beauté a de quoi impressionner autant qu'interroger ! Si certains identifient des motifs comme des outils ou des serpents, elles continuent de garder leur secret avec détermination… Quant à la façon dont ces dalles de plusieurs tonnes ont été acheminées sur l'île il y a des millénaires, les suppositions restent bien vagues… Peut-être une visite vous permettra de ressentir l'histoire cachée de ce lieu ?

Des lacs aux eaux troubles…

L'intérieur du département est aussi riche en histoires mystérieuses que ses côtes et ses îles ! Et comme souvent dans l'univers des légendes, certaines ont plus le don de faire hérisser nos poils que de nous rendre tendrement rêveurs ! Au lac de Guerlédan, vous serez servi en frissons… Plus grand lac artificiel de Bretagne, créé il y a moins d'un siècle, il délimite la frontière entre le Morbihan et les Côtes-d'Armor, et son barrage alimente une usine électrique. Mais en Bretagne, peu importe qu'un élément du paysage soit relativement récent, il devient vite le lieu de récits trépidants. Il semblerait que certains promeneurs entendent des cloches sonner, qui viendraient d'un clocher englouti au fond du lac. Les pauvres bougres… Ce ne serait autre que l'Ankoù, la redoutable personnification bretonne de la mort, annonçant sa venue prochaine… Peut-être cela pourra-t-il vous rassurer : ce lac est mis à sec de temps à autre, et la dernière fois, en 2015, nous avons pu vérifier, il n'y a nulle trace de ce clocher !

Le lac de Guerlédan.

À quelques pas de là, c'est le sanguinaire comte Conomor qui a laissé son empreinte terrifiante. Effrayé par une prophétie racontant qu'il finirait assassiné par son propre enfant, il avait déjà tué une à une quatre épouses tombées enceintes… Jusqu'à ce qu'il ne rencontre Tréphine, la fille du comte Waroc'h, si belle et vertueuse. Il demanda sa main, et le mariage fut conclu après que Tréphine eut cherché conseil auprès de saint Gildas, qui eut foi en la conversion de Conomor grâce à Tréphine. Mais dès lors qu'elle tomba enceinte elle aussi, Conomor l'enferma à double tour dans une pièce barricadée, dont elle parvint à s'enfuir en brisant les barreaux miraculeusement. Mais Conomor la retrouva bientôt, et la décapita sans plus hésiter. Saint Gildas découvrit alors le corps de Tréphine, et après de longues prières, il reposa sa tête sur son corps, et la ressuscita ! Elle donna le jour à son fils Trémeur, et vécut cachée dans le village qui porte aujourd'hui son nom : Sainte-Tréphine. Trémeur, quant à lui, périt de la main de son père en pleine bataille, sans que ce dernier ne connaisse son identité.

Il est une autre étendue d'eau qui stimule l'imaginaire : c'est l'étang du Duc, près de Vannes. On y apercevrait, de temps à autre, une magnifique Mary-Morgane (une sirène) aux cheveux verts, profitant du soleil estival. Un soldat, subjugué par sa beauté, se serait approché d'elle. Mais celle-ci l'aurait entraîné sous les eaux dans une longue étreinte dont il ne serait jamais revenu. À l'origine, on raconte que cette sirène était une princesse, propriétaire de l'étang du Duc, que le seigneur voisin, de l'étang de Plaisance, voulait épouser. Ne pouvant s'y résoudre, elle lui avait annoncé que ce jour n'arriverait pas tant que l'étang de Plaisance ne coulerait pas dans celui du Duc, ce que le seigneur accomplit en creusant un canal entre les deux lacs ! Alors qu'il l'intimait de le rejoindre, la princesse, de dépit, se jeta dans le lac pour ne plus en ressortir…

Saint-Cado, derrière la carte postale…

Vous avez sûrement entendu le nom de Saint-Cado, île connue de la Ria d'Étel pour sa jolie petite maison aux volets bleus, perchée sur son îlot voisin. Mais saint Cado est aussi l'un des saints les plus populaires de Bretagne, représenté dans un vitrail de la chapelle qui porte son nom. Vivant sur l'île, il aurait fait construire le pont qui la relie au continent pour attirer les fidèles à lui. Mais le diable serait intervenu dans ce projet de construction, en offrant son aide à saint Cado. Celui-ci, acceptant la proposition, fit face à un horrible pacte : il devait offrir au diable le premier être vivant qui passerait sur le pont. Heureusement, il parvint à berner l'être maléfique en y faisant passer un chat !

Un fantôme plutôt apprécié

Elles seront nombreuses, les créatures et les histoires qui vous accompagneront lors de votre séjour dans le Morbihan… Si l'on ne peut rassembler ici des siècles de tradition orale, il est un personnage que l'on saluera avant de clore ce dossier. Il s'agit d'un gentil… fantôme ! Et c'est au sud de la « Petite Mer » que nous le retrouvons, entre les murs du somptueux château de Suscinio, résidence des ducs de Bretagne, sur la presqu'île de Rhuys. Il s'agirait d'un petit garçon de 6 ou 7 ans, le jeune fils d'un ancien capitaine de la garde. Mais ce petit fantôme n'aurait jamais fini de s'amuser, et son jeu préféré resterait les parties de cache-cache. Plus taquin qu'effrayant, on l'entendrait courir surtout dans les combles, ancienne chambre des enfants, et dans la garde-robe du duc ! Le rencontrerez-vous ?

GÉOGRAPHIE

Le Morbihan est une terre de contrastes aux richesses naturelles surprenantes, qu'un aperçu géographique permet de mieux comprendre ! Ce département breton est bordé au sud par l'océan Atlantique et entouré de ses trois départements bretons voisins : le Finistère à l'est, les Côtes-d'Armor au nord et l'Ille-et-Vilaine au nord-est, mais aussi de la Loire-Atlantique au sud-est. Il est connu pour avoir le climat le plus clément de la région, et la beauté des paysages du golfe du Morbihan fait parler de lui au-delà des frontières nationales. Si l'on étudie la géographie de ses terres, qui s'étendent sur une superficie de 6 823 km^2, on se rend vite compte de leur lien puissant avec l'élément marin. En effet, il dessine 905 km de côtes et plus de quarante îles pour ce département, large de seulement 150 km à vol d'oiseau entre l'estuaire de la Laïta à l'ouest et celui de la Vilaine à l'est, ses deux limites naturelles.

Géologie et reliefs

Le Morbihan fait partie du Massif armoricain, une ancienne chaîne de montagnes incluant la Bretagne, les îles Anglo-Normandes, l'ouest de la Normandie, l'ouest des Pays de la Loire et le département des Deux-Sèvres. Ce massif a été très affecté par l'érosion, créant des reliefs peu élevés, de vastes plaines et plateaux et des paysages vallonnés. Les Montagnes Noires sont l'une de ses deux lignes de crêtes en Bretagne. De ces monts granitiques formant une séparation avec les départements voisins, le Morbihan ne voit que le versant sud, avec un point culminant à la frontière du Finistère, au nord de la ville de Gourin, à 301 mètres d'altitude. Mais le plus haut sommet du département est la Calotte Saint-Joseph, à 292 mètres d'altitude, non loin de là. Si le nord du Morbihan, jusqu'aux landes de Lanvaux, propose des reliefs appréciables, le reste du territoire est très plat, en particulier près du littoral.

La roche caractéristique du Morbihan est le granit, dans lequel les mégalithes préhistoriques ont été taillés. On observe d'autres roches, parmi lesquelles le schiste bleu et le schiste vert, sur l'île de Groix. Cette île a aussi la rare particularité géologique d'héberger une plage convexe et mobile. Non seulement paradisiaque avec son sable blanc et sa forme surprenante, cette plage est un vrai témoin de l'évolution de nos paysages, puisqu'elle a bougé de plusieurs centaines de mètres en moins d'un siècle !

Les îles

Le golfe du Morbihan, la « Petite Mer » qui a donné son nom breton au département, s'étend sur une largeur de 20 kilomètres et est parsemé d'une quarantaine d'îles et îlots (leur nombre exact reste un sujet de discorde). Formé progressivement, ce mélange d'eau douce venue des rivières et d'eau salée venue de l'océan Atlantique, dont le niveau a progressivement monté, forme un décor unique. Il y a plusieurs millénaires, des habitants y vivaient dans les parties aujourd'hui immergées, comme en témoigne la présence de menhirs sous les eaux.

DÉCOUVRIR

© FRANCOIS BOIZOT - SHUTTERSTOCK.COM

Le Golfe du Morbihan et ses îles.

© BEGIR - SHUTTERSTOCK.COM

Balade sur l'Oust à Josselin.

Les actuelles îles du golfe seraient donc les parties toujours émergées d'anciennes collines. Les marais et vasières de ce paysage toujours changeant, soumis aux marées de l'océan Atlantique, sont propices à l'ostréiculture, l'observation des oiseaux et la pêche. L'Île aux Moines et l'Île d'Arz sont les plus grandes des îles du golfe du Morbihan et les plus peuplées. Nombre des petites îles sont aujourd'hui privatisées, les autres appartiennent au Domaine Public Maritime ou à des collectivités. Enfin, le golfe est délimité par deux presqu'îles : Quiberon à l'ouest, et Rhuys à l'est.

Mais le Morbihan compte quatre autres îles de belle envergure, toutes habitées. La plus grande des îles bretonnes est Belle-Île-en-Mer, avec ses 8 560 hectares et sa population passant de 5 000 âmes en hiver à 40 000 lorsque la saison touristique bat son plein ! Il faut dire que la belle porte bien son nom, avec sa nature préservée, ses dizaines de kilomètres de sentiers côtiers et de voies cyclables, ses 58 plages... À une douzaine de kilomètres au sud de Quiberon, elle a deux voisines à l'est, plus petites mais non moins charmantes : Houat et Hoëdic. Enfin, l'île de Groix, très appréciée, se dresse au large de Lorient.

Les terres

La superficie totale du département est de 682 300 hectares, ses forêts en occupant 16 %, principalement au nord et au centre. Si elles ont été largement réduites depuis l'époque médiévale, le Morbihan reste le département le plus boisé de la Bretagne. La forêt de Paimpont se situe entre le nord-est du Morbihan, l'Ille-et-Vilaine et les Côtes-d'Armor. On trouve aussi la forêt de Lanouée, deuxième plus grand massif de Bretagne, au nord du village de Josselin, et celle de Quénécan, partagée avec les Côtes-d'Armor, un site naturel préservé, habitat de dizaines d'espèces d'oiseaux. Les landes de Lanvaux, quant à elles, forment un joli écrin de verdure en plein cœur du territoire morbihannais, et permettent même de prendre un peu de hauteur (175 mètres d'altitude tout au plus) pour s'offrir de jolies vues sur le golfe !

Les terres du Morbihan sont par ailleurs occupées à 57 % par l'agriculture, une proportion moindre par rapport aux autres départements bretons. Le Morbihan est le premier producteur français de volailles, le deuxième pour les œufs, le troisième pour la viande bovine et le sixième pour le lait.

Les cours d'eau

Le Morbihan compte trois principales rivières, le Scorff, l'Oust et le Blavet, et de nombreux cours d'eau. On y observe aussi cette particularité géographique formée par les marées qui vident puis remplissent les estuaires des fleuves : la ria. La plus célèbre est la Ria d'Étel et sa petite maison de Nichtarguér. Mais on peut aussi découvrir la Ria de Pénerf, au sud de la presqu'île de Rhuys.

Intéressons-nous de plus près au Blavet, dont le nom breton, ar Blavezh, signifie « eau jaillissante, eau courante ». Long de 148,9 km, si son embouchure est à Lorient, il prend sa source bien plus haut, dans les Côtes-d'Armor. Il arrive dans le Morbihan au niveau du lac artificiel de Guerlédan, qu'il alimente grâce à un barrage. Puis, il traverse 28 écluses entre Pontivy et Hennebont. Cette partie du cours d'eau a été aménagée sur la décision de Napoléon Ier au XIXe siècle. Le canal du Blavet a depuis un rôle majeur dans la vie des locaux, en tant que source d'eau potable, de production d'électricité, et de voie navigable de près de 60 km.

Le climat

Un mot sur le climat, donc les Morbihannais sont si fiers ! Le territoire bénéficie du phénomène des microclimats, et les habitants ne s'y sont pas trompés, se concentrant dans les zones les plus clémentes (et les moins pluvieuses !), près du littoral. Ce climat tempéré océanique, relativement préservé du froid en hiver et des grosses chaleurs en été, peut rendre jaloux les autres départements bretons. Les précipitations s'abattent principalement sur les terres, des landes de Lanvaux aux Montagnes Noires du nord-ouest, dépassant les 1 300 mm par an, alors que Belle-Île-en-Mer approche juste les 700 mm. Celle-ci, comme les presqu'îles de Quiberon et de Rhuys, jouit d'un microclimat exceptionnel. L'ensoleillement est maximal de mai à octobre, et Lorient bénéficie notamment de plus de 2 000 heures de soleil par an, un record rare dans la moitié nord de la France !

NATURE

Saviez-vous que le Morbihan était l'habitat d'une faune et d'une flore remarquables, et comportait près de 200 sites classés zones naturelles d'intérêt écologique faunistique et floristique par l'Inventaire National du Patrimoine Naturel ? Divers programmes visent à préserver cette nature d'exception tout en favorisant sa découverte par les visiteurs, dans une démarche respectueuse. On peut notamment citer le Parc Naturel Régional du Golfe du Morbihan, créé en 2014, le Grand Site de France des Dunes Sauvages de Gâvres à Quiberon, un label obtenu en 2018, mais aussi les nombreuses réserves naturelles et les 25 sites faisant partie du réseau européen Natura 2000. La découverte des espèces végétales et animales du territoire saura en passionner plus d'un. Face à la concentration humaine forte qui survient aujourd'hui dans ces espaces, chacun comprend les objectifs de préservation de cette nature, devenus essentiels à sa survie.

Le Parc Naturel Régional du Golfe du Morbihan

L'hippocampe. Cinquantième parc naturel régional de France, créé en 2014, son action est déterminante pour la préservation des espèces de cet habitat aussi riche que fragile. En effet, ce territoire diversifié héberge près de la moitié des espèces marines animales et végétales de France. L'emblème du parc naturel, l'hippocampe, représente bien cette nature d'exception. Ce très petit poisson rare, nageant à la verticale, et dont le mâle porte les œufs, est protégé. S'il est donc interdit de le pêcher, avoir la chance de l'observer est un privilège. Et finalement, il en est de même pour chaque espèce animale ou végétale précieuse de cet écosystème fascinant.

Les oiseaux des marais. Le golfe du Morbihan est notamment un lieu majeur pour l'observation de nombreuses espèces d'oiseaux sédentaires ou migrateurs, qui jouissent des marais, vasières et îlots du territoire. On peut ainsi observer de multiples espèces de limicoles, ces petits échassiers des zones humides se nourrissant d'invertébrés qui vivent dans la vase. La Réserve Naturelle Nationale des Marais de Séné est un endroit idéal pour les rencontrer, comme les autres canards et sternes du golfe, mais aussi les mouettes, goélands et passereaux… D'autres marais offrent d'excellentes expériences d'observation des oiseaux et un environnement idéal pour ceux-ci, comme ceux de Lasné, du Brennegi, de Suscinio, du Duer…

Parmi nos oiseaux préférés, saurez-vous repérer la spatule blanche, ce majestueux échassier migrateur à crête, au bec à la forme caractéristique lui permettant de fouiller la vase ? Ou succomberez-vous au charme du gorge-bleue à miroir, ce passereau vif et chantant, estivant dans le golfe ? Outre les oiseaux, ces zones sont aussi l'habitat de libellules, de papillons, d'invertébrés ou encore d'amphibiens comme la rainette verte.

Hippocampe.

© ANDYWORKS - ISTOCKPHOTO.COM

Gorge bleu à miroir.

La flore marine. C'est l'une des richesses du golfe, et l'un de ses gros enjeux de préservation : ses eaux abritent la deuxième plus grande réserve de zostères de France. Cette plante aquatique fascinante se développe sur du sable ou de la vase en herbiers, formant de véritables prairies sous-marines. Sa présence influence le milieu, en agissant favorablement sur le taux d'oxygène de l'eau et sur la lutte contre les polluants. C'est une source de nourriture majeure pour de nombreuses espèces herbivores et pour une grande partie des oiseaux migrateurs. Enfin, elle agit en véritable protecteur de centaines d'espèces animales, comme l'hippocampe, leur offrant une zone de refuge et un cadre idéal pour la reproduction. Aujourd'hui, les zostères marines sont malheureusement menacées principalement en raison des activités humaines. Il est donc important d'adopter des gestes responsables, par exemple en évitant l'ancrage des bateaux dans les herbiers. Le golfe est aussi riche de ses nombreuses algues, que de plus en plus de personnes adoptent pour leurs qualités nutritives incontestables : la dulse, l'ulve, l'himantale, le kombu et la nori…

L'île d'Ilur

Le golfe du Morbihan ne serait pas aussi magique sans ses îles, chacune étant un véritable petit paradis naturel. Nous avons choisi de nous concentrer sur l'île d'Ilur ici, car elle a la particularité d'être la propriété du Conservatoire du Littoral depuis 2008 et d'être gérée par le Parc Naturel Régional. Elle se veut être un exemple en matière de développement durable, et ouvre ses portes aux visiteurs dans un enjeu de sensibilisation écologique. Au cœur du golfe, ses 40 hectares inhabités présentent une diversité naturelle idéale pour mettre en place ces actions écologiques. Ce lieu est porteur d'un projet fascinant de préservation et d'utilisation des ressources naturelles dans une logique de développement durable. Par exemple, on cherche à y être indépendant énergétiquement grâce à des panneaux solaires et à l'utilisation d'un puits pour l'eau potable. Une race rustique ancienne de moutons, les « Landes de Bretagne », après avoir failli disparaître, y a été réhabilitée et broute les prairies, contribuant ainsi à leur entretien.

Le littoral du Morbihan

L'estran. Le littoral est soumis aux marées de l'océan Atlantique. La partie des plages qui se découvre à marée basse est appelée l'estran, et est d'une richesse naturelle extraordinaire. Y vivent des espèces à la capacité d'adaptation exemplaire, et notamment de nombreux coquillages et crustacés. C'est évidemment le lieu idéal pour pratiquer la pêche à pied, de façon respectueuse bien sûr.

Les dunes. Les dunes sont un paysage typique du littoral morbihannais, et abritent, elles aussi, une somptueuse mais fragile biodiversité. C'est dans ce souci que le vaste espace de dunes sauvages allant de la presqu'île de Gâvres à celle de Quiberon a obtenu le label Grand Site de France en 2018. Les parkings y sont situés à distance des côtes, et des sentiers favorisant la marche et le vélo se sont développés, pour pouvoir accueillir les visiteurs tout en limitant les impacts négatifs sur la nature. Les mesures mises en place favorisent la préservation d'espèces animales et végétales menacées, comme cette petite orchidée jaune, le Liparis de Loesel : en forte régression en Europe, elle est l'objet d'une attention particulière ici, ce qui lui a permis de proliférer de façon exceptionnelle. Un oiseau extrêmement charmant, bien que très discret, est menacé lui aussi et est la cible d'actions de protection : le gravelot à collier interrompu. Dès le printemps, il pose ses œufs sur la plage, et ceux-ci sont fréquemment détruits sous nos pas.

Les landes de Lanvaux

L'intérieur des terres du Morbihan abrite aussi des espaces naturels remarquables, telles les landes de Lanvaux, qui traversent le département d'ouest en est. Parmi les espèces végétales qui caractérisent ses forêts, on retrouve la bruyère, l'ajonc, ou le genêt, qui forment de jolis ensembles colorés. Vous découvrirez aussi l'une des plus belles fougères qui soit, l'osmonde royale, et de nombreux arbustes, comme le houx, le genévrier et le noisetier. Pour la faune, vous aurez peut-être la chance de croiser des biches ou d'entendre les coups de bec d'un pic noir, avant de reconnaître cet oiseau de taille conséquente à la calotte rouge. Enfin, les abords des rivières sont les habitats favoris de la loutre…

HISTOIRE

De l'histoire antique du Morbihan, il nous reste des pierres, beaucoup de pierres, et plus précisément des mégalithes de granit, des dolmens, des menhirs, des cairns… Alignés, en cercles, couvrant des sépultures, ils sont le gage d'une civilisation riche, hautement culturelle. Ils sont aussi le sujet de légendes et de mystères qui restent entiers. L'histoire du Morbihan, c'est aussi celle de peuples ayant dû se battre sur plusieurs fronts pour leur indépendance, celle d'un territoire prisé, marqué par l'attachement de familles nobles, et celle d'une rapide ouverture sur l'international… Aujourd'hui, le Morbihan n'a rien perdu de son caractère quelque peu rebelle, très certainement fier de son terroir, de ses traditions, de ses influences celtes… Retour sur les dates qui ont marqué le département, pour le meilleur et pour le pire, et qui en ont façonné ce territoire aux mille nuances, devenu une destination de tourisme incontournable !

-4 500

Fin de la Préhistoire

On estime la construction des mégalithes à cette époque, les alignements de menhirs de la région de Carnac restant le site avec la plus grosse concentration de mégalithes jamais découvert à ce jour.

© FRANCK DIAPO - FOTOLIA

Les alignements de Carnac.

DE L'ANTIQUITÉ À -56

L'époque des Vénètes

On leur doit encore beaucoup de l'ambiance unique de la région, de sa langue préservée, de ses chants, de ses légendes : c'est l'époque durant laquelle les Celtes occupent la Bretagne. Dans l'actuel Morbihan, c'est plus précisément la tribu des Vénètes qui est installée. Ce peuple de navigateurs développe le commerce avec la Grande-Bretagne. Leur nom est à l'origine de celui de Vannes, l'actuel chef-lieu du département.

-56

La défaite face à Rome

Après de nombreuses tentatives, les Vénètes sont finalement battus en pleine mer par les armées romaines de Jules César et la région cède petit à petit à l'emprise gallo-romaine.

395

L'effondrement de l'Empire romain

C'est le début de l'effondrement de l'Empire romain qui s'achève en 476, face aux invasions barbares.

Vᴱ SIÈCLE

La conquête des Bretons

La péninsule armoricaine, dont fait partie l'actuel Morbihan, est conquise par les Bretons de l'île de Bretagne, c'est-à-dire de l'actuelle Grande-Bretagne. Le christianisme s'installe progressivement à cette époque, et saint Patern, d'origine gallo-romaine, devient le premier évêque de Vannes vers 465.

Le premier chef breton

FIN DU VIE SIÈCLE

Waroch est le premier chef breton avéré dont on connaît le nom. Bro Waroch, le « Pays de Waroch », qui devient ensuite Broërec, correspond plus ou moins au Morbihan que nous connaissons. Vannes en est la capitale. S'ensuit progressivement une période de pression des Francs, qui occupent la Gaule, et face auxquels les Bretons défendent leur indépendance.

Nominoë et la Bretagne indépendante

845

Érigé en héros libérateur de la Bretagne, Nominoë était d'abord le comte de Vannes, avant d'être nommé duc de la Bretagne entière par le fils de Charlemagne, Louis le Pieux, en 831. Il s'engage ensuite dans un combat décisif pour l'indépendance de la Bretagne contre les Francs, remporté en 845 près de Redon. C'est en 848 que l'indépendance de la Bretagne et la souveraineté de Nominoë sont consacrées lors d'une cérémonie. Ce dernier meurt en 851, son fils Erispoë prend la relève et devient le premier à obtenir le titre de roi de la Bretagne. Cette monarchie atteint son apogée avec Salomon, cousin d'Erispoë, qu'il a assassiné, puis décline lorsqu'il est vaincu à son tour en 874.

Les ducs de Bretagne

880

Alain le Grand, comte de Vannes, bat les Normands à Questembert et devient à son tour roi des Bretons. À cette époque, la Bretagne indépendante est alors dénommée comme étant un « duché ». C'est le début de la longue tradition des ducs de Bretagne.

Construction du château de Suscinio

XIIE SIÈCLE

Près de Sarzeau est érigée l'une des plus emblématiques demeures des ducs de Bretagne.

© DALIU - SHUTTERSTOCK.COM

Le château de Suscinio.

La guerre de succession

1341

La mort de Jean III le Bon, duc de Bretagne sans héritier direct, marque le début d'une guerre de succession entre les Montfort, soutenus par les Anglais, et les Blois, soutenus par le roi de France. L'actuel Morbihan est alors très touché par les combats, à Auray, Vannes, Ploërmel et Hennebont. Jean de Montfort l'emporte finalement en 1364.

La Duchesse Anne et la fin du duché

XVE SIÈCLE

La Duchesse Anne est le dernier souverain du duché indépendant de Bretagne. Mariée de force au roi Charles VIII, puis à Louis XII, elle est également reine de France, ce qui conduit au rapprochement de la Bretagne et de la France. Sa fille devient la femme de François Ier et la reine de France. Anne de Bretagne est connue pour avoir fait de l'hermine un symbole régional. On raconte qu'elle aurait été séduite par ce petit animal au pelage immaculé, qu'elle aurait aperçu refuser de se souiller en traversant une mare sous la pression des chasseurs, et aurait ainsi préféré la mort à la perte de sa dignité ! Une caractéristique qui aurait enthousiasmé la Duchesse au point de faire de l'animal un emblème, toujours présent sur le drapeau breton et de nombreux édifices.

1532

Le rapprochement officiel

C'est à Vannes que le rapprochement entre la Bretagne et la France se concrétise lors de la réunion des États de Bretagne, sous François Ier. La région négocie le maintien de ses privilèges, et conserve notamment son propre parlement, et son service judiciaire et fiscal.

1664

Naissance de la Compagnie des Indes

Jean-Baptiste Colbert, alors ministre des Finances de Louis XIV, fonde la Compagnie des Indes pour faire face aux expéditions commerciales rivales comme les compagnies anglaises et néerlandaises. L'idée est d'asseoir la puissance française outre-mer, de faire des découvertes en matière de naturopathie et de ramener des épices des pays orientaux, principalement de l'Inde, ainsi que des textiles, en particulier du coton. Rapidement, c'est le port de Lorient (d'abord appelé « l'Orient ») qui est choisi comme base de la Compagnie. Celle-ci va prospérer pendant un siècle, et la Marine royale s'installe à Lorient pour la fabrication de ses bateaux.

1756

Décadence de la Compagnie des Indes

Malgré un prestige certain, la Compagnie des Indes finit par céder face à la concurrence menaçante des Anglais, qui mène la colonie française à sa perte, puis le port de Lorient à la décadence. Mais celui-ci restera, pour les siècles suivants, marqué par les activités liées au commerce international, à la navigation, et à la pêche !

1789

La Révolution française et la chouannerie

La Révolution française commence, suivie de près par la chouannerie, qui oppose aux républicains les royalistes de l'ouest de la France, parmi lesquels l'Association bretonne, bien décidée à défendre la monarchie et les privilèges de la région. Parmi les chefs chouans majeurs, le Morbihannais Georges Cadoudal lutte fermement pour défendre les convictions des opposés de la république et de Napoléon Bonaparte, et jouit d'une grande reconnaissance de ses partisans. Il fait finalement partie des royalistes guillotinés à Paris le 25 juin 1804.

30 JANVIER 1790

Délimitation du département

Les limites du Morbihan sont fixées par décret lors de la Révolution française.

XIXe SIÈCLE

L'époque napoléonienne

Napoléon Bonaparte joue un rôle considérable dans l'évolution du territoire, en développant le port de Lorient qui devient une place forte maritime importante en France, ainsi que Port-Louis. Il contribue aussi à moderniser la ville de Pontivy, renommée pour l'occasion « Napoléonville », et qu'il conçoit comme un lieu économique et commercial stratégique. Il initie également la construction du canal de Nantes à Brest. Le département s'industrialise et se développe, et le tourisme balnéaire commence à apparaître vers 1853.

1914-1918 ET 1939-1945

Deux guerres mondiales

Les deux guerres mondiales affectent profondément le Morbihan, qui déplore de nombreux morts. Un mémorial leur est consacré à Sainte-Anne-d'Auray, ainsi qu'une nécropole nationale rassemblant plus de 2 000 soldats morts lors des deux conflits. À Saint-Marcel, dans les Landes de Lanvaux, on trouve aujourd'hui un musée de la Résistance bretonne.

1941, 1944, 1956

Création de la Bretagne

Ces dates successives voient la création de la région Bretagne et de ses départements : le Morbihan, le Finistère, les Côtes d'Armor et l'Ille-et-Vilaine.

ARCHITECTURE

Dans le Morbihan, l'histoire de l'architecture remonte au... Néolithique ! En effet, les premières structures jamais observées sont bien celles créées par nos ancêtres, souvent pour des sépultures, et que l'on désigne globalement sous le terme de mégalithes de granit. S'il semble indispensable d'aller observer ces constructions anciennes et mystérieuses, l'architecture du Morbihan fait aussi voyager à l'époque médiévale, dont il nous reste de nombreux exemples préservés. La Renaissance aussi et la famille des Rohan a laissé son empreinte au fil des siècles. Aujourd'hui, les maisons individuelles dites « traditionnelles » sont des plus appréciées, avec leur toit en ardoises, leurs couleurs douces, et la pierre de granit comme élément toujours essentiel, par exemple pour entourer les portes et les fenêtres... L'architecture invite au voyage à travers les époques et leurs savoir-faire, richesses, croyances et modes de vie respectifs !

Les mégalithes

Avec plus de 550 sites mégalithiques, il est impossible de passer à côté de ces structures de granit dans le Morbihan, les **alignements de menhirs de Carnac** (p.132) étant d'ailleurs considérés comme le plus grand ensemble au monde. Datés du Néolithique, ils sont certainement le premier acte architectural connu. Les alignements sont notamment organisés d'est en ouest, du plus petit au plus grand, sans que nous en connaissions les causes à ce jour. De nombreux mégalithes sont associés à des sépultures, tels les dolmens (des pierres verticales supportant des dalles horizontales), les cairns (amas de pierres) ou les tumulus (recouvrement d'une tombe avec des pierres et de la terre).

Architecture médiévale

Vannes, chef-lieu du Morbihan, classée Ville d'Art et d'Histoire, vaut le détour. De nombreuses constructions témoignent aujourd'hui de son histoire. Les remparts, construits sur des vestiges gallo-romains, rappellent la nécessité de la cité à faire face aux conflits à travers les siècles. Depuis le XXe siècle, des efforts de préservation de ces fortifications urbaines rares ont été conduits. Des jardins à la française accueillent les visiteurs, des événements sont organisés et des opérations de restauration architecturale sont menées.

L'époque médiévale est marquée par le christianisme, et la cathédrale Saint-Pierre est notamment reconstruite au XIe siècle après sa destruction au Xe siècle lors des invasions normandes, tout comme l'église Saint-Patern, qui porte le nom du premier évêque de la ville. Les deux édifices évoluent au fil des siècles. La cathédrale Saint-Pierre, devenue gothique dès le XVe siècle, conserve de l'époque romane sa structure, avec sa nef, son chœur et ses chapelles. Les travaux se poursuivent des siècles durant, et elle est classée monument historique en 1906. L'église Saint-Patern, quant à elle, est affectée par les conditions climatiques et reconstruite au XVIIIe siècle puis restaurée en 2007-2008 dans un style baroque.

De la Vannes médiévale, on conserve d'autres bâtiments, comme le **Château-Gaillard** (p.73), dont la construction se termine en 1410. L'évêque Jean de Malestroit y habite avant qu'il ne devienne le siège du Parlement au XVIe siècle puis le musée d'histoire et d'archéologie aujourd'hui. L'actuel **musée des beaux-arts de Vannes** (p.74) est lui aussi d'origine médiévale, et était alors un lieu de marché appelé « la cohue ». Les ruelles étroites du centre-ville, et leurs maisons à pans de bois que l'on aime particulièrement pour leur côté très « médiéval », ont été construites aux XVe et XVIe siècles, soit plutôt à l'époque de la Renaissance. Le rez-de-chaussée de ces maisons sert de commerce et de base solide, en granit, aux étages supérieurs, qui abritent des habitations et sont souvent inclinés, soutenus par des encorbellements.

Château-Gaillard, à Vannes.

© OSCITY - SHUTTERSTOCK.COM

Le château de Josselin.

Autres monuments médiévaux du Morbihan

S'il ne fallait en citer qu'un, le Domaine de Suscinio se distinguerait comme le plus emblématique des trésors d'architecture médiévale du Morbihan. Cette forteresse érigée sur la presqu'île de Rhuys a derrière elle plus de huit siècles d'histoire. Attirant aujourd'hui de nombreux visiteurs, le château a été la résidence des ducs de Bretagne après avoir été un relais de chasse et un prieuré bénédictin. On peut admirer ses tours, ses douves, son pont-levis, ses courtines, ses meurtrières…

À quelques kilomètres de Vannes, la Forteresse de Largoët (p.106) s'impose elle aussi comme un haut lieu de l'époque médiévale, avec son haut donjon octogonal, ses murs d'une épaisseur allant jusqu'à 9 mètres, son pont-levis... Il traverse les siècles et voit notamment les ducs de Bretagne se disputer sa propriété (les Blois et les Montfort) ou encourager sa restauration (Anne de Bretagne). Si les conflits et le temps provoquent son délabrement, Prosper Mérimée le fait classer monument historique en 1862 et le sauve de la démolition.

Les petites cités de caractère et villages du département contribuent toujours à ce dépaysement temporel, comme La Gacilly (où la tradition artisanale du Moyen Âge perdure), Josselin (et ses nombreuses manifestations médiévales), Malestroit, Guémené-sur-Scorff ou encore des lieux comme le petit port de Saint-Goustan à Auray. L'architecture des chapelles, églises, échoppes, mais aussi les gargouilles et les rues pavées contribuent à cette ambiance unique.

La Renaissance et la famille de Rohan

À cette époque, la lignée noble des Rohan contribue activement à l'architecture du département, en véritables mécènes. Comment ne pas citer l'une des demeures les plus admirées de cette famille, le château de Josselin ? Si le bâtiment d'origine est construit au Moyen Âge et subit de nombreux rebondissements, c'est bien au XVIe siècle que la demeure prend un tournant décisif, avec la rénovation extrêmement raffinée menée par Jean II de Rohan. Sa façade devient l'un des premiers exemples de la Renaissance en France, avec des motifs décoratifs taillés dans le granit d'une grande finesse. Ce château appartient toujours aux Rohan, dont des générations successives se sont consacrées à la rénovation, tel le duc Alain de Rohan dans les années 1860.

Le château de Pontivy est lui aussi des plus remarquable, et un témoin fiable de l'architecture des châteaux forts des XVe et XVIe siècles en Bretagne : murs épais, tours circulaires imposantes aux angles d'une structure rectangulaire, fossés…

Époque contemporaine : architecture militaire et religieuse

Le Morbihan compte aussi de nombreux forts militaires construits notamment sur les îles et presqu'îles du territoire au XIXe siècle, et assurant une position défensive. Les forts de Porh Puns à Gâvres, de Penthièvre à Quiberon ou de Port Maria sur Belle-Île-en-Mer en sont différents exemples. La citadelle de Port-Louis se distingue par son histoire et son architecture. Elle protège la rade de Lorient et est liée à l'histoire de la Compagnie des Indes, dont elle abrite aujourd'hui le musée.

Un bâtiment majeur de notre époque est le sanctuaire de Sainte-Anne-d'Auray, construit à la fin du XIXe siècle. Ce somptueux monument de style néogothique est fascinant, de par ses vitraux, sa hauteur, ses sculptures… C'est un haut lieu de pèlerinage où l'on célèbre sainte Anne, patronne de la Bretagne, lors du Grand Pardon le 26 juillet.

BEAUX-ARTS

Les artistes ont toujours été nombreux dans le Morbihan, de la peinture traditionnelle au street art en passant par la photographie ou la sculpture… C'est sans aucun doute une terre qui inspire, qui donne à rêver, à admirer, à explorer, à sentir et ressentir… Du golfe du Morbihan aux paysages merveilleux des terres, les émotions provoquées par les paysages se prêtent à la création d'œuvres toujours inédites et originales. Génération après génération, les styles se multiplient, et les passions jamais ne s'amoindrissent. Nous vous proposons de découvrir les artistes qui ont essayé leurs pinceaux, appareils photo et outils divers sur le territoire dans les derniers siècles, et ceux qui ouvrent aujourd'hui la porte de leurs galeries et ateliers, parfois à ciel ouvert… Pour marcher sur leurs pas, et peut-être dessiner votre signature au bas d'une toile, vous aussi, si la beauté du Morbihan vous inspire une création personnelle !

La Compagnie des Indes

L'art est à l'honneur depuis longtemps dans le Morbihan. Au XVIIe siècle, la Compagnie des Indes est créée, et son port est établi à Lorient pour favoriser le commerce avec l'Asie. Parmi les éléments importés en France, le Morbihan voit alors arriver de nombreux objets d'arts « exotiques », prisés par les riches Européens. On trouve des porcelaines aux motifs fleuris, comme des services à thé et divers articles de vaisselle, mais aussi des laques, du mobilier… Cette époque marque une intensification des échanges entre les pays, favorisant le métissage des inspirations, l'évolution des goûts artistiques et des modes... Vous pourrez observer des pièces de ces collections au Musée de la Compagnie des Indes de Lorient, dans la citadelle de Port-Louis.

Belle-Île-en-Mer et ses peintres

Belle-Île est une muse pour de nombreux peintres, depuis toujours. Entre autres, de grands impressionnistes ont succombé à ses lumières exceptionnelles, comme l'Australien John-Peter Russel, ami de Van Gogh et de Toulouse-Lautrec, qui découvre l'île en compagnie de Claude Monet en 1886. Il y séjourne vingt années durant et y peint de nombreuses œuvres, comme *La Voile rouge, port de Goulphar*, non loin de son atelier, dont il immortalise les couleurs chaudes. Quant au fondateur du mouvement impressionniste, Claude Monet lui-même, nous gardons de son unique passage plusieurs dizaines de toiles magnifiques, inspirées de l'ambiance orageuse et des falaises sauvages de l'île, qu'il contribua à rendre célèbre, notamment avec son tableau *Les Aiguilles de Port Coton*. D'autres grands peintres usèrent de leurs pinceaux sur l'île, comme Matisse, ami des deux précédents, et plus tard Georges Clairin, avec son portrait de Sarah Bernhardt, une résidente bien connue de Belle-Île, ou encore Vasarely, dans un style plus moderne et abstrait.

Et ailleurs…

Bien sûr, le Morbihan tout entier est une terre d'inspiration, et ce ne sont pas les habitants du Faouët qui vous diront le contraire. Ce lieu qui attire incontestablement les artistes contemporains fut le berceau des aquarelles et des gouaches d'Elisabeth Sonrel au siècle dernier. Elle aimait particulièrement y peindre la vie traditionnelle des Bretonnes. Finalement, on ne compte plus les artistes qui ont sillonné les plus beaux paysages du département et qui ont trouvé l'inspiration dans les nuances infinies de ces territoires somptueux.

Galeries et ateliers d'artistes

Aujourd'hui, vous trouverez des galeries et ateliers de peintres, sculpteurs et autres artistes plus originaux les uns que les autres dans de nombreux endroits clés du département. Parmi ceux-ci, la presqu'île de Rhuys est le lieu de prédilection où se sont établis quelques artistes talentueux à découvrir absolument, utilisant des techniques variées et parfois surprenantes ! Des sculptures, des peintures, des mosaïques et autres créations se cachent derrière ces portes que vous n'aurez qu'à pousser ! Qui sait, vous pourrez peut-être même profiter d'une initiation à l'une ou l'autre de ces techniques, avec pour modèles les décors à couper le souffle du golfe du Morbihan ? Quoi qu'il en soit, vous rencontrerez de nombreux artistes à travers le département, de Quiberon à Pontivy et du Faouët à La Gacilly !

Escapades artistiques en extérieur

Lors d'une escale dans les terres, vous pourrez vous promener dans les jardins du château de Trédion, entre Vannes et Ploërmel, où quelques sculptures surprenantes vous attendent ! Pour une découverte plus déroutante encore dans ce secteur, rendez-vous dans l'Univers du Poète Ferrailleur, à Lizio, où l'imaginaire est mis en objets, engins, sculptures animées et projets bohèmes par l'artiste Robert Coudray…

À Bignan, près de Pontivy, le château de Kerguéhennec, aujourd'hui Centre d'art contemporain, saura aussi vous faire voyager à travers les sculptures variées d'artistes internationaux installées dans son parc…

La photographie à l'honneur

Cela va sans dire, le département est un lieu de prédilection pour les photographes ! Et il le leur rend bien, notamment en mettant leurs œuvres à l'honneur à La Gacilly chaque année, lors d'une exposition à ciel ouvert de plusieurs mois, reconnue à l'international, à ne pas manquer si vous affectionnez cet art !

Dès la fin du XIXe siècle, de nombreux photographes s'installent dans la région, d'abord dans les grandes villes comme Lorient, puis dans les villages. Si les portraits sont d'abord le type de photographie le plus pratiqué, le développement de la publicité favorise aussi les photographes, avant que l'aspect plus artistique de cette activité ne soit petit à petit reconnu.

Aujourd'hui, vous pouvez rencontrer de nombreux photographes dans le département, et vous procurer leurs clichés les plus originaux en souvenirs, à moins de commander un shooting personnalisé dans le décor morbihannais de votre choix !

L'EESAB de Lorient

Ce lien avéré entre le département et les beaux-arts se retrouve dans la création de l'École supérieure d'art de Lorient en 1961. Celle-ci devient en 2010 l'EESAB, ou l'École européenne supérieure d'art de Bretagne, en fusionnant avec les écoles de Brest, Quimper et Rennes. Garante de l'avenir des arts plastiques et audiovisuels, cette école réputée est un lieu de rencontres et de partages d'expériences riches… Des expositions, conférences et séminaires y sont organisés, parfois ouverts au public et permettant de s'imprégner de l'actualité du secteur.

Le street art

C'est la grande tendance ! Dans le Morbihan, on célèbre le street art ! Un incontournable en la matière, le DéDalE café (« Des expériences, Des artistes, lieu Éphémère ») de Vannes est un lieu fascinant ! Sa visite vous projettera dans des univers différents et des ambiances inédites, parfois envoûtantes, parfois déstabilisantes ! Une expérience de l'art dans toutes ses dimensions, poussée à bout par des artistes d'exception. Vannes recèle également de fresques murales impressionnantes, à découvrir lors de circuits dans le quartier médiéval, avec un guide, ou en autonomie ! Mais le street art n'est pas cantonné aux murs de Vannes, et Lorient et sa voisine Pont-Scorff redoublent d'imagination pour bousculer les codes et proposer des créations inédites !

MUSIQUES ET SCÈNES

Lors d'un séjour dans le Morbihan, vous vous retrouverez sans aucun doute à danser ou tout du moins à taper du pied au rythme des binious et des percussions d'un bagad, ces formations musicales typiques de la région ! De la petite fête de village au festival international, la musique est à l'honneur dans le département, plus encore aux beaux jours, propices à se retrouver en extérieur pour des moments mémorables. Les traditions inspirées de la culture celte perdurent avec détermination, et le département cherche à préserver cette richesse immatérielle coûte que coûte. Musique, danse, théâtre, dans la rue ou dans les salles de spectacle, le programme est intense si vous souhaitez découvrir les artistes passionnés du territoire. Et ce ne sont certainement pas les 750 000 spectateurs qui viennent chaque été se nourrir de cette belle culture musicale lors du Festival Interceltique de Lorient qui diront le contraire !

La musique traditionnelle

La Bretagne a développé une culture influencée par les peuples celtiques. Aujourd'hui, on se délecte toujours de cette musique traditionnelle des « bagadoù ». Inspiré des groupes de musique écossais, le bagad est une formation de type orchestre, jouant des airs traditionnels et accompagnant les « cercles » (groupes de danseurs) lors des fest-noz. La base des instruments du bagad comprend la bombarde, le biniou et les percussions. Le premier est un instrument à vent de la famille des hautbois. Le second, l'emblématique biniou ou cornemuse, est un instrument antique fascinant avec son réservoir d'air qui s'ajoute au hautbois, permettant un jeu ininterrompu et un effet polyphonique. Les musiciens qui jouent de la bombarde et du biniou sont appelés des « sonneurs ». Enfin, les percussions du bagad sont généralement un ensemble de caisses claires écossaises.

Les bagadoù sont à l'honneur lors des fêtes populaires, marchés et bien sûr fest-noz, où l'on danse en cercle jusqu'au bout de la nuit. Le bagad est pris au sérieux dans la région, et des concours sont organisés, tel le championnat national des bagadoù qui a lieu chaque année depuis 1949 ! C'est l'association Bodadeg ar Sonerion qui est à l'initiative de ce concours, mais aussi plus largement de la formation des premiers bagadoù dès la fin des années 1940 ! Une partie des épreuves du championnat a lieu lors du Festival Interceltique de Lorient.

D'autres instruments s'associent à la formation de base du bagad. La harpe celtique est l'un des plus attrayants, répandue dans les hauts lieux de la culture celtique comme la Galice en Espagne, l'Irlande, l'Écosse ou le pays de Galles. L'accordéon, la clarinette, la flûte traversière, le saxophone, le violon et même la guitare viennent compléter ces orchestres traditionnels. S'y ajoute le chant, de nombreux airs bretons étant chantés, avec des paroles parfois engagées, en langue bretonne !

© YANNICK DELONGLEE - FOTOLIA

Festival interceltique de Lorient.

C'est certain, la musique traditionnelle a toujours un bel avenir dans le Morbihan. En témoigne la volonté des conservatoires de Lorient et de Vannes d'en faire leur force en proposant des parcours pédagogiques dédiés, tout comme de nombreuses écoles de musique du département. Il est donc possible d'y prendre des cours de harpe celtique, de cornemuse ou de bombarde !

Les artistes locaux

Le Morbihan compte de nombreux artistes, parmi lesquels certains sont reconnus au-delà des frontières bretonnes, comme Gilles Servat, Alan Stivell et le groupe Soldat Louis. Gilles Servat, amoureux du Morbihan, est à l'origine de l'hymne populaire breton *La Blanche Hermine*, qu'il chante depuis les années 1970 ! Ce titre disque d'or défend l'identité bretonne avec ferveur, et reprend l'animal emblématique du duché de Bretagne, une hermine trop fière pour salir sa robe blanche dans une flaque de boue devant la menace de la mort.

Alan Stivell est quant à lui un musicien hors pair ayant aussi cette volonté de défendre la culture bretonne, et sa langue. Avec son père Georges Cochevelou, musicien et artiste, il est à l'origine du grand retour de la harpe celtique dans la musique bretonne. Mais Alan Stivell performe aussi au piano, à la flûte irlandaise, à la bombarde, à la cornemuse écossaise et aux percussions ! Talentueux et véritable révolutionnaire de la musique bretonne, il mélange les influences avec aisance, du gaélique à l'électro ! Ce musicien humaniste et engagé arbore les symboles bretons et scande des messages d'espoir, de respect et de paix entre les peuples dans des démonstrations musicales d'exception ! Il est sans conteste l'un des plus éminents artistes responsables du déploiement de la culture bretonne en France et au-delà !

Quant à Soldat Louis, ce groupe lorientais de rock breton s'est fait connaître avec le titre *Du rhum et des femmes* en 1988. Il est la preuve de l'association parfaite possible entre les sonorités du bagad et les rythmes rocks à la guitare électrique et à la batterie. Les membres de Soldat Louis continuent d'enflammer les plus grandes scènes du pays ! En 2010, ils ont même composé le nouvel hymne du FC Lorient !

De nombreux bagadoù font des apparitions remarquées au niveau national, comme le bagad de Lann Bihoué, attaché à la marine nationale française, ayant également joué avec Soldat Louis lors de plusieurs concerts. L'émission « La France a un Incroyable Talent » a aussi fait connaître le Bagad Melinerion de Vannes, qui a gagné l'édition 2015 !

Les festivals

Devenus incontournables dans la culture populaire internationale, les festivals ont une place importante dans le cœur des Bretons, spécialistes en la matière depuis les traditions paysannes qui ont fait naître les premiers fest-noz. Les fest-noz sont l'occasion pour de nombreux groupes de musique locaux de se produire et de faire danser la population jusqu'au bout de la nuit… De là au célèbre Festival Interceltique de Lorient, il n'y a que quelques pas de danse ! Ce géant des festivals bretons se déroule sur dix jours au début du mois d'août, et fête sa cinquantième année en 2021 ! Ce sont plusieurs milliers de musiciens qui célèbrent la musique celtique lors d'une centaine de spectacles, ainsi que de nombreuses activités mettant en avant la culture locale !

Mais si vous n'êtes pas disponible pour cet événement, sachez que de nombreux festivals dans tous les styles de musique sont organisés chaque année, tels Au pont du Rock à Malestroit, Les Indisciplinées de Lorient, le Festival Médiéval de Josselin, Belle Île On Air, Fête du Bruit dans Landerneau…

Et la danse ?

Un petit mot sur la danse traditionnelle bretonne, que nous avons évoqué plusieurs fois… En effet, les bagadoù vont rarement sans les cercles entraînant de l' « en dro » (« en dro » dans le pays vannetais dont cette danse est originaire, et « an dro » dans le reste de la Bretagne). Les rythmes marqués de la musique bretonne guident les pas de gauche à droite et de droite à gauche, alors que l'on tient le petit doigt de son voisin… Et ça recommence ! Ces rondes peuvent accueillir des dizaines de danseurs débutants et confirmés, pendant des heures ! Une expérience à vivre absolument ! Sinon, vous aurez sûrement l'occasion de profiter du spectacle de danseurs en tenues traditionnelles, comme le cercle celtique des Krollerion Mourieg !

LITTÉRATURE

C'est connu, les terres de légendes attirent les jolies plumes. Ainsi, de nombreux écrivains talentueux se laissent embarquer dans l'ambiance envoûtante du Morbihan, ce pays aussi magnifique que mystérieux, propice à raconter mille et une histoires. Du polar à la bande dessinée, en passant par la poésie, les styles sont diversifiés et il y en a pour tous les âges. Mais avec toujours cette atmosphère énigmatique ou fantastique qui semble rattraper les auteurs inspirés par le Morbihan, et bientôt leurs lecteurs, dans des décors brumeux, au cœur de tempêtes maritimes, dans les sous-bois de Brocéliande... Depuis Chrétien de Troyes, la légende arthurienne continue de faire couler de l'encre, alors que les romans plus « modernes » restent ancrés dans le terroir morbihannais, la vie traditionnelle, et les croyances d'antan ! Que ce soit avant, pendant ou après votre séjour, ces lectures vous feront voyager au cœur de l'âme du Morbihan.

La transmission des légendes

Si les légendes se transmettent beaucoup oralement et en chansons, les écrivains contribuent à leur préservation au fil des siècles. Dès le XIIe siècle, Chrétien de Troyes lança la littérature arthurienne. Depuis, l'épopée d'Arthur a inspiré de nombreux auteurs de renom, et même Shakespeare dont *Le Roi Lear* serait inspiré de la figure mythologique celtique de Lir, dieu de la mer. Et la transmission continue grâce à John Steinbeck avec *Le Roi Arthur et ses preux chevaliers*, Jean Cocteau et sa pièce *Les Chevaliers de la Table ronde*, Guillaume Apollinaire qui écrivit à 18 ans un roman sur Merlin, *L'Enchanteur pourrissant*, Boris Vian et son opéra revisitant l'histoire de Lancelot, *Le Chevalier de neige*, ou encore la réinterprétation de la légende arthurienne par René Barjavel dans *L'Enchanteur*... La liste est longue et fascinante de ceux qui ont été inspirés par cette mythique épopée prenant sa source dans la forêt de Brocéliande, aujourd'hui appelée Paimpont, à l'est du département. On peut aussi citer l'écrivain talentueux d'origine bretonne Jean Markale et son œuvre conséquente sur le sujet, pour lequel il s'est passionné, et notamment l'ouvrage *Brocéliande et l'énigme du Graal*.

Et les contes et légendes du Morbihan sont à la source de nombreux livres, comme ceux d'Anatole le Braz, parmi lesquels *La Légende de la mort*, un recueil consacré à l'Ankou, le personnage breton de la mort, ou de l'auteur Xavier Hussön, avec entre autres *Merveilles et Légendes du Morbihan*, un livre apprécié par toutes les générations ! D'ailleurs, les enfants ne sont pas en reste et c'est une multitude de livres sur les légendes bretonnes qui leur sont consacrés ! *D'Elouan et les Korrigans*, de Christophe Boncens, pour les plus petits, au livre de Michael Morpurgo dédié aux jeunes lecteurs *Le Roi Arthur*, le choix est infini !

Quelques auteurs morbihannais

Les auteurs locaux ne manquent pas, et beaucoup aiment ancrer leurs romans dans ce terroir qui leur est cher. C'est notamment le cas de Séverine Le Corre-Mongin, de Pontivy, avec *Drame en Morbihan*. Parmi les auteurs emblématiques du département, on peut citer Irène Frain, de Lorient. Cette femme de lettres issue du milieu rural fait voyager le lecteur au cœur de ses origines et sources d'inspiration les plus proches, comme la mer et l'horizon indien, qui fut celui de la Compagnie des Indes fondée à Lorient quelques siècles plus tôt. En plus de ses nombreux romans, elle livre son récit personnel dans *La Maison de la source*.

Plus tôt, la talentueuse Marie Le Franc, née à Sarzeau en 1879, reçut le prix Femina en 1927 pour son roman *Grand-Louis l'innocent*, et laissa son empreinte tant sur sa terre natale, la médiathèque de Sarzeau et un lycée professionnel de Lorient ayant hérité de son nom, qu'au Canada, où elle passa une partie de sa vie, et où c'est un lac qui porte son nom.

La bande dessinée

Dans le Morbihan, on adore la bande dessinée ! D'ailleurs, depuis quelques années, au mois de septembre, le festival Lok'en Bulles à Locmariaquer permet de rencontrer les artistes du genre ! Bien sûr, on y retrouve beaucoup cette tradition fantastique et légendaire. C'est le cas des 7 tomes magnifiques de *Brocéliande, forêt du petit peuple*, qui mettent les korrigans à l'honneur, des 2 tomes de *Larmes de Fées* ou des 5 tomes *d'Aliénor Mandragore*, la fille de Merlin. Parfois, cette inspiration celte est traitée de façon parodique, comme dans *Santiagolf du Morbihan*, de B-Gnet, qui s'en donne à cœur joie ! Plus actuelle et sociétale, la BD *Belle-Île en père* s'inspire de la présence de Sarah Bernhardt à Belle-Île en peignant une héroïne qui remet sa célébrité en question dans le décor de l'île.

QUE RAPPORTER ?

Nous vous accompagnons jusqu'à la fin de votre séjour dans le Morbihan… Et nous nous doutons bien que vous craindrez vite la nostalgie de ce territoire plein de charme une fois rentré chez vous. Qu'à cela ne tienne, il suffit de rapporter quelques souvenirs, pour profiter plus longtemps des plaisirs de votre voyage. Vous ne ramènerez peut-être pas les paysages du crépuscule sur le golfe du Morbihan et l'odeur iodée des côtes, quoi que… Une peinture d'un artiste local et une boîte d'algues marines comestibles pourraient bien vous rappeler les sensations de votre séjour ! Pour le reste, vous trouverez votre bonheur sur les marchés locaux et dans les petits commerces : décoration, gourmandises, souvenirs culturels ou produits cosmétiques… C'est peut-être aussi l'occasion de faire des cadeaux à vos proches, et de leur transmettre l'envie de se rendre à leur tour dans les contrées entre terre et mer du sud de la Bretagne !

Pour garder le style

Votre séjour vous donnera peut-être l'envie d'adopter un style plus breton au quotidien… Allez-vous être séduit par la traditionnelle marinière de l'entreprise bretonne Armor Lux, ou par le mythique ciré jaune de matelot, un allié idéal en cas de pluie et un look assurément tendance ? Et si le jaune n'est pas votre dada, vous trouverez votre ciré parfait en bleu, en beige ou même en rose !

Plus traditionnels, les symboles bretons viennent orner tous les souvenirs de votre choix : bonnets, casquettes, tabliers de cuisine, t-shirts, bijoux, et peut-être même… tatouages ? Parmi ces symboles, le drapeau breton, dit le Gwenn ha du (en breton « noir et blanc ») est toujours le premier auquel on pense. Créé en 1925, il symbolise la diversité et l'unité profonde des pays bretons, et fait honneur à l'hermine, un autre symbole fort de la région depuis l'époque du duché de Bretagne. On a tous vu le Gwenn ha du quelque part, dans les gradins d'un match de football, sur des photos de voyage, lors d'un concert… D'autres symboles, venus de la tradition celte, sont chers à la région, comme le Triskell, un porte-bonheur qui représente l'unité des trois éléments celtes, l'eau, la terre et le feu, ou encore la croix celtique, reconnaissable à son cercle. De façon générale, les entrelacs celtiques plus ou moins élaborés sont souvent présents sur les bijoux, leurs lignes courbes s'entrecroisant sans se rompre, traduisant les croyances celtes relatives à la continuité de la vie et donc à la réincarnation.

Et si vous avez littéralement craqué pour la culture bretonne, peut-être repartirez-vous avec un costume traditionnel, ou une coiffe parmi les nombreux styles disponibles dans le département ! À moins de vouloir simplement customiser votre voiture d'un autocollant représentant une joyeuse bigoudène, motif désormais répandu et permettant une identification forte des Bretons et de leurs amis les plus fidèles sur les routes !

DÉCOUVRIR

Les incontournables bols à prénom.

Pour la maison

De nombreux accessoires pour la maison sont à dénicher, décorés avec les symboles mentionnés ci-dessus, ou simplement avec des peintures de personnages et de paysages... On ne présente plus les traditionnels bols bretons à deux oreilles, à choisir avec l'inscription de votre prénom ! Et si vous avez apprécié les dégustations de cidre au restaurant, rien ne vous empêche d'acheter quelques bolées, pour perpétuer la tradition et recevoir vos amis « à la bretonne » !

Bien d'autres éléments de vaisselle pourront compléter votre collection, ainsi que des cadres, horloges, porte-manteaux, et même quelques petits meubles, souvent dans des tons bleu pastel et blanc, ou décorés d'une ancre de marin...

Pour les papilles

Dur dur de revenir du Morbihan sans avoir gardé quelques bonbons au caramel au beurre salé dans les poches... Alors pourquoi ne pas carrément assumer votre gourmandise, et remplir des boîtes en fer typiques de sablés et palets bretons, de kouign-amann, de niniches de Quiberon, et de petits caramels fondants ? Vous pourrez toujours prétendre que c'est pour faire des cadeaux... Et décider ensuite si vous offrez ces délices ou si vous préférez les garder pour vous !

D'autres spécialités locales se prêtent bien au transport, comme la soupe de poisson artisanale en bouteille, les andouilles de Guémené-sur-Scorff (entières ou en bocaux, en crème ou en pâté), et toutes les conserves de produits locaux. Si l'on pense souvent aux sardines à l'huile (déclinées de mille façons), vous pourrez aussi repartir avec des anchois, des maquereaux, des Saint-Jacques, du homard, du crabe ou encore des algues (spiruline, haricots de mer, yuzu, nori...) ! Et pour confectionner vous-même de délicieuses recettes bretonnes, et notamment des galettes, pourquoi ne pas en profiter pour rapporter de la fleur de sel et de la farine de sarrasin ?

Côté boissons, évidemment, vous aurez l'embarras du choix. Incontournable, le cidre local aura sa place dans votre panier à souvenirs. Mais vous pourrez aussi repartir avec du jus de pomme artisanal et le désormais célèbre Breizh Cola (et ses cousins Breizh Thé, Breizh Agrum...) pour les plus jeunes. Bien sûr, profitez-en pour ramener vos bières locales préférées, ou même une bonne bouteille de chouchen, cette légendaire boisson celte au miel qui fera son effet, de l'apéritif au digestif !

Pour les loisirs

Votre séjour sera sans doute marqué par les légendes et l'histoire de ce petit territoire à la culture extrêmement présente. Pourquoi ne pas prolonger votre évasion et votre découverte en ramenant des livres sur les meilleures légendes du Morbihan et sur ses origines ? Pour les petits

© JEROME.ROMME - SHUTTERSTOCK.COM

Pots de caramel au beurre salé.

et pour les grands, les lectures ne manquent pas, et des mégalithes aux korrigans, vous pourrez être longtemps accompagné par l'univers morbihannais !

Pour animer les journées en famille ou entre amis, n'hésitez pas à vous procurer un jeu de palets bretons ! S'il en existe différentes variantes, nous ne saurions que trop vous recommander d'essayer le palet sur route, typique de Pontivy... Si vous vous entraînez suffisamment, peut-être pourrez-vous revenir et participer à quelques concours organisés par le Comité Morbihannais du Palet sur Route ?

Enfin, les musiciens parmi vous repartiront peut-être avec un instrument traditionnel, encouragés à entamer une nouvelle pratique musicale après avoir participé à des Fest-noz. Choisirez-vous un biniou, une bombarde, une clarinette, un accordéon, une flûte traversière, un violon, une caisse claire ou... une harpe celtique ?

Pour prendre soin de soi

Si vous avez profité des soins délivrés dans les centres de thalasso du territoire, vous le savez certainement : de nombreux produits cosmétiques sont fabriqués dans le Morbihan. Vous pouvez tout à fait prolonger ces moments de bien-être, en vous octroyant des soins iodés à base d'algues et d'actifs marins dans l'intimité de votre salle de bains. À moins de succomber pour les parfums fruités ou gourmands chers au département (du gel douche au kouign-amann ? Oui, absolument !). La tendance bien-être se déploie en permanence sur le territoire, et vous trouverez de nombreux produits naturels, bio, souvent zéro déchet... On peut notamment citer la marque Ma Kibell (« ma baignoire » en breton), qui a su se faire un nom dans l'univers de la cosmétique française !

SPORTS ET LOISIRS

Le Morbihan est une terre aux mille contrastes, qui offre des expériences riches en émotions. C'est un lieu où chacun trouvera des activités qui lui permettront de s'évader, de se détendre et de s'émerveiller. Que vous vous leviez à l'aube pour admirer, à petites foulées, les premières lueurs du jour sur le golfe du Morbihan ou que vous preniez votre parti du vent du large pour vous envoler en kitesurf, le plaisir sera au rendez-vous ! Les sports et loisirs à pratiquer sont nombreux, et vous vous découvrirez peut-être une nouvelle passion, entre la pêche, le golf, la plongée ou le char à voile… À moins que vous ne choisissiez de simplement profiter de la beauté des plages pour dorer au soleil en lisant le guide du *Petit Futé*, ou que vous ne disparaissiez quelque temps entre les mains bienveillantes des masseuses d'un centre de thalasso ! Et après tout, vous pouvez aussi varier les plaisirs, et voguer au fil de vos envies !

Sur l'eau

Qui dit département côtier dit sports nautiques ! Les vagues de l'océan Atlantique vous attendent, et le vent du large vous promet quelques sensations fortes ! Saviez-vous que le Morbihan attirait des kitesurfeurs venus de loin, prêts à tester l'environnement idéal de la presqu'île de Quiberon ? Selon votre niveau, vos envies, et les conditions climatiques, les différents spots du département offrent un terrain de jeu prisé pour le kitesurf, de la presqu'île de Gâvres à Locmariaquer, en passant par les plages d'Erdeven et de Carnac. Attention à bien prendre en compte les interdictions saisonnières et les éventuels dangers de chaque site. Bien sûr, si vous n'êtes pas encore un spécialiste, c'est l'occasion de prendre des cours afin de vous initier à ce type de glisse assez exceptionnel !

Pour ceux qui sont friands de nouveautés, le wing foil est en plein essor et vous ne manquerez pas d'observer ce nouveau venu des sports nautiques au large des côtes morbihannaises. Croisement savant entre plusieurs activités nautiques, le wing foil consiste à surfer sur une planche stable de type paddle, en étant tracté par une voile (wing) tenue à bout de bras et non fixée à la planche. Des sensations de liberté supplémentaires sont offertes par le foil, un élément attaché sous la planche et comparable à une aile d'avion, permettant d'augmenter la vitesse et de « décoller », en évoluant au-dessus du niveau de l'eau ! À noter, ce sport en plein boom est né, à l'origine, d'un concept proposé dans les années 1980 par Roland Le Bail… un Breton, bien sûr !

Le surf, lui aussi, reste un rendez-vous incontournable des côtes morbihannaises, alors embarquez votre planche sur le toit de la voiture, ou louez-en une pour profiter des belles vagues de l'Atlantique ! Bien sûr, toutes les activités nautiques sont représentées dans le département, et vous serez aussi tenté d'embarquer à bord de bateaux plus ou moins gros : catamarans, petits bateaux de pêche, yachts… Peut-être monterez-vous à bord d'un sinagot, un voilier tradition-

Balade en kayak vers Saint-Cado.

nel à deux mats, utilisé originellement pour la pêche et le transport sur de petites distances. Croisière ou initiation à la navigation, voire à la pratique de la pêche en mer, toutes les raisons sont bonnes pour prendre le large ! Enfin, si vous voulez profiter des sensations de la voile, odeur de la mer et vue sur l'océan comprises, mais de façon insolite, nous vous proposons… le char à voile ! Vous ne pouvez manquer cette activité populaire pratiquée sur les plages : ces « voiles » à roulettes déambulent à toute allure sur le sable, et promettent de passer un moment sensationnel !

Si vous aspirez à des eaux paisibles, vous êtes évidemment au bon endroit, puisque le golfe du Morbihan s'ouvrira à vous pour une promenade en kayak ou un moment méditatif sur un paddle ! Les décors changeants au gré des lumières y sont exceptionnels à admirer, et l'apaisement est total ! Peut-être choisirez-vous la voie fluviale pour entrer dans les terres du Morbihan, en autonomie sur un petit bateau électrique ou en vous laissant conduire lors d'une croisière. Vous serez alors amené à passer certaines des écluses du Canal de Nantes à Brest, une expérience unique à vivre en famille !

Enfin, vous pourrez profiter de la mer de la façon la plus immersive qui soit : en plongée sous-marine ! De nombreux clubs vous proposent des plongées dans des environnements protégés, à la recherche de l'hippocampe dans le golfe ou à la découverte d'épaves autour de l'île de Groix !

Sur une monture

Si les paysages côtiers caractéristiques du Morbihan font sa réputation, les terres aussi regorgent de lieux mythiques à explorer ! Alors, à cheval ou à vélo, choisissez votre monture et partez à l'aventure entre les forêts et villages typiques du territoire intérieur et le littoral majestueux à parcourir cheveux au vent !

De nombreuses voies cyclables sont aménagées dans le département, sans compter les petites routes idéales pour pédaler dans un cadre ravissant, à la journée ou lors d'un séjour en itinérance. Peut-être choisirez-vous d'emprunter la célèbre Vélodyssée, qui traverse le nord du Morbihan sur 112 kilomètres, le long du Canal de Nantes à Brest ! Au-delà du département, cette voie mythique offre un itinéraire total de 1 200 kilomètres sur la côte atlantique ! La partie morbihannaise vous fera passer par des petites cités de caractère irrésistibles comme Malestroit ou Josselin ! Les rives du Canal du Blavet, elles aussi, s'avèrent idéales pour des promenades adaptées à tous, tout comme les nombreuses voies vertes (de Mauron à Questembert, au départ de Lorient ou de Ploërmel, sur la presqu'île de Rhuys, entre Erdeven et Quiberon…).

Pour ceux qui aiment s'aventurer sur des sentiers plus sportifs, les pistes de VTT ne manquent pas ! Dans la Vallée du Blavet, dans

Sur la plage de Plouharmel.

les Landes de Lanvaux, à La Roche Bernard, dans le Pays de la Gacilly et jusqu'à la forêt de Brocéliande, l'exploration est infinie et les sensations fortes au rendez-vous, avec des passages techniques que seuls les plus courageux braveront ! N'oubliez pas de faire un tour du côté d'Auray, où de superbes circuits de tous les niveaux ont vu le jour depuis 2019.

Enfin, si votre monture préférée est plutôt du genre à avoir quatre pattes et à filer au galop sur la plage ou s'aventurer au pas dans la forêt, vous serez comblé ! Les promenades à cheval sur de vastes plages au crépuscule, dignes des films romantiques, deviennent réalité d'Erdeven à Quiberon… Mais vous pouvez aussi explorer les paysages somptueux du golfe du Morbihan ou ceux de l'intérieur des terres, le long de l'Equibreizh, un itinéraire conçu pour les cavaliers en terre bretonne.

Sur vos deux pieds

Bien sûr, s'il est une façon simple et instinctive d'explorer un territoire et de pratiquer une activité sportive, c'est sur ses deux pieds. Ici encore, les amoureux de la randonnée ne seront pas déçus, puisque le Morbihan regorge de sentiers de randonnées de tous les niveaux et toutes les dimensions. Si le point culminant du territoire dépasse à peine les 300 mètres d'altitude, ne vous y trompez pas, il faudra un certain degré d'énergie pour parcourir à pied la forêt de Brocéliande, le pays du Roi Morvan et ses Montagnes Noires, les Landes de Lanvaux le long du GR 38, ou encore faire le tour du lac de Guerlédan à pied sur 40 kilomètres ! Et ce n'est pas tout… Les randonneurs les plus déterminés pourront parcourir une partie du mythique GR 34, autrement dénommé le sentier des douaniers, le GR le plus côtier de tous, proposant de suivre le littoral breton sur plus de 2 000 kilomètres !

© RICHARD VILLALON - STOCK.ADOBE.COM

Sentier sur l'Île-aux-Moines.

Pour la partie morbihannaise, c'est l'occasion de passer plusieurs jours en itinérance dans des paysages à couper le souffle, entre les falaises de la Côte Sauvage sur la presqu'île de Quiberon, les dunes interminables d'Erdeven, ou encore autour du golfe du Morbihan… Une autre aventure pédestre à vivre, sans aucun doute, est de randonner sur une île emblématique du département. Du tour de l'île d'Houat en quatre heures de marche (14 kilomètres) au tour de Belle-Île-en-Mer en cinq jours sur 85 kilomètres le long du GR 340, en passant par les 23 kilomètres de sentiers de l'Île-aux-Moines ou par le tour de l'île de Groix (27 kilomètres), vous aurez l'embarras du choix ! Dans tous les cas, le sentiment d'accomplissement est au rendez-vous, et tant la pause kouign-amann que les crêpes du soir seront bien méritées !

Au-delà de la randonnée en pleine nature, votre exploration à pied vous permettra à loisir de visiter les musées et monuments majeurs du territoire, de flâner dans les villages de charme et les cités médiévales, de vous enivrer des odeurs des marchés locaux ou de prendre part aux festivités traditionnelles du coin, peut-être en apprenant quelques pas de danse lors d'un Fest-noz endiablé ?

Mais nous le savons bien, pour certains, il est plutôt question de… courir ! Un défi d'exception vous attend dans le Morbihan, comme des centaines de coureurs chaque année à la fin du mois de juin : faire le tour du golfe, sur 177 km, soit l'équivalent de quatre marathons mis bout à bout, lors de l'Ultra Marin ! Sinon, vous pouvez aussi vous inscrire au Marathon de Vannes, en octobre, et prévoir de découvrir le Morbihan à l'automne ! Bien sûr, en dehors de ces grands événements, les coureurs sur route ou en pleine nature, façon trail, ne manqueront pas de terrains d'entraînement sur l'ensemble du département, à toutes les saisons !

Mais profiter du Morbihan sur vos deux pieds peut aussi bien être l'occasion (plus tranquille) de découvrir la pêche à pied ! Cette fois-ci, chaussez vos bottes en caoutchouc avant de vous rendre sur les plages à marée basse pour dénicher les coques, palourdes, étrilles ou couteaux qui vous y attendent ! Plus précisément, c'est sur l'estran que vous trouverez vos trésors, c'est-à-dire sur la partie du littoral, très riche en biodiversité, soumise aux marées, et donc accessible uniquement à marée basse. Évidemment, nous vous encourageons à bien vous renseigner ou à vous faire accompagner par des locaux, afin de vous assurer de pratiquer cette activité de façon respectueuse pour l'environnement.

Dans un autre style, mais toujours sur vos deux pieds, des terrains de golf magnifiques vous attendent pour frapper la balle avec une vue sur l'océan imprenable ! Vous verrez, le green et l'air marin se marient à la perfection lors de parties en famille ou entre amis, que vous soyez initié ou non !

Sans effort

Peut-être nous avons-vous réservé le meilleur pour la fin… À vous de nous le dire une fois que vous aurez goûté aux plaisirs d'une session thalasso dans l'un des nombreux centres du département, à Carnac, Quiberon, Vannes, Belle-Île-en-Mer… Le Morbihan est une destination réputée pour ses activités de bien-être. Détente, soins iodés, thérapies naturelles, massages, régimes personnalisés… D'une demi-journée de spa à un séjour en cure, toutes les options s'ouvrent à vous. C'est le moment idéal pour déconnecter et pour penser à soi.

GASTRONOMIE

Le Morbihan est gourmand, et c'est peu de le dire ! Saveurs iodées, textures beurrées, boissons plus ou moins alcoolisées, et jusqu'à la charcuterie et le fromage, il y en a pour tous les goûts ! La nature est généreuse et les savoir-faire perdurent et continuent même de se développer dans ce pays fier de son terroir, où l'on aime affirmer à quel point il fait bon vivre ! Une promenade en mer sans déguster des crustacés ou des poissons frais ? Une randonnée dans les terres sans grignoter un sablé breton ? Une soirée entre amis sans galettes et sans cidre ? Impossible ici, là où les goûts et les odeurs vous accompagnent partout ! Essayez de rentrer chez vous avec la recette du caramel au beurre salé ou du kouign-amann et quelques conserves de sardines et de maquereaux dans les poches… Mais surtout, profitez de votre séjour pour vous laisser surprendre au détour d'une brasserie artisanale, d'un parc ostréicole ou d'une biscuiterie locale !

Les produits de la mer

Ouvrons-nous l'appétit avec l'huître, véritable star dans le golfe du Morbihan, où les conditions sont idéales pour sa culture, au rythme des marées, même si on la trouve aussi dans la Ria d'Étel ou à Quiberon. Trois ou quatre ans de travail sont nécessaires avant de déguster une huître savoureuse, et le métier traditionnel d'ostréiculteur demande beaucoup de force physique et d'adaptation aux conditions climatiques. Si vous êtes chanceux, vous ramasserez peut-être une huître sur une plage, à marée basse, échappée des parcs ostréicoles. Encore faut-il savoir l'ouvrir sans se blesser, en insérant délicatement votre couteau entre les coquilles jusqu'à ce que le verrou lâche et que le muscle se décolle ! Pour vérifier si votre huître est vivante, vous pouvez tapoter la partie sombre (le manteau), avec la pointe de votre couteau. Elle se rétracte ? C'est gagné ! Et pour en profiter pleinement, prenez soin de bien la mâcher !

Mais côté mer, bien d'autres délices vous attendent, notamment dans le rayon des coquillages et crustacés. Les palourdes du golfe, les pouces-pieds de Belle-Île-en-Mer, les ormeaux de Groix, l'étrille, la crevette bretonne, ou encore les moules de Pénestin ouvrent le bal ! Quant à la langoustine, la langouste et le homard bleu, ils trônent sur les meilleures tables gastronomiques.

Si ceux de Guérande, en Loire-Atlantique, sont les plus connus, le Morbihan aussi a ses marais salants ! Et d'autres cultures ne manqueront pas de vous surprendre, comme celle de la spiruline à l'eau de mer ou encore des algues comestibles ! Vous laisserez-vous tenter par une assiette de « spaghettis de mer », nous avons nommé l'himanthale ?

Vous vous en doutez, les amateurs de poissons seront comblés, avec du bar, de la sole, de la dorade, du rouget ou du congre… En fin de journée, vous aurez peut-être l'occasion d'apprécier une bonne godaille, la soupe de poissons et de crustacés anciennement distribuée aux matelots à leur retour au port.

Et côté terre ?

Vous l'avez deviné, parmi les spécialités du Morbihan, on retrouve celle mondialement connue de la région : les crêpes bretonnes ! Il est temps pour vous de redécouvrir ce plat emblématique sur sa terre d'origine ! À base de froment pour les crêpes sucrées et de sarrasin pour les galettes salées, la réussite de cette spécialité dépend de l'association d'ingrédients de premier choix, mais aussi d'un sacré tour de main ! Vous assisterez aux gestes aguerris des spécialistes sur leurs crêpières modernes, inspirées des anciennes galétoires du XIXe siècle, de grosses plaques rondes que l'on plaçait dans la cheminée pour y cuire les galettes ! Il ne vous restera qu'à choisir votre garniture !

© VVOEVALE - ISTOCKPHOTO.COM

DÉCOUVRIR

© MCV300 - ISTOCKPHOTO.COM

Choux-fleurs.

Et voici un incontournable du territoire : le beurre breton demi-sel ! Il participe à la réussite des meilleurs plats de la région, et est un mets historique des plus apprécié, puisqu'il arrivait même à certains d'apporter une motte de beurre comme participation aux repas de fêtes ! Le Morbihan peut aussi être fier de ses fromages. Si la Tome de Rhuys a su se faire un nom, vous goûterez peut-être également la Tome bretonne de Baden et le Badennois, plus moelleux, mais aussi le Pilou à Belle-Île-en-Mer, un petit fromage frais, ou encore les fromages caractéristiques des moines : la Trappe de Timadeuc et le Trappiste de Campénéac.

Bien sûr, les amateurs de charcuterie ne seront pas en reste, notamment grâce à la célèbre andouille artisanale de Guémené-sur-Scorff. Pour chaque andouille de 600 grammes, ce sont trois gros intestins qui sont associés savamment selon un procédé de superposition des couches, puis fumés pendant 48 heures et séchés jusqu'à neuf mois ! On déguste aussi de très bons pâtés bretons à base de viande de porc, à moins de préférer la tendresse de l'agneau de Belle-Île-en-Mer.

Pour les légumes, le Morbihan est le pays du chou-fleur, du chou-pommé (vert, blanc ou rouge) et de l'artichaut camus de Bretagne !

Plus inattendu, le territoire a son épice, et elle vous fera voyager bien plus loin, du côté de l'Orient. Et c'est bien à Lorient que vous trouverez le Kari Gosse, un curry créé par Monsieur Gosse au XIXe siècle, rappelant le lien étroit de sa ville avec la Compagnie des Indes, et accompagnant les crustacés à la perfection !

© AZURITA - ISTOCKPHOTO.COM

Far breton.

Délices sucrés

Arrêtez-vous dans l'une des biscuiteries du coin et remplissez une boîte en fer de sablés et de palets bretons, pur beurre bien sûr ! Vous ne manquerez pas d'occasions pour goûter aux gourmandises de la région. Entre autres, le far breton aux pruneaux, à différencier du gâteau breton originaire de Lorient, ressemblant à un sablé grand format, parfois fourré lui aussi, ou le Gochtial, une délicieuse brioche de forme arrondie. Et bien sûr, vous ne couperez pas au (très) riche kouign-amann (oui, « amann » signifie bien « beurre » en breton) ! Les plus jeunes seront ravis de sucer leurs niniches, comprenez des sucettes coniques fabriquées à Quiberon depuis des décennies !

Mais surtout, ne manquez pas de savourer le délicieux caramel au beurre salé artisanal, en bonbon tendre, en sauce coulante sur une crêpe ou un dessert aux pommes, en pâte à tartiner (le célèbre Salidou de Quiberon), ou même en parfum de glace !

Et à boire ?

L'ère de la bière a sonné dans le Morbihan, et c'est une flopée de brasseries artisanales qui ont ouvert leurs portes dans les dernières décennies ! Alors laissez-vous tenter par ce savoir-faire qui marque un vrai retour au terroir et aux méthodes traditionnelles ! Dans les nouveau-nés du secteur de la boisson morbihannaise, vous pourrez aussi goûter le gin breton H2B, fabriqué près de Vannes, au caractère marin incontestable !

Et pour les plus traditionnels, une bonne bolée de cidre local vous attendra à toutes les terrasses, et vous pourrez même peut-être déguster son ancêtre, la cervoise ! En fin de repas, le Lambig fera le bonheur des amateurs de boissons plus fortes en alcool. Cette eau-de-vie de cidre succulente ne vous laissera pas indifférent…

Pour finir, ne repartez pas sans avoir trempé vos lèvres dans la boisson des dieux : le chouchen, une boisson alcoolisée liquoreuse issue de la fermentation du miel, et la plus ancienne boisson qui nous vienne de la culture celtique ! *Yec'hed mat* !

TOP 10

GASTRONOMIE LOCALE

Voici un Top 10 aux saveurs très variées, 100 % spécialités locales morbihannaises ! Le département a de quoi faire saliver les petits et les grands, des petits déjeuners gourmands jusqu'aux soifs à étancher en fin de Fest-noz ! Assurez-vous de tout goûter, avec ou sans modération !

LE KARI GOSSE

Ce mélange d'épices de type curry est inspiré de l'époque de la Compagnie des Indes à Lorient.

© KARI GOSSE - STOCK.ADOBE.COM

LE SALIDOU

La pâte à tartiner saveur caramel au beurre salé fabriquée à Quiberon, idéale sur les crêpes…

© GIFTULYA - STOCK.ADOBE.COM

LA BIÈRE

Activité en plein essor, les microbrasseries du Morbihan fleurissent pour le plaisir de tous !

© WASAN TITA - ISTOCKPHOTO.COM

LES SARDINES

La réputation des conserves de sardines grillées et cuisinées de Quiberon n'est plus à faire !

© TOMASWORKS - ISTOCKPHOTO.COM

LES HUÎTRES

Les parcs ostréicoles ne manquent pas dans le golfe du Morbihan, où les conditions sont idéales !

© PHILCOPAIN - STOCK.ADOBE.COM

LA TOME…

…de Rhuys ! Un fromage artisanal de caractère au lait cru de vache, frotté au sel de Guérande.

LES NINICHES

Depuis 1946 à Quiberon, cette sucette au caramel se décline aussi dans des versions fruitées !

LE GOCHTIAL

Originaire de la presqu'île de Rhuys, ce pain brioché rond saura vous séduire dès le petit-déjeuner.

© HELENEDEVUN - STOCK.ADOBE.COM

L'ANDOUILLE

À Guémené-sur-Scorff, vous découvrirez tout un savoir-faire ancestral dans cette charcuterie phare !

© BEBEBALL - STOCK.ADOBE.COM

GÂTEAU BRETON

Originaire de Lorient, ce gâteau rond au beurre, dense, a une texture qui rappelle le palet breton.

© BRAD PICT - STOCK.ADOBE.COM

AGENDA

En cette année 2021, plus que jamais, nous attendons tous de pouvoir à nouveau sortir, célébrer, découvrir, danser, se retrouver… Alors si le contexte n'est pas encore celui d'un véritable retour à la normale, nous sommes toutefois heureux de vous présenter dans cet agenda des rendez-vous parmi les plus incontournables du Morbihan ! Bien sûr, les événements doivent encore s'adapter à la crise sanitaire et aux mesures gouvernementales qui peuvent évoluer d'une semaine à l'autre. Ainsi, nous vous encourageons à bien vérifier les informations qui concernent chaque manifestation avant de prévoir votre participation ! Mais globalement, cette année, vous devriez à nouveau pouvoir chanter à Lorient lors du Festival Interceltique (et bien d'autres festivals), courir dans le Golfe lors de l'Ultra Marin, admirer des photos à La Gacilly, déguster des galettes à Auray… Voici une sélection qui devrait vous réjouir autant que nous !

LA SEMAINE DU GOLFE

VANNES

✆ 02 97 62 20 09

www.semainedugolfe.com

En mai. Tous les deux ans (années impaires), le week-end de l'Ascension. Gratuit.

Manifestation maritime et terrestre incontournable du Grand Ouest, réunissant plus d'un millier de bateaux du patrimoine français et européen, la Semaine du Golfe aurait fêté cette année ses 20 ans. On y admire toutes sortes de navires, dont des grands voiliers du patrimoine maritime, qui naviguent en flottille toute la semaine. 17 communes, 17 ports proposant des animations culturelles, sportives, concerts et dégustations. Le clou final est la grande parade, de l'entrée du golfe jusqu'à Vannes, à laquelle participent tous les bateaux. Prochaine édition en 2023.

FESTIVAL PHOTO LA GACILLY

LA GACILLY

✆ 02 99 08 68 00

www.festivalphoto-lagacilly.com

De début juin à fin septembre. Entrée libre.

Tous les étés depuis 2004, ce festival expose en grand et en extérieur des séries de photos venues du monde entier, axées sur deux thématiques : l'environnement et, chaque année, un pays différent. Le joli village d'artisans d'art de La Gacilly se transforme ainsi en une galerie géante à ciel ouvert : dans les ruelles, sur les murs, dans les jardins, trônent des clichés saisissants. Ce festival gratuit est devenu un rendez-vous incontournable, attirant les initiés comme les néophytes.

L'ULTRA MARIN - RAID GOLFE DU MORBIHAN

39 Quater, rue Albert 1er

VANNES

✆ 02 97 68 24 49

www.raid-golfe-morbihan.org

En juin. Gratuit en spectateur. Prix selon courses.

Vous aimez courir ou marcher ? Le golfe du Morbihan vous fait rêver ? Sportifs amoureux de nature, cet événement est fait pour vous ! Choisissez votre défi : Grand Raid Golfe du Morbihan (177 km), Raid Golfe du Morbihan (87 km), Trail Golfe du Morbihan (56 km), La Ronde des Douaniers (36 km), Marche nordique Golfe du Morbihan (29 km), Relais par équipes sur le 177 km et Grand Défi Ultra Marin sur le 177 km. Afin de courir pour la bonne cause, inscrivez-vous au Grand Défi solidaire.

JAZZ EN VILLE

VANNES

✆ 02 97 01 62 30

www.festivaljazzenville.fr

Juillet.

Chaque année, ce festival qui célèbre le jazz sous toutes ses formes (moderne, classique, festif...) rassemble des artistes renommés de la scène internationale, de jeunes talents et des révélations. Accessible gratuitement, il prend place dans les jardins des remparts, pour cinq soirées. Profitez aussi des concerts plus intimistes organisés dans les bars et les salles spécialisées... Des goûters jazz sont également organisés à destination des plus jeunes. En flânant sur l'esplanade du port ou tout simplement dans les rues, le jazz vous accompagne partout !

FESTIVAL AU PONT DU ROCK

MALESTROIT ✆ 02 97 73 76 91
www.aupontdurock.com
30 et 31 juillet 2021.

Rendez-vous incontournable dans l'ouest, Au Pont du Rock est le plus vieux festival rock de l'été en Bretagne, créé en 1989 par une bande de copains. De nombreux artistes y sont passés : Louise Attaque, les Négresses Vertes, Hubert-Félix Thiéphaine, The Do, Moriarty, Dionysos, Eiffel, Pony Pony Run Run, Shaka Ponk, Archive, Mass Hysteria, Offenbach… A l'affiche cette année, pour la 31e édition : le chanteur Alain Souchon, le rappeur Lorenzo ou encore le DJ électro Petit Biscuit. Le festival est porté par l'association Aux arts etc. et ses quelque 500 bénévoles.

BELLE ÎLE ON AIR

LE PALAIS
https://belleileonair.org
Du 11 au 13 août 2022. Restauration.

Ce festival de musiques actuelles se situe à double titre dans un cadre magique et magnifique : sur Belle-Île-en-Mer et dans le Bois du Génie. Si 2020 aurait dû marquer les 13 ans de cet événement fédérateur, ouvert à tous les publics et écoresponsable, la prochaine édition n'aura pas lieu en 2021 mais en… 2022 ! La programmation éclectique est propice à la découverte, et le lieu, atypique et insulaire, parfait pour déconnecter. Le festival a aussi son off, en général quelques jours précédents l'événement, sur le port de Le Palais, en accès libre et gratuit.

LES FÊTES HISTORIQUES

VANNES
✆ 02 97 01 62 30
Mi-juillet. Gratuité dans le cadre des spectacles de la ville.

Chaque année en juillet, Vannes déroule son passé avec fierté tout le long de ses rues. Pendant les Fêtes historiques, plongez dans une atmosphère médiévale au cœur d'une cité pleine de caractère. Dans le jardin des remparts ou dans les ruelles de la vieille ville, visitez les échoppes du forgeron et du frappeur de monnaie, admirez les spectacles de fauconnerie et les démonstrations d'artillerie, et goûtez à la cuisine médiévale. La magie ne s'arrête pas avec la tombée de la nuit grâce aux spectacles de cracheurs de feu et au grand bal populaire.

LES FÊTES D'ARVOR

VANNES ✆ 02 97 47 11 10
www.fetes-arvor.org
Autour du 15 août. Gratuit.

Créées en 1928, les Fêtes d'Arvor rassemblent chaque année des milliers de personnes, avec comme point d'orgue le couronnement de la reine d'Arvor, le 15 août, sur les marches de l'hôtel de ville. Le comité des fêtes de Vannes organise des animations autour de la culture bretonne, mettant en avant le dynamisme des groupes et des bagadoù : fest-noz, spectacles, concerts, chants de marins, initiations à la danse ou encore défilés en costume rythment ces deux jours de fête, dans une ambiance bon enfant. Un feu d'artifice tiré au-dessus des remparts clôt l'événement.

FESTIVAL INTERCELTIQUE DE LORIENT

LORIENT
✆ 02 97 21 24 29
www.festival-interceltique.bzh
Première quinzaine d'août. 50e édition.

Rendez-vous incontournable des expressions contemporaines des pays celtiques, le FIL propose pendant 10 jours une flopée d'animations, dont beaucoup en accès libre : concerts, festoù-noz, conférences, ateliers musicaux, expositions d'œuvres d'art et de costumes, défilés, concours, marché artisanal… Sans oublier les temps forts que sont la Grande parade des Nations celtes et les Nuits Interceltiques. Cette année, pour la 50e édition, l'invitée d'honneur est… la Bretagne elle-même !

JOUTES DU LOCH

Port de Saint-Goustan
AURAY
En août.

S'il est un événement caritatif haut en couleur, c'est bien celui-ci ! Ces joutes nautiques voient s'affronter chaque été sur le plan d'eau de Saint-Goustan des participants costumés représentant une vingtaine de communes du pays d'Auray. C'est donc à une manifestation dynamique et bon enfant que vous pourrez assister, et qui se déroule tout au long de la journée. Au-delà d'un événement amical et hors du commun, l'enjeu est de lever des fonds au profit de CCAS et d'associations locales, en faveur d'enfants en situation sociale ou médicale difficile.

FESTIVAL INTERNATIONAL DU FILM INSULAIRE DE GROIX

Port Lay - **GROIX** - www.filminsulaire.com

Du 19 au 24 août 2021. Entrée : 20 € (journée adulte). 12 € / journée. Forfait festival : 60 € (réduit : 35 €). Billet 6 séances : 25 €. Billet 1 séance : 6 €.

Faute d'avoir pu les célébrer en 2020, nous célébrerons en 2021 les 20 ans du FIFIG : le Festival International du Film Insulaire de Groix ! Le festival qui se tenait sur 2 jours les années précédentes s'étend cette année à 6 jours, et s'offre pour la première fois une thématique transversale : « Regards d'îliennes ». Honneur est fait au regard que les femmes portent sur les îles, les territoires et les sociétés insulaires. Le festival commencera dès le mercredi matin et les projections seront organisées jusqu'au lundi suivant !

CATAGOLFE D'ARRADON

Pointe d'Arradon

ARRADON

✆ 02 97 44 07 19

www.catagolfe.srvannes.fr

Du 2 au 3 octobre 2021.

Dans les années 1980, avec les premiers Tornado, Dart ou les fameux Hobie Cat, si caractéristiques avec leurs voiles colorées et leurs coques « banane », le catamaran de sport entrait dans la légende. En 1988 était créée la Catagolfe d'Arradon, première d'une longue série de raids et régates de multicoques. Depuis, avec l'appui de la Société des régates de Vannes et ses partenaires, la Catagolfe d'Arradon s'est imposée comme l'une des principales régates de catamarans de sport en France et dans les trois premières en Europe.

MOTOCULTOR FESTIVAL

Site de Kerboulard

SAINT-NOLFF

www.motocultor-festival.com

En août. Pass 4 jours : 129 € en prévente, 142 € sur place. Pass 1 jour : 51 € en prévente, 59 € sur place.

Petit frère du Hellfest, le Motocultor est une institution dans le Morbihan depuis 2007. Les fans de heavy metal y font la fête pendant quatre jours, au rythme de quelque 70 concerts. Chaque année, le festival accueille des noms prestigieux dans un espace à taille humaine, où convivialité et ambiance familiale priment. Il aime varier sa programmation, éclectique et ouverte : death metal, black metal, hardcore, grunge, punk... Le jeudi est ouvert à d'autres styles : musiques bretonnes, celtes, voire vikings. Sur place, restauration, buvette, marché d'artisans.

VANNES PHOTOS FESTIVAL

VANNES ✆ 02 97 01 62 30

www.vannesphotosfestival.fr

En octobre (horaires d'ouverture des sites : Du lundi au vendredi de 13h à 18h Les Week-end et jours fériés de 10h30 à 13h30 et de 14h30 à 18h00. Le Kiosque : Ouvert tous les jours 10h-12h / 13h-18h).

Vannes Photos Festival propose des expositions de photos gratuites et en accès libre, disséminées dans six lieux choisis de Vannes. Elles invitent à regarder le monde autrement, à voyager, à prendre du recul, à réfléchir à nos habitudes et à nos nouvelles pratiques, à penser le paysage, mais aussi la place de l'homme et les défis que l'humanité devra relever dans un avenir plus ou moins proche. Des visites guidées pour adultes et pour enfants, ainsi que des rencontres avec les photographes seront proposées pendant les trois semaines de l'événement.

LES GALETTES DU MONDE

SAINTE-ANNE-D'AURAY

http://galettesdumonde.free.fr

Du 28 au 29 août 2021. 9 € le samedi - 8 € le dimanche.

Cette année, Les Galettes du Monde vous réservent encore de belles découvertes, avec 25 pays à l'honneur ! Ce festival organisé sur deux jours est unique. Il a gagné l'incroyable pari de rassembler des associations culturelles des quatre coins du monde pour faire découvrir l'extraordinaire variété des galettes cuisinées (céréales, riz...) partout : Afghanistan, Bolivie, Cameroun, Egypte, Haïti, Inde, Laos, Madagascar, Mali, Mexique, Palestine, Pérou, Philippines, Pologne, Polynésie, Sénégal, Vietnam, Venezuela, Wallis et Futuna et bien sûr la Bretagne.

MARATHON VANNES

VANNES

✆ 02 97 62 01 01

www.marathon-vannes.com

Le 17 octobre 2021.

Le Marathon de Vannes, ce n'est pas 1, mais 4 événements sportifs. 1 marathon de 42,195 km très exactement avec 2000 participants. 1 course en duo, le «Duo de l'Hermine», un partenaire partant pour 19 km, l'autre pour 23 km, avec 700 équipes. 1 course de 10 km, «Les foulées du golfe», avec 2000 coureurs. 1 relais des entreprises, en 9 km, 10 km, 12 km et 11 km, pour 300 équipes. Les circuits proposés sont parmi les plus beaux circuits de course à pied au monde, grâce aux itinéraires qui suivent les sentiers côtiers du golfe du Morbihan.

LES ÎLES

Envie de dépaysement ? Embarquez pour l'une des îles du Morbihan ! Desservies par des compagnies maritimes qui proposent également des tours et croisières, elles vous promettent des séjours d'exception. L'île d'Arz, grande île habitée du Golfe, est sauvage et préservée. Belle-Ile-en-Mer, la plus vaste des îles du Ponant, subjugue par ses côtes escarpées, ses landes, ses champs fertiles et ses plages de sable fin. La petite île d'Hoëdic, avec ses 250 habitants, est un isolat où la vie authentique n'a pas encore cédé le pas au tourisme de masse. Houat, avec ses hautes falaises qui alternent avec les longues plages de sable fin, est une petite île de pêcheurs qui a tout du paradis. Groix a conservé un patrimoine naturel qui mérite que l'on s'y attarde. Enfin, L'île aux Moines, à seulement 5 minutes en bateau de Baden, est la plus accessible des îles bretonnes. Ses 6 km se parcourent aisément à pied ou à vélo.

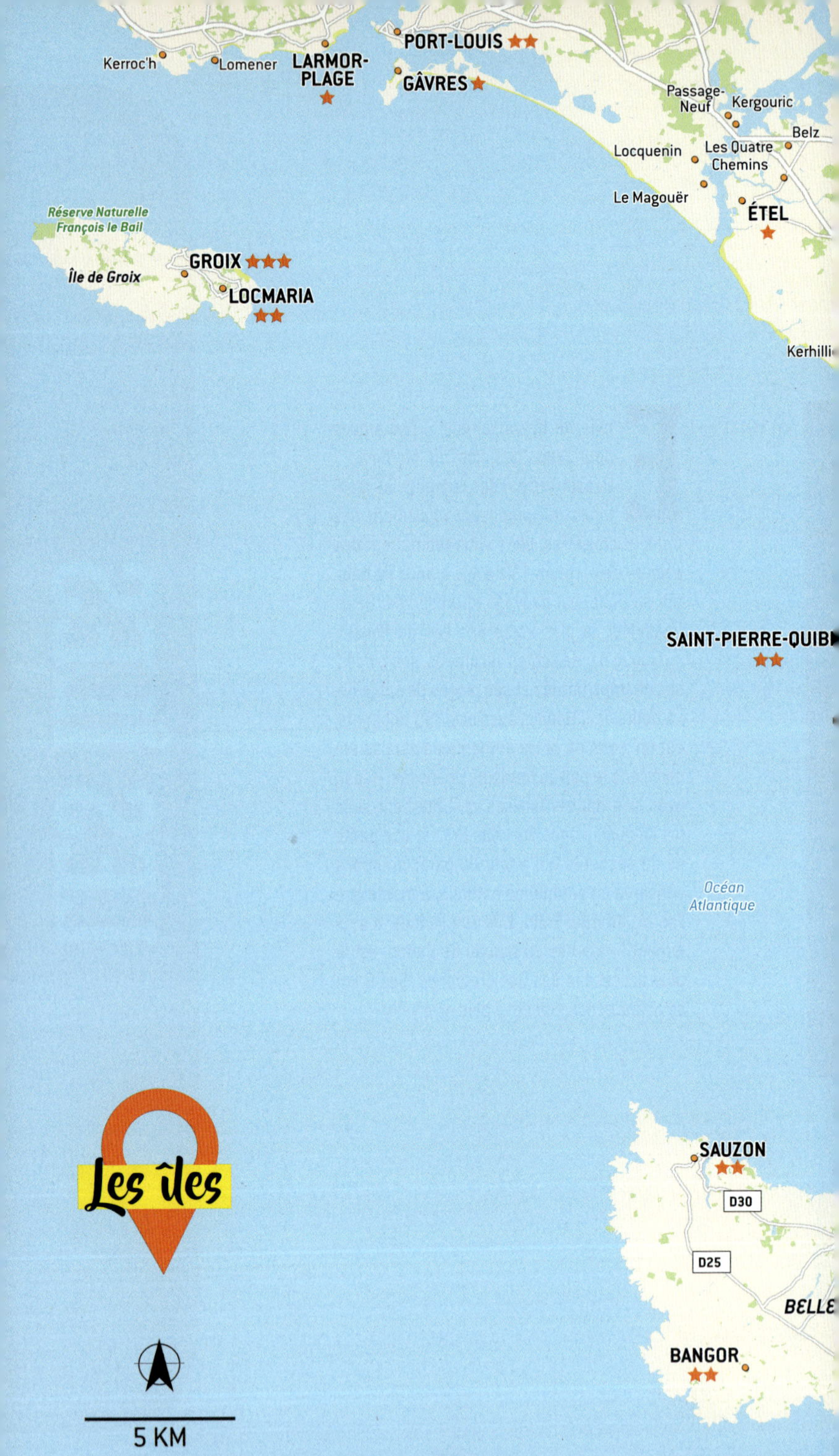
Kerroc'h
Lomener
LARMOR-PLAGE
PORT-LOUIS
GÂVRES
Passage-Neuf
Kergouric
Belz
Locquenin
Les Quatre Chemins
Le Magouër
ÉTEL
Réserve Naturelle François le Bail
GROIX
Île de Groix
LOCMARIA
Kerhilli
SAINT-PIERRE-QUIB
Océan Atlantique
Les îles
SAUZON
D30
D25
BELLE
BANGOR
5 KM

D119
Crélin
SAINTE-ANNE-D'AURAY
D135
Mériadec
Plescop
D19
Toulchignanet
Pluneret
E60
AURAY
VANNES
Plougoumelen
Ploeren
LE BONO
Le Moustoir
ARRADON
D186
P.N.R. du Golfe du Morbihan
Locmiquel
Le Bourg
Larmor-Baden
LA TRINITÉ-SUR-MER
Île-aux-Moines
Île-d'Arz
SAINT-PHILIBERT
D781
LOCMARIAQUER
Golfe du Morbihan
Port-Navalo
Arzon
Kerners
Brillac
Le Logéo
Baie de Quiberon
SARZEAU
SAINT-GILDAS-DE-RHUYS
Saint-Jacques
QUIBERON
ÎLE-D'HOUAT
HOEDIC
LOCMARIA

L'île-aux-Moines.

LES ÎLES DU MORBIHAN

COMMENT ALLER SUR LES ÎLES DU MORBIHAN

Île d'Arz

Depuis Vannes, de la gare maritime, avec les **bateaux-bus du Golfe** (www.golfedumorbihan.bzh - 02 97 47 24 34 - toute l'année) ou **Navix** (www.navix.fr - 02 97 46 60 00 - croisières avec escale du 15 avril au 30 septembre), ou les **Vedettes du Golfe** (www.vedettes-du-golfe.fr - 02 97 44 44 40 - d'avril à septembre).

- Depuis Port-Navalo avec le **Passeur des Îles** (www.passeurdesiles.com - 02 97 46 43 85 - d'avril à septembre - traversée 1h) ou **Navix** (www.navix.fr - 02 97 46 60 00 - croisières avec escale en été).

- Depuis Locmariaquer avec les **Vedettes l'Angélus** (www.vedettes-angelus.com - 02 97 57 30 29 - croisières avec escale) tous les jours d'avril à octobre.

- Depuis La Trinité-sur-Mer avec **Navix** (www.navix.fr - 02 97 46 60 00 - croisières avec escale) en été.

- Depuis Baden (Port-Blanc) avec **Izenah Croisières** (www.izenah-croisieres.com - 02 97 57 23 24 - croisières avec escale) d'avril à septembre.

- Depuis Séné, cale de Barrarac'h, avec les **Bateaux-bus du Golfe** (www.golfedumorbihan.bzh - 02 97 47 24 34), toute l'année.

Belle-Île-en-Mer

- Depuis Quiberon avec la **Compagnie Océane** (www.compagnie-oceane.fr - 0 820 05 61 56 - traversée 45 minutes).

- Depuis Vannes avec **Navix** (www.navix.fr - 02 97 46 60 00 - d'avril à septembre), la **Compagnie du Golfe** (www.compagnie-du-golfe.fr - 02 97 67 10 00 - d'avril à octobre) et les **Vedettes du Golfe** (www.vedettes-du-golfe.fr - 02 97 44 44 40 - d'avril à octobre).

- Depuis Port-Navalo avec **Navix** (www.navix.fr - 02 97 46 60 00 - d'avril à septembre), la **Compagnie du Golfe** (www.compagnie-du-golfe.fr - 02 97 67 10 00 - d'avril à octobre) et les **Vedettes du Golfe** (www.vedettes-du-golfe.fr - 02 97 44 44 40 - d'avril à octobre).

- Depuis Locmariaquer avec **Navix** (www.navix.fr - 02 97 46 60 00 - d'avril à septembre) et les **Vedettes du Golfe** (www.vedettes-du-golfe.fr - 02 97 44 44 40 - d'avril à octobre).

Île de Groix

- Depuis Lorient avec la **Compagnie Océane** toute l'année (www.compagnie-oceane.fr - 0 820 05 61 56 - traversée 45 minutes) ou **Escal'Ouest** (www.escal-ouest.com - 02 97 65 52 52 - d'avril à octobre).

- Depuis Port-Louis avec la compagnie **Escal'Ouest** (www.escal-ouest.com - 02 97 65 52 52 - d'avril à octobre).

Île d'Hoedic

- Depuis Quiberon avec la **Compagnie Océane** (www.compagnie-oceane.fr - 0 820 05 61 56) toute l'année.

- Depuis Vannes avec les **Vedettes du Golfe** (d'avril à septembre - www.vedettes-du-golfe.fr - 02 97 44 44 40) et **Navix** (www.navix.fr - 02 97 46 60 00 - en juillet et août). Environ 2h30 de trajet.

- Depuis Locmariaquer avec **Navix** (www.navix.fr - 02 97 46 60 00 - juillet et août) et les **Vedettes de l'Angélus** (www.vedettes-angelus.com - 02 97 57 30 29 - croisières avec escale) d'avril à septembre.

- Depuis Port-Navalo (Arzon) avec **Navix** (www.navix.fr - 02 97 46 60 00 - juillet et août), les **Vedettes du Golfe** (www.vedettes-du-golfe.fr - 02 97 44 44 40 - d'avril à septembre) et les **Vedettes de l'Angélus** (www.vedettes-angelus.com - 02 97 57 30 29 - croisières avec escale) d'avril à septembre. Environ 1h de trajet.

- Depuis Port-Blanc (Baden) avec **Izenah Croisières** (www.izenah-croisieres.com - 02 97 57 23 24 - d'avril à septembre).

Île d'Houat

- Depuis Quiberon avec la **Compagnie Océane** (www.compagnie-oceane.fr - 0 820 05 61 56 - traversée 45 minutes).

- Depuis Vannes avec les **Vedettes du Golfe** (www.vedettes-du-golfe.fr - 02 97 44 44 40 - d'avril à septembre) et **Navix** (www.navix.fr - 02 97 46 60 00 - en juillet et août). Environ 2h30 de trajet.

- Depuis Port-Navalo (Arzon) avec **Navix** (www.navix.fr - 02 97 46 60 00 - juillet et août), les **Vedettes du Golfe** (www.vedettes-du-golfe.fr - 02 97 44 44 40 - d'avril à septembre), les **Vedettes de l'Angélus** (www.vedettes-angelus.com - 02 97 57 30 29 - juillet et août) et la **Compagnie du Golfe** (www.compagnie-du-golfe.fr - 02 97 67 10 00 - d'avril à septembre). Environ 40 minutes de trajet.

- Depuis Locmariaquer avec **Navix** (www.navix.fr - 02 97 46 60 00 - juillet et août) et les **Vedettes de l'Angélus** (www.vedettes-angelus.com - 02 97 57 30 29 - croisières avec escale) d'avril à septembre. Environ 1h15 de trajet.

- Depuis La Trinité-sur-Mer avec **Navix** (www.navix.fr - 02 97 46 60 00 juillet et août).

- Depuis Port-Blanc (Baden) avec **Izenah Croisières** (www.izenah-croisieres.com - 02 97 57 23 24 - d'avril à septembre).

Île-aux-Moines

- Depuis Port-Blanc (Baden) avec **Izenah Croisières** (www.izenah-croisieres.com 02 97 57 23 24 - tous les jours de l'année).

ILE-D'ARZ ★★

L'île d'Arz est l'une des plus grandes îles habitées du golfe. Elle est une île de marins, comme l'explique son musée dédié à la vie maritime. Sauvage et préservée, elle est aussi une île où il fait bon vivre, grâce à un climat doux et à des paysages verdoyants. Elle se prête à merveille à un séjour hors du temps, où l'on laisse les envies de nature guider ses journées. On y pratique la randonnée, le farniente, les loisirs nautiques... On y goûte les produits bio des agriculteurs et artisans locaux, et on profite de la convivialité ambiante. Ancien repère de marins au long cours, elle est devenue l'une des destinations les plus fréquentées de Bretagne. Sa devise, « Arzao Hag Arzam » qui se traduit par « Debout et Tenons », reflète bien le caractère des îliens qui, jusqu'au début de XXe siècle, constituaient une communauté composée de maîtres caboteurs et de marins au long cours au caractère bien trempé. Débarquez et parcourez la grand route vers le village posté sur les hauteurs de l'île. Puis par les pointes de Billehervé, Ménézig, Leos, Brouel ou Berno vous découvrirez les beautés naturelles. Il reste un patrimoine très riche et ancien : l'église du XIe siècle, classée monument historique, le prieuré accolé à l'édifice datant du XVIIe siècle, les manoirs de Kernoël, le moulin de Béluré, le moulin à marée de Berno. Dans le village de Péréno, vous découvrirez une ferme du XVIe siècle, près d'une maison néo-italienne de l'entre-deux-guerres. Des vestiges néolithiques des sites de Pen Raz, Gréavo ou Brouel sont à proximité des trois dolmens de la pointe de Leos découverts en 1884.

Maisons de l'île d'Arz.

MOULIN À MARÉE DE BERNO

Pointe du Berno
✆ 02 97 44 31 33
www.mairie-iledarz.fr
Visites commentées d'avril à septembre sur réservation. Renseignements en office de tourisme et mairie.

Au nord-ouest de l'île, nous découvrons la digue et le moulin à marée de Berno datant du XVIe siècle. Le moulin à marée de Berno fonctionne à nouveau grâce à des bénévoles qui l'ont restauré pendant six ans. Avec l'appui de l'association, le moulin abandonné depuis le début du siècle a retrouvé sa splendeur. Il est, avec celui de l'île de Bréhat, l'un des seuls moulins en France à fonctionner comme à l'époque, c'est-à-dire avec digue de retenue, roue et mécanisme actionnés par la marée. Les visites se font sur réservation et à certaines dates.

MUSÉE DES MARINS ET CAPITAINES

La Grée ✆ 02 97 44 31 14
www.musee-iledarz.com
Ouvert 7j/7 en haute saison, 13h-17h. Adulte : 4,50 €. Enfant : 2,50 €. Voir site web pour visites hors saison.

Ce musée vous fera découvrir la vie de la communauté marine ildaraise en vous présentant un panorama de l'histoire de ces marins à la grande époque de la marine à voile. Sur près de 300 m², vous déambulerez dans plusieurs salles en découvrant les collections privées des habitants : maquettes de bateaux, huiles sur toile, aquarelles, objets autour de la vie de ces marins, journaux de bord, etc. Des expositions sont organisées de juin à septembre avec des thèmes variés.

ÎLE D'ARZ LOCATION VÉLOS

Port de Béluré
✆ 06 73 58 72 33
www.velocouest.fr
Ouvert du 01/04 au 30/10 - Réservation des vélos en ligne sur le site www.velocouest.fr. Dès 6 €/2h, tarifs degressifs.

Arz Location, antenne de Veloc'Ouest, propose des deux-roues, mais pas seulement. Vous trouverez à coup (coût) sûr votre véhicule pour des déplacements doux ou sportifs : vélo adulte ou enfant, vélo électrique, rosalie, tandem, tricycle adulte ou enfant, avec leurs accessoires, casque, siège bébé et remorque. Arz Location dispose aussi de kayaks, pour découvrir l'île depuis l'eau. La réservation se fait sur internet, dès 1h ou pour plusieurs jours. Vous récupérez votre moyen de locomotion sur place : tout est facile. Il ne vous reste plus qu'à randonner !

LA FONTAINE €

Pénero
✆ 02 97 44 32 26
www.barlafontaine.fr

Ouvert de Pâques à la Toussaint, 10h-1h. Brasserie : le midi, réservation conseillée. Épicerie, cave. Animations.

Le Bar de la Fontaine pourrait être considéré comme LE lieu de rencontre de l'île. Le restaurant (brasserie), avec ses produits frais et le plus souvent d'origine locale, est tenu par Nadège. L'espace épicerie fine et cave est tenu par Bruno. Il offre tout l'aspect pratique : wifi, imprimante, cave, produits frais, dépôt de pain bio, vente de souvenirs ; bref, le service indispensable à une vie insulaire. Les soirées musicales s'enchaînent avec les soirées jeux, dans un lieu qui accueille aussi des expositions. La réservation est fortement conseillée l'été.

CRÊPERIE LES ÎLES €€

Grande Rue ✆ 07 49 40 11 18

Ouvert toute l'année. Haute saison, 7j/7, service continu. Réservation impérative. Menus dès 15 €. Terrasse.

Située au cœur de l'île d'Arz, la Crêperie Les Îles se compose d'une salle très agréable, ponctuée çà et là de bois flotté, photos et autres tableaux, ainsi que d'une jolie terrasse très prisée aux beaux jours. On déguste ici des crêpes et des galettes réalisées à partir de farine biologique, et agrémentées généreusement. Le lieu est aussi un restaurant de fruits de mer : on peut y déguster les fameuses huîtres du golfe du Morbihan, entre autres. Le service, sympathique et chaleureux, autant que les plats, fait que l'on revient y déjeuner ou dîner avec bonheur.

L'ESCALE EN ARZ €€

Cale de Béluré
✆ 02 97 44 32 15
www.restaurant-escale-arz.com

Ouvert toute l'année. Tous les jours de 8h à 21h. Chambres dès 75 €. Réservation recommandée. Midi : dès 21 €.

Cet hôtel-restaurant les pieds dans l'eau jouit d'un emplacement idyllique avec sa terrasse panoramique ! Vous y dégusterez des assiettes et plateaux de fruits de mer d'une grande fraicheur, des spécialités issues du terroir local comme des huîtres du golfe du Morbihan ou des plateaux de fruits de mer, assiettes de langoustines, bols de bigorneaux, selon votre péché mignon. Et si une nostalgie vous prend à l'embarcadère du retour, faites demi-tour, les neuf chambres de l'établissement vous permettront de prolonger votre séjour.

CENTRE NAUTIQUE DES GLÉNANS

Base de Kéroland
✆ 02 97 44 31 16
www.glenans.asso.fr

Stages à réserver en amont sur le site web du centre. Navette (3 €) pour rejoindre le centre depuis le port.

L'école de voile des Glénans, première école de voile d'Europe née en 1947 sur l'archipel de Glénan, possède une base sur l'île d'Arz. Elle propose plusieurs activités : dériveur, catamaran et initiation à la croisière. Les stages comprennent l'hébergement, soit sur la base nautique soit à bord du bateau. Vous pouvez partir en groupe, entre amis, en famille... Tout est possible ! Les Glénans proposent également toute l'année des formations au permis bateau.

BELLE-ILE-EN-MER ★★★

Avec ses 84 km², Belle-Ile-en-Mer est la plus vaste des îles du Ponant. Dans ses 4 communes (Le Palais, Sauzon, Bangor et Locmaria) tous les paysages sont réunis : champs fertiles, landes arides, falaises et côte marquées par l'érosion – ne ratez pas les aiguilles de Port-Coton et la grotte de l'Apothicairerie –, plages de sable fin et doré (58 au total) face au continent. Une bonne journée motorisée vous sera nécessaire pour en faire le tour. Quant au sentier côtier réservé aux marcheurs, il s'étend sur près de 100 km. Sur place, vous trouverez tous les commerces usuels, un marché quotidien matinal à Palais et tous les dimanches matins à Locmaria.

LES AIGUILLES DE PORT-COTON ★★★

BANGOR

Situées sur la commune de Bangor, les célèbres Aiguilles de Port-Coton sont un incontournable de l'île. Le nom du site fait référence à l'écume qui, fouettée par gros temps, forme des flocons de mousse dont l'aspect rappelle celui du coton. Ces roches remarquables et dentelées n'ont cessé d'inspirer les peintres. L'illustre Claude Monet, fasciné par ce paysage, a réalisé plus de 30 toiles et dessins. Aujourd'hui, les visiteurs immortalisent le site sur leur smartphone.

La citadelle Vauban et musée historique.

LA CITADELLE VAUBAN ET MUSÉE HISTORIQUE ★★

Citadelle Vauban - **LE PALAIS** ✆ 02 97 31 85 54
www.citadellevauban.com

Ouvert toute l'année. Visites guidées en été. Horaires variables selon la saison. Adulte 8,50 €. Voir le site internet.

Fortifiée par Vauban, le « Cuirassé de l'Atlantique » surplombe le port de Palais. Ce remarquable ensemble constitue un témoignage unique de l'architecture militaire du XIXe. Elle abrite un musée qui raconte l'histoire de Belle-Ile, de ses hommes illustres et des artistes. Sans compter les expositions temporaires qui y sont régulièrement organisées. Au gré de votre promenade, vous pourrez alors visiter le musée de la Marine, le musée de Belle-Ile et le Corps de Place de la Citadelle.

LE GRAND PHARE ★★

Kervilahouen
BANGOR ✆ 06 70 63 93 68

Juillet-Octobre horaires sur le site de l'île. Adulte : 3 €. Enfant (de 7 à 12 ans) : 1,50 €. Visite commentée possible.

Le phare de Goulphar, ou Grand Phare de Kervilahouen, est entré en service en 1836. On doit les plans à Augustin Fresnel. Avec sa tour qui mesure 52 mètres, il est l'un des phares les plus puissants de France. Pour vous figurer sa hauteur, montez-y ! Après avoir gravi les 247 marches, vous accéderez à la terrasse extérieure à 44 m de haut. Par beau temps, la vue panoramique sur l'île et le continent est incroyable. La terre de Lorient au Croisic s'étend devant vous et c'est magnifique... La visite du phare dure 30 minutes et l'exposition est en accès libre.

LA PLAGE DE DONNANT ★★

BANGOR

Nichée en contrebas des falaises, cette superbe et imposante plage de sable fin et doré, qui régale le regard d'un paysage exceptionnel, est un petit paradis pris d'assaut en période estivale. Que ce soit en famille ou entre amis, chacun aime s'y rendre... D'autant plus que la baignade est surveillée en juillet et août. La plage du Donnant, c'est aussi, en dehors de la période estivale, un vrai spectacle de vagues agitées, voire déchaînées... On la surnomme « la côte sauvage de l'île » ! Un lieu privilégié des amateurs de surf et de body-board.

LA PLAGE DES GRANDS SABLES

LOCMARIA

Plus longue plage de sable fin de Belle-Ile, la plage des Grands Sables s'étend sur pas moins de 2 km ! Comme toutes les plages de la côte intérieure, elle est bien abritée des vents dominants. Son exposition lui confère un ensoleillement tout au long de la journée et on y découvre avec plaisir de nombreux coquillages. Surveillée en juillet et août (l'après-midi), et disposant d'un poste de secours, elle convient parfaitement aux sports nautiques mais aussi aux familles avec enfants.

LA POINTE DES POULAINS ★★

SAUZON

A l'extrémité nord-ouest de l'île à Sauzon, voici l'un des incontournables de Belle-Ile ! Chaque année, c'est plus de 150 000 visiteurs qui viennent contempler ces paysages d'une beauté à vous couper le souffle... Dominée par un phare automatisé et autonome grâce à la présence de panneaux solaires, la Pointe des Poulains offre un panorama unique et exceptionnel. Si vous y êtes par beau temps, vous pourrez apercevoir l'île de Groix, Lorient, ainsi que toute la baie de Quiberon. Depuis 2000, l'île des Poulains est la propriété du Conservatoire du littoral.

SITE DE L'APOTHICAIRERIE

SAUZON

Le site de l'Apothicairerie est un paysage de lande rase, de bruyère et d'ajoncs splendide, sauvage et préservé, qui conduit à la grotte du même nom. L'endroit doit son appellation aux cormorans qui autrefois s'abritaient dans la grotte, posés sur les encorbellements intérieurs de la roche. Face au danger qu'il présente, l'accès souterrain est interdit par arrêté municipal ! Alors, ne commettez pas d'acte de bravoure irresponsable ! Et puis, le panorama que l'on peut découvrir de la terre ferme n'en reste pas moins exceptionnel...

LOCATOURISLE - LES CARS BLEUS

Face au débarcadère Quai Bonnelle
LE PALAIS ✆ 02 97 31 83 56
www.locatourisle.com

Ouvert tous les jours. D'octobre à mars : 8h30-12h15/14h-18h et d'avril à septembre : 8h30-18h45.

Située face au port de Palais à la sortie des bateaux, cette agence de location de voitures vous propose différents modèles pour découvrir l'île. De l'extrême 500-2 places, au Trafic-9 places, en passant par sa gamme électrique avec la Bluesummer-4 places électrique ou la Zoé-5 places, entre autres, les véhicules de Locatourisle répondront à tous vos besoins et à vos envies d'évasion. L'accueil est des plus agréables ! Pensez à réserver, surtout en saison.

LES ÎLES

A LOCA SCOOT

Route de Bangor
LE PALAIS
✆ 02 97 31 49 94
www.velo-scooter-belle-ile-56.fr

Locations à la 1/2 journée, à la journée et à la semaine.

A 50 mètres de l'embarcadère, sur le quai Bonnelle, vous pourrez louer des vélos adultes et enfants, des tandems, des vélos électriques, des scooters 50 et 100cc, des motos 125cc ainsi que des suiveurs et même des remorques. L'établissement propose du matériel récent et de qualité, révisé systématiquement entre deux locations. Le + : une carte des routes de Belle-Ile vous est fournie avec la location. Et si vous êtes en panne, un mécanicien viendra gratuitement vous dépanner. L'accueil y est très sympathique. On recommande..

AU CHEVAL DE FER

1 bis, quai Gambetta
LE PALAIS
✆ 09 74 56 22 28
www.auchevaldefer.fr

Tarif groupe. Location à la journée, à la semaine, ou au séjour.

Situé à quelques encablures du port et des ferries, en direction de l'accès à la citadelle devant le pont, vous trouverez ce magasin un peu en retrait de l'effervescence des arrivées des voyageurs. Ce qui n'est pas désagréable... Au Cheval de Fer vous propose la location de vélos (électriques ou non), tandems, VTT, VTC, carrioles enfants et scooters 50 ou 125 CC. Bon à savoir : l'entreprise peut également vous proposer la vente de vélos, motos et scooters. Futé : à partir de 3 jours de location, vous pouvez vous faire livrer les vélos dans toute l'île !

CAMPING DES GRANDS SABLES €

LOCMARIA ✆ 02 97 31 84 46
www.camping-belle-ile.com

Ouvert de mai à septembre. Terrain de 2 ha. 60 emplacements. Mobil-home dès 50€ (nuitée). CB non acceptée.

Voici un camping familial et séduisant ! Sa situation, à 300 mètres de la grande plage de sable fin, vous permet un plaisir rare : aller piquer une tête après le petit déjeuner. Au camping, c'est la tranquillité, propice au farniente, pas d'animation bruyante, juste le murmure de la mer que l'on perçoit dans le calme. Après une nuit reposante, louez un vélo auprès du camping pour parcourir l'île en tous sens, de la Pointe des Poulains au Palais, en passant par le petit port de Sauzon.

HÔTEL LE SAINT-AMANT €

14, avenue Carnot - LE PALAIS ✆ 02 97 31 36 71
www.hotelsaintamant.com

Fermé janvier et février. 13 chambres. Chambre double de 50 à 90 €. Petit déjeuner : 11 €. Animaux acceptés (6 €). Wifi.

En remontant la rue Carnot, vous trouverez ce délicieux hôtel qui vous accueille dans un cadre chaleureux et décontracté. Dormez dans une des 13 chambres calmes et confortables de l'établissement, toutes équipées de télévision et wifi dans toutes les chambres. Très agréable cour au calme typiquement belliloise sur l'arrière de l'hôtel, pour y prendre votre petit déjeuner aux beaux jours. Idéalement situé à proximité de restaurants et bars branchés du centre-ville. Service bagages gratuit. Petit plus futé : quelques chambres donnent sur la cour intérieure.

L'ACADIEN €

36, rue Joseph-Le-Brix - LE PALAIS
✆ 02 97 31 84 86
www.hotel-acadien.com

11 chambres : double de 45 à 65 €, triple de 60 à 80 €. Petit déjeuner : 9 €. Animaux acceptés (7 € par jour).

Ici, on est aux petits soins pour vous ! L'Acadien se situe dans une rue très calme du centre du Palais. Côté chambres, 3 d'entre elles pourront accueillir jusqu'à 3 personnes ! Les prix ici sont tout à fait raisonnables par rapport à l'emplacement de l'hôtel. C'est le point de chute idéal pour organiser vos pérégrinations pédestres ou cyclistes sur les voies et chemins de l'île. D'ailleurs, à l'Acadien, on peut vous proposer des packs randonnées sur 5 ou 6 jours : nuitées, petits déjeuners, paniers pique-nique, déjeuners et transferts.

CAMPING DE BORDENEO €€

LE PALAIS ✆ 02 97 31 88 96
www.bordeneo.com

Ouvert d'avril à septembre. Réservation recommandée. 202 emplacements. Mobil-home dès 360 € (semaine).

Très beau camping à moins de deux kilomètres de l'embarcadère du Palais. Mobil-homes, chalets, bungalows ou studio sont disponibles à la location (jusqu'à 7 personnes). Des emplacements pour vos tentes et caravanes sont également mis à disposition. A 500 mètres seulement, vous trouverez la plage et à 1,5 km environ le centre de Palais. Sur place, de nombreuses infrastructures : piscine couverte et chauffée avec cascade et jets de massage, terrain multisport, salle de sport, épicerie, bar, snack, aire de jeux, club enfants et des animations proposées en soirée...

GRAND HOTEL DE BRETAGNE €€

Quai de l'Acadie - **LE PALAIS** ✆ 02 97 31 80 14
www.hotel-de-bretagne.fr
Chambre double vue sur mer : à partir de 69 € ; chambre double côté ville : dès 48 €. Restauration.

Idéalement situé à quelques pas de l'embarcadère du Palais, le Grand Hôtel de Bretagne vous accueille dans l'une de ses 25 chambres, qui donnent vue sur mer ou côté ville, toutes très confortables et récemment rénovées. Après une promenade ou une journée de randonnée vers Sauzon et la Pointe des Poulains, le restaurant de l'hôtel sera l'endroit idéal où reprendre des forces. La jolie carte propose des produits frais et les incontournables fruits de mer... Une adresse accueillante et postée juste à la sortie du bateau. Pratique !

L'HERMITE BRIEN JOCELYNE €€

Bordenec'h - **BANGOR** ✆ 02 97 31 53 96
www.belleilemer.com
Clévacances (2 clés). Ouvert toute l'année. 350 à 1500 € la semaine (selon formule et nombre de personnes).

Voilà une des chambres les plus sympathiques de l'île, vous êtes ici chez quelqu'un qui prend soin de vous. Tout au long de votre séjour, Jocelyne sera toujours de bon conseil pour les visites, les plages bien exposées, les balades à vélo ou à pied et les spectaculaires endroits à visiter. La chambre est bien sûr très confortable, claire et gaie à l'instar de la maison. Le petit déjeuner est à base de far breton et de produits frais. Vous n'êtes qu'à un peu plus d'un km de la première plage et le chemin côtier du tour de l'île est également tout près.

HÔTEL DU PHARE €€

Quai Guerveur
SAUZON ✆ 02 97 31 60 36
www.hotelduphare-belle-ile.fr
Studio / appartement de 325 € à 822 € la semaine. Wifi gratuit. Restauration. Location vélo ou scooter sur demande.

L'Hôtel du Phare dans ses studios et appartements récemment rénovés et agencés et décorés avec goût. Les anciennes chambres de l'hôtel ont été transformées et ont donné naissance à 6 studios et 2 appartements de 2 pièces. Vous pourrez ainsi vous installer paisiblement dans l'un de ces hébergements «style années 50» qui sont loués en saison, à la semaine. N'ayez crainte, la magnifique vue est toujours d'actualité... L'Hôtel du Phare a fait peau neuve et il est superbe. Sans compter sur son restaurant dirigé par un chef étoilé ! Que demander de plus...

CASTEL CLARA €€€

Goulphar en Bangor
BANGOR ✆ 02 97 31 84 21
www.castel-clara.com
Relais & Châteaux. Fermé en décembre. Chambres à partir de 225 €. Restauration (gastronomique). Thalassothérapie.

Situé sur la commune de Bangor, Le Castel Clara est un hôtel 4**** exceptionnel, avec une vue imprenable ! Piscine intérieure et extérieure, spa, thalasso, restaurant gastronomique, café cosy, grandes terrasses face à la mer, chambres et suites au confort rare... Tout, absolument tout, est prévu pour que votre séjour soit le plus relaxant et dépaysant possible. Couplez ces moments de détente avec les bains de mer et une pratique sportive, telle que la marche, le footing ou le tennis, et vous rentrerez chez vous en pleine forme ! Une très belle étape sur l'île.

LE CLOS FLEURI €€€

Route de Sauzon - **LE PALAIS** ✆ 02 97 31 45 45
www.hotel-leclosfleuri.com
18 chambres. Chambre double de 74 à 145 €. Service voiturier à l'embarcadère sur demande. Wifi. Parking.

En saison, la foule et le brouhaha ne sont pas forcément attirants pour tout un chacun. Voici une perle rare, un hôtel de charme, un peu hors du temps, à 1 km du débarcadère et de l'animation du Palais. Cet ensemble de maisons belliloises, donne sur un parc qui sent bon les parties de chaises longues avec un bouquin. Les chambres sont adorables et joyeuses, évidemment dotées d'un confort parfait, certaines même d'une très agréable terrasse. Le copieux petit déjeuner est composé de produits locaux (fromage de chèvre, crêpes, produits de la Bien Nommée...).

BUBBLE TREE €

3, Rue Bramel
LE PALAIS
✆ 02 22 21 34 75

Cette adorable petite adresse cachée derrière l'embarcadère du Palais propose sa spécialité, qui a donné son nom à l'établissement, le Bubble Tea, une boisson à base de thé et de perles de tapioca originaire de Taïwan, mais également des sandwichs et des plats simples et bons. A toute heure de la journée, l'endroit est idéal pour faire une pause au calme, spécialement à la haute saison, loin de la horde des estivants. D'ailleurs, n'hésitez pas à craquer pour un sunday fait maison, un vrai délice ! Une jolie adresse où l'on a plaisir à retourner...

LES ÎLES

LES EMBRUNS €

Quai Joseph Naudin
SAUZON
✆ 02 97 31 64 78
Ouvert de Pâques à la Toussaint. Service continu de 12h à 22h. Terrasse.

Il y a crêperie et crêperie. Et ici on est dans le très haut de gamme, avec plus de 20 ans d'expérience, à la fois en matière de farines, biologiques moulues à la meule de pierre, et en matière de produits bio aussi, dont la plupart sont originaires de l'île. Tout cela est mis en œuvre au service d'une clientèle fidèle, dans une ambiance conviviale. Tout étant digne d'être goûté, craquez par exemple sur la spécialité boudin-pomme. Et terminez par une crêpe sucrée, accompagnée d'une boule de glace, parmi un choix impressionnant. On recommande !

LA FERME DE SARAH €

Route des Poulains
SAUZON
✆ 02 97 29 12 21
Ouvert de mars à novembre, de 10h à 22h. Carte : 15 € environ. Accueil des groupes. Terrasse.

Sur le Golf des Poulains, dans un environnement superbe avec vues sublimes vers l'océan et les greens tournés vers l'ouest, époustouflants au coucher du soleil, Solenn et Cédric vous accueillent dans leur restaurant, bar et tapas. A seulement 1,9 km de Sauzon, la Ferme de Sarah est un joli endroit où faire une pause. Le restaurant propose une cuisine de très bon rapport qualité-prix. Pratiques : un arrêt de bus est situé juste devant l'entrée du golf et un espace ludique dédié aux enfants est à votre disposition au premier étage.

LA MAIN À LA PAT' €

1, rue de l'Église
LE PALAIS
✆ 02 97 31 57 70
Ouvert toute l'année. Du mardi au samedi, midi et soir.

La plupart des produits utilisés à La Main à La Pat' sont locaux (saucisses, légumes, fruits, lait, glaces, fromage...). C'est une crêperie de caractère qui offre une utilisation originale du sarrasin : galettes classiques, samoussas, wraps de blé noir, galettes de pomme de terre, ou encore breizh burgers ! La Main à La Pat' propose des formules et suggestions pour faciliter votre découverte gustative : galette de pomme de terre, tomme au basilic, coulis de tomate maison, salade, ou encore galette de blé noir au chocolat maison, boule de glace menthe-chocolat.

L'ABRI COTIER €€

Quai Guerveur
SAUZON
✆ 02 97 31 60 50
Ouvert du mardi au samedi le midi et le soir ; le dimanche midi.

C'est un incontournable à Belle-Ile ! L'Abri Côtier est une excellente adresse dont l'emplacement est idéalement situé face à la mer, sur le port de Sauzon. A la haute saison, la terrasse est prise d'assaut par les vacanciers. Alors si vous souhaitez tester l'enseigne, réservez impérativement ! La carte est réduite mais les mets sont de choix et joliment travaillés et les approvisionnements au plus près des saisons et des producteurs locaux. Accueil chaleureux, assiettes soignées, goûts subtils et assemblages délicats... : il ne vous reste plus qu'à essayer !

L'ATRIUM €€

25, Quai Gambetta
LE PALAIS
✆ 02 97 52 74 39
Ouvert en saison du lundi au samedi de 12h15 à 14h et de 19h15 à 21h15. Jusqu'à 40 couverts. Terrasse.

Juste derrière le port du Palais, avec sa façade blanche très simple, le restaurant L'Atrium ne paye pas de mine et pourtant promet de somptueux voyages culinaires. Le cadre est élégant, contemporain et raffiné comme sa cuisine, qui fait l'unanimité parmi ceux qui la testent. De la carte on ne dévoilera rien pour ne pas gâcher le plaisir de la découverte mais soyez certains d'accords délicats, de mariages étonnants et d'une évasion gustative. C'est délicieux. La carte des vins est à la hauteur et le service impeccable. Une très belle adresse à Belle-Ile.

AUBERGE CHOUK'AZE €€

Chemin du Petit-Houx
LOCMARIA
✆ 09 51 93 39 90
Pâques à Septembre, Toussaint et Fêtes de fin dannée. Haute saison : ouvert tous les jours. Carte : 25 € environ.

L'auberge Chouk'Azé a été reprise en juin 2015 par un sympathique couple venant de Corse. Situé un peu à l'écart du petit bourg de Locmaria, cet établissement vous offrira une cuisine authentique élaborée à partir de produits locaux : verrine d'araignée ou tourteaux, morgatte sauce provençale, brochette de poissons, brochette de rumsteak, verrines et jambon pata negra, chevreau au four et homard grillé sur commande. Belle terrasse aux couleurs lumineuses et jardin d'agrément pour enfants. Le ton est authentique et passionné !

LE BISTROT DU PORT €€

Quai Joseph Naudin
SAUZON
✆ 02 97 31 60 55

Ouvert de 9h à 1h du matin. 7j/7 en saison, fermé le mercredi hors saison.

Chez Carole change de mains et devient Le Bistrot du Port. Valérie et Fabrice Audic reprennent les commandes du lieu pour notre plus grand plaisir et assurent un accueil dynamique, jeune et sympa ! Le midi, le restaurant propose des plats du jour, des méga-tartines, des poissons, mais aussi de savoureuses côtes de bœuf pour les plus affamés ! Le soir, place aux apéros-tapas, avec de délicieux petits boudins antillais, des acras, des planches mixtes de charcuterie et fromage, des fruits de mer. Sans oublier les spécialités de la maison : le rhum et le ti-punch !

LE CABESTAN €€

9, rue Claude-Monet
BANGOR ✆ 02 97 31 33 67

Ouvert toute l'année. Basse saison : de 7h30 à 13h et de 16h30 à 20h30. Haute saison : de 7h30 à 21h.

Situé dans le centre de Belle-Ile-en-Mer, sur la place centrale du bourg de Bangor, le Cabestan est un bar-tabac-alimentation-presse qui, à l'heure du déjeuner, vous propose une jolie carte de snacking : poitrine à l'andouille/frites, saucisse artisanale à l'ancienne, hamburgers (cheese burger, breizh burger), fish & chips, croque-monsieur, sandwichs maison ou encore des salades repas...

L'établissement dispose d'une grande et belle terrasse arborée et ensoleillée. L'accueil est des plus sympathique. Parking facile sur la place.

LE CORTO MALTÈSE €€

4, place de l'Hôtel-de-Ville - **LE PALAIS**
✆ 02 97 31 37 37
www.hotel-restaurant-belle-ile.fr

Ouvert tous les jours le midi et le soir. 27 € (entrée, plat, dessert). Vin au verre. Accueil des groupes. Terrasse.

Le restaurant, est l'une des adresses préférées des insulaires, il propose une carte courte, mais bistronomique, inspirée par le voyage. Parmi les incontournables au menu, le poisson du moment, en provenance de la pêche locale ou de la criée de Quiberon, le fameux agneau de Belle-île, ou encore la poitrine de porc confite.. Les propositions sont simples, mais ne déçoivent pas. L'établissement, idéalement situé dans le bourg du Palais, dispose également de 11 charmantes chambres. Le Corto Maltèse est une adresse sûre à découvrir ou redécouvrir.

LA DÉSIRADE €€

Le Petit Cosquet
BANGOR ✆ 02 97 31 70 70
www.hotel-la-desirade.com

Maître Restaurateur. 3 Menus de 36 à 56 € (entrée, plat et dessert). Terrasse.

Sur la route de Bangor à Goulphar, on tombe sur ce restaurant dont les louanges sont chantées par tous ceux qui l'ont fréquenté. Entre les mains du chef Pacôme Epron et de son équipe, les produits frais, dont la plupart sont originaires de Belle-Ile, se transforment quasi miraculeusement en une cuisine inventive, joyeuse et légère. Les langoustines rôties avec ses pétales de tomates marinés à l'estragon et au piment d'espelette en sont un exemple. Impossible d'échapper aux desserts de même facture, avant d'aller faire quelques pas sur la Côte Sauvage toute proche.

LA PARENTHÈSE €€

Place du Général-Bigarré
LE PALAIS
✆ 02 97 29 30 24

Ouvert toute l'année. Haute saison : du mardi au samedi de 10h à 1h. Réservation recommandée ! Terrasse.

Elise et Jean-Marc, également les patrons de l'hôtel-restaurant le Corto Maltese, vous accueillent au restaurant La Parenthèse. Cette jolie adresse belle-îloise dont l'agréable terrasse est prise d'assaut durant la saison estivale, sert une cuisine locale de qualité, concoctée au fil des saisons avec une sélection de produits frais à l'ardoise, selon l'humeur de la cuisine et du marché. Belle carte agrémentée de vins élaborée directement avec des producteurs bordelais ! Une halte fort sympathique lors de votre passage sur le caillou...

RESTAURANT ROZ AVEL €€

Place de l'Eglise
SAUZON ✆ 02 97 31 61 48
www.restaurant-le-roz-avel.jimdosite.com

De mars à novembre et 2 semaines à Noël. Ouvert du jeudi au lundi le midi et le soir ; le mardi midi. Terrasse.

Dans cette grande maison belliloise qui trône dans la descente vers le port de Sauzon, sur la place de l'Eglise, vous trouverez une salle des plus accueillantes ou, en cas de beau temps, une terrasse très agréable. Le restaurant Roz Avel est une institution sur l'île et sa carte révèle des inspirations locales mêlées à des détours par la cuisine du monde, pour notre plus grand bonheur. Des plats savoureux et savamment travaillés que vous pouvez découvrir sur le site de l'établissement pour vous mettre l'eau à la bouche. Une adresse sûre.

BAKER STREET

47, Rue Joseph Le Brix
LE PALAIS
✆ 02 97 31 07 52

Ouvert du mardi au samedi de 9h à 18h30. Ouvert tous les jours durant l'été.

Avec sa façade rouge, sa petite terrasse et ses bonnes odeurs de cuisine, on ne résiste pas à l'envie de découvrir ce salon de thé de Belle-Île. Pâtissier de métier, Jean-Claude vous prépare de délicieuses pâtisseries et viennoiseries du matin, mais aussi des tartes (saumon-aubergine, sardine-tomate..), des tourtes, des sandwichs et des soupes en hiver pour le côté salé. Vous pouvez ainsi venir à tout moment de la journée déguster une petite douceur salée ou sucrée selon vos goûts, vos envies et votre appétit. Allez-y, surtout pour l'accueil : charmant.

LES MATELOTS

21, quai Gambetta
LE PALAIS ✆ 09 79 71 50 52
www.les-matelots.org

10h à 2h d'avril à septembre, de 19h à 2h d'octobre à mars. Concerts chaque mercredi, jeudi & vendredi durant la saison.

Voilà une institution, avec, en prime, une terrasse au bord de l'eau très agréable au soleil... Depuis 20 ans, l'enseigne Les Matelots est installée sur le quai. Et c'est le bar de nuit de Palais. Question programmation, il y en a pour tous les goûts. Rendez-vous sur le site Internet pour connaître la programmation à l'année. On apprécie l'ambiance, l'accueil chaleureux et la belle carte de whiskies, de cocktails et de rhums (spécialité de rhums arrangés). Attention en sortant sur le quai ! Après quelques pintes, la rue est bien proche !

LE NUL BAR AFTER

Pen Prad
SAUZON
✆ 02 56 37 02 68

De fin mars à début octobre. Ouvert 7j/7 de 11h à 1h. Terrasse. Animations. Concerts.

Entre Sauzon port et le centre de l'île, Le Nul Bar After est l'emplacement idéal pour commencer les soirées de détente, et ce, dès le printemps... La terrasse vous permet de profiter de l'air frais autour d'une bière locale, d'un cocktail ou d'un rhum arrangé accompagné, selon les envies, de planches de charcuterie ou de fromages ! Le lieu invite au partage et à la bonne humeur avec de nombreuses soirées à thèmes organisées tout au long de la saison. Au programme également : billard, concerts, quizz... Convivialité assurée !

BELLE ILE AVENTURE

Route de Kergoyet
LE PALAIS ✆ 06 82 04 84 88
www.belleile-aventure.com/accueil/

Ouvert tous les jours de 10h à 19h. Avril-septembre Nocturnes le jeudi sur réservation. De 12 € à 23 €. CB non acceptée.

Belle Ile Aventure est un parcours acrobatique en forêt avec 7 parcours et 82 jeux pour plus de 1 km de balade dans les arbres : 5 parcours adultes, 2 parcours enfants, 2 trampolines, 1 escalarbre. Et, le dernier-né, le parcours Le Skeul, situé à 15 m de haut, qui se termine par un saut dans le vide. Le parc vous assure plaisir ludique, en toute liberté et sécurité garantie en pleine nature. Comptez entre 2h30 et 3h30 pour faire les 5 grands parcours et 1h30 pour faire les 2 petits parcours. Accueil particulier pour les personnes PMR. Toilettes écologiques.

BELLE ILE VOILE

Kerguénolé - **BANGOR** ✆ 06 10 35 23 09
www.belleilevoile.com

Croisières à la journée ou sur plusieurs jours. Appeler Bertrand pour connaître les tarifs et disponibilités.

Venez profiter d'une ou plusieurs journées de mer à bord du catamaran Tangata Manu et à sa barre le capitaine, Bertrand Fruy. Si vous optez pour la croisière d'une journée, vous partirez vers 9h et ferez le tour de Belle Île pour découvrir criques et plages accessibles uniquement par la mer. Vous pouvez aussi partir pour une mini-croisière (2 à 4 jours) ou une croisière de 7 jours pour découvrir la mer d'Iroise, la Transcascogne, ou la Transmanche ! Tangata est un superbe catamaran de 13 m pouvant accueillir une dizaine de personnes. Une expérience incroyable !

TY SCHOOL

Plage de Port-Donnant
SAUZON ✆ 06 63 86 75 47
www.tyschool.org

Haute saison : ouvert tous les jours. Egalement ouvert d'avril à octobre. Cours de novembre à mars sur demande.

Première école de surf à Belle-Île, Ty School a été créée en 2006. Elle accueille les jeunes dès 6 ans et propose des cours en individuel ou en groupe. Les plus aguerris, ou les plus téméraires peuvent louer le matériel et essayer tout seuls ! Surf et body sur la plage du Donnant (côté Sauzon) et Stand Up Paddle sur la plage des Grands Sables (côté Locmaria). Plusieurs formules sont proposées : des cours, mini-stages, stages, balades accompagnées... Et la dernière nouveauté : le yoga sur un Stand Up Paddle... Alors, prêts à vous lancer ?

GROIX ★★★

Située à 5,5 km de la côte, l'île de Groix est tournée vers la mer. Au début du 20e siècle, l'île compte plus de 300 bateaux destinés à la pêche au thon germon et dans les années 1930-1950, 5 conserveries sont en activité. Aujourd'hui, seule Groix & Nature perpétue ce savoir-faire. Mais si l'île mérite que l'on s'y attarde, c'est indéniablement pour son patrimoine naturel remarquable : la sublime plage des Grands Sables (plus grande plage convexe d'Europe) ou la réserve de la pointe des chats, pour ne citer qu'elles. A ne pas manquer également, le FIFIG (Festival International du Film Insulaire de Groix) organisé chaque année, en août.

© TERRE DE SIENNE - FOTOLIA

Port Lay sur l'île de Groix.

GROIX ET NATURE

✆ 02 97 86 81 37

www.groix-et-nature.com

L'espace de production est ouvert aux visites de 9h à 12h30. Gratuit. Boutique. Animations.

Lieu incontournable de l'île, vous pourrez y découvrir les secrets de fabrication de l'entreprise grâce au nouvel espace de visite de l'atelier de production. Les 65 m² ont été aménagés de manière ludique et interactive. Le public a ainsi tout loisir d'expérimenter les manipulations sonores et visuelles proposées. C'est dans cet atelier culinaire local que plusieurs personnes confectionnent les savoureuses recettes telles que l'huile de homard, les soupes de poissons, le caviar carottes et wakamé ou encore l'étonnant pâté marin... Un incontournable de l'île !

GROIX HALIOTIS

1, quai Port Tudy

✆ 02 97 86 81 35

www.groixhaliotis.com

Ouvert toute l'année. Gratuit jusqu'à 16 ans. Adulte : 3 € (visite simple de 45 min). 7,50 € visite avec dégustation.

Deuxième producteur de Bretagne en la matière, l'entreprise exerce une activité artisanale : ici, tous les ormeaux sont nourris avec des algues fraîches récoltées sur l'île. Elevés pendant deux à trois ans dans une eau de mer de très haute qualité, les ormeaux sont ensuite conditionnés en terrine ou décortiqués sous-vide, permettant ainsi une expédition du produit sur toute la France. La boutique Groix Haliotis propose également des huîtres, des homards, des crabes, des palourdes, des bigorneaux, des bulots. Commandes possibles via le site internet.

PARC À BOUT - PARC D'AVENTURES

Bois du Grao ✆ 02 97 86 57 61

www.parcaboutgroix.com

Ouvert d'avril à fin septembre. Pâques et la Toussaint. Gratuit jusqu'à 4 ans. Adulte : 12 €. Restauration (pizzas).

Voilà un parc fait pour tous ceux qui ont envie de nature et d'aventure, un lieu original de quelques hectares fait pour vous. En tant que 1er parc d'aventures de marins pour un concept unique au monde, c'est une île dans l'île qui vous propose ainsi près de 2 000 m² de filets tendus, des trampolines géants suspendus dans les arbres, des ponts, des passerelles, des labyrinthes... Et ce concept génial propose aussi de dormir dans un nid, blotti au creux d'un arbre... A ne pas manquer !

COCONUT'S LOCATION

Port-Tudy

✆ 02 97 86 81 57

www.coconutslocationgroix.com

Ouvert tous les jours. Voiture dès 49 € / jour, vélo de 11 à 6 € / jour. Tarif dégressif dès la deuxième journée.

Situé à Port-Tudy, près de l'embarcadère, voici l'un des principaux loueurs de véhicules de l'île. Lorsque vous sortez du bateau, vous ne pouvez pas louper cet établissement. Coconut's Location vous propose un grand choix de véhicules : des voitures citadines, des voitures électriques, des scooters, des tandems, des vélos VTC, VTT ainsi que des vélos électriques. Les tarifs sont dégressifs en fonction de la durée du contrat de location et le dépannage est gratuit en cas de besoin. Coconut's propose aussi la livraison de vos bagages.

LES ÎLES

LES AGAPANTHES €

Route de Kerigant
✆ 02 97 86 59 69
www.lesagapanthesgroix.overblog.com
Ouvert toute l'année. 1 chambre. Chambre double à partir de 70 €. Petit déjeuner inclus. Wifi gratuit.

Les Agapanthes, un nom qui invite à la détente et à la rêverie. Et c'est dans une ravissante maison bleue située dans un environnement calme près du Trou de l'Enfer que Patricia Morel vous accueille toute l'année. Vous pourrez la trouver côté sud de l'île, à 10 minutes du Bourg. L'unique chambre, très reposante, possède une entrée indépendante et s'ouvre plaisamment sur le jardin que vous pourrez admirer depuis la terrasse en bois. Le matin, votre hôtesse vous proposera un délicieux petit déjeuner très apprécié composé principalement de produits locaux.

AUBERGE DU PÊCHEUR €

Rue du Général-de-Gaulle
✆ 02 97 86 56 92
http://aubergedupecheur.free.fr/
Ouvert toute l'année. Réception : 11h-14h et 18h-22h. 7 chambres. Chambre double à partir de 40 €. Demi-pension.

Situé au début de la montée vers le bourg à partir de Port-Tudy, ce petit hôtel-restaurant atypique vous accueille chaleureusement dans l'une de ses 7 chambres, certes un peu rustiques mais dotées d'un certain charme et à prix tout à fait raisonnable. La décoration est très maritime et plutôt *cosy*. On vient ici pour l'inimitable ambiance qui règne sur le port tout proche et parce que la maison, qui fait également restaurant et pub, n'est pas la première venue en matière de cuisine. Une carte simple, élaborée à partir de produits de l'île, et des plats savoureux.

CAMPING DES SABLES ROUGES €

Port Coustic ✆ 02 97 86 81 32
www.campingdessablesrouges.com
D'avril à septembre. 102 emplacements. Bungalows à partir de 220 € la semaine ; mobil-homes à partir de 330 €.

La situation du camping des Sables rouges est doublement intéressante : accès direct à une plage orientée sud-est et possibilité de mettre votre bateau au mouillage devant l'anse ! L'essentiel de la surface est consacré au camping pour tentes et caravanes, mais vous pourrez également profiter de quelques locations : bungalows, mobile-homes et lodges. Côté équipements : des jeux pour enfants, un terrain de pétanque, un terrain de volley, prêt de jeux de société, location de vélos...

HÔTEL DE LA JETÉE €€

1, quai Port-Tudy
✆ 02 97 86 80 82
www.hoteldelajetee.fr
8 chambres (vue sur mer). Chambre double à partir de 71 €.

En débarquant du bateau depuis Lorient, l'Hôtel de la Jetée vous fait face ! En effet, en arrivant sur le quai, vous tomberez directement sur ce superbe petit hôtel de 8 chambres à la décoration « so british »... Chacune d'entre elles est confortablement meublée et joliment décorée, avec vue sur la mer, sur la côte sauvage ou sur le port ! L'établissement est classé au *Guide des Hôtels de Charme*. L'Hôtel de la Jetée dispose également d'une jolie terrasse face au port où il fait bon rêvasser en buvant une tasse de thé ou de café.

LA PARENTHÈSE DE L'ÎLE €€

5, rue du Général de Gaulle
✆ 02 97 05 11 80
chambres-hotes-ile-groix.fr
Chambre double de 80 € à 130 €. 1 Gîte de 690 à 820 € la semaine ; de 130 à 140 € la nuit (dès 2 nuits).

Cette bâtisse a eu bien des fonctions avant d'être transformée en chambre d'hôtes. Maison d'armateur puis pharmacie, elle vous accueille aujourd'hui pour un séjour plein de charme, que vous optiez pour le gîte indépendant composé de 2 chambres (pour 4 personnes) ou parmi l'une des 5 chambres d'hôtes pour 2 personnes, tout est décoré avec beaucoup de goût ! Cette maison au charme incroyable bénéficie d'une situation idéale, proche des commerces. D'autres atouts de taille : son jardin et la vue mer depuis certaines chambres...

TY BEUDEFF €

45, rue du Général-de-Gaulle
✆ 06 27 88 30 41
www.beudeff.fr
D'avril à octobre : Ouvert le soir - Juillet et août : Ouvert midi et soir. Menu enfant : 10 €. Le soir, menu à 19 €.

Ty Beudeff vous propose un service de restauration à l'étage du bar qui est en réalité un ancien grenier à voiles... Morgann et Jean-Marc (en cuisine) vous concoctent alors des plats typiques de l'île de Groix. Vous pourrez ainsi découvrir le ragoût de thon comme plat et en dessert le kouign Pod « Chum Pot » poêlé (le gâteau traditionnel de l'île) ! La carte est simple et épurée mais on est ravi de déguster les spécialités du coin, dans une ambiance très sympathique... Idéal pour prolonger l'ambiance du bar où l'on côtoie nombreux locaux et marins de passage.

BISTROT BAO €€

Route de Créhal

✆ 02 97 89 94 87

Ouvert tous les jours le midi et le soir.

« Poissons de terroir et vins de ligne », voilà le dicton du restaurant. Plats soignés composés au fil de l'inspiration et de l'approvisionnement du moment. Poissons de pêche côtière, moules de Groix, cochon de Kervignac, légumes bio de l'île, vins de petits récoltants, cidre et jus de pommes de Groix... Qualité assurée ! Avec sa salle et sa partie bar, le Bao vous accueille dans une ambiance conviviale. Et, même si c'est un peu loin du port et du bourg, on n'hésite pas à faire un bout de chemin supplémentaire pour déguster une cuisine saine et savoureuse.

LES GARÇONS DU PORT €€

Port Tudy

✆ 02 97 80 11 63

www.lesgarconsduport.com

En saison : service midi et soir ; bar ouvert jusqu'à 2h du matin. Réservation recommandée. Terrasse.

Avec sa terrasse face à l'océan, l'établissement qui domine le port Tudy a de quoi attirer. A l'extérieur aux beaux jours, sous la verrière ou au coin du feu l'hiver, le lieu ne manque pas de charme... Le cadre est idéal pour profiter de la dégustation. Dans l'assiette justement, vous aurez le choix entre le plat du jour, le burger du moment, ou les assiettes de fruits de mer. Une carte simple mais qui fait l'affaire. Et si vous souhaitez continuer la soirée, sont parfois proposés des animations, concerts, karaokés, diffusions de matchs... côté bar.

LES FUMAISONS DE L'ILE DE GROIX

Les fumés du Quai

✆ 02 97 12 38 66

www.fumaisons-iledegroix.fr

A gauche sur le port, on aperçoit le bâtiment des fumaisons de l'île de Groix dont la démarche est entièrement éthique. Thon blanc germon, maquereau, sardine, lieu jaune, merlan, mais aussi lotte ou mulet, tous les poissons sont fumés au bois de hêtre, sans apport d'additif ni de conservateur. Les produits sont vendus sous vide ou bien sont à déguster sur place, face au port, accompagnés d'un verre de vin naturel. A ne pas manquer : la terrasse au coucher du soleil, superbe.

HOEDIC ★★

La petite île d'Hoëdic, qui signifie « caneton » en français, avec ses 250 habitants est un isolat où la vie authentique n'a pas encore cédé le pas au tourisme de masse. On y entre de plain-pied et on y circule à pied. L'été, la lumière blanche et crue, qui nous éblouit sur les murs des maisons blanchies à la chaux, fait penser à une île méditerranéenne. Les îliens bénéficient d'un minimum de confort, ils ont su préserver l'équilibre fragile des dunes qui recèlent une flore somptueuse avec le lys marin et les œillets sauvages. Une petite merveille pour les amateurs de calme et de sérénité. Et le lieu idéal pour des vacances avec des enfants en bas âge.

HÔTEL DES CARDINAUX €€

Le Bourg

✆ 02 97 52 37 27

www.hoedic-hotel.com

Ouvert d'avril à décembre. Et du 27 décembre au 5 janvier. 11 chambres. Chambre double à partir de 119 €. Restauration.

L'adresse est très appréciée pour son accueil chaleureux. L'hôtel dispose de chambres qui ont presque toutes vue sur l'océan. A deux pas des plages, le calme est assuré. Côté restauration, la carte est tournée vers les produits de la mer, les spécialités de la maison. Les crabes, araignées, huîtres, palourdes, poissons sont préparés simplement et souvent servis au naturel, ce qui n'empêche pas de se régaler, au contraire ! A l'Hôtel des Cardinaux, un séjour authentique, propice au repos, à la marche ou au mode farniente sur les plages s'offre à vous...

CHEZ JEAN-PAUL €€€

Le Bourg

✆ 02 97 57 42 26

Le restaurant Chez Jean-Paul est l'une des valeurs sûres parmi les quelques adresses culinaires de l'île aux plages de sable blanc. L'établissement, logé dans une jolie maison blanche, vous accueille avec des roses au mur. La carte est travaillée et donne envie, les assiettes sont belles et copieuses et les plats concoctés avec le plus grand soin. Poissons, légumes, viandes et desserts, Chez Jean-Paul tout est frais et excellent. L'île d'Hoedic est petite et l'adresse est connue, alors on vous recommande vivement de réserver !

ILE-D'HOUAT ★★

Houat (« canard » en français), avec ses hautes falaises qui alternent avec les longues plages de sable fin, est une petite île de pêcheurs qui a tout du paradis. On y découvre un paysage idyllique, sans voiture où règne une ambiance paisible. Dans le bourg, les maisons blanches aux volets bleus amplifient l'ambiance de petit village breton. La plage convexe de Treac'h er Goured située au nord-est est un petit bijou. Quant aux maisons, alignées de part et d'autre de la rue principale, elles donnent à l'île un aspect gai et coloré. Comme Hoëdic, l'île appartient à une ligne granitique presque complètement immergée qui relie Quiberon et Le Croisic.

ECLOSARIUM

Route de l'Ecloserie
✆ 02 97 52 38 38
www.jouvance.fr/fr/eclosarium.htm

Ouvert de 10h à 12h30 et de 14h à 16h. Juillet et août de 10h à 12h30 et de 14h à 17h30 (en continu jeudi et vendredi).

Découvrez le monde de l'infiniment petit et prenez conscience de la fragilité et de l'importance du monde microscopique marin. Véritable poumon bleu de la planète, vous aurez le privilège de découvrir le premier maillon de la chaîne alimentaire océanique : le plancton. A travers un parcours initiatique, vous apprendrez l'histoire de l'île et ses habitants, des hommes entièrement voués à la mer. Avant de repartir, allez faire un tour à la boutique du musée. Vous y trouverez des créations d'artisans locaux mais aussi des produits de cosmétique Daniel Jouvance.

ILE D'HOUAT LOCATION VÉLOS

Port de St Gildas
www.velocouest.fr

Ouvert du 01/04 au 30/10 - Pensez à réserver votre vélo sur le site www.velocouest.fr

La petite île de Houat, au large de Quiberon, est un espace naturel remarquable en Bretagne Sud. Pour partir à la découverte de sa nature sauvage et de ses magnifiques panoramas ouverts sur les plages de sable fin, quoi de mieux que le vélo ? C'est le moyen de locomotion incontournable pour arpenter l'île ! Vous pourrez louer des vélos pour adultes et pour enfants, des vélos électriques, avec baby van, sièges bébé et des casques pour rouler en toute sécurité !

L'ÉCUME DE HOUAT €€

✆ 06 42 22 69 74
www.lecumedehouat.bzh

4 chambres (dans grande maison neuve, avec salles de bain privatives). Chambre double à partir de 92 €.

Les chambres d'hôtes de Madeleine sont situées à seulement 5 minutes du port et des commerces de l'île. Il s'agit en fait d'une maison neuve et contemporaine qui dispose de quatre chambres, dont deux sont au rez-de-chaussée et deux sont à l'étage, toutes dotées d'une salle de bains privative. Les locations sont prévues pour deux personnes avec un grand lit de 160 x 200. L'une des chambres dispose de deux lits simples, idéale pour les voyageurs qui ne sont pas en couple. Pour vos excursions, n'hésitez pas à demander l'un des trois vélos mis à disposition...

HÔTEL L'EZENN €€

Route du Moulin
✆ 02 97 30 69 73
www.hotelezenn.fr

Ouvert toute l'année. 6 chambres. Chambre double à partir de 78 €. Crêpes, galettes ou fruits de mer sur commande.

A 2 minutes de la plage, ce petit hôtel aux volets bleus vous accueille toute l'année. Pendant votre séjour au sein de l'hôtel L'Ezenn, vous seront proposées la location de kayaks et de paddles mais aussi des suggestions et idées de visites touristiques sur l'île de Houat. Le moyen idéal pour découvrir la spécificité de la vie locale, sans circulation automobile et vivant de la pêche... Les dunes au printemps, les plages en été, les basses mers d'équinoxes, l'hiver sur les landes... Vous êtes bien sur l'île de Houat, petite île préservée du Ponant !

HÔTEL RESTAURANT DES ILES €€

Le Bourg
✆ 02 97 30 68 02
www.restaurant-des-iles.fr

Ouvert des vacances de Pâques jusqu'à la Toussaint. 10 chambres. à partir de 82 €. Wifi gratuit.

Situé face à l'île de Hoédic, en bord de mer, l'hôtel restaurant Les Iles offre 10 chambres avec vue sur mer, et bénéficie d'un environnement unique et splendide. 3 chambres disposent même d'une terrasse vue sur mer ! Vous y passerez un moment iodé et convivial. Le restaurant panoramique est également situé face à la mer. Les menus parcourent une cuisine du marché et les produits de la mer (fruits de mer...). L'hôtel assure l'accueil des groupes, concerts-événements, mariages...

CHEZ LOULOU €€

Le Bourg
✆ 02 97 30 67 88
Ouvert du mardi au dimanche le midi et le soir.

Chez Loulou, l'ambiance est détendue et le personnel agréable ! Dans ce petit coin tranquille, la vue de la terrasse est plutôt sympa et donne sur la mer... Aux beaux jours, la terrasse, justement, est idéale pour partager une assiette de poissons fumés accompagnée d'un verre de vin blanc. A la carte, les différentes galettes et crêpes vous donneront l'eau à la bouche. C'est bon et c'est accueillant. Un conseil si vous séjournez sur l'île en période estivale : à la haute saison, réservez pour être assuré d'avoir une table au soleil !

ILE-AUX-MOINES ★★★

L'île aux Moines, de son nom breton *Izenah*, est sans doute la plus accessible des îles bretonnes, puisqu'elle ne demande 5 minutes de bateau à partir de Port-Blanc (Baden) pour être abordée. Les départs se font toutes les 15 à 30 minutes. L'île, qui s'étire sur 6 km, se parcourt aisément à pied ou à vélo. Les commerces et restaurants sont regroupés autour du port et dans le centre-bourg, offrant deux ambiances complètement différentes : le charme du bord de mer ou l'authenticité d'un authentique village breton. Les marcheurs choisiront la grande randonnée de quelque 17 km en boucle, relativement facile, qui fait le tour de l'île par le chemin côtier.

ÎLE AUX MOINES LOCATION VELOS

Rue Benoni-Praud
✆ 06 52 30 91 45
www.velocouest.fr/ile-aux-moines-locations
Ouvert du 01/04 au 30/10 - Réservation possible sur le site www.velocouest.fr.

L'île aux Moines s'arpente à pied... et à vélo ! L'île, tout à fait ravissante, se prête à la balade en famille. Vous trouverez, chez Île aux Moines Locations (entité de Véloc'Ouest), des vélos enfants et adultes, tandem et vélos électriques, ainsi que des casques, sièges bébé et remorques, pour circuler en toute sérénité dans les ruelles étroites des villages et sur les routes et chemins bucoliques de ce petit écrin de verdure, niché au cœur du golfe.

LE CHEMIN DES ÎLES €€

Rue des Escaliers
✆ 02 97 42 63 45
www.lechemindesiles.com
Chambre double à partir de 125 € ; studio / appartement à partir de 265 € (tarifs 2020). Table d'hôtes.

Au cœur du bourg de l'Ile-aux-Moines, au calme d'un grand jardin fleuri et arboré de 1 300 m², la maison d'hôtes le Chemin des Îles, maison de charme et de caractère, vous accueille dans l'une de ses chambres aux noms d'îles, dont une suite familiale. Sa table d'hôtes, sur réservation, varie selon le marché aux saveurs des îles. Votre hôtesse, Françoise, vous proposera une prestation en soins de bien-être, esthétiques ou énergétiques. Modelage, réflexologie plantaire ou détente dans le bain bouillonnant : tout est mis en œuvre pour que vous vous ressourciez.

Le port de l'île aux Moines.

KERISA €€

Rue du Presbystère
✆ 02 97 26 32 52
www.kerisa.fr

Ouvert toute l'année. 5 chambres. A partir de 105 €. Petit déjeuner inclus. Wifi. Restaurant & salon de thé «Asphodèle»

Le site est avenant grâce à une superbe rénovation du corps de ferme (longère bretonne). Cette chambre d'hôtes saura ravir les amoureux de la nature et du vrai. Vous y accéderez aisément, située comme elle est, à quelques lieux de la grande plage et de l'embarcadère. Les 5 chambres sont « authentiques » avec leurs décors d'objets chinés çà et là. Par temps maussade (c'est un coup à apprécier la pluie !), le petit déjeuner vous sera servi devant la cheminée. Aux beaux jours vous profiterez du patio et du salon de thé pour vos repas (à réserver).

LE SAN FRANCISCO €€

15, rue Benoni-Praud
✆ 02 97 26 31 52
www.lesanfrancisco.com

Fermé de novembre à mars. 8 chambres. Chambre double dès 100 €. Petit-déjeuner : 12 €.

Le San Francisco se fera cocon pour votre séjour sur l'île aux Moines. Ses 8 belles chambres, adaptées à un séjour romantique ou familial, vous séduiront pour leur équipement douillet, leur décoration épurée, et leur vue, soit sur le mer soit sur le port ou la terrasse. Ici, on reprend des forces avant d'aller flâner dans l'île, chaussures de randonnée aux pieds, maillot de bain et serviette dans le sac à dos...

Bon à savoir : Le San Francisco est aussi un restaurant. Vous pourrez donc profiter d'options demi-pension ou pension complète.

ASPHODÈLE €€

Rue du Presbytère
✆ 02 97 26 32 52
www.asphodele.com

Restaurant ouvert de Pâques à la Toussaint. Haute saison : 7j/7 de 12h à 19h. Carte : 20 € environ. Jardin. Terrasse.

Du nom d'une plante protégée, que l'on trouve uniquement en Bretagne et très présente à l'Ile-aux-Moines, vous êtes accueillis dans ce petit havre de paix dans un charmant jardin ou dans une salle à la décoration délicate. Ici, c'est le royaume du produit frais bio et des tartes qui sont toutes servies sur un lit de douze crudités. Tarte saumon et poireaux au cidre, feuilleté au chèvre et cumin, sont de véritables petits plaisirs pour les papilles, à déguster sans modération, et pourquoi pas accompagnés d'un délicieux jus de betteraves et carottes fraîches.

BARA PITA €€

5614, rue du Commerce
✆ 06 84 29 84 73
www.barapita.com

Ouvert toute l'année. Haute saison : tous les jours et les jours fériés de 12h à 20h. Sans réservation. Menus dès 10 €.

Le Bara Pita propose une carte variée et originale de plats et sandwiches libanais à emporter. Ici, tout est fait maison, avec des produits frais, de préférence bio, achetés chez des producteurs locaux. Chacun y trouvera son bonheur : pita au bœuf bio, poulet ou falafels, taboulé libanais, houmous, caviar d'aubergine, par exemple, ou les suggestions (spécialités) du jour. Le Bara Pita propose aussi des recettes végétariennes et sans gluten. Côté sucré, pour le dessert ou le goûter, c'est sorbets et crèmes glacées artisanales... et locales.

CHEZ CHARLEMAGNE €€

Le Port
✆ 02 97 26 32 43
www.chez-charlemagne.fr

Ouvert d'avril à octobre. Bar et restaurant. Menu unique à 19,50 € (tarif 2020). Carte le soir. Terrasse.

Cet établissement est une véritable institution du côté de l'Ile-aux-Moines, puisqu'il existe depuis...1848 ! Les locaux et les touristes se côtoient dans la bonne humeur pour manger ou prendre simplement un verre. Ici, vous dégusterez d'excellents fruits de mer, vous aurez un large choix de poissons grillés, de viandes. Chez Charlemagne on passe un bon moment, dans un superbe cadre, face à la mer... ou sur l'eau grâce à la barge aménagée. Conseil *Petit Futé* : pour apprécier plus encore votre halte chez Charlemagne, venez quand la mer est haute !

LA GIROUETTE €€

Rue Benoni-Praud
✆ 09 70 02 67 99

Ouvert toute l'année. Carte : 25 € environ (plat + dessert). Assiette de fruits de mer : dès 25 €. Terrasse.

Cave à vin et bar à manger, cet établissement offre une agréable terrasse sur la vie animée du petit port de l'île aux Moines. La carte courte propose quelques tartines fort généreuses, des assiettes ou des planches, mettant tantôt à l'honneur le terroir, la mer ou les deux... Les végétariens trouveront aussi leur bonheur avec une planche spéciale. Le repas pourra être agrémenté de vins au verre — le choix est large ! —, de bières ou de jus de fruits locaux. En dessert, difficile de résister au café gourmand : il rassemble les trois desserts maison du jour !

PAYS DE VANNES

Bienvenue dans le pays de Vannes ! Vous êtes ici au cœur du golfe du Morbihan et de l'une des plus belles baies du monde. Que vous soyez amateur de randonnée, de navigation, passionné d'histoire ou gourmand patenté, vous trouverez ici votre bonheur. Que vous conseiller ? Arpenter les sentiers côtiers (le GR®34 passe par là), manger des huîtres les pieds dans l'eau chez un ostréiculteur de la presqu'île de Rhuys, courir les marchés et les producteurs locaux, remonter le temps au château de Suscinio ou à Gavrinis, observer les oiseaux dans la réserve naturelle des marais de Séné, vivre au rythme de la détente sur les plages de sable fin ou dans l'un des spas de la région, découvrir l'art contemporain à Vannes, déguster des galettes et crêpes dans une maison traditionnelle... Vannes et son pays s'apprécient que l'on soit citadin ou que l'on aime le grand air, en couple, en famille ou entre amis. Le bonheur... et le bon air !

Pays de Vannes

D778
D182
ELVEN
Berval
D778 E
D126
con
D767
N166
D1
D135
D766
D183
Le Poteau
Lescran
Saint-Avé
D775
Coëtdigo
D135
Treffléan
VANNES
D183
D104
Le Poulfanc
D116
P.N.R. du Golfe du Morbihan
D765
D7
THEIX-NOYALO
D183
SÉNÉ
D7
Noyalo
Lauzach
Réserve Naturelle des Marais de Séné
La Trinité-Surzur
D765
D195
Golfe du Morbihan
Le Hézo
SURZUR
Saint-Armel
Réserve Nationale de Chasse et Faune Sauvage du Morbihan
D140
D20
D20
Ambon
Saint-Colombier
D195
D780
D199
D140
SARZEAU
Le Tour-du-Parc
DAMGAN
e Rhuys
D198
Kervoyal
D140
Dune de Kervoyal
Penvins
Penerf
Océan Atlantique

PAGES

Vannes, ville préfecture, est le chef-lieu du Morbihan. Elle est visitée pour son riche patrimoine architectural et comme porte d'entrée dans le magnifique golfe du Morbihan. Cité d'Histoire, cité d'Art, Vannes est pleine de vie et de charme. On aime parcourir ses rues pavées, son cœur de ville dynamique, flâner dans son jardin des remparts ou le long de son port de plaisance.

Arradon offre de superbes sentiers côtiers à arpenter pour découvrir le golfe du Morbihan depuis les terres. On visite la chapelle du bourg qui propose des expositions et animations régulières, on fait de la voile ou on se baigne dans des eaux claires et sans vagues, sur des plages abritées des vents.

Baden a pignon à la fois sur le golfe du Morbihan et sur la rivière d'Auray, situation privilégiée qui ravira les randonneurs côtiers. Son port de Port-Blanc permet de rejoindre en 5 minutes l'Île aux Moines. Baden offre de très jolies plages (dont celle des Sept-Îles) et d'agréables sentiers de randonnée.

Penvins, commune de Sarzeau.

VANNES ★★★★

Darioritum, nom antique de Vannes, fut fondée à la fin du Ier siècle av. J.-C. après la guerre qui opposa le peuple des Vénètes aux légions de César. Au cœur d'un comté qui forme un véritable espace-frontière, la cité est conquise en 578 par le roi Waroch II qui organise le Bro (pays) Waroch dont Vannes est la capitale. Cité royale de Bretagne, Vannes devient après la guerre de succession de Bretagne le siège de la puissance ducale, puis, de nos jours le chef-lieu du Morbihan. Bâtie en amphithéâtre au fond du golfe du Morbihan, la cité des Vénètes a un charme fou. On aime sa vieille ville médiévale, ses remparts, son port, son dynamisme...

CATHÉDRALE SAINT-PIERRE ✞ ★★

22, rue des Chanoines
✆ 02 97 47 10 88
www.cathedrale-vannes.fr
Ouvert tous les jours de 8h30 à 19h. Gratuit.

Baptisé aussi « petite basilique mineure » depuis un décret pontifical de 1870, cet ouvrage, reconstruit à partir de la fin du XIIe siècle sur les fondements de l'ancien édifice, offre une grande diversité de styles (roman, néo-gothique, Renaissance), conséquence des nombreuses transformations subies jusqu'au XIXe siècle. De style gothique, la cathédrale fut élevée sur le site de son homologue romane. Sa construction s'est déroulée sur cinq siècles, du XVe au XIXe. Le trésor de la cathédrale trouve dans l'ancienne salle capitulaire (1782) du déambulatoire.

CHÂTEAU GAILLARD 🏛 ★

2, rue Noé ✆ 02 97 01 63 00
www.mairie-vannes.fr
Du 01/06 au 30/09 : 7j/7 de 13h30 à 18h. Billet couplé avec Musée des Beaux-Arts La Cohue. Adulte : 6,50 €. Réduit : 4,50 €.

Château-Gaillard, siège du parlement de Bretagne au XVe siècle, est aujourd'hui dédié à la conservation des témoignages de la Préhistoire et de l'Histoire. Le premier étage présente près de 900 objets provenant de fouilles effectuées dans le Morbihan, du Paléolithique à l'époque romaine. Sont aussi présentés de nombreux objets antiques illustratifs de la vie quotidienne, ainsi que des collections thématiques ou encore « le cabinet des Pères du désert ».

▶ **A savoir :** Gratuit pour les moins de 25 ans – hors saison estivale ouvert aux groupes sur réservation.

LE PETIT TRAIN TOURISTIQUE

Place Gambetta
✆ 02 97 24 06 29
www.petittrain-vannes.com
Adulte : 6,50 €. Enfant (jusqu'à 12 ans) : 4,50 €.

Bien installés à bord de ce petit train, partez à la conquête de Vannes, cité bimillénaire. Longeant les jardins et les remparts gardés par la tour du Connétable, le convoi vous mènera, au travers de ruelles pittoresques, jusqu'à la cathédrale. Attention, près de là, « Vannes et sa femme » vous regardent. Vous descendrez vers le port (point de départ) après 35 minutes d'une page d'histoire. Le circuit est commenté en 16 langues et un commentaire scénarisé est proposé pour les enfants.

© PETIT TRAIN VANNES

© PETIT TRAIN VANNES

PAYS DE VANNES

ÉGLISE SAINT-PATERN

2, place Sainte-Catherine
www.stpatern-vannes.fr
Ouvert toute l'année. Gratuit.

L'église Saint-Patern, située dans le quartier du même nom, est un édifice religieux catholique dédié au premier évêque de Vannes au Ve siècle. Tout comme pour la cathédrale de Vannes, l'église Saint-Patern fut détruite au Xe siècle lors des invasions normandes en Bretagne. L'édifice est reconstruit au siècle suivant et est pendant tout le Moyen Âge une importante étape de pèlerinage. Saint Patern est l'un des sept saints fondateurs de Bretagne, que l'on célèbre en faisant le Tro Breizh. L'église a été entièrement rénovée entre 2006 et 2008.

LE KIOSQUE

Esplanade Simone Veil
✆ 02 97 01 62 27
Ouvert 7j/7, toute l'année. 10h-13h et 14h-19h. Entrée gratuite. Expositions temporaires régulièrement renouvelées.

Le Kiosque ouvre ses portes toute l'année à des expositions temporaires de photographes. Tous, qu'ils jouissent d'une renommée régionale, nationale ou internationales, invitent à la découverte d'univers artistiques singuliers et inspirants. Des photographies grand format sont souvent présentées à l'extérieur du bâtiment, en complément de l'exposition intérieure (gratuite), ce qui permet de profiter d'une bouffée d'art en même temps que d'air marin. Bateaux d'un côté, photos de l'autre, voyage et dépaysement sont au rendez-vous pour une agréable déambulation.

LE JARDIN AUX PAPILLONS ★

15, rue Daniel-Gilard
✆ 02 97 40 67 40
www.jardinauxpapillons.com
Ouvert avril-septembre. Haute saison : 7j/7, 10h-19h. 12,50 €/adulte, 9 €/enfant.

Le Jardin aux papillons offre un spectacle aérien et végétal. Il vous accueille parmi ses fleurs et des centaines de papillons tropicaux en liberté. La serre tropicale reconstituée de 500 m² est devenue au fil des ans un magnifique jardin tropical où se côtoient une multitude de fleurs. Chaque semaine, dans la nurserie, 400 chrysalides arrivent dans la serre où elles achèvent leur mue dans un éclosoir exposé au public. Les papillons étant très actifs en pleine lumière, il est préférable de visiter le site un jour de grand soleil entre 10h et 17h.

MUSÉE DES BEAUX-ARTS - LA COHUE ★

15, place Saint-Pierre ✆ 02 97 01 63 00
www.mairie-vannes.fr
01/06 au30/09 : 7j/7 (13h30-18h).01/10 au 31/05 : fermé lundi et fériés.4,60 €/adulte.Réduit : 2,90€.Gratuit -25 ans

La Cohue, Musée des Beaux-Arts, est fortement ancrée dans l'art contemporain. Un vaste espace est consacré aux expositions temporaires : il met à l'honneur, chaque année, de grandes figures artistiques. La partie permanente présente des œuvres de la fin du XIXe s. et du début du XXe s., avec notamment le *Christ sur la croix* d'Eugène Delacroix, et les paysages et compositions de peintres bretons. Le premier étage expose les toiles de Geneviève Asse, artiste de renommée mondiale.

Vannes.

LES REMPARTS ★★

Rue des Vierges

Ouvert toute l'année. Gratuit.

Les remparts de Vannes ont été érigés entre les IIIe et XVIIe siècles pour protéger la ville. Depuis plusieurs décennies, la ville entreprend la remise en état et la mise en valeur des parties des remparts dont elle est propriétaire. Clé de voûte du patrimoine vannetais et élément touristique par excellence, les remparts de Vannes comptent parmi les rares fortifications urbaines qui subsistent en Bretagne. La balade dans ses jardins à la française (appelés « Jardins des remparts ») est incontournable. Ils accueillent d'ailleurs des manifestations régulières.

RÉSERVE NATURELLE DES MARAIS DE SÉNÉ ★

Route de Brouel

SÉNÉ ✆ 02 97 66 92 76

www.reservedesene.bzh

Ouvert février-septembre. Haute saison : 7j/7, 10h-13h & 14h-19h. 5 €/adulte, 2,50 €/enfant (tarif 2020). Boutique.

Suivez les oiseaux, ils vous mèneront sûrement vers la presqu'île de Séné. La Réserve naturelle des Marais de Séné, ou Centre Nature Rémy Basque, ornithologue, photographe et co-fondateur du centre, est le plus grand espace naturel préservé du littoral du golfe du Morbihan – elle couvre 530 hectares. Avec la richesse de ses espèces, le site est reconnu en Europe comme l'un des espaces les plus remarquables pour sa biodiversité et plus particulièrement pour ses oiseaux d'eau. La réserve est un site d'importance internationale pour les oiseaux d'eau. Chaque époque de l'année réserve de belles surprises : avocette, tadorne, papillons multicolores, insectes étonnants, plantes des marais, le tout dans des milieux naturels et changeants. Ses sentiers offrent une nature exceptionnelle et des observatoires aménagés vous permettront d'assister à un spectacle extraordinaire, renouvelé à chaque saison. Pour découvrir la réserve, vous aurez le choix entre plusieurs possibilités : 2 heures de visite sur 4 km de sentier, location de jumelles, avec des animateurs nature, visite en soirée ou en visite libre, sur la partie accessible gratuitement. Les visites avec guide se font pendant les vacances scolaires, sur réservation, spécialement pour les groupes ou en fonction de l'agenda du site (voir le programme sur le web). Des « balades nature » avec guide naturaliste sont aussi possibles, dans la réserve, ainsi que dans d'autres sites remarquables du golfe du Morbihan.

NAVIX

9, allée Loïc Caradec ✆ 02 97 46 60 00

www.navix.fr

Ouvert tous les jours de 8h à 18h. Bateau restaurant haute saison samedi soir et dimanche midi. Tarifs selon excursions.

Navix propose des trajets vers Belle-Île-en-Mer, Hoëdic, Houat, dans le golfe du Morbihan… Les différents ports de départ sont : Vannes, Port-Navalo, Locmariaquer, Auray (Saint-Goustan), Le Bono, La Trinité-sur-Mer, Etel, Le Croisic, La Turballe. Avec ou sans escale, vous découvrirez les nombreuses îles du golfe. Les épicuriens apprécieront les déjeuners (avec ou sans escale) et les dîners (sans escale) croisières avec menus gastronomiques.

- **Exclusivité Navix** : Découvrez la ria d'Etel, surnommée « la plus secrète des mers intérieures » lors d'une croisière dédiée.

BRETAGNE FOOD TOUR

✆ 06 71 96 34 42

www.bretagnefoodtour.com/vannes

De 35 € à 49 € selon la balade.

Avec Bretagne Food Tour, testez de nouvelles expériences gustatives ! Et embarquez pour des balades originales dans la jolie cité médiévale portuaire de Vannes. Laissez-vous tenter, par exemple, par trois heures de balade dans cette ville d'art et d'histoire, en dégustant de délicieux produits bretons et en échangeant avec des producteurs et des artisans passionnés, ou bien optez pour une flânerie le dimanche matin accompagnée de son brunch tout à fait spécial. Ces circuits culinaires insolites vous feront découvrir la culture gastronomique bretonne autrement !

VANNES LOCATION VÉLOS

Quai Tabarly

www.velocouest.fr

Réservations possibles le site www.velocouest.fr - Livraison sur toute la Bretagne, y compris les îles. Toute l'année.

La cité historique de Vannes se parcourt agréablement à vélo. Balade sur les quais, découverte de la ville, randonnée dans le golfe du Morbihan, accès privilégié aux plages et panoramas imprenables… tout est à portée de mollets et facilement accessible ! Chez Vannes Location (qui appartient à Véloc'Ouest), vous pourrez louer pour une journée ou plus, des vélos adultes ou enfants, des vélos électriques, avec baby van, sièges bébé et bien sûr casques, pour rouler en toute sécurité. Véloc'Ouest a ses antennes dans le golfe et dans les îles.

PAYS DE VANNES

HÔTEL LE BRETAGNE €

36, rue Mené
✆ 02 97 47 20 21
www.hotel-lebretagne-vannes.com
Ouvert toute l'année. 12 chambres. Chambre double de 62 € à 88 €. Demi-pension. Petit déjeuner : 9,50 €. (Tarifs 2020)

L'hôtel de Bretagne est situé en plein centre-ville de Vannes près des remparts et du port. Il a pris place dans un édifice Art déco et a une longue tradition d'accueil des voyageurs, puisque son ouverture remonte à 1920. L'esprit du début du siècle se mêle à la modernité pour un séjour au charme indéniable. Les 12 chambres sont équipées tout confort. Chacune a sa salle de bain et ses w.c. privatifs. Le petit-déjeuner se compose de produits frais et locaux. Il est servi dans une belle salle de séjour, décorée de tableaux d'artistes.

CAMPING DU HARAS €€

5, rue de Kersimon
✆ 02 97 44 66 06
www.campingvannes.com
Ouvert d'avril à septembre. Réservation recommandée. 14 hectares. 250 emplacements. Mobil-home (semaine) dès 304 €.

Situé au cœur du parc naturel du Golfe du Morbihan, ce camping de charme séduit petits et grands. Les emplacements bénéficient de sanitaires individuels. Il dispose d'un mini parc animalier et d'un parc aquatique avec toboggans, trampolines géants, tyrolienne et structures gonflables impressionnant. *Farniente* et détente sont au rendez-vous dans l'espace de bien-être avec sauna, hammam, spa de nage, salle de fitness et salle de massage. De nombreuses activités sont proposées : soirées dansantes, une école de cirque, balades à poney...

FLOWER CAMPING DE CONLEAU €€

188, avenue du Maréchal-Juin ✆ 02 97 63 13 88
www.vannes-camping.com
Ouvert d'avril à septembre. Réservation recommandée. 5 hectares. 123 emplacements. Mobil-home (semaine) dès 199 €.

Idéalement niché près du centre-ville de Vannes, ce camping haut de gamme a été complètement modernisé. Il bénéficie d'emplacements et de mobil-homes « grand confort ». Les services proposés sont complets : bar, laverie, wifi, espace bébé, location de TV, épicerie d'appoint, boutique et restaurant. Une aire de camping-cars est à l'entrée, en gestion indépendante. En été, diverses animations sont proposées : ateliers « Nature et découverte », « Contes et Légendes bretonnes »...

GÎTES DES SABLES €€

48, route de Kerleguen
SÉNÉ ✆ 06 38 95 55 29
www.lessables-sene.bzh
Ouvert toute l'année. De 350 € à 650 € la semaine selon saison. Chambre d'hôtes : de 40 à 60 € la nuit. Wifi.

Vanessa et son mari Yoann (avec leurs 3 enfants) ont créé 2 gîtes et une chambre d'hôtes à Séné, option « tout confort ». Tout est pensé pour que les visiteurs soient au mieux : des lits faits à l'arrivée, une cuisine tout équipée, des espaces avec jeux et livres, un jardin clos, un espace détente avec spa/Jacuzzi. Pour vos excursions sur le GR®34 et dans le golfe, ils vous prêtent les vélos, le kayak, le matériel pour la pêche à pied... Les hôtes étant passionnés par le Morbihan, ils adorent recommander sites et adresses, pour se régaler et s'émerveiller.

GÎTES TYPIQUES €€

28, rue de Montsarrac - **SÉNÉ** ✆ 06 24 26 12 66
www.lamaisondepecheur.bzh
Ouvert toute l'année. Dès 400 € la semaine. Forfait court séjour (3 à 5 nuits) dès 280 €. 2 à 6 personnes par gîtes.

Les gîtes typiques du golfe du Morbihan se déclinent en trois espaces : la Maison de pêcheur, celle du capitaine Tribord et celle du capitaine Babord. Leurs propriétaires sont membres du club « Voyager responsable » du Comité régional Tourisme Bretagne, et les trois gîtes sont labellisés « Valeur du parc naturel régional du golfe du Morbihan ». Chrystèle et Jean-Philippe vous révèlent leurs meilleures adresses. Le lieu, magnifique, au bord de la réserve naturelle de Séné, est le point de départ idéal de nombreuses excursions, à pied et à vélo (à louer sur place).

GOLFE HÔTEL LOGIS €€

91, rue Winston-Churchill
✆ 02 97 40 82 05
www.golfe-hotel.com
Ouvert toute l'année. Accueil 24h/24. 53 chambres. Chambre double dès 65 €. Petit déjeuner : 11,90 €. (Tarifs 2020)

À quelques pas de la zone maritime du port de Vannes et des embarquements pour les îles, cet hôtel de charme, calme et convivial, propose 53 chambres, dont 16 studios et deux chambres PMR, toutes entièrement rénovées en 2017. Le décor moderne et chaleureux invite volontiers à la détente. Son restaurant, la Brasserie bleue, est ouvert midi et soir, 7 jours/7. Il offre des prestations gastronomiques. Vous apprécierez ses formules brasserie et menus du terroir, ainsi que ses plateaux de fruits de mer, à déguster, pourquoi pas, en terrasse.

HÔTEL DE FRANCE €€

57, avenue Victor-Hugo
✆ 02 97 47 27 57
www.hotelfrance-vannes.com
Ouvert toute l'année. Accueil jusqu'à 22h. 30 chambres. Chambre double dès 65 €. Petit déjeuner buffet : 10,50 €.

Situé à 300 m de la gare et près du palais des congrès, ce bel hôtel offre 30 chambres, agréables et tout confort, parées de teintes beige et bleu ardoise, de bois chaleureux, de matières naturelles et équipées d'écrans plats avec bouquets CanalSat. L'accueil est attentif et chaleureux, l'environnement calme. Sont mis à disposition un salon dans une terrasse couverte, un patio extérieur fleuri, un jardin ou encore une salle équipée pour les séminaires. L'hôtel de France dispose d'un bar ouvert jusqu'à 22h et de restaurants à proximité immédiate.

LA MARÉBAUDIÈRE €€

4, rue Aristide-Briand
✆ 02 97 47 34 29
www.marebaudiere.com
Ouvert toute l'année. 41 chambres. Chambre double dès 75 € ; Petit déjeuner : 13 €. Animaux acceptés. Parking privé.

La Marébaudière est une grande maison bretonne au cœur de la ville. Avec ses chambres confort ou supérieures, cet hôtel de charme répond aux exigences des séjours d'affaires, de groupes et de loisirs. Cet établissement vous accueille à 5 minutes à pied des remparts, à 10 minutes du port de plaisance, à deux pas de la gare et du Palais des arts et des congrès. Lits équipés de couettes moelleuses, TV écrans plats LCD dans toutes les chambres, climatisation dans les chambres familiales, voilà une étape cosy pour vos vacances vannetaises !

PADJA HÔTEL & SPA €€

5, rue Aristide-Boucicaut
✆ 02 97 69 57 90
Ouvert toute l'année. 84 chambres. Chambre double dès 91 €. Petit déjeuner 16 €. Animaux acceptés. Parking sécurisé.

Situé à l'extérieur du centre et au calme, cet hôtel à la décoration contemporaine et chaleureuse offre des chambres spacieuses, modernes et confortables, toutes équipées de douche à l'italienne ou baignoire, et coin salon. Plusieurs chambres sont adaptées aux personnes à mobilité réduite, malvoyantes ou malentendantes. L'établissement dispose de son bar « Le Manali » très agréable, décoration raffinée ainsi qu'un espace bien-être avec hammam, spa, piscine intérieure chauffée et une douche sensorielle. Accueil très sympathique !

LA VILLA GARENNE €€

3, rue Monseigneur-Tréhiou
✆ 06 76 01 80 83
www.chambresdhotes-vannes.fr
5 chambres. Chambre double de 95 € à 145 € (-10 € en réservation directe). Petit déjeuner inclus.

Cette demeure de 1890, en plein centre-ville devant les remparts, offre une situation exceptionnelle pour visiter Vannes et son port. Sur trois niveaux, la Villa La Garenne vous propose des chambres aux doux noms évoquant les arts et métiers : la Musique, la Table, la Photographie, la Peinture ou les Lettres. Le petit déjeuner se présente en buffet de produits locaux. Outre ses chambres d'hôtes, la villa Garenne propose à la location deux beaux appartements dans le centre historique de Vannes, face à l'église de Saint-Patern.

VILLA KERASY HÔTEL €€€

20, avenue Favrel-et-Lincy
✆ 02 97 68 36 83
www.villakerasy.com
Ouvert toute l'année. Chambre double à partir de 70 €. Petit déjeuner : 17 €. Parking inclus. Spa. Petite restauration.

La Villa Kerasy Hôtel & Spa allie l'élégance d'une grande demeure des années 1920 au dépaysement d'un comptoir de la Route des Indes. Les éléments du décor ont été chinés par les propriétaires au cours de leurs virées en Asie. Le voyage se fait confortablement dans les lits king size bordés de coton frais de percale, avec vue sur le petit jardin japonais. Chaque chambre représente une escale sur la route des Indes du XVIIe siècle, pour rêver de voyages lointains et exotiques. Pour une détente complète, vous pourrez compléter le séjour avec un soin au spa.

AYH APPARTEMENTS €€

1, rue des Vierges
✆ 06 51 38 47 59
www.monlogementenbretagne.com
3 appartements (2 pour 4 pers 31m² ou 49 m² et 1 pour 6, 80 m²), minimum 5 nuits de mai à septembre (sinon, 2 nuits).

Ces appartements dans Vannes intra-muros répondent aux noms exotiques d'Aloé, Yuzu et Hibiscus. Que vous séjourniez à Vannes en couple, en famille ou entre amis, vous trouverez un pied-à-terre cosy, bien aménagé et agréable pour poser vos valises. Le confort est au rendez-vous avec des équipements complets et un service pouvant, selon votre demande, inclure la mise à disposition de petits déjeuners, de paniers gourmands, ou encore l'organisation d'une sortie en bateau. La localisation en hyper-centre privilégie les déplacements à pied.

BE GOOD'N BURGER €

18, rue Saint-Patern
✆ 02 97 13 79 69
begoodnburger.eatbu.com
Ouvert 7j/7, 12h-14h et 17h-00h. Menus de 9 à 14,90 €. Sur place ou à emporter. Terrasse.

Frites fraîches, sauce cheddar maison, petits pains du fournil, légumes frais et croquants, produits locaux, viande charolaise : le burger n'a pas fini de jouer d'exigence et de gourmandise. Ici, on mange bien et copieux à petit prix. Les recettes sentent bon la Bretagne : tome de Rhuys et andouille artisanale sont de la partie. Les végétariens seront ravis de trouver, à l'ardoise, des suggestions sans viande. Côté dessert, ça sent le craquage à plein nez : cookies amandes-chocolat, riz au lait avec caramel au beurre salé... Et bien sûr, c'est fait maison !

LE LM CUISINE D'ICI ET D'AILLEURS €€

Route de Nantes
SÉNÉ
✆ 02 97 42 60 69
Ouvert toute l'année. Lundi-mercredi : midi ; jeudi-samedi : midi & soir. Réservation recommandée. Plat dès 12.50 €.

Le LM importe à Séné des saveurs d'Italie. Une partie de la carte est donc italienne, avec des pizzas, pasta et carpaccios, l'autre plus dans l'esprit brasserie avec des burgers, des viandes et des salades. Les produits sont frais, la cuisine maison et les plats copieux. Voilà un lieu sympathique et convivial que l'on apprécie entre collègues à la pause déjeuner, entre amis ou en famille, ou entre deux sessions de shopping dans la zone commerciale de Vannes-Séné.

LA CRÊPERIE SARRA'ZEN €

21, rue Noé
✆ 02 97 68 11 16
www.la-creperie-sarrazen.fr
Ouvert toute l'année. Fermé le mardi. Réservation recommandée. Spécialités de crêpes et galettes entre 7,50 et 11,50 €.

La crêperie Sarra'zen est tenue par Claudie et Lydia, souriantes et attentionnées. Ici, les produits frais et de saison sont de rigueur, pour le salé comme pour le sucré, et même pour les boissons, puisque l'on peut déguster, à toute heure, des jus pressés à l'extracteur. Côté galettes, c'est blé noir IGP et recettes tantôt traditionnelles, tantôt originales. Les dames du lieu ont aussi choisi de régaler leurs clients avec des « Buddha bowls » ou encore des coupes glacées, confectionnées avec de délicieuses glaces artisanales locales !

CHEZ MARCELLE €€

13, rue Saint-Guenhaël
✆ 06 34 15 43 64
www.chezmarcelle.com
Ouvert du mercredi au dimanche midi, vendredi & samedi soir. Planches : 8-26 €. Paniers à composer et à emporter : 46 €.

Bistrot entre terre et mer, Chez Marcelle tient son nom de la grand-mère de l'actuelle gérante et cheffe des lieux : Aude Labérenne. Navigatrice passionnée, elle a mis la mer au cœur de sa carte. L'établissement, chaleureux et agréable, fait bar à huîtres : il propose la dégustation de la production de plusieurs ostréiculteurs (variant régulièrement) et de différents types d'huîtres. Le menu décline aussi des planches de poissons fumés, les planches des fromages de la fromagerie Kerouzine, ou les voyages Haute-Savoie/Guémené, entre autres.

DELICATESSEN €€

20, rue Émile-Burgault
✆ 09 82 43 96 06
Ouvert du lundi au samedi. Petite restauration sur place, à emporter, traiteur. Vente à emporter.

C'est ce type d'établissement qui donnerait envie de manger sur le pouce tous les jours ! Le Delicatessen est un havre de gourmandise d'inspiration anglo-saxonne. Au Delicatessen, le sandwich est tout un art, à la fois savoureux, original et sain ! De même pour les tartes salées. Le fait maison ne fait aucun doute et la générosité des portions comblera n'importe quel gourmand. Le petit plus de cette adresse ? Si vous organisez une réception à Vannes ou dans ses alentours, le Delicatessen pourra être votre traiteur, pour un buffet dont on vous parlera longtemps.

CHEZ WOODY €€

5, rue Saint-Patern ✆ 02 97 69 13 73
http://chezwoody.fr
Ouvert du lundi au samedi, voir site pour horaires. Réservation recommandée. Plat + dessert : dès 25 €. Terrasse.

Chez Woody vous accueille dans un décor design, mêlant inspirations industrielles, traditionnelles et urbaines. Rien que le lieu, dans sa mise en scène, crée l'effet «waouh». Puis cet effet se répercute à la lecture de la carte : tapas à partager, plats façon barbecue, choix d'accompagnements originaux... entre influences street, US et hispaniques. Le frais et le fait-maison se sentent dès la première bouchée et l'accord parfait des épices et aromates offre une explosion de saveurs gourmandes et généreuses. Amateurs de bonnes viandes, ce lieu saura vous séduire !

YAMU €€

25-27, avenue Saint-Symphorien
✆ 06 12 09 73 52
www.yamu.fr
Ouvert du lundi au vendredi de 9h à 18h. Restaurant : 12h-14h30. Réservation recommandée. Vente à emporter.

Alexia, la chef de MIAM — Mon ingrédient à moi — diversifie son activité de traiteur en ouvrant son restaurant dans les locaux du Reuz, l'espace de *coworking* ultra convivial de Vannes. Il est possible d'y manger des encas (snacking, gâteaux, thés et cafés) toute la journée, et, sur les horaires du déjeuner, de choisir le menu du jour, avec ses plats maison. Alexia s'inspire des cuisines du monde, avec des recettes créatives, colorées et riches en saveurs, et invite au voyage, puisque chaque semaine, elle met une destination à l'honneur.

LE COQ À L'ÂNE €

17, place du Général-de-Gaulle
✆ 02 97 42 56 74
Ouvert toute l'année. Du mardi au samedi de 12h à 14h et de 19h à 22h. Plat + dessert : 18 € environ. Terrasse.

Esprit bistrot et ambiance conviviale sont de mise pour cet établissement situé en plein centre-ville de Vannes. À la carte, les classiques revisités de la brasserie française, mais aussi des plats végans à découvrir, dont un délicieux burger ou encore des falafels. La cuisine du marché est travaillée à partir de produits bio et locaux, pour des saveurs authentiques. Ici, on mange au comptoir, en salle ou en terrasse : à chacun sa formule ! Le lieu est aussi idéal pour profiter des concerts réguliers donnés sur la place Charles-de-Gaulle.

L'ATELIER BISTROT €

5, rue de la Monnaie
✆ 02 97 54 31 18
Ouvert du mardi au samedi, midi et soir. Bar et restaurant. Terrasse.

L'Atelier Bistrot fait bar et restaurant. Au café du matin (dès 7h), pour la pause déjeuner, un moment de détente l'après-midi, un afterwork, un apéro-dînatoire ou un dîner, le lieu est pris d'assaut. La restauration mise sur la fraîcheur, la simplicité et des prix accessibles, avec des menus du jour et des encas classiques, pour que chacun trouve son compte. Les jeunes gérants débordent d'énergie pour faire vivre le lieu, et ça se sent. Que l'on vive à Vannes et que l'on en fasse son QG, ou que l'on y arrive par hasard, on tombe sous le charme !

CRÊPERIE-RESTAURANT SAINT-PATERN €

4, rue Saint-Patern
✆ 02 97 69 07 36
www.creperie-restaurant-saintpatern.com
Ouvert toute l'année. Le lundi, le mardi et du jeudi au samedi le midi et le soir. Menus dès 13 €.

Au Saint-Patern, on ne badine pas avec la qualité des produits et tout est fait maison. La carte des galettes est riche et originale, avec des ingrédients estampillés «terroir» : lard fumé, fromages divers, oignons compotés au cidre, Saint-Jacques flambées, andouille bretonne, saucisse bretonne... Côté crêpes, c'est : pommes ou poires caramélisées, caramel au beurre salé, glaces artisanales. Et il y a aussi la partie resto, plus les suggestions du chef, à l'ardoise.

LE BIBOVINO €

18, rue Émile-Burgault
✆ 07 62 04 14 55
www.bibovino.fr
Ouvert toute l'année. Lundi-samedi : 10h30-22h30 ; dimanche : 10h30-14h30. Réservation recommandée. Formule midi : 10 €.

BiBoViNo a une double casquette : c'est la première marque de vins haut de gamme en BIB (*bag in box*), et c'est une cave à vin très sympathique où il fait bon déjeuner, grignoter une plancha de charcuteries et boire un verre entre amis. On profite de la petite restauration en salle ou en terrasse... Et quand on dit petite, c'est pour utiliser l'expression consacrée, car les assiettes sont généreuses et bien garnies ! L'établissement propose aussi des ateliers découvertes gastronomie et œnologie, ou encore des soirées concerts

CRÊPERIE SAINT-VINCENT €

16, rue Saint-Vincent
✆ 02 97 62 31 39
www.lesaintvincent-vannes.fr
Lundi-samedi, 10h-21h30 (+ dimanche en haute saison). Formule du jour : 12.90 €. Petit déjeuner : 7,50 €. Terrasse.

La crêperie Saint-Vincent ouvre le matin avec une formule petit déjeuner : jus de pomme bio, crêpe et une boisson chaude. À la carte, les spécialités portent le nom des sites de Vannes, pour une découverte touristico-gourmande. Les produits sont de provenance locale et toujours frais. Vous pourrez goûter la galette «Le Bastion de Haute-Folie» : steak haché, cornichons, tomates, œuf et cheddar ; ou «La Porte Saint-Vincent» : asperges vertes, fromage, jambon sec et pois gourmands. En dessert, tentez la galette sucrée ou une crêpe plus classique.

LE GAVROCHE €

17, rue de la Fontaine
✆ 02 97 54 03 54
www.legavroche-vannes.com
Mardi-samedi : midi & soir + dimanche midi. Réservation recommandée. Formule midi : 13,20 €. Menus : 19,50 € & 23,50 €.

On tombe vite sous le charme de cet établissement. L'accueil y est chaleureux, le cadre est atypique et la cuisine est traditionnelle. Ici tout est frais et fait maison. On valorise des plats du terroir : boudin noir artisanal aux pommes, blanquette de veau, magret de canard à l'orange, noix de joue de porc à la graine de moutarde... Côté dessert, la tradition gourmande est aussi à l'honneur : far breton aux pruneaux, soufflé glacé au Cointreau, île flottante... Et pour digérer, après le café on tente (avec modération) le «coup de fusil», un rhum arrangé maison.

M'JOY CAFÉ €

9, avenue Pompidou
✆ 02 97 47 17 57
ma.simpleboutik.fr/mjoy
Du lundi au vendredi : 8h30-15h30. (Sur place, à emporter, en livraison. Menus de 8,50 € à 13,90 €.

M'Joy Café, comme son nom l'indique, est un lieu joyeux et simple. L'établissement propose une restauration rapide, saine et savoureuse. Mitonnée à base de produits bio et locaux, la cuisine est fraîche et inventive. Ici, on aime revisiter soupes, salades, tartes et quiches, mais aussi plats traditionnels. Tous les jours, l'ardoise décline des entrées, plats, quiches, salades et desserts, avec chaque fois des mets végétariens. Un peu excentré du cœur de Vannes, le lieu se prête parfaitement à un déjeuner sur le pouce, mais équilibré, entre collègues.

L'ÎLOT GALETTES €

13, rue du Général-de-Gaulle
✆ 09 81 23 67 89
lilot-galette.business.site
Ouvert toute l'année. Du jeudi au lundi midi et soir. Réservation recommandée. Formule du midi : 9,50 €. Terrasse.

« Toujours dans la qualité des produits » : c'est le maître-mot de Julien, l'heureux propriétaire de cet établissement. Sa terrasse ensoleillée accueille les passants désireux de déjeuner (rapidement ou en prenant leur temps) en toute confiance et saine gourmandise avec ses approvisionnements bio et locaux, comme les farines qui proviennent de La Gacilly. Une formule express est suggérée le midi, en plus de la carte de galettes, salades et crêpes. Des plats sans gluten ou végans complètent le menu, pour accueillir tout le monde, en toute convivialité.

LE PETIT REFUGE €

2, rue Thomas-de-Closmadeuc
✆ 02 97 53 71 38
Ouvert le lundi de 10h à 15h ; du mardi au samedi de 10h à 18h. Réservation recommandée. Menus dès 12,90 €. Terrasse.

Situé dans une des plus jolies rues de Vannes, la rue de Closmadeuc, ce petit restaurant-salon de thé où il fait bon se réfugier pour une pause déjeuner ou un goûter gourmand porte bien son nom. Vous apprécierez l'accueil très sympathique de l'équipe qui saura vous trouver un petit coin pour déguster tartines, tartes salées ou salades (bien copieuses). Le décor très lumineux est assez cosy (d'autant plus que la salle est petite). Attention, le midi c'est bondé et il vaut mieux arriver très tôt ou très tard et, encore mieux, réserver !

KINOA BIO GOLFE €

7, avenue Louis-de-Cadoudal
✆ 02 97 62 20 86
www.biogolfe.org/restaurant-kinoa
Du lundi au samedi le midi. Service de 12h jusqu'à 14h30. Sans réservation. Menus de 8 € à 16,90 €.

Du bio, du fait maison, du végétarien, du végétalien, du sans gluten, du sans lactose : ici, libre à vous de tester de nouvelles saveurs ! On vous dirait même plus : c'est encouragé ! Tentez, vous aimerez ! Chaque midi, le restaurant propose une tarte du jour et des menus à prix midi (un plat végétarien et un poisson ou une viande). On en ferait volontiers sa cantine. Sain et savoureux, que demander de plus ? Une terrasse couverte pour manger les pieds dans l'herbe ? Ils l'ont fait ! Le petit plus : vous pouvez emporter votre repas !

PIZZÉRIA VILLA ROMANA €

16, rue des Vierges ✆ 02 97 47 88 63
www.pizzeria-villa-romana.com
Ouvert toute l'année. Mardi-samedi, midi et soir Réservation recommandée. Pizzas dès 10€. Terrasse. Vente emporter.

Située dans le vieux quartier avec une vue imprenable sur les jardins des remparts, cette pizzeria traditionnelle est appréciée pour ses pizzas au feu de bois, mais aussi pour sa belle terrasse au soleil et en hauteur. Commencez par des *antipasti* (salicornes ou poivrons), suivez par une des très fines pizzas. La carte est classique et complète, pour satisfaire toutes les envies. Vous pouvez aussi choisir une salade bien copieuse, un plat traditionnel italien (escalope à la milanaise, entre autres) ou les incontournables *pasta, bolognese* ou *al pesto* (par exemple).

AWEN BREW PUB €€

1, rue Gilles-Gahinet ✆ 02 97 47 60 22
www.brasserie-awen.bzh

Ouvert toute l'année. Tous les jours, en saison 9h-1h. Terrasse, rooftop vue Golfe. Boutique. Restaurant. Grand parking.

Entre amis, en famille, peu importe l'occasion, cet établissement se veut aussi vivant que convivial. Bières locales artisanales de qualité (certaines brassées sur place). Restauration « maison » et de qualité : tous les jours découvrez une carte de plats cuisinés avec des produits frais et locaux. Entrecôte BZH, fish & chips, burgers, salades, plats végétariens variés, planches apéritives et « finger food ». Vue imprenable sur le golfe du Morbihan, terrasse, rooftop et salle de restaurant chaleureuse. Événements et soirées musicales toutes les semaines en saison.

LES 3 SINGES €€

4, place Bir Hakeim
✆ 02 56 63 61 23
www.les3singesvannes.fr
Du lundi au samedi le midi et le soir. Ardoise du jour les midis : Entrée + Plat + Dessert : 22.50 €. Terrasse.

Les 3 Singes fait restaurant au Charlie et bar lounge au Théâtre. Si le bar a été baptisé ainsi, ce n'est pas par hasard. Au-delà du décor – superbe ! –, il y a l'histoire du lieu. L'établissement accueillait le premier théâtre vannetais, qui appartenait alors à la fille de Jean Poiret. Son âme d'antan a refait surface dans une ambiance lounge, à l'inspiration boudoir et début du siècle dernier... Au Charlie, c'est une ambiance rétro de bistrot des années 30 qui est à l'honneur. Un menu à l'ardoise promeut le fait-maison, la fraîcheur et la créativité.

L'ANNEXE €€

18, rue Émile-Burgault
✆ 02 97 42 58 85
https://restaurantlannexe.eatbu.com
Ouvert toute l'année. Du mardi au samedi le midi et le soir. Réservation recommandée. Menus dès 22 € le midi. Terrasse.

L'Annexe est devenue en quelques années une adresse réputée de Vannes. Gastronomes et œnologues, avertis ou néophytes, apprécient la simplicité efficace du lieu. Ici, on se concentre sur les saveurs, dans un décor sobre et élégant, parfaitement agencé pour une pause plaisir et détente au calme. Le chef, David Kiburse, est issu des restaurants étoilés, et cela se sent dans l'assiette : préparation raffinée des produits traditionnels et locaux, touches d'originalité avec épices et condiments audacieux, menus de saison revus tous les mois...

L'ACCORD GOURMET €€

17, rue Hoche
✆ 09 81 62 34 20
Du mardi au samedi de 9h30 à 19h30. Réservation recommandée. Formule du midi : 16 € ou 19 €.

L'Accord gourmet est de ces établissements qui conjuguent plusieurs facettes : restaurant de type bistronomique, traiteur, caviste, salon de thé ou bar *afterwork*. Il répond avec brio à toutes les attentes et tendances du moment, tout en gardant une vraie personnalité. À chaque jour son menu à l'ardoise, concocté à base de produits frais et tout fait maison, ses propositions sans gluten, ses pâtisseries pour le goûter (ou tout autre encas). Qui plus est l'accueil aussi sympathique que la cuisine est savoureuse ! Une belle adresse.

L'ARDOISE €€

25B, rue du Maréchal Leclerc
✆ 09 51 73 27 66
Fermé le mardi et mercredi, ouvert le soir seulement le week-end. Sur Labonnapp.fr. Confinement : à emporter seulement.

L'Ardoise à Vannes est un restaurant de cuisine de marché, où la fraîcheur et le local priment. Tous les plats sont faits maison et privilégient le bio. Les inspirations viennent de la terre et de la mer, mais pas seulement : parfois, le chef s'évade et propose des saveurs fusion ou exotiques. On goûtera donc aussi bien au *fish & chips*, qu'au *pad* thaï au poulet, ou l'on croquera dans une *focaccia* pommes de terre, truffe, mozza et roquette. L'un des best-sellers de l'établissement est son *cheesecake*, revu et corrigé régulièrement, et toujours très créatif.

L'AMARRÉ €€

6, rue Pasteur ✆ 02 97 66 59 89
www.lamarre-restaurant-vannes.com
Ouvert du jeudi au samedi : le soir. Dimanche : midi & soir. Menus à 50 et 70 €. Terrasse. Réservation obligatoire.

Gastronomie, raffinement et convivialité : voilà sans doute les trois mots qui qualifient le mieux cette excellente adresse. Spacieux et élégamment agencé, le restaurant s'ouvre en une grande salle – avec tables espacées pour respecter l'intimité de chaque convive – et un jardin avec terrasse. La carte est courte, car le chef change le menu chaque jour. Tout est fait à la demande. La carte des vins offre une sélection de vins bio ou en biodynamie. Les plats sont de savoureuses surprises culinaires, généreux et tout en finesse. Des soirées à thèmes sont proposées.

ATYPIC RESTAURANT €€

15 bis, rue Noë
✆ 02 97 47 82 19
www.atypic-restaurant-vannes.fr
Ouvert midi et soir du mardi au samedi, formules du midi à 15.90 € (entrée + plat + dessert). Menu enfant : 7.90 €.

L'Atypic a ceci d'atypique qu'il est un restaurant spécialiste des brochettes. À la carte, des viandes et poissons (+ fruits de mer) variés sont servis sur d'immenses piques, et vu leur taille, on aurait plutôt envie de parler de broches que de brochettes. En effet, quand celles-ci sont posées, debout, sur votre table, elles vous surplombent. Celles du menu du midi ont un format plus raisonnable, mais parfait pour les appétits plus modestes, ou couplés avec une entrée et/ou un dessert. À cela s'ajoute que tout est frais et local.

BASILIC & CO €€

27, rue Joseph-Le Brix
✆ 02 97 47 31 34
www.basilic-and-co.com/

Ouvert 7j/7, midi et soir. Sans réservation. Carte : 10 € environ (pour une petite pizza). Terrasse. Vente à emporter.

Basilic & co est de ces adresses d'où l'on sort absolument conquis ! Certes, il s'agit d'une franchise, mais créée sur un concept en or : du frais, du fait maison, du local, du bio, de la qualité sans concession. La carte regorge de suggestions gourmandes entre pizzas, salades et focaccias. Les pizzas sont disponibles en deux tailles, soit que l'on veuille se donner bonne conscience, soit que l'on assume totalement sa gourmandise. À cela s'ajoute un service adorable et on ne peut plus prévenant. Le *Petit Futé* est sous le charme !

BATEAU LE MOR BIHAN €€

9, allée Loïc-Caradec
✆ 02 97 46 60 00
www.navix.fr

De mars à décembre pour les déjeuners et dîners (selon agenda). Réservation impérative. Menu dès 63.95 €. Animations.

Embarquez à bord du *Mor Bihan* et accédez au privilège des croisières avec repas à bord. Choisissez les déjeuners ou les dîners pour profiter de ce moment de plénitude gustative tout en admirant les rives et îles du golfe. En juillet et août, des escapades sont programmées tous les week-ends (moyenne et basse saison : voire site web). Le service restaurant fait la part belle aux produits de qualité et à une créativité renouvelée, avec un nouveau chef arrivé en 2020. Saluons la gentillesse de l'équipage qui a toujours à cœur de satisfaire ses clients.

LE BISTROT DE JEANNE €€

17, place du Poids-Public
✆ 02 97 43 88 82
www.lebistrotdejeanne.com

Ouvert du mardi au dimanche. Resto : 12h-15h & 19h-22h ; bar : 7h-22h. Réservation recommandée. Menu midi dès 16.50 €.

Chaque midi et chaque soir, un menu nouveau avec différentes propositions d'entrées, plats et desserts est proposé par l'équipe de choc du Bistrot de Jeanne. La fraîcheur ne fait aucun doute, l'originalité est au rendez-vous et les saveurs sont révélées (tout autant que relevées) avec talent. La tendance est bistronomique et, de l'entrée au dessert, on est conquis. Mentions spéciales pour le personnel prévenant et attentif, sa rapidité et sa réactivité, et les assiettes soigneusement dressées... Les gourmands comme les gourmets adoreront.

LA BRASSERIE BLEUE €€

91, rue Winston-Churchill ✆ 02 97 46 40 39
www.brasserie-bleue.fr

Ouvert toute l'année, 7j/7, midi & soir. Réservation recommandée. Menus de 18 € (midi) à 48.50 €. Terrasse.

Le Chef Bruno Manusset et son équipe travaillent sous vos yeux les produits de saison, les fruits de mer, les viandes savoureuses et vous proposent une nouvelle carte à chaque saison. Retrouver les plats signatures de la Brasserie bleue : brochette de gambas, soupe de poisson, choucroute de la mer… Pour le plus grand plaisir de vos papilles.

Avis aux amateurs de vins : « La Cave » by La Brasserie bleue, est le nouvel espace cave à vins de Vannes. Choisissez votre vin en fonction de votre plat, ou alors, achetez ici votre vin pour vos dégustations privées.

LE CHÂTELET €€

27, rue des Halles
✆ 02 90 79 09 50
www.lechatelet-vannes.fr

Ouvert toute l'année, lundi-samedi. Midi, soir et après-midi (snacking). Plat + dessert : 20 € environ. Terrasse.

Le Châtelet vous accueille dans l'esprit d'un bistrot parisien à Vannes. Au menu, l'inspiration est aux pubs britanniques, avec des *fish & chips* – dont une excellente version cajun, mais aussi thaïe et « curry breton » – salades et burgers. Le service de la carte classique se fait le midi, et pour les fringales de l'après-midi et du début de soirée, on vous propose des sandwiches club, croque monsieur, gaufres et planches apéritives à partager. L'ardoise change tous les jours, pour des découvertes culinaires à la croisée de la cuisine fusion et bistrot.

COMME À LA MAISON €€

6, place du Général-de-Gaulle
✆ 02 97 54 16 64
commealamaison-vannes.eatbu.com

Ouvert toute l'année, fermé les mercredi et dimanche. Plat + dessert : 22 € environ. Formule du midi : 15 €. Terrasse.

« Comme à la maison », porte vraiment bien son nom, au sens que l'on s'y sent bien tout de suite. La salle est petite, cosy, avec ses tables en formica et son ambiance joliment rétro. La carte est courte et met à l'honneur les produits frais et locaux, tout autant que la créativité et les inspirations variées de la cheffe en cuisine. Se mêlent les ingrédients de la cuisine du Sud-Ouest, une expérience en Grande-Bretagne, la richesse du terroir breton, et un accueil chaleureux. Le tout donne envie de revenir pour découvrir d'autres saveurs.

LE COMPTOIR DU PORT €€

8, rue du Port
✆ 02 97 47 93 38
www.lecomptoirduport.fr

Ouvert du lundi au samedi en continu. Carte : 20 € environ (pour un plat et un dessert). Terrasse.

Le Comptoir du Port, c'est une adresse pour de multiples possibilités gourmandes et conviviales : *coffee shop*, bar et brasserie. La carte se décline en trois familles de suggestions : les burgers (avec des frites, évidemment) dont des recettes avec des pains buns au sarrasin et bien sûr un burger breton (curé nantais et andouille), les *poke bowls* (salades), et les tartes salées. Côté dessert ou rafraîchissement, on se laisse volontiers tenter par un milkshake ou un smoothie, pourquoi pas à emporter, pour une dégustation, en flânant, le long du port...

LA CRÊPERIE DU PORT €€

32, rue du Port
✆ 02 97 43 40 57
www.creperie-vannes.fr

Ouvert toute l'année. 7j/7 midi et soir. Carte : 18 € environ (pour une galette et une crêpe spéciales). Terrasse.

Cette jolie crêperie se situe dans une maison de quatre siècles d'existence avec décoration d'origine. L'une des deux salles, à l'étage, comporte une cheminée d'époque. Les pierres apparentes et les poutres d'origine complètent le tableau. Parmi les nombreuses spécialités de la maison, essayez par exemple la Brocéliande ou la Lakipik ; et côté crêpes la Santa Cruz. Ou alors, laissez-vous tenter par l'une des glaces artisanales proposées. Les produits frais et de qualité, ainsi que l'originalité des recettes, en font une excellente adresse.

CRÊPERIE SAINT-GUENHAËL €€

23, rue Saint-Guenhaël
✆ 02 97 47 47 94

Du mardi au samedi le midi et le soir. Carte : 7,50 € environ. Menu enfant : 8,90 €. Formule : 10,80 €

La Crêperie Saint-Guenhaël vous accueille dans une bâtisse traditionnelle. Murs en pierres, bois : l'ambiance est chaleureuse et la carte, inspirée par le terroir et la gourmandise ! Les galettes allient des ingrédients locaux savoureux, dans des mariages originaux. Les amateurs de sucré-salé testeront l'alliance du magret de canard et de la patate douce ; les amoureux de fromage se régaleront avec une galette trappe de Timadeuc et andouille... En dessert, c'est crêpes bien sûr, caramel au beurre salé maison évidemment, ou glaces artisanales.

DAILY GOURMAND €€

10, place Gambetta
✆ 02 97 61 23 25
www.dailygourmand.fr

Ouvert toute l'année, 7j/7, midi & soir. Réservation recommandée. Menus de 13.90 € (midi) à 24.90 €. Terrasse.

Le Daily Gourmand dispose de plusieurs formules : des gourmandises salées ou sucrées en continu – planches apéro ou tapas, crêpes, gaufres et coupes glacées – et des menus à prix mini aux heures de repas. Le midi et le soir, vous découvrirez une carte moderne et rafraîchissante où les plats traditionnels sont revisités et où les recettes végétariennes (ou végans) ont toute leur place. Ici on mange frais, fait maison, simple, savoureux et local ! L'établissement est aussi bar à vin – avec plus de cent dix références – et bar à cocktails.

DERRIÈRE €€

2, rue de la Porte-Poterne
✆ 02 97 40 97 35
www.derriere-vannes.bzh

Ouvert toute l'année. Du mardi au samedi le midi et le soir. Réservation recommandée. Menu unique à 15 € (2020) + carte.

« Derrière » est l'étape sympathique de la place des Lices. Clément est aux commandes de ce bistro-bar-café et anime avec énergie et enthousiasme cet établissement plein de charme. Les idées foisonnent, on trouve des suggestions au tableau avec un poisson, une viande et un plat végétarien. La priorité est donnée aux produits locaux, donc bretons, de l'apéritif au dessert. En début de soirée, tapas, et planches apéritives (à composer au choix avec 1, 2, 3 ou 4 éléments) sont à l'honneur. La terrasse «secrète» côté jardin est vraiment très agréable.

IODE RESTAURANT €€

9, rue Aristide Briand
✆ 02 97 47 76 14
www.restaurant-iode-vannes.com

12h-13h30 et 19h30-21h. Fermé les lundis et mardis.

Ancienne secrétaire comptable devenue cheffe à domicile puis cheffe à Rivesaltes et Paris, Sophie Reignier est de retour sur ses terres bretonnes. Elle ouvre son restaurant Iodé en 2020. Elle prend le temps de monter son équipe, de sourcer ses producteurs et de peaufiner son cadre et son concept. Plus qu'un restaurant terre-mer, elle s'évertue à imaginer une note iodée pour chacun de ses plats de l'entrée au dessert. Le pigeon s'accompagne d'artichaut et de sardine, le coco de Paimpol devient dessert avec de la noix de coco, des mûres et un sorbet à la salicorne.

LE JARDIN DE LÉONARD €€

130, route de Nantes
SÉNÉ ✆ 02 97 47 54 97
https://le-jardin-de-leonard.business.site
Restaurant du lundi au samedi midi, bar à tapas le vendredi, carte le soir en week-end. Menu du midi : 15,50 €.

Le restaurant Le Jardin de Léonard a ouvert ses portes en avril 2020. Il propose une cuisine classique et traditionnelle, façon bistrot convivial. Les menus du jour déclinent deux à trois entrées, plats et dessert, avec toujours un choix entre la viande et le poisson. Côté carte, on trouvera des grandes salades, un burger du chef, une traditionnelle bavette à l'échalote, une marmite du pêcheur et, côté desserts, un far breton ou une incontournable crème brûlée, entre autres. Les classiques ont ici toute leur place, bien présentés et en belles portions.

KYRIAD - HÔTEL-RESTAURANT À L'IMAGE SAINTE-ANNE €€

8, place de la Libération ✆ 02 97 63 27 36
www.kyriad-vannes.fr
Ouvert toute l'année. Réservation recommandée. Menus de 22,90 € à 34,90 €. Formule du midi : 17,90 €.

Derrière une façade d'hôtel plutôt anonyme, se trouve une salle de restaurant très accueillante, entièrement rénovée dans un style confortable et chaleureux. Le chef propose une cuisine traditionnelle et créative : millefeuille de saumon fumé aux blinis de blé noir au mascarpone, tournedos de filet de bœuf poêlé, carré d'agneau rôti en croûte de noix et de noisettes jus corsé, croustillant de curé nantais au thym ou encore le soufflé chaud maison au Grand Marnier… Une bonne table !

LÀ DN €€

11, rue Blaise-Pascal
PLESCOP ✆ 02 97 13 74 73
www.restaurant-ladn.bzh
Ouvert toute l'année. Du lundi au vendredi le midi. Menu complet : 28 €. Terrasse.

Cet établissement ouvre seulement le midi en semaine, et les soirs sur réservation pour les groupes, pour des repas ou des cocktails. Chaque midi se réinvente, avec des produits frais et locaux mis à l'honneur. Ici, on cuisine avec amour et avec passion, des plats «bistronomiques», savoureux et créatifs. Le chef a cumulé les expériences en maison étoilée, et cela se ressent au menu. Chaque ingrédient est choisi avec soin chez des producteurs locaux, tous morbihannais, œuvrant dans une démarche alliant qualité, écologie et humanisme.

CHEZ LA MÈRE 6 SOUS €€

11, rue de Closmadeuc
✆ 02 97 01 93 67
chez-la-mere-6-sous.business.site
Ouvert du mardi au samedi, midi et soir. Terrasse. Réservation recommandée. Vieux Vannes, parkings à 5 min à pied.

La Mère 6 Sous, restaurant atypique joliment placé dans une impasse haute en couleur tapissée d'ardoises, en plein centre piétonnier de Vannes, joue la carte de la cuisine familiale. La qualité et l'attrait de ce restaurant tiennent de la qualité des produits locaux et des plats « faits maison ». L'ambiance aussi vaut que l'on y vienne : des tables de bistrot, pas de chichis et beaucoup de générosité. La carte des vins compte des vins étonnants bio et de régions réputées en puissance aromatique. Enfin, le rapport qualité-prix est excellent !

PIZZA RHUYS €€

1, rue d'Alsace
SÉNÉ
✆ 02 97 43 73 49
www.pizza-rhuys.com
Ouvert du lundi au samedi midi & soir + dimanche soir. Pizzas de 5,50 à 15,50 €. Vente à emporter et sur place le midi.

© PIZZA RHUYS

Pizza Rhuys régale depuis des années les Morbihannais comme les visiteurs de passage. Laissez-vous tenter par leurs pizzas : elles sont une découverte des saveurs du terroir locales ! Pizza Rhuys s'approvisionne chez des producteurs locaux en ingrédients de haute qualité : viandes et charcuteries VF ou italiennes, fromages des exploitations morbihannaises (tomme et fromage frais de Bellevue, mozzarella de Pontivy), sardines grillées de Sarzeau… Si vous souhaitez manger bio, végan ou sans gluten, c'est également possible…

LE MOI DE METS €€

19, place Maurice Marchais
✆ 02 97 47 17 29
www.lemoidemets.fr

Ouvert toute l'année. Fermé mercredi & dimanche. Service midi & soir. Réservation recommandée. Menus de 27,50 € à 38 €.

Le Moi de Mets réunit deux associés : un maître d'hôtel et un cuisinier qui a fait sa carrière dans plusieurs restaurants dont un étoilé. Tous les deux partagent les mêmes amours : Vannes, la bonne restauration, les produits du terroir, une gastronomie accessible et innovante, le partage et la convivialité. Assurément, leur pari est réussi ! L'établissement propose une carte courte et raffinée composée à partir de produits de saison et locaux. Tout est préparé maison, avec passion et savoir-faire. Une belle découverte en perspective !

LA NONNA LILIA €€

11, rue Thomas-de-Closmadeuc
✆ 09 86 65 59 80
lanonnalilia.eatbu.com

Ouvert toute l'année. Du mardi au samedi le midi et le soir. Carte : 23 € environ (pour un plat et un dessert). Terrasse

La Nonna Lilia est un petit coin d'Italie dans Vannes. Tout y est authentique et gourmand… et pour cause ! La sauce tomate est une vraie recette familiale, les charcuteries viennent de Florence, la mozzarella est au lait de bufflonne… Le résultat est au rendez-vous, que l'on goûte des pâtes *al dente*, des pizzas comme on en mange rarement ou les panini, tellement bien garnis qu'ils en seraient gargantuesques. Quant aux desserts, ils déclinent le vrai tiramisu au café (de la Tata Isabela), une panna cotta au limoncello, des glaces artisanales…

LE PIANO BARGE €€

Allée Loïc-de-Caradec
✆ 02 97 47 76 05
www.pianobarge.com

Ouvert du mardi au vendredi midi et soir ; le samedi soir. Café spectacle dès 18h le mardi et vendredi. Terrasse.

« Déguster, écouter, applaudir, boire, recevoir… » telle est la devise de cette merveilleuse péniche dominant les rives du golfe, qui conjugue de la plus belle manière qui soit, plaisirs culinaires et bonheurs musicaux. Sur le pont, à l'heure du déjeuner, dans une ambiance jazz, on se régale d'une cuisine du marché de qualité, raffinée et créative. Le soir, dans la cale, le bar à cocktails ouvert dès 18h propose de délicieux grignotages. Le Piano Barge, c'est aussi une salle de concert située dans la cale du bateau et des dîners musicaux.

LE QU4TRE €€

3, place Henri-IV
✆ 02 97 47 58 09
www.lequatre-vannes.fr

Ouvert toute l'année. Lundi-jeudi : 8h30-21h30 ; vendredi-samedi : 22h. Réservation recommandée. Menu midi dès 12.90 €.

L'été, la terrasse du Qu4tre vous accueillera à l'ombre des vieilles maisons à colombages. Les produits frais sont de mise et le pain (pour les burgers aussi) provient d'une boulangerie du centre-ville. Laissez-vous tenter par les suggestions du jour, mêlant inspirations traditionnelles et modernité. Vous pourrez aussi choisir parmi les galettes et crêpes, garnies d'ingrédients locaux. Approfondissez vos recherches dans la belle carte des vins et à coup sûr vous trouverez votre bonheur. Le petit plus : un service à toute heure et en continu en été !

LE ROSCANVEC €€

17, rue des Halles ✆ 02 97 47 15 96
www.roscanvec.com

Ouvert du mardi au samedi le midi et le soir. Réservation recommandée. Menus de 34 € (midi) à 98 € (2020). Terrasse.

Ce restaurant est orchestré par Thierry Seychelles, élève de Georges Paineau, pionnier dans la gastronomie bretonne. Thierry s'est également frotté aux pianos d'Alain Passard, Pierre Gagnaire, Alain Ducasse ou encore de Patrice Caillault non loin de là, au Domaine de Rochevilaine. Une étape à Shanghai, chez les frères Pourcel du Jardin des Sens à Montpellier et le voilà depuis 2006 dans cette échoppe de la rue des Halles. La carte est gastronomique, moderne et créative. L'équipe transmet à toute l'assemblée des convives un esprit dynamique, de joie, de plaisir.

RYOKO - COMPTOIR À RAMEN €€

14, rue de la Fontaine ✆ 02 97 47 54 80
www.ryoko.fr

Ouvert du mercredi au lundi, 11h45-14h et 18h-22h. Compter 20 € pour un ramen et un dessert, 13-19 € pour un ramen seul.

En japonais, « Ryoko » signifie « voyage ». Cette adresse est la première du genre à Vannes, et elle est portée par une équipe que le Petit Futé apprécie beaucoup : celle du restaurant La tête en l'air. Au menu, sur place ou à emporter, place est faite aux *ramen* : ces bols de nouilles typiques de la cuisine japonaise. Les amateurs seront ravis, et les néophytes découvriront avec plaisir un nouvel univers culinaire. Le chef puise son inspiration de la *street-food* japonaise, qu'il relocalise avec des produits issus de circuits courts, et frais bien évidemment.

LE SOUS-SOL €€

15, place Maurice-Marchais
✆ 02 97 47 69 82
www.restaurantlesous-sol.com
Ouvert du mardi au samedi, midi & soir. Réservation recommandée. Menus de 23 € (midi) à 33 €.

C'est un pari audacieux de choisir d'installer son restaurant dans un sous-sol et de l'appeler ainsi. Pari audacieux, mais relevé haut la main ! À peine a-t-on franchi la porte du restaurant qu'on est sous le charme de la décoration alliant modernité et tradition. La cuisine est un fin mélange d'inspirations venues de la terre et de la mer. Les menus du jour et la carte changent régulièrement, mais ont toujours ceci de commun : des produits frais, locaux et des plats faits maison. Avis aux amateurs de chocolat, leur fondant est un bonheur pour les papilles.

LA TABLE KOPINS KOPINES €€

13, place Maurice Marchais
✆ 02 97 47 69 91
www.latablekopinskopines.fr
Ouvert midi & soir lundi-samedi (fermé le lundi oct-mars), menu midi à 16.50 (plat et dessert), terrasse intérieure.

Rien que le nom, la Table Kopins Kopines, dit la convivialité et la simplicité du lieu. L'établissement est à la fois restaurant de spécialités françaises et italiennes, et bar à vins avec ses belles planches apéritives de charcuterie et de fromage. Les amateurs de pâtes fraîches faites maison en feront leur cantine, surtout qu'elles sont cuisinées avec des produits de saison et locaux, achetés sur les marchés du coin. On craque aussi sur le carpaccio parfumé à la truffe, les terrines maison et les poissons frais fumés en cuisine, accompagnés de bons vins.

LE TANDEM €€

13, rue des Halles
✆ 02 97 63 53 37
letandem.bzh
Ouvert toute l'année, du mardi au dimanche (brunch). Menu : dès 20 € le midi. Terrasse.

Avec leur expérience variée et haut de gamme, on peut dire qu'Olivia et David ont vite su s'épanouir dans leur restaurant du cœur de Vannes. La décoration, mêlant les clins d'œil bistrot et murs chargés d'histoire, est scintillante, aérée et bénéfique au calme nécessaire à la dégustation d'une cuisine pimpante et naturelle. Labellisé Maître Restaurateur depuis décembre 2015, l'établissement a largement fait ses preuves. On aime les gnocchis de blé noir, le kouign amann et son sorbet au lait ribot, mais aussi les assiettes de charcuterie ou fromage à partager.

LA TAUPINIÈRE €€

9, place des Lices
✆ 02 97 42 57 82
Ouvert toute l'année, 5j/7 midi et soir et mercredi + dimanche midi. Crêpe + galette spéciales dès 15 €. Terrasse.

Située en recoin et contrebas de la place des Lices, la Taupinière vous recevra dans la fraicheur de sa salle en sous-sol. Quel bienfait en plein soleil estival ! Et l'hiver la chaleur prodiguée par un accueil personnalisé vous retiendra pour un déjeuner galettes et crêpes de bonne qualité, à moins que vous ne préfériez les savoureuses gaufres maison ? Laissez-vous tenter par les produits du terroir avec un large choix à la carte et un excellent café gourmand à découvrir. Si vous souhaitez manger en terrasse, pensez à réserver et à le préciser.

LES TOQUÉS DU BOCAL 56 €€

2, rue Lépine
✆ 09 83 20 41 51
Ouvert toute l'année. Du lundi au vendredi de 10h à 16h. Sans réservation. Livraison possible. Vente à emporter.

Les Toqués du Bocal ont eu une idée originale : servir uniquement des plats (de l'entrée au dessert) conditionnés en bocaux, à consommer sur place ou à emporter. Les portions sont généreuses, les plats gourmands et originaux, et la formule aussi sympathique que pratique. L'ardoise affiche chaque jour : un plat végétarien, un plat cuisine du marché, un plat cuisine du monde et... des surprises du chef ! La démarche est aussi écoresponsable : bocaux consignés et plastique banni.

▸ **Autre adresse des Toqués du Bocal :** 7, place d'Irlande, à Séné.

LA GOURMANDIÈRE €€€

Rue de Poignant
✆ 02 97 47 16 13
www.la-gourmandiere.fr
Ouvert lundi et jeudi-samedi midi et soir ; mardi + dimanche le midi. Réservation impérative. Menus de 22 (midi) à 88 €.

La Gourmandière rassemble deux univers : la table d'Olivier et le Bistr'Aurélia, l'annexe bistrotière qui tient son nom d'Aurélia, l'épouse d'Olivier. Si le restaurant gastronomique mérite un franc détour, le bistrot est loin d'être en reste. Il s'affirme magnifiquement bien avec une cuisine de marché qu'Olivier compose chaque jour (le midi) en fonction du marché. L'un et l'autre des établissements sont des perles, et l'on va dans l'un comme dans l'autre, les yeux fermés, certains de bien manger. Ce n'est donc pas une, mais deux bonnes adresses, à réserver.

LE PRESSOIR €€€

7, rue de l'Hôpital - **SAINT-AVÉ** ✆ 02 97 60 87 63
www.le-pressoir.fr

Ouvert du mardi au samedi, midi et soir, + dimanche midi. Menu de 36 € à 110 €, + accords mets-vins.

Avis aux gourmets, cette table d'excellence, dans un cadre agréablement feutré, va conquérir cœur et papilles tant la cuisine de haute volée proposée par Katia et Vincent David, les maîtres des lieux, est une symphonie de saveurs magnifiquement associées ! Quoi de plus normal donc que le restaurant soit estampillé Tables et saveurs de Bretagne, et appartienne au réseau prestigieux Les Collectionneurs ? Et le résultat est au-delà de nos espérances, des plats généreux, savoureux. La présentation des mets et le service sont tout aussi irréprochables.

AWEN BREW PUB

1, rue Gilles-Gahinet
✆ 02 97 47 60 22
www.brasserie-awen.bzh

Ouvert toute l'année de 11h à 01h (9h à 1h l'été) Terrasse et rooftop vue sur le Golfe. Animations et concerts réguliers

L'Awen Brew Pub est le lieu de référence de la bière artisanale au bord du golfe. L'endroit est multiple et surprenant ! Microbrasserie visible depuis la salle, avec une brasseuse qui élabore des bières artisanales innovantes. En saison des visites de la brasserie sont organisées. Côté pub, une quinzaine de bières bretonnes artisanales sont à découvrir à la pression. En cuisine : une carte simple et signée, des ingrédients locaux, frais et de saison. Soirées et concerts toute l'année et tous les week-ends en saison. Belle terrasse et roof-top avec vue sur la mer.

ALAIN CHARTIER

25, place des Lices
✆ 02 97 01 93 78
www.alainchartier.fr

Lundi : 14h30-19h30 ; mardi-vendredi : 10h-13h & de 14h30- 19h30 ; samedi : 9h-19h ; dimanche : 9h-13h.

Découvrez ses produits aussi originaux que délicieux : le maillot choco, les macarons de Bretagne, les sweet Mélinerion : le chocolat qui chante créé pour le groupe du Bagad de Vannes et à leur couleur. Alain Chartier propose un nouveau concept de glace : le yogourt Breizh, glace soft uniquement à base de produits laitiers (lait frais, yaourt) morbihannais. Plusieurs autres boutiques ont vu le jour : à Noirmoutier, Damgan, Vannes (Park Lann), Arzon, Lorient, ainsi qu'une école de formation (l'Ecole des desserts, à Theix-Noyalo) pour exceller en cuisine.

DÉDALE

8, rue du Commerce
dedale.lartprendlarue.org/portfolio/dedale-cafe

Ouvert toute l'année. Tous les jours de 14h à 23h. Animations. Expositions.

Dédale est un lieu original, éphémère et exclusif qui ne laisse personne indifférent à Vannes. Lieu de culture et de convivialité, il est géré par l'association L'Art prend la rue. L'initiative a pris place dans des bâtiments désaffectés, voués à la destruction. C'est une totale immersion dans l'art urbain et les cultures urbaines qui est proposée : expositions, performances, rencontres, échanges... Que l'on prenne place au café, pour un moment de détente et de partage entre amis, ou que l'on arpente la galerie, on s'ouvre et on prend du plaisir.

AMANDES ET CARAMEL

4, rue Thomas-de-Closmadeuc ✆ 06 27 39 10 58
www.amandesetcaramel.com

Ouvert du mardi au samedi de 10h à 12h30 et de 14h à 19h + boutique Arradon (Zone de Botquelen).

Amandes & Caramel est une biscuiterie « et + » ouverte depuis 2016 à Arradon. C'est Sylvie, Bretonne aussi gourmande que passionnée, qui s'est lancée dans l'aventure, préparant avec amour et respect des traditions des douceurs sucrées variées : macarons, palets et galettes bretonnes, caramels au beurre salé. En décembre 2019, elle a confié les rênes d'une boutique vannetaise à sa fille, Alizée, qui propose les gourmandises artisanales dans un décor authentique et épuré, au charme indéniable. Comment ne pas craquer pour cette jolie boutique ?

LA HUCHE À PAIN

23, place des Lices
✆ 02 97 47 23 76

Ouvert du lundi au samedi de 6h30 à 20h30. Sur place et à emporter.

Boulangerie, pâtisserie et traiteur, voilà les services que vous propose cet établissement fondé en 1982. La spécialité de la maison est le kouign-amann : il est devenu un incontournable de la Huche à Pain. La boutique propose des fars et autres spécialités bretonnes, des viennoiseries ainsi que tout un panel de produit salé pour l'apéritif — pain surprise, toasts, mini-verrines... — ou pour un repas sur le pouce — pizzas, tartines, sandwiches, salades, quiches... — en déambulant dans les ruelles de Vannes. Il est aussi possible de s'installer sur place.

LES MARCHÉS
DU MORBIHAN

Chaque ville et commune du Morbihan a son marché. Certains sont des institutions, d'autres sont plus confidentiels. C'est sans compter les marchés estivaux, souvent festifs, qui animent les bourgs ruraux et les stations côtières en juillet et août.

▸ **Pays de Vannes. Vannes** : 7j/7, aux Halles des Lices, le matin. + Mercredi et samedi : Place des Lices ; **Arradon** : mardi et vendredi, le matin, place de l'Église ; **Baden** : vendredi, le soir (16h30-19h30), «marché de pays», place Weilhem ; **Larmor-Baden** : dimanche, le matin, place de l'Église ; **Le Bono** : samedi matin, grand marché, place de la République ; **Elven** : vendredi, le matin, bourg ; **Theix-Noyalo** : dimanche, le matin, Theix ; **Arzon** : mardi, le matin, centre-bourg ; **Sarzeau** : jeudi, le matin, place des Trinitaires + samedi, marché bio et producteurs locaux, le matin, place Richemont ; **Sérent** : mercredi, le matin, centre-bourg ; **Séné** : vendredi, le soir (16h30-19h30), marché bio, place de l'Église ; **Saint-Gildas-de-Rhuys** : dimanche, le matin, place de l'Abbatiale ; **Saint-Avé** : le dimanche matin, place Notre-Dame-du-Loch ; **Grand-Champ** : samedi matin, centre-bourg.

▸ **Pays d'Auray. Auray** : TLJ, de 8h à 13h, sous les Halles, Place de La République ; **Crach** : jeudi matin, Place de l'église ; **Erdeven** : samedi matin, 9h-13h ; lundi soir, 18h-22h en juillet et août ; **Etel** : mardi matin ; **La Trinité-sur-Mer** : mardi et vendredi matin, 8h-13h, Place du Voulien ; TLJ, matin (marché aux poissons), Halles aux poissons ; **Locmariaquer** : mardi et samedi matin ; **Ploemel** : vendredi matin, 8h-13h ; **Plouharnel** : vendredi matin ; **Quiberon** : samedi matin, 8h-13h, Place du Varquez ; **Saint-Pierre-Quiberon** : jeudi matin, Place du marché.

▸ **Pays de Lorient. Carnac** : mercredi et dimanche, 8h30-13h, Parking Saint-Fiacre.

Cléguer : dimanche matin.

Guidel : vendredi matin, Place Le Montagner ; dimanche matin, Place de l'église.

Hennebont : jeudi matin ; vendredi soir (produits bio et locaux), 17h-20h, parvis de l'église.

Inzinzac-Lochrist : samedi matin (marché de producteurs locaux), 9h-12h30, Cour de l'école publique La Forgerinc.

Lanester : mardi matin, Place Delaune.

Languidic : vendredi matin.

Larmor-Plage : dimanche matin, Place de l'église.

Locmiquélic : vendredi matin.

Lorient : du mardi au dimanche matin, 7h-13h et vendredi après-midi, 16h-19h, Halles de Merville ; mardi soir (marché bio), 16h30-19h, Place Jules Ferry.

Ploemeur : mercredi et dimanche matin, Place Falquérho.

Plouhinec : dimanche matin.

Pont-Scorff : mercredi soir, 17h-19h30, Place de la maison des Princes.

Port-Louis : samedi soir ; mardi soir, 18h-23h, en juillet et août.

Quéven : dimanche matin, 9h-12h ; jeudi soir (marché bio), 17h-19h, Place de Toulouse.

Riantec : mercredi matin, 8h-13h, derrière l'église.

▸ **Pays de Questembert. Questembert** : lundi, le matin, centre-bourg. + Mercredi, marché de producteurs, l'après-midi (16h30-19h), bourg.

La Roche-Bernard : jeudi, le matin, centre-bourg. + Vendredi, le soir (17h30-19h30), marché bio, face à l'office de tourisme.

Pénestin : dimanche, le matin, centre-bourg.

Muzillac : vendredi, le matin, centre-bourg.

Ambon : dimanche, le matin, en juillet et août seulement, centre-bourg.

Billiers: samedi, l'après-midi (17h-20h), en juillet et août seulement, centre-bourg.

Damgan : samedi, le matin, centre-bourg. + Mardi, le matin et mercredi le soir (18h-23h) en juillet et août seulement.

Le Guerno : mardi, en soirée, juillet et août seulement, dès 17h, centre-bourg.

Malansac : samedi, le matin, centre-bourg.

▸ **Pays de Brocéliande. Ploërmel** : vendredi, le matin, place du Marché.

La Gacilly : samedi, le matin, centre-ville.

Josselin : samedi, le matin, centre-ville.

Malestroit : jeudi et samedi, le matin, place Queinnec.

Guer : mercredi, le matin, centre-bourg + Mardis de la gare, en soirée, en juillet et août.

Mauron : vendredi, le matin, centre-bourg.

▸ **Pays de Pontivy. Pontivy** : samedi, le matin, marché des Halles et rue Lorois.

Locminé : jeudi, le matin, centre-ville.

Baud : samedi, le matin, place de l'Église.

▸ **Pays du Faouët. Gourin** : lundi et samedi matin.

Guémené-sur-Scorff : jeudi matin, 9h-13h.

Guiscriff : vendredi matin.

Le Faouët : 1er, 3e, 5e mercredi du mois, matin, 8h30-13h, Place des Halles ; jeudi soir, 17h-19h30, Restalgon.

Plouay : lundi matin.

Sainte-Anne-d'Auray : mercredi matin.

▸ **Les îles. Île-aux-Moines** : mercredi, le matin.

Belle-Île-en-Mer : TLJ, 17h-20h, marché des producteurs, Sauzon.

Groix : mardi et samedi matin, TLJ en juillet-août.

JAPAN CAFÉ

16, rue des Halles
www.japancafe-vannes.fr
Ouvert toute l'année. Mardi-samedi, 11h30-20h. Restauration. Bibliothèque de mangas et livres sur la culture japonaise.

Au cœur de la cité vénète, dans une ruelle étroite avec des maisons traditionnelles à pans de bois, cet établissement invite à une aventure culinaire haute en couleur. Ambiance, carte, décor et ateliers sont dédiés aux mangas. Prenez un verre, sur place ou à emporter : sodas et thés glacés nippons, cafés et thés ultra gourmands, mais surtout bubble teas avec mélanges à volonté... Une petite faim ? Goûtez les crêpes Ochame salées ou sucrées servies enroulées comme un cornet ou encore les gâteaux au thé vert ou les Dorayaki. Un dépaysement !

LES NÉNETTES

4, place des Lices
✆ 07 87 00 15 17
www.chocolatslesnenettes.com
Mardi, jeudi, vendredi et dimanche : 8h45-14h - Mercredi et samedi : 7h30-14h. Sur place et à emporter.

Les Nénettes sont chocolatières, pâtissières et baristas. Dans leur espace des halles des Lices, elles vous soumettent à la tentation sous mille formes gourmandes et créatives. Elles – car oui, c'est une équipe féminine – ont décliné une gamme de 30 chocolats, aux saveurs délicieusement surprenantes : le cacao se mêle à la rose et à la framboise, à la cannelle, aux graines de fenouil, au curry doux...Ces mets sucrés se marient à merveille avec les thés servis sur place ou les cafés artisanaux, proposés en *ristretto* ou en délicieux *latte* (et autres variantes).

KUTA RESTAURANT

21, rue Marcellin-Berthelot
✆ 02 97 46 69 01
www.kuta.fr
Ouvert toute l'année. Du mardi au samedi de 12h à 14h et de 18h à 1h. Terrasse. Restauration. Animations.

Le Kuta Restaurant suscite la curiosité... Cet établissement aussi hors normes qu'exotique a créé en son sein un décor balinais où il est possible de venir boire un verre entre amis, faire la fête, déjeuner ou dîner. Entre végétaux luxuriants, représentations géantes de figures hindoues, lumières tamisées et mobilier en bois exotique (entre autres), vous êtes immédiatement transporté dans un autre monde. L'établissement propose une belle cave à vin, ainsi qu'une carte de cuisine fusion alliant inspirations thaïes, japonaises et françaises.

PÂTISSERIE CARTRON

1, rue du Général-Baron-Fabre
✆ 02 97 43 03 12
www.cartron-gourmandises.com
Ouvert du lundi au samedi de 7h à 19h30. Livraison possible (boutique en ligne).

Cette pâtisserie-chocolaterie fait fondre de plaisir les Vannetais depuis plus de 40 ans. Ses six magasins-salons de thé (Vannes, Le Poulfanc, Auray, Sarzeau, Pontivy et Saint-Avé) proposent des spécialités pâtissières comme le Tonkinois et la charlotte aux poires, et des chocolats maison dont le célèbre menhir de Bretagne, au chocolat praliné, le Love Caramel, à la crème de caramel au beurre salé, ou les Rocailles, bâtonnets d'amandes grillées enrobés de caramel. La maison Cartron est aussi spécialiste des glaces et sorbets aux goûts traditionnels et exotiques.

MAISON GAËL - ARTISAN

5, rue Aristide-Boucicaut
✆ 02 97 01 34 24
www.patisseriegael.com
Ouvert du lundi au samedi de 9h à 20h. Autres boutiques : Muzillac, Auray, Redon.

Dans cette boutique de la Maison Gaël, le chocolat est à l'honneur. Noir, au lait, blanc, fourré de ganaches crémeuses, pralinés, mendiants, orangettes... Chocolat en vrac, assortiment dans une jolie boîte, confiseries... À quelle tentation succomberez-vous ? La Maison Gaël est une ode à la gourmandise et un lieu de perdition pour palais sucrés. Bien sûr, on est sur du «fait maison», mais en plus, on goûte à une belle créativité, inspirée et irrésistible. Pour les fêtes, pour offrir ou pour se faire plaisir, cette boutique saura vous ravir.

PIÈR-MARIE PÂTISSERIE

9, rue Le Hellec
✆ 02 97 54 18 99
www.patisserie-piermarie.com
Lundi-vendredi : 10h-13h & 14h30-19h ; mercredi & samedi : 9h- 13h & 14h30-19h ; dimanche : 9h-13h.

Goûter les pâtisseries d'un chef de palace, cela vous tente ? Pièr-Marie vient d'implanter une boutique à Vannes (après celle de Lorient). Hôtel Meurice à Paris, château de Locguénolé, Park Hyatt Paris Vendôme sont quelques-unes de ses nombreuses et prestigieuses références. L'établissement propose des pâtisseries raffinées et gourmandes à se damner. Ici, tout est fait à partir de produits locaux, rigoureusement sélectionnés, dans une quête permanente de qualité. À chaque saison ses produits et ses nouvelles pâtisseries. Partez en pèlerinage gourmet !

LE REUZ - COWORKING CAFÉ

25-27, Avenue Saint-Symphorien © 02 97 68 58 19
www.lereuz-coworking.com
Ouvert toute l'année. Du lundi au vendredi de 9h à 19h. Ouvert le samedi sur réservation. À partir de 4 € / heure. Wifi.

Proche de la gare, Le Reuz-Coworking Café n'est pas un café comme les autres, puisqu'il est un espace de travail partagé par des professionnels nomades… Comprenez des indépendants, freelancers ou autres pros en vadrouille à Vannes souhaitant s'installer, le temps de quelques heures, dans un bureau. Le lieu, inédit et novateur, est une communauté ouverte à tous où chacun peut venir échanger, réseauter, s'inspirer… Une kitchenette et le traiteur YAMU assurent pause déjeuner et encas, la machine à café tourne et la fibre permet de surfer plein pot sur le web.

L'ARCHIPEL DES MOTS

21, place du Général-de-Gaulle
© 02 97 61 20 79
librairie-larchipeldesmots.com
Ouvert du mardi au samedi de 10h à 13h30 et de 15h à 19h.

Voilà une charmante petite librairie indépendante comme on aime en trouver ! Laura Jousset, libraire passionnée et enthousiaste, partage ses nombreux coups de cœur littéraires. Proche de ses clients, de bons conseils, connaissant bien son fonds, elle est aussi engagée dans la vie culturelle, puisqu'elle propose des rencontres régulières avec des auteurs de tous horizons. Le Petit Futé adore les diverses notes de lectures, posées ça et là sur les livres qui ont le plus enthousiasmé la maîtresse des lieux. Venez choisir le roman de vos vacances !

TERRE DE FEVES

26 Bis, place des Lices
© 09 87 02 22 29
www.terredefeves.com
Boutique ouverte du jeudi au samedi. Vente en ligne via site web.

Terre de fèves est une histoire de femmes, de lignée, de gourmandise et de partage. Cela commence par des grands-mères et une mère qui aiment cuisiner, et cela se poursuit avec Anne-Laure, la maîtresse des lieux, qui s'intéresse à la gastronomie, puis à la pâtisserie, puis à l'art du chocolat. Elle se forme pour créer la boutique de ses rêves, où elle pourra partager saveurs du monde entier et passion. Le cacao et les ingrédients sont bio et issus du commerce équitable, la fabrication est artisanale et écoresponsable. Et bien sûr, c'est délicieux. Une pépite !

ARMOR-LUX VANNES

22, rue Saint-Vincent
© 02 97 47 02 50
www.armorlux.com
Ouvert le lundi de 14h à 19h ; du mardi au samedi de 9h30 à 19h.

Armor-Lux est aujourd'hui une marque reconnue pour l'originalité de ses collections qui puisent leur inspiration dans les couleurs de la mer et les valeurs de la Bretagne (marinière, tee-shirt rayé, pull marin, vareuse, ciré, caban, duffle-coat…). Implantée sur le créneau de la qualité et de la relocalisation des emplois, la marque propose des vêtements pour l'homme, la femme et l'enfant. Élégance et douceur marine sont ses maîtres-mots. À la tradition, respectée, s'ajoute un vent de modernité, pour des collections de prêt-à-porter ouvertes à tous les styles.

LE THÉ GOURMAND

18, rue des Vierges © 02 97 69 16 74
www.lethegourmand.fr
Ouvert du lundi au samedi de 10h à 19h. Suggestions salées proposées au déjeuner. Produits frais et locaux.

Dans une ambiance calme et cosy, venez apprécier une pause-détente et choisir ce qui fera votre bonheur parmi les quelques 70 thés hauts de gamme différents, soit natures soit aromatisés qui vous sont proposés. Vous pourrez aussi choisir parmi les mélanges faits maison ! L'établissement présente également des cafés du monde et des chocolats chauds. Ils s'accompagnent parfaitement de pâtisseries maison. Le midi, plusieurs suggestions sont à l'honneur. Prolongez l'expérience dans le bel espace boutique avec ses thés, cafés, théières, accessoires, chocolats…

BISCUITERIE DE KERLANN

19, rue Théophraste-Renaudot
© 02 97 40 89 95
www.biscuiterie-de-kerlann.com
Ouvert du lundi au samedi de 9h30 à 19h.

Avec ses nombreuses douceurs, fabriquées dans la plus pure tradition pâtissière bretonne, la Biscuiterie de Kerlann fait le bonheur des gourmands depuis 3 générations. Venez déguster ou composer vos sachets de gourmandises grâce au libre service (vente en vrac) de biscuits bretons, palets, galettes, gâteaux aux amandes, au chocolat, à la confiture ou encore nature. Les produits pur beurre bretons de Kerlann satisfont tous les palais. Ses diverses spécialités en boîtes métal aux couleurs de la Bretagne sont de délicieux cadeaux à offrir (ou à s'offrir !).

BRÛLERIE D'ALRÉ

11, rue de la Monnaie
✆ 02 97 68 31 24
brulerie-dalre-shop.com
Ouvert du lundi au samedi de 9h30 à 13h et de 14h à 19h. Livraison possible (boutique en ligne).

Un café breton, ça vous tente ? Vous aurez certainement, pour clôturer un repas ou pour profiter d'une jolie terrasse, dégusté un café d'Alré tant la brûlerie est bien représentée en Bretagne. Bonne nouvelle, vous pouvez maintenant déguster ce café chez vous ! La Brûlerie d'Alré propose des cafés d'exception, récoltés partout dans le monde et torréfiés à Plougoumelen, mais aussi un large choix de thés et d'infusions, pour toutes les envies de cocooning ou de pauses gourmandes. À noter, et ce n'est pas un détail, la boutique est superbe et l'accueil chaleureux.

LE COMPTOIR DES 5 SENS

21, Rue Noé
✆ 02 97 53 07 79
www.lecomptoirdes5sens.com
Mardi, jeudi, vendredi : 8h30-20h ; mercredi et samedi : 8h-20h, dimanche : 9h30-13h.

Passionné de gastronomie, Pascal Vandewalle parcourt la France pour trouver des perles rares ! Son épicerie fine rassemble des produits rigoureusement et amoureusement sélectionnés. Il s'agit toujours de produits riches en goût, sains, fabriqués par des artisans et petits producteurs du terroir. Il les a d'ailleurs, pour la plupart, rencontrés et pourra vous en parler avec plaisir. Il propose une belle cave à vins, à spiritueux, à bières et cidres (toujours de producteurs indépendants et si possible locaux), ainsi que des fromages et de la charcuterie d'exception.

LA CALE AUX ÉPICES

10, rue des Orfèvres ✆ 06 20 23 87 82
www.lacaleauxepices.com
Ouvert mardi, mercredi, vendredi et samedi 10h-13h & 14h30-19h ; jeudi 14h-18h. Juillet et août : lundi-samedi.

Un tour du monde des saveurs depuis la ville portuaire de Vannes, cela vous tente ? Évidemment que oui ! La Cale aux Épices est de ces perles que le Petit Futé aime recommander. Deuxième magasin ouvert par le globe-trotteur Christophe Lemaire, cette échoppe morbihannaise est la petite sœur de l'antre paimpolais, dont la renommée n'est plus à faire. Vous y trouverez des saveurs et parfums du monde entier : poivres, épices, currys, piments et autres condiments exotiques, originaux, précieux... dans une atmosphère et un décor chaleureux. Bon voyage à vos sens !

FROMAGERIE KÉROUZINE

3, place du Poids-Public
✆ 02 97 42 64 69
http://fromagerie-kerouzine.fr
Ouvert du mardi au samedi de 7h30 à 13h et de 15h à 19h. Présence sur les marchés du Morbihan (voir site web).

La fromagerie Kérouzine propose quelque 150 fromages au gré des saisons et des affinages : une quarantaine au lait de chèvres (fondant, serré, frais, affiné...) comme le pouligny saint-pierre (certifiés AB, les seuls en France), les saint-nicolas de la Dalmerie (petits lingots parfumés au thym), des pâtes pressées, des pâtes persillées, des croûtes fleuries, des croûtes lavées... Tous les fromages sont représentés, même les plus rares. Le plus : la gelée de vin jaune accompagne idéalement un comté fruité... Faites-vous conseiller : vous serez conquis !

CIDRES KYSTIN

18, rue des Halles
✆ 06 20 25 68 88
www.kystin.net
Ouvert du mardi au vendredi de 14h à 19h. Livraison possible (site de vente en ligne).

La Maison Kystin décline une belle variété de cidres haut de gamme et de spiritueux inspirés du patrimoine celte. Découvrez ses cuvées de prestige et ses alchimies fantastiques : cidre de glace (un voyage au jardin des Hespérides ou au cœur des légendes nordiques), cidre traditionnel cuvée Opalyne (le fruit dans toute sa générosité), eau-de-vie Hérytage (la tradition réinterprétée), Cuvée XVII (mariage du cidre et de la châtaigne), cuvée Kalysïe poiré sublimé par une once de gingembre), cuvée Black Kalysïe (poiré, gingembre et vodka)...

HALLE DES LICES

4, place des Lices
✆ 02 97 68 25 40
Ouvert du mardi au dimanche de 8h30 à 14h. Étals, boutiques et espace avec chaises et tables à disposition.

Sur plus de 700 m², vous trouverez un très grand choix de produits frais, à emporter ou à consommer sur place (des tables et des chaises ont été installées par la mairie au fond des Halles), proposés par trente commerçants sédentaires, rejoints par 16 producteurs les mercredis et les samedis matins. Boucheries, charcuteries, traiteurs, poissonniers et autres ostréiculteurs, marchands de fruits et légumes, de pains, de fromages et autres produits laitiers bref, tout ce qu'il faut pour affoler les papilles ! Le cœur gourmand de Vannes bat sous ces halles...

PAYS DE VANNES

IOZ-EAU

✆ 06 31 54 06 59
www.ioz-eau.fr
Vente via site web.

Jeune société bretonne, IOZ est de ces nouvelles pousses qui font bouger les lignes. Après avoir conquis les professionnels de la restauration, IOZ propose son savoir-faire aux particuliers. Mais que fait IOZ ? IOZ permet d'obtenir, à partir du robinet, une eau micro-filtrée parfaitement purifiée, au goût neutre. Le léger goût de chlore qui peut déranger disparaît alors. Les bouteilles d'eau deviennent ainsi obsolètes, et les carafes, gourdes et autres contenants peuvent enfin, agréablement, trouver leur place sur les tables, en pique-nique, au bureau...

AU JARDIN DES BULLES

5e, rue de la Porte-Prison
✆ 02 97 68 38 87
aujardindesbulles.com
Ouvert le lundi de 14h à 19h ; du mardi au samedi de 9h30 à 19h. Animations et dédicaces régulières (voir web).

Au Jardin des Bulles est une librairie plus que sympathique au cœur de Vannes. Elle vous propose de vous évader à travers une vaste sélection de bandes dessinées, romans graphiques et livres illustrés faisant la part belle à tous les imaginaires, ceux des grands comme ceux des petits. Dynamique et passionné par son métier, Michel, le libraire, a à cœur de faire vivre sa boutique avec de nombreuses animations (dédicaces, conférences, rencontres avec des auteurs et des illustrateurs) et participe à de nombreux salons du livre morbihannais.

MA KIBELL

1, rue des Vierges
✆ 02 97 45 89 84
https://makibell.com
Ouvert du mardi au samedi de 10h à 19h. Vente en ligne possible.

La boutique Ma Kibell, spécialiste des cosmétiques artisanaux « 100 % Bretons » a pour spécialité la fabrication naturelle « made in Breizh ». Vous y trouverez un large panel de cosmétiques : des savons aux senteurs originales (caramel, fraise de Plougastel, lait ribot), des gels douche, sels de bain, bains lactés, des huiles pour le corps, baumes à lèvres, gommages, exfoliants, soins du visage et du corps, mais aussi des shampoings liquides et solides. Une gamme pour la maison complète l'offre : parfums d'ambiance, parfums d'oreillers et des bougies d'ambiance

VÉRO CRÈMES ET FROMAGES - HALLES

4, place des Lices
✆ 06 19 56 47 21
https://vero-cremesetfromages.fr
Ouvert du mardi au dimanche de 8h à 13h30. Livraison à domicile sur Vannes + 20 communes autour 5j/7 - Click & Collect

Cette crèmerie-fromagerie est une caverne aux trésors pour les amateurs de fromage. Quelque 250 variétés de fromages affinés, beurres, crèmes et produits laitiers issus de tous les terroirs sont à disposition des gourmets. Ils pourront compter sur les bons conseils de Véronique, diplômée de l'école de gastronomie Ferrandi, professionnelle passionnée de cuisine, auteure de 25 livres de recettes et récipiendaire, en 2018, du deuxième prix du Trophée du Petit Déjeuner Gourmand.

© VÉRO CRÈMES ET FROMAGES

© VÉRO CRÈMES ET FROMAGES

MOUSQUETON - VANNES

5, Place Henri IV
✆ 02 97 54 30 42
www.mousqueton.bzh
Ouvert du lundi au samedi de 10h à 13h et de 14h à 19h. Ouvert le Dimanche en juillet/août.

Mousqueton est une marque bretonne créée et portée par deux amoureux de la Bretagne, Pascal et Frédérique. Née en 2003, elle s'inspire de l'esprit marin pour proposer des vêtements confortables, parfaits pour l'aventure, et colorés. Ce qui plaît dans ces vêtements conçus en Morbihan, c'est l'alliance de matières authentiques et de modernité des coupes. Marque investie pour une confection de qualité, elle a prolongé son engagement jusque dans l'aménagement de ses boutiques, qui privilégient la simplicité, le recyclage, l'usage du bois.

LE VERRE DOSEUR

5, place du Poids-public ✆ 09 86 18 83 51
www.leverredoseur.fr
Ouvert mardi, jeudi et vendredi : 9h30-14h & 15h30-19h15 ; mercredi : 8h30-14h & 15h30-19h15 ; samedi : 8h30-19h.

L'épicerie Le Verre Doseur est la première épicerie en centre-ville de Vannes à oser le 0 % emballage. Les clients viennent avec leurs propres contenants (ou se procurent sur place des emballages réutilisables en verre ou tissu) pour faire le plein de denrées alimentaires, produits d'hygiène et ménagers. Dans une démarche raisonnée, vous trouverez ici beaucoup de produits bio en provenance de circuits courts. Conviviale et engagée dans une démarche de développement écoresponsable, l'épicerie se veut aussi un lieu de discussion et d'échanges pour mieux consommer.

TEA & CIE

9, rue Le Hellec
✆ 02 97 68 98 59
www.teacie.com
Ouvert du mardi au samedi de 10h à 13h et de 14h30 à 19h. Livraison possible (vente en ligne sur le site Internet).

Découvrez la « célèbre » petite boîte jaune de Tea & Cie qui fait le tour du monde ! Vous tomberez sous le charme des récits de Stephan et Laurence qui partagent avec plaisir leur passion. Chaque création de ce couple a son histoire. Tous les deux n'hésitent pas à se rendre en Inde pour découvrir les plantations et proposer de nouveaux thés, de nouvelles saveurs. Plus de 280 thés et tisanes sont disponibles, avec un maître mot : le plaisir du thé haut de gamme, mais accessible à tous. Les amateurs de thés seront conquis, et les novices séduits !

CINÉVILLE GARENNE

12 bis, rue Alexandre-Le-Pontois
✆ 08 92 68 06 66
https://vannes-garenne.cineville.fr
Ouvert toute l'année. 7j/7. Entrée : 9 €. 5.60 € le matin, 7 € l'après-midi. Tarifs réduits.

Le Cinéville Garenne est le rendez-vous des cinéphiles vannetais. Il possède cinq salles dont deux avec accès pour les personnes à mobilité réduite et un parking. En plus des sorties nationales et internationales, ou des programmations spéciales, le cinéma diffuse chaque année la saison du Metropolitan Opera, avec des représentations en direct. Outre la projection de films, le cinéma peut accueillir des réunions, congrès, séminaires... Les salles conviennent pour des groupes de 50 à 500 personnes et offrent l'accès à un espace VIP privé.

VÉRO CRÈMES ET FROMAGES - BOUTIQUE

6, place Lyautey ✆ 02 97 42 72 75
vero-cremesetfromages.fr
Mardi-Jeudi : 9h30-12h45/15h30-19h. Vendredi-Samedi : 9h-12h45/15h30-19h. Livraison sur Vannes et alentours 5j/7.

Véronique, alias « Véro », diplômée de l'école de gastronomie Ferrandi (Paris), cheffe à domicile et auteure culinaire, s'offre sa boutique à Vannes, pour compléter sa présence sous les halles (centre-ville). Elle propose des fromages de petits producteurs, affinés, de terroir et des produits laitiers bretons, mais aussi des salaisons, un rayon épicerie fine, caves, ainsi que des livres et accessoires autour du fromage. La spécialité de Véro ? Des plateaux de fromages extraordinaires !

CINÉVILLE-VANNES PARC LANN

Rue Boucicaut ✆ 08 92 70 21 31
https://vannes.cineville.fr
Ouvert toute l'année. Tous les jours. Place : 10,20 € (réduction le matin : 6,60 €). Grand parking. Restauration.

Les cinémas Cinéville Vannes Parc Lann et La Garenne vous accueillent en périphérie (zone commerciale) et au centre-ville de Vannes, pour découvrir l'actualité ciné grand public et Art et Essai. Le Cinéville Vannes La Garenne diffuse en direct le Metropolitan Opera de New York, le Bolchoï de Moscou et la Comédie Française. Le Cinéville vous propose également des soirées événementielles, des avant-premières en présence d'équipes de films ainsi que des soirées débat.

HOTEL EVASION

10, rue Saint-Tropez
✆ 07 68 55 51 44
www.hotelevasion.fr

Ouvert du lundi au vendredi de 18h à 23h30 - Pendant Vacances, Jours fériés et week-end : de 10h30 à 23h30.

Le moins qu'on puisse dire c'est que Hôtel Evasion a repoussé les limites de l'*escape game*. Comme dans tout hôtel qui se respecte, on y trouve plusieurs chambres, chacune contenant son secret… Allez-vous retrouver les trésors archéologiques que votre oncle Ernest a laissés dans sa maison avant que celle-ci soit détruite ? Ou peut-être allez-vous sauver l'humanité en retrouvant l'antidote, seul rempart contre ce terrible virus qui ravage l'état souverain d'Ordalie ? Alors, réservez vite votre chambre et laissez travailler vos neurones…

KASINO DE VANNES

3, rue Gilles-Gahinet
✆ 02 97 67 57 77
vannes.kasino.bzh

Ouvert toute l'année. Du lundi au vendredi de 10h à 3h ; le week-end de 10h à 4h. Restauration et bar sur place.

Lieu de détente et de loisirs, le Kasino de Vannes offre aux joueurs une grande variété de jeux d'argent. Sont disponibles une centaine de machines à sous, une roulette électronique, des postes de blackjack et différents jeux de table. Des animations et dîners-spectacles sont régulièrement proposés. Si la salle de jeux est réservée aux adultes, l'accès au bar, bar à manger et au restaurant sont libres. Il est possible de savourer un encas frais à n'importe quelle heure de la journée ou préférer un repas au restaurant, avec produits du terroir.

LE MASTER FACTORY

7, rue Gilles-Gahinet
✆ 02 97 46 09 00
lemasterbowling.fr

Ouvert toute l'année, du mardi au samedi. Partie de bowling adulte : 6 € + 1 € location de chaussures. Bar. Karaoké.

Le Master Factory est le lieu idéal pour s'amuser entre amis, en famille ou entre collègues, en soirée ou par une après-midi pluvieuse. Vous aurez l'embarras du choix : bowling (12 pistes homologuées avec des pistes spéciales enfants de moins de 4 ans), billard, divers jeux (jeux vidéo, fléchettes, hockey, baby-foot…), poker ou encore karaoké. Profitez aussi du bar et de sa restauration, mais aussi des soirées à thème et des tournois de bowling. Les plus fêtards poursuivront la nuit dans les discothèques situées juste à proximité.

SPEEDPARK

4, rue Aristide-Boucicaut
✆ 02 97 41 59 66
www.speedpark.fr

Ouvert toute l'année, 7j/7. Promotions. Karting dès 12.90 €, bowling dès 6.90 €, laser-game dès 7.90 €. Promotions.

Karting indoor, bowling, space laser, jeux vidéo et billards : vous avez le choix ! Les formules d'abonnement sont multiples et les animations sont fréquentes. Les enfants sont bien accueillis avec des offres ciblées jeux et anniversaire, de même que les familles et les groupes d'amis en quête de sensations fortes. Le lieu est aussi idéal pour les événements d'entreprise et propose des offres ciblées. Un bar lounge au centre du complexe invite à la détente ou à la récupération. Une petite restauration ou snacking sur place permet de reprendre des forces.

VIRTUAL CENTER®

7, rue Camille-Claudel
PLESCOP ✆ 06 42 70 83 12
www.vannes.virtual-center.com

Ouvert toute l'année, du mardi au dimanche. Dès 12 € l'offre découverte (10 min d'immersion + 2 attractions).

Virtual Center® est un espace entièrement consacré à la réalité virtuelle. Attractions et cabines en immersion invitent à explorer d'autres mondes. On peut y venir seul, entre amis, en famille ou encore entre collègues pour des *team building*. Plus de 15 jeux et expériences sont disponibles, que l'on aime jouer à poursuivre des zombies ou avoir la sensation d'être sur une montagne russe ou de chevaucher un dragon, assis en toute sécurité dans son siège. Vous pourrez aussi contempler les fonds marins ou dépasser votre peur du vide.

ZYGO COMÉDIE

14, rue du lieutenant-colonel-Maury
✆ 02 97 69 64 57
www.zygo-comedie.com/

Ouvert toute l'année. Du mercredi au samedi de 19h à 21h ; le dimanche dès 17h. Programme : voir web. Entrée : 21 €.

Vannes dispose d'une très sympathique salle de café-théâtre et théâtre ludique. Tout est à l'avenant : sourire, bonne humeur... Les places sont en arène, la scène visible de partout et l'acoustique plutôt bonne. Les pièces sont en général hilarantes (comme le nom du lieu le laisse supposer) et tout public. Vous pourrez poursuivre la soirée sur place et déguster les assiettes de charcuterie et de fromage, accompagnées d'un bon vin. Une programmation spéciale s'adresse aux familles, avec des séances pour les Zygotos, entendez « les enfants ».

ARRADON ★★★

On appelle cette partie de la côte ouest de Vannes la *riviera* du golfe, tant s'y affirme l'aspect méditerranéen avec ses pins maritimes et figuiers dans les parcs luxuriants des villas de caractère. Les sentiers côtiers permettent de découvrir le golfe de la terre. La chapelle du bourg est le lieu privilégié pour les expositions et les concerts qui se renouvellent tout au long de l'année. Une école de voile permet l'initiation et la pratique des sports nautiques. Sur les 15 km de côte s'égrainent plus de 1 000 mouillages destinés à la plaisance, et les plages de Kerbilouet ou Penboc'h. L'eau y est claire et sans vagues, car abritée des vents.

LE PENBOCH €€

9, chemin de Penboch
✆ 02 97 44 71 29
www.camping-penboch.fr

Ouvert de début avril à fin septembre environ, selon calendrier. Gîtes ouverts toute l'année. Réservation recommandée.

Situé dans un site naturel arboré à seulement deux cent mètres du golfe du Morbihan, le camping le Penboch vous accueille dans une ambiance familiale. Sur place, de nombreuses activités : une piscine couverte avec pataugeoire, banquette massante, bassin avec nage à contre-courant et un espace aquatique extérieur ; une aire de jeux ombragée pour les enfants ; un terrain multisports ; des espaces de loisirs en intérieur... Vous pourrez accéder directement aux sentiers de randonnée, parfaits pour des promenades sur le littoral !

CAMPING DE L'ALLÉE €€

Lieu-dit L'Allée
✆ 02 97 44 01 98
www.camping-allee.com

Avril-septembre. Réservation recommandée. 3.5 hectares. 118 emplacements. Gîtes, tentes cabanons, mobile-homes.

Ce camping familial dispose de beaux emplacements ombragés et spacieux. Il est possible d'y résider en camping-car, tente, caravane, en mobil-home et village de toile. Un gîte en ferme (2 à 4 personnes) est accessible à proximité. Ici, le sentiment d'être aussi bien à la campagne qu'au bord de mer se fait bien ressentir : les parfums du foin fraîchement coupé se mélangent aux fortes senteurs d'iode. Les équipements permettront à tous de s'amuser : espace aquatique, trampoline, pyramide de corde, volley-ball, pétanque, tables de ping-pong...

PARC ER GREO €€€

9, rue Mané-Guen ✆ 02 97 44 73 03
www.parcergreo.com

Ouvert de mi-février à décembre. 14 chambres. Chambre double dès 104 €, petit déjeuner inclus. Parking privé sécurisé.

Depuis plus de 20 ans que Sophie et Éric Bermond, les propriétaires, sont à la barre de ce superbe vaisseau amiral. Les 14 chambres tout confort (dont 2 peuvent être aménagées soit en chambres communicantes ou en suite avec coin salon) sont décorées sobrement et élégamment, créant une atmosphère sereine et reposante. Les petits déjeuners offrent, en buffet, des produits frais et locaux, pour bien commencer la journée. L'établissement est équipé d'une piscine couverte et chauffée toute l'année, d'un spa extérieur et d'un sauna infrarouges.

La tour Saint-Vincent à Arradon.

LES VÉNÈTES €€€

9, rue de la Carrière ✆ 02 97 44 85 85
www.lesvenetes.com

Ouvert toute l'année. 9 chambres. Chambre double dès 130 €. Petit déjeuner : 15 €. Animaux acceptés. Parking.

Offrez-vous une nuit vue sur le golfe chez les Vénètes, établissement membre du réseau « Les pieds dans l'eau ». Toutes ont vue sur mer : certaines avec terrasse, d'autres avec équipement de balnéothérapie pour se détendre, avec le lointain remous des vagues en fond sonore. Cet hôtel de charme vous séduira pour son décor simple et élégant, ainsi que pour la qualité de son restaurant traditionnel, adresse incontournable d'Arradon : offrez-vous une « escale saveur gastronomique », ou bien une « escale découverte », ou encore une « escale homard gastronomique ».

LA TIMONERIE €€

4, rue de la Mairie
✆ 02 97 44 75 43
www.arradon-timonerie.fr

Ouvert du lundi au samedi le midi ; du jeudi au samedi le midi et le soir. Réservation recommandée.

On savoure, dans ce restaurant, une cuisine traditionnelle, gourmande et originale. Ici « on aime la cuisine », ça tombe bien, le Petit Futé aussi ! Les produits frais locaux sont privilégiés, comme la dégustation de vin au verre, pour des accords de saveurs merveilleux. Le restaurant fait aussi pizzeria, pour répondre à toutes les envies et tous les budgets. On apprécie ce restaurant qui fait la part belle à la convivialité et au plaisir ! L'été, on s'installe volontiers en terrasse, en plein cœur de la ville, au soleil, et on observe le ballet des passants.

L'ABRI CÔTIER €€

Rue de la Carrière
✆ 09 66 96 75 73
https://labri-cotier-restaurant.business.site

Ouvert toute l'année. Du mercredi au dimanche, 10h-21h. Réservation recommandée.Plat + dessert : dès 15 €. Terrasse.

La jeune et dynamique équipe de L'Abri Côtier vous accueille sur cette incroyable terrasse qui s'avance sur l'eau, avec une vue sur le golfe et ses nombreuses embarcations. Au menu, une cuisine 100 % mitonnée maison, avec un menu du jour copieux et gourmand, mais aussi une carte originale. Il y a bien sûr les fruits de mer, huîtres, langoustines (selon arrivage) et crevettes fraîchement pêchées, mais aussi et surtout les poissons frais sélectionnés par le chef. Côté terre, ce sont de délicieux burgers ; et en dessert, encore du fait (et frais) maison !

AMANDES ET CARAMEL

8, place de l'Église
✆ 02 97 13 69 91
www.amandesetcaramel.com

Ouvert Mardi et Vendredi 8h-19h / Mercredi, Jeudi et Samedi 9h30-19h / Dimanche 10h-13h.

Amandes & Caramel est une biscuiterie, un salon de thé et une épicerie gourmande à Arradon. C'est Sylvie, une Bretonne aussi gourmande que passionnée, qui s'est lancée dans l'aventure avec sa fille Alizée, préparant avec amour et respect des traditions des douceurs sucrées variées : macarons, palets et galettes bretonnes, caramel au beurre salé. Tout est fabriqué maison à Arradon. S'ajoutent des produits coup de cœur, comme des cafés, thés en vrac, chocolats, confitures et autres sélections d'épicerie fine salée. Cette jolie boutique a une petite sœur, à Vannes.

RESTAURANT LE MÉDAILLON €€

10, rue Bouruet-Aubertot
✆ 02 97 44 77 28
lemedaillon.chez-alice.fr

Ouvert 7j/7 juillet & août ; sinon fermé mercredi + dimanche et mardi soir. Menus du midi dès 18,50 €. Formule dès 14 €.

Ce restaurant, terre et mer, est implanté de longue date à Arradon. Convivial et traditionnel, il propose une cuisine de terroir, raffinée, à base de produits frais, résolument gourmande. Les enfants apprécieront les jeux dehors et le lieu est une excellente adresse pour une famille. Le cadre, en intérieur, est résolument authentique : pierres apparentes et bois. La terrasse, dans son environnement verdoyant, est particulièrement agréable aux beaux jours. Les prix sont accessibles, pour un vrai repas de qualité, frais et fait maison, à petit budget.

LES BELLES D'IRUS / EARL LE BERRIGAUD

Pen er Men
✆ 02 97 44 74 47
leberrigaud-huitres-morbihan.com

Vendredi : 18h30-21h ; dimanche : 11h30-14h. Haute saison : mercredi, jeudi, samedi, dimanche 11h30-14h et 18h30-21h.

L'ostréiculteur Paul Le Berrigaud, dans la lignée de ses parents, a ouvert sur un site à se damner, un espace dégustation pour y savourer sa production locale : la Belle d'Irus qui est pour ainsi dire : sa marque. Les parcs sont situés devant l'île d'Irus (d'où le nom !). Le site dispose d'un beau terre-plein devant le magnifique spectacle des courants brassés du golfe du Morbihan, au naturel, permettant d'accueillir une cinquantaine de personnes.Un vrai bol d'air marin !

LA CUEILLETTE

Corn er Houët
PLOËREN
Horaires et jours d'ouverture selon saison.

La Cueillette vous permettra à la belle saisons de cueillir, cuisiner et déguster des produits bio, naturels, directement du producteur à votre assiette. Libre à vous, selon les dates de votre venue, de cueillir courgettes, haricots verts, petits pois, radis, salades, tomates en tout genre, fraises et framboises. L'établissement propose la vente à l'étal de légumes de producteurs voisins : aubergines, blettes, choux, etc. Attention les horaires varient et ne sont pas les mêmes en été et en hiver où même, s'il n'y a plus de cueillette, l'étal demeure.

ETAPAS

11, allée Denis-Papin
✆ 02 97 69 60 72
www.etapas.fr
Ouvert tous les jours de 10h à 13h et de 14h30 à 19h. Ouvert le dimanche matin.

Cette boutique originale est spécialisée en produits ibériques. Simon Le Gal a parcouru pendant plusieurs mois les terres hispano-portugaises pour peaufiner avec des producteurs en direct sa sélection de charcuteries, de fromages, de conserves sèches de poissons et fruits. On ne sait plus où donner de la tête et de l'estomac ! Les produits sont accessibles pour vos dîners de prestige avec un(e) chef à domicile. Vous trouverez sans aucun doute de quoi faire grande impression à vos convives. Et si vous voyagiez gustativement depuis votre salle à manger ?

MAISON JÉGAT

18, allée de la Pointe
✆ 02 97 44 02 45
Dégustation en terrasse de mai à septembre. Vente sur place toute l'année. Visite sur demande. Expéditions en France.

Depuis 1925, la famille Jégat a su entretenir et pratiquer un élevage « à l'ancienne » avec uniquement des huitres naturelles (c'est-à-dire nées en mer). Ici, on produit des huîtres plates et creuses. La qualité prime et l'exigence de l'artisan ostréiculteur se savoure. Depuis 2012, les huîtres Jégat ont reçu 5 médailles d'or et d'argent au salon de l'agriculture. En 2017, une terrasse de dégustation, sur pilotis, orientée ouest pour des soleils couchants somptueux, est sortie de l'eau. Elle accueille ses convives autour d'une table de bistrot, ambiance 1950's.

XXL MAISON VANNES

11, avenue Louis-Cadoudal
PLOËREN
www.meubles-xxl-vannes.com
Ouvert tous les jours, y compris le dimanche.

Le tout nouveau magasin XXL Maison Vannes réunit des collections de meubles et éléments de décoration originaux, accessibles et design. Les créations propres au groupe se déclinent en mobiliers pour le salon, le séjour et les chambres, avec des canapés, compositions murales (pour matériel multimédia notamment : TV et hi-fi), bibliothèques, buffets, salles à manger, tables basses, lits, chevets... Les pièces de décoration (luminaires, tapis, coussins...) viennent compléter une offre déjà riche et inspirante. Le magasin, spacieux et bien agencé, est très agréable.

BELLE PLAISANCE

24, chemin Gravellic ✆ 02 97 44 80 91
www.belleplaisance.bzh
Ouvert toute l'année. Sorties en mer d'avril à octobre. Sorties en vieux gréements et location de bateaux et kayaks.

Partez à la découverte du golfe du Morbihan, ses paysages exceptionnels et ses îles magnifiques à bord de vieux gréements, de voiliers de croisière ou à bord du *Guépard* (bateau emblématique du golfe). Vous aurez la possibilité de participer aux manœuvres sur ces voiliers du patrimoine. Belle Plaisance pratique la location de bateaux à moteur, de voiliers et de kayaks simples et doubles. C'est également une école de voile, qui peut aussi vous aider à prendre en main votre voilier. Notre bon plan gourmand : la dégustation d'huîtres locales à bord sur commande.

VANAYOGA

1, allée Jules-Verne
✆ 06 37 57 18 29
www.vanayoga.fr
Ouvert tous les jours. Planning sur site web. Cours d'essai, formules à la semaine ou au mois.

Juliette, fondatrice de Vanayoga, s'est formée en Inde et s'est entourée de 4 autres professeurs de yoga pour ouvrir son studio. Un cabinet de bien-être est intégré au centre, pour une offre élargie, et réunit un micro-nutritionniste, un naturopathe, un masseur shiatsu, un ostéopathe et un réflexologue. Vanayoga propose 24 heures de cours par semaine : accessibles à tous (Hatha), plus toniques (Ashtanga) ou plus spécifiques (aérien, prénatal...). Les personnes débutantes comme confirmées, et de tout âge, sont accueillies à bras ouverts.

BADEN ★★

Baden a pignon à la fois sur le golfe du Morbihan et sur la rivière d'Auray, situation privilégiée qui ravira les randonneurs côtiers. La fenêtre badennoise sur le golfe s'ouvre sur l'île d'Irus au large de Bois-Bas jusqu'à la pointe nord-ouest de l'île aux Moines. C'est par le port de Baden, Port-Blanc, qu'on la rejoint le plus rapidement. Baden abrite de belles plages de sable, dont celle des Sept-Îles, qui a la particularité, à marée basse, de laisser un accès à l'île en face qui, pour le coup, n'en est plus une ! Il est même possible d'en faire le tour. Info futée : grâce aux courants et à l'emplacement abrité, l'eau est ici plus chaude.

ÎLE BERDER

LARMOR-BADEN

www.larmorbaden.com

Ouvert toute l'année. Gratuit.

L'île Berder est considérée par la commune de Larmor-Baden comme son joyau. Elle arbore une splendide et étonnante végétation méditerranéenne qui en fait un lieu remarquable et étonnant. L'île est privée, mais accessible aux visiteurs sur sa périphérie. On accède à l'île à pied, à marée basse (voir les horaires de passage sur le site de la mairie), et on fait le tour (2.6 km) en une heure environ, pauses photographiques non comprises… La végétation surprend par son caractère méditerranéen et ses palmiers : un vrai dépaysement !

CAIRN DE L'ÎLE DE GAVRINIS ★★★

Cale de Pen-Lannic - **LARMOR-BADEN**

✆ 02 97 57 19 38

www.cairndegavrinis.com

15/03-30/09 tlj (sauf lundi et 7j/7 vacances). Haute-saison 9h30-20h. Visite + traversée 18 € (8 € enfant).

Nul besoin d'être féru d'histoire pour être émerveillé par l'intérieur du monument. Celui-ci, vieux de 6000 ans, est entièrement sculpté. Tous les visiteurs s'accordent à dire que le lieu est exceptionnel, la visite époustouflante et chacun commente, tour à tour, la finesse des gravures, leur profusion… débat sur leurs symboles ou imagine la vie de ces lointains ancêtres. Pour rejoindre le cairn de Gavrinis, on réserve son trajet en bateau et on embarque depuis la cale de Pen Lannic.

AIRE DES ÎLES €

Kerhilio

✆ 07 62 92 34 56

www.airedesiles.fr

Ouvert toute l'année. Sans réservation. Accueil 24h/24. 49 emplacements. Dès 9,90€ les 24h.

L'Aire des îles est une aire d'accueil et de services pour camping-caristes désireux de faire une halte le temps de visiter l'île aux Moines ou ses environs. Située idéalement à quelques centaines de mètres du port de Port-Blanc, c'est une excellente base de départ pour partir naviguer ou visiter le golfe du Morbihan et ses îles. L'accès s'effectue par borne CB et le lieu fournit vidange WC, électricité, eau, WC et douches (ouverts d'avril à octobre). La friterie/sandwicherie Food'Iles, ouverte d'avril à octobre, est accessible à tous.

Le centre-ville de Baden.

CAMPING KER EDEN €

Route d'Auray
LARMOR-BADEN ✆ 02 97 57 05 23
www.camping-larmorbaden.com
Fermé du 15 mai au 20 septembre. Location de tentes lodge, mobil-homes, pods. Soirée étape camping-car.

Les pieds dans l'eau dans un cadre authentique, voilà ce que promet Ker Eden... et promesse tenue, avec un accès direct à la mer ! Les emplacements sont larges et ombragés. Un forfait camping-car à la nuitée est proposé. Des installations de tentes-lodges et de mobil-homes ont été ajoutées il y a quelques années. Des pods (ou cabanes en bois aménagées, une solution atypique coup de cœur !) ont aussi été ajoutés pour une halte randonnée à la nuitée. Le sentier côtier longe la plage et le camping pour des randonnées à pied ou à vélo autour du golfe.

LE DIBEN €

Le Diben
LARMOR-BADEN ✆ 02 97 57 29 12
www.campinglediben.com
Ouvert de fin avril à mi-septembre. 118 emplacements. Emplacements et mobil-homes. Aire pour camping-cars.

Le camping 3 étoiles Le Diben est un bel espace de détente pour des vacances au grand air. Dans un cadre paisible et reposant, il offre des emplacements ensoleillés et ombragés, ainsi qu'un large choix de mobil-homes ou bungalows toilés. Sur place : dépôt de pain, viennoiseries, glaces, location de vélos avec carrioles et sièges bébé, bar proposant des plats à emporter différents chaque soir, pour varier les plaisirs. Découvrez aussi les gîtes à architecture traditionnelle bretonne, à deux pas du camping et à 400 mètres de la plage.

DOMAINE DE LANN HALLAT €€

Route du Mané Hallate - **PLOUGOUMELEN**
✆ 06 10 42 27 97 - www.lann-hallat.fr
Ouvert du 1er mai au 30 septembre. Dès 109 € la nuit en hébergement insolite. Verger bio (pommes). Enfants non acceptés.

Le domaine Lann Hallat vous accueille dans ses hébergements insolites pour un séjour de calme et de sérénité.

Vous pourrez passer la nuit en chalet flottant, bulle, yourte mongole ou cabane du pêcheur. Chaque gîte a sa terrasse, ses équipements et son barbecue au gaz. L'un des atouts du parc réside aussi dans son verger bio composé de 2 000 pommiers de 9 variétés de pommes à couteau, à déguster telles quelles ou en jus. De nombreuses activités sont accessibles au départ du domaine et vos hôtes se feront un plaisir de vous conseiller.

LA FONTAINE DU HALLATE €€

8, chemin de Poul-Fetan - **PLOUGOUMELEN**
✆ 06 16 30 08 33 - www.camping-morbihan.bzh
Ouvert de mars à fin octobre. Terrain de 3 ha. 120 emplacements. Emplacement + véhicule + 2 personnes dès 17 €.

Ecoresponsable et engagé pour un tourisme durable, ce site brille pour ses installations vertes : lampes basse consommation, récupération de l'eau de pluie, panneaux photovoltaïques pour l'eau chaude... En plus d'être écolo, il est beau et confortable ! Le camping dispose de 8 mobiles-homes, d'une yourte, d'un kota (chalet finlandais) et d'un pod (abri) en bois en plus de ses vastes emplacements nus. Amoureux de la nature, vous apprécierez le calme du lieu et son atmosphère paisible. Idéal pour des vacances dans l'esprit d'une sobriété heureuse !

GÎTE DU LEN ZEN €€

6, allée Lucie et Raymond Aubrac
PLOUGOUMELEN ✆ 06 60 65 87 33
www.gitedulenzen.fr
Tarifs à la semaine dès 650 €, ou tarifs dès 2 nuits (selon périodes). Cuisine équipée. Proche chemins de randonnée.

Le gîte du Len Zen est parfait pour une parenthèse détente. La maison en bois d'Aurélie et Franck est aménagée tout confort, agréablement décorée pour créer une ambiance zen et conviviale. Située à proximité d'un itinéraire de GR®, elle permet de belles balades dans la campagne environnante. Vous aurez aussi accès à un espace détente avec sauna, et à des moments de bien-être, sur rendez-vous, avec réflexologie plantaire, modelage aux pierres chaudes, etc. Vos hôtes se feront bien sûr un plaisir de vous conseiller sur les nombreux lieux à visiter aux alentours.

LES HAUTS DE TOULVERN €€

11, route de Toulvern ✆ 02 97 57 12 27
www.leshautsdetoulvern.com
9 chambres. Studio / appartement : à partir de 60 € la nuit. Pod : à partir de 32 €. Tiny house : à partir de 50 €.

Labellisés Écolabel européen, les Hauts de Toulvern vous propose des logements éco-tendances dans un environnement biotope naturel. Sur un grand parc, vous découvrez la flore et la faune du golfe du Morbihan. Près des prairies de blé noir, de lin, de fleurs, vous pourrez humer les senteurs du jardin aromatique. Les 3 maisons comportent 9 appartements, équipés d'une cuisine moderne. Le plus Petit Futé : louez à l'automne, et profitez de la chaleur douce du poêle à bois ! Des hébergements insolites type Tiny houses et pods viennent compléter l'offre d'hébergement.

LES VILLAS DE LOCMIQUEL €€

19, rue du Lanno
✆ 06 47 88 10 92
www.lesvillasdelocmiquel.fr

Ouvert toute l'année. Dès 57,14 €/nuit (2 nuits minimum). 4 appartements tout équipés. Parking privé gratuit.

Les Villas de Locmiquel s'articulent en 4 appartements équipés tout confort et décorés avec goût, avec chacun leur terrasse privative et un salon de jardin. Proche de Larmor-Baden, le site invite à la randonnée à pied, grâce aux sentiers côtiers qui passent à proximité, mais aussi aux sports nautiques ou aux excursions revigorantes dans le superbe golfe du Morbihan. Les familles seront bien accueillies, avec tout ce qu'il faut d'équipements mis à disposition pour les tout-petits, et même la possibilité de faire appel à une baby-sitter.

LE VAL DE BRANGON €€€

12, route de Brangon
✆ 02 97 57 06 05
www.levaldebrangon.com

5 chambres. Chambre double dès 170 € ; suite dès 200 €. Petit déjeuner inclus. Piscine. Restauration.

Comment ne pas succomber au charme de cette longère de 1824 ? Entièrement rénovée et décorée avec goût, elle s'orne de trésors de brocante. Nathalie et Patrick vous accueillent dans leurs 5 chambres d'exception qui répondent au nom d'anciennes seigneuries de Baden. Chacune bénéficie d'une ambiance différente, romantique à souhait, et d'un grand confort (lit large de 160 cm, salle de bains privative, w.c., écran plat, wifi). On se délasse dans le beau salon avec son immense cheminée, on flâne dans le jardin ou on se détend dans la piscine ou le hammam.

CRÊPERIE DE KEROYAL €

Keroyal
PLOUGOUMELEN ✆ 02 97 24 03 81
www.creperie-keroyal.com

Ouvert le mardi soir ; du mercredi au dimanche le midi et le soir. Réservation recommandée. Terrasse.

La crêperie de Keroyal est nichée dans un paysage bucolique et apaisant à souhait, surtout en période estivale... La qualité de cette crêperie, appartenant à la même famille depuis de nombreuses années, en a fait un QG des locaux et des habitués. Les galettes sont garnies de produits du terroir ou issus de l'agriculture biologique, soigneusement et localement sélectionnés, de même que les crêpes. À la gourmandise des recettes s'ajoutent un service agréable et un décor pittoresque composés d'anciens instruments agricoles et de cuisine.

LA FOLIE BERDER €

53, rue de Berder
LARMOR-BADEN
✆ 02 97 29 11 02

Basse saison : jeudi-lundi, 11h30-20h. Haute saison : 7j/7, 11h30-20h. Réservation recommandée. Terrasse.

La Folie Berder est un adorable pied-à-terre devant le sublime passage à gué pour l'île Berder. L'environnement à lui seul mérite le déplacement : assis en terrasse, vous observez selon les marées le courant furieux de la marée descendante ou les passages pédestres des nombreux visiteurs de l'île. Sophie et Mousse proposent de déguster à toute heure des planches de fromages, charcuterie ou crudités, des tapas ou encore des assiettes d'huîtres... Vous aurez même la possibilité de finir sur un délicieux café gourmand, composé de produits locaux.

LE BADEN ROC €€

8, allée de l'Embarcadère
✆ 02 97 57 06 46

7j/7, midi et soir. Carte : 25 € environ (pour un plat et un dessert). Terrasse. Réservation recommandée.

Le Baden Roc se situe près de l'embarcadère qui dessert l'Île aux Moines, avec une magnifique vue sur le golfe et ses bateaux. L'établissement a accueilli en 2020 de nouveaux propriétaires, Nicolas et Jennifer Muniz. Tous les deux ont à cœur d'offrir un service de qualité, avec des saveurs et portions généreuses. On vient y déjeuner, y dîner avec le coucher du soleil, et même y goûter. La carte est celle d'une brasserie moderne, avec ses salades, carpaccios, pizzas, poissons et viandes, qui se déclinent en quelques choix seulement, pour plus de fraîcheur.

LA CHAUMIÈRE DE POMPER €€

14, lieu-dit Kerhervé ✆ 02 97 58 59 66
lachaumieredepomper.fr

Ouvert toute l'année. Du mardi au samedi à partir de 12h et à partir de 19h. Jardin. Terrasse.

Sur la route de l'embarcadère, cette chaumière allie modernisme et authenticité historique. L'atmosphère, dans ce lien au charme indéniable décoré avec talent dans une belle esthétique moderne, séduit d'emblée. Puis la carte, suivie de l'assiette (salée comme sucrée), font leur œuvre : les galettes ou crêpes sont parfaitement croustillantes et savamment garnies pour des saveurs qui font honneur au terroir et aux produits locaux, frais, bien évidemment. S'ajoute une belle sélection de cidres et de poirés, à accorder à ses goûts et à ses plats.

CRÊPERIE-PIZZERIA ER LANNIC €€

Lannic
✆ 02 97 57 07 07
www.creperieerlannic.com
Haute saison : 7j/7, midi & soir. Sans réservation. Carte : 1 galette + 1 crêpe (spéciales) : dès 15 €. Terrasse jardin.

La crêpe est l'étoile du ciel breton, devise emblématique de la maison ! Aux murs, les photos des îles morbihannaises font découvrir aux visiteurs ces landes de terres entourées d'eau salée. Deux salles s'offrent aux gourmets de passage, la première typique avec sa cheminée, pierres et poutres apparentes, la deuxième, plus familiale, avec ses banquettes et sa vue sur le jardin. Côté assiette, des galettes, des crêpes et un choix de pizzas, pâtes, fruits de mer et snack.

LA CABANE À HUÎTRES €€

Pointe de Toulvern ✆ 02 97 57 00 19
www.aurythmedesmarees.fr
Juillet & août : 7j/7 (autre période : voir site web). Réservation recommandée. Terrasse. Vente à emporter. Parking.

Envie de déguster un plateau de fruits de mer, les pieds dans l'eau ? Voilà ce que vous propose la Cabane à huîtres d'Ivan Selo, ostréiculteur depuis 5 générations. Vous pourrez déguster palourdes, huîtres creuses ou plates, tourteau, homard, langoustines, et autres fruits de mer, mais venez surtout découvrir son Huître de Toulverne devant un panorama exceptionnel. Tranquillement installés sur la belle terrasse, un moment savoureux et de quiétude vous attend. Et si vous préférez vous délecter de ces plateaux chez vous, la commande est aussi possible.

LE GAVRINIS €€

1, rue de l'Île-Gavrinis
✆ 02 97 57 00 82
www.gavrinis.com
Ouvert du mardi au dimanche. Menus dès 18.50 € le midi. Carte : 35 € environ (pour un plat et un dessert).

Ce restaurant gastronomique marie les richesses du terroir maritime breton à d'heureuses inspirations venues d'ailleurs : épices évocatrices de l'Asie ou essences aux doux parfums méditerranéens. La carte évolue en fonction des arrivages de poisson et est déclinée selon les saisons. Tout est raffiné et équilibré à la perfection. La richesse de la carte des vins satisfera les œnologues avertis. Quant aux amateurs de thé, ils auront le plaisir de se voir présenter une sélection de crus choisis parmi les meilleures récoltes de la Maison des Trois Thés.

AU RIGAD'EAU €€

Route de Penmern
✆ 02 97 57 25 00
Ouvert du mardi au dimanche de 18h à 21h. Réservation recommandée. Pizza : 13 € en moyenne. Terrasse. Vente à emporter.

Au Rigad'eau vous propose pizzas et plats du jour dans une ambiance conviviale et un très beau décor naturel, entre terre et mer. Selon les marées, on est quasiment les pieds dans l'eau. Côté cuisine, on est dans l'inspiration familiale : fait maison, produits frais et générosité dans l'assiette. Les pizzas (et certains plats et desserts) sont cuites au feu de bois, pour une saveur qui fait toute la différence ! La gourmandise est à l'honneur, tout autant que la bonne humeur. Le lieu joue aussi la convivialité avec des soirées festives et à thèmes.

HÔTEL DU PARC FÉTAN €€

17, rue de Berder - **LARMOR-BADEN**
✆ 02 97 57 04 38
www.hotel-parcfetan.com
Hôtel, appartements de tourisme, restaurant, institut-spa.Ouvert de mi-mars à mi-novembre. Réservation impérative.

Cet établissement vous accueille et prend soin de vous, pour un repas ou un séjour de quelques jours. Le restaurant a été baptisé La Table du Parc Fétan. Ouvert uniquement le soir, il propose chaque jour un menu unique préparé par le chef Sébastien Le Chanjour. Tout est fait maison, à base de produits frais achetés en circuits courts chez des artisans et producteurs passionnés. Les amoureux de coquillages apprécieront les soirées du vendredi dédiées aux plateaux de fruits de mer. Le lieu est aussi un magnifique hôtel, avec des prestations de spa.

L'ÉPICURIEN

1, rue de Artisans
✆ 02 30 96 13 40
www.epicurien.vin

Avis aux amateurs de bons vins et de gastronomie, voilà un lieu convivial indus-lounge où le confort des fauteuils Chesterfied en cuir se répond au visuel métallique des bibliothèques de vin sans fin. On y partage des moments de convivialité autour d'une assiette de charcuterie ou de fromages locaux et des tapas maison. Les crus de petits vignerons indépendants bio, les fins whiskys ou les bières locales dénichés par vos hôtes sont à découvrir au verre ou à emporter. Ambiance ponctuée d'animations, dégustations, humoristes, concerts, esprit guinguette et brunchs.

FROMAGERIE DE LA MER

30, route de Port-Blanc ✆ 06 62 74 55 99
fromage-breton.com
Ouvert du mardi au samedi de 10h à 12h30 et de 15h à 19h30. Marchés de la région (voir sur leur site web).

Artisan producteur et affineur de fromages bretons en circuits courts, Guillaume Chenot vous propose une gamme variée de fromages à base de lait de vache, aux recettes originales, surprenantes et savoureuses. Au menu de votre plateau de fromage : le badennois (fromage à pâte molle), la tome bretonne de Baden, la tome de la mer (avec des algues), le galet céladon (à la spiruline), la perle noire à l'encre de seiche, et bien d'autres. Les prix abordables permettent de se faire plaisir à un coût raisonnable. La boutique présente aussi un panel de produits régionaux.

LA MARMITE BRETONNE

70 bis, rue Yves-de-Pont-Sal
PLOUGOUMELEN
✆ 02 97 29 65 19
www.lamarmitebretonne.bzh
Ouvert le mardi de 16h à 19h ; le samedi de 10h à 13h.

Cette conserverie familiale bio du golfe du Morbihan propose une large gamme de produits de l'apéritif au dessert : des soupes, des bocaux de légumes au naturel, des purées salées et sucrées, des tartinables... Tout est élaboré dans l'atelier à Plougoumelen, dans le respect des produits de saison, à partir d'ingrédients frais, bio et bretons. La vente se fait sur place et en ligne. Les bocaux sont distribués dans les marchés des alentours (golfe du Morbihan), les magasins de produits fermiers et les magasins bio de proximité.

LES P'TITS FRUITS ET COMPAGNIE

2, rue des Artisans
✆ 02 97 57 16 63
www.les-petits-fruits.fr
Ouvert lundi de 16h à 19h ; mardi et du jeudi au samedi de 9h30 à 13h30 ; mercredi de 9h30 à 13h30 et de 16h à 19h.

Les P'tits fruits du Maneguen, ou Les P'tits fruits et Compagnie, est une de ces entreprises familiales chaleureuses et qualitatives, où la passion prime. Le magasin propose les produits frais de son exploitation — fraises, framboises, cassis, mûres... — et les légumes, fromages, œufs ou poulets ou viande de bœuf de ses confrères locaux. Ici, la priorité est donnée aux circuits courts et au bio. Vous retrouverez aussi les P'tits fruits aux marchés d'Auray, Vannes et Le Bono.

TARTINES ET POTIONS

8, place du Marhallé
✆ 02 97 31 07 02
www.tartinesetpotions.fr
Ouvert mardi, mercredi, vendredi et samedi (+ en été le lundi) : 9h-12h30/15h30-19h. Jeudi et dimanche : 9h-12h30

« Tartines et Potions » : voilà un nom qui connote la gourmandise autant que l'authenticité. Cette épicerie fine et boutique de cadeaux mise sur les produits locaux (très locaux : Baden et ses alentours), artisanaux, savoureux et originaux. Vous y trouverez de tout, mais exclusivement du bon et du beau, avec un choix qui inclut le bio, le végan, le sans-gluten et le respect de l'environnement. Claire, la propriétaire connaît ses produits sur le bout des doigts et sait proposer les bonnes recettes pour les déguster. Vous trouverez ici votre bonheur gourmand !

GPM - GUIDAGE PÊCHE MORBIHAN

Port
LARMOR-BADEN ✆ 06 61 54 27 54
www.guidagepechemorbihan.com
Fermé d'octobre à mars. 4h30 : 120 €/personne ; 6h30 : 170 €/personne ; journée : 220 €/personne.

Pierre-Yves Perrodo est guide de pêche dans le golfe du Morbihan. Il organise et encadre des sorties pêche en Bretagne Sud, à travers des stages et des excursions, à la demi-journée et à la journée. Il propose la pêche du bar ou du lieu jaune aux leurres, la pêche de la dorade à l'appât nature. Il sera aussi possible de pêcher des saint-pierre, merlans, maquereaux. Les sorties sont aussi l'occasion de découvrir le golfe, jusqu'à Hoedic, Houat ou Belle-Île.

AU RYTHME DES MARÉES

Pointe de Toulvern
✆ 02 97 57 00 19
www.aurythmedesmarees.fr
Ouvert d'avril à fin octobre 7j/7 (consulter le site internet pour horaires et tarifs). Label PNR du Golfe du Morbihan.

Animé par l'amour de son métier, l'ostréiculture pratiquée depuis 5 générations dans sa famille, Ivan Selo vous embarque pour une expérience unique en France. À bord de son bateau (à moteur électrique, afin de respecter l'environnement), petits et grands, sont conviés à découvrir les parcs à huîtres de cette belle exploitation, mais pas seulement ! Ivan vous racontera avec toute sa passion et sa gentillesse, la vie de l'huître, le métier d'ostréiculteur, mais aussi l'histoire du golfe du Morbihan. Plusieurs formules sont proposées pour toutes les envies.

LE BONO ★★

Ancien port de Plougoumelen, le Bono est devenue commune à part entière en 1947, à une époque où le Forban, bateau de pêche traditionnel, vivait ses derniers jours. La pêche et l'ostréiculture constituaient alors les deux principales activités des familles. Aujourd'hui, en empruntant la route Auray-Baden et le pont qui enjambe la rivière, on découvre la vue la plus pittoresque du port de pêche du Bono. Ce charmant petit village de caractère compte d"agréables sentiers pédestres qui longent la rivière sur plusieurs kilomètres. En se baladant, on y découvre la nécropole du Rocher (tumulus et tombelles de Kernours), ou encore la chapelle de Béquerel.

HÔTEL ALICIA €

Rue du Général-de-Gaulle

✆ 02 97 57 88 65

www.hotel-alicia.com

21 chambres ; chambre double à partir de 54 €. Salle séminaire à la 1/2 journée ou journée.

Nouveaux propriétaires depuis mai 2019, cet hôtel situé à 4 km d'Auray, à 15 km de Vannes et à 18 km de Carnac, de la chaîne Citotel offre 21 chambres sobres mais confortables. Elles sont équipées de grand lit ou deux lits, couette, du téléphone, d'une télévision LCD et de la TNT, et certaines disposent même d'un balcon privatif. Situé sur la rivière du Bono cet établissement offre une vue superbe sur son port. Pour vous détendre tout au long de la journée, l'établissement met à votre disposition un salon-bar et une terrasse.

CRÊPERIE LE VIEUX PONT €

23, rue Pasteur

✆ 02 97 57 87 71

Du mercredi au dimanche. Juillet-août, fermé le lundi. Galette complète : 6,10 €. Galettes «spéciales» dès 7,50 €.

Né en 1864, Le Vieux Pont est la plus ancienne construction de la rue Pasteur. En 2019, Juliette et Martin reprennent les rênes du café historique, qui devient une crêperie avec, à la carte, des galettes, des crêpes, des burgers et des salades. Tout est fait maison, avec des produits frais, de qualité et de saison et l'accueil est des plus agréables. Pour accéder au restaurant, laissez votre voiture sur la place et descendez à pied vers l'ancien pont du Bono. Le lieu est très convivial avec toujours un concert organisé un vendredi sur deux.

BONOLOCO

2, place de la République

✆ 09 54 75 73 60

www.bonoloco.fr

Ouvert du mardi au samedi de 10h à 13h et de 15h à 19h ; le dimanche de 9h30 à 13h. Fermé le vendredi et lundi.

Gabrielle vous accueille dans son épicerie, du nom de Bonoloco. Sur ses étagères, vous trouverez de nombreux produits locaux et ultra-locaux, d'ailleurs pour les reconnaître facilement, Gabrielle a eu l'ingénieuse idée de représenter les distances de ses fournisseurs par des « forbans » (emblème du Bono) colorés. Ici, l'accent est mis sur le respect de l'environnement, aussi les produits sont servis en vrac pour limiter les déchets et emballages inutiles. Il y a également un espace créateurs locaux pour faire plaisir ou se faire plaisir...

Le Bono.

MOUSQUETON

41, rue Pasteur
© 02 97 57 92 05
www.mousqueton.bzh
Réouverture au printemps 2021.

Cette boutique saisonnière de la marque bretonne Mousqueton créée par deux amoureux de la Bretagne, Pascal et Frédérique, en 2003, est ouverte de mars à fin septembre. Les collections s'inspirent de l'esprit marin pour proposer des vêtements confortables, colorés et parfaits pour l'aventure. Le plus de ces vêtements conçus en Morbihan : l'alliance de matières authentiques et la modernité des coupes. La marque s'investit pour une confection de qualité. Plusieurs autres boutiques de la marque sont implantées dans le Morbihan : Vannes, Auray, La Trinité-sur-Mer...

SURZUR

Surzur est à la fois rurale et littorale. Elle regorge aussi de produits locaux, à trouver au marché. Une bonne partie du patrimoine de cette commune érigée pendant la Révolution en 1790 est restée intacte. On peut y admirer calvaires, fontaines, puits, gargouilles, mais aussi des linteaux de portes et de fenêtres de certaines maisons de jadis sur lesquels figurent encore des inscriptions symbolisant la profession des propriétaires d'alors. Cette charmante commune donne aussi à voir ses chapelles disséminées ici et là à travers la campagne. Ici, la culture tient une place importante. Chaque année, un salon des arts se tient à la mi-juillet.

BRETAGNE SAILING EXPÉRIENCE

© 06 81 37 01 66
www.bretagne-sailing-experience.com
Tarif/personne/jour avec nuitée : 165 €, sans nuitée : 100 €.

Bretagne Sailing Expérience propose des programmes de navigation sur mesure, pour tous les profils de navigateurs. Que vous soyez débutant complet ou que vous ayez déjà une expérience de la voile, vous pourrez embarquer avec Pierre Le Diberder, skipper professionnel, pour une croisière en voilier, près des côtes ou en haute mer. Il est possible de partir à la journée, en week-end avec nuit à bord, ou pour plusieurs jours. Le programme se définit selon les envies de chacun.

FUNBREIZH

22, Grand Rue
© 02 97 42 10 50
www.funbreizh.com
Ouvert toute l'année.

Funbreizh a différentes casquettes : agence de voyages pour les particuliers et les groupes (associations, comités d'entreprise...), c'est également une agence événementielle avec un service congrès et séminaires, le tout en Bretagne, dans le Grand Ouest bien sûr..

Pour les particuliers, elle propose des escapades originales et thématiques sur mesure, en courts séjours, week-ends et itinérance. Enfin, ses «Box Voyages» sont d'excellentes idées cadeaux pour les amoureux de la Bretagne. Plusieurs collections de Box sont à découvrir !

A LA DERIVE

Port du Bono
© 07 68 91 81 07
www.aladerive.fr
Sorties au lever du jour ou coucher du soleil. Dates sur le site internet. Balade dès 30 €. Location de Paddle : 15 €/h.

L'école de stand-up paddle A la dérive propose de la location de matériel mais également des balades au fil de l'eau dans l'une des plus belles baies du monde. Les formules de balades sont encadrées par des moniteurs diplômés d'État, assurant des sorties conviviales en toute sécurité. La pratique du stand-up paddle ravira également toutes les silhouettes car l'activité renforce l'endurance et les muscles profonds. Raison de plus d'essayer. Depuis avril 2020, l'école propose des leçons de natation pour tous les âges et tous les niveaux.

AIRE DE LANN FLOREN €

Allée du Petit train
© 06 31 40 19 26
www.etape-camping-cars.fr
Ouvert toute l'année. Accueil 24h/24 (automate)). 43 emplacements (17 emplacements stabilisés et 26 sur herbe).

L'aire de Lann Floren, élue « Aire de l'année 2019 », est dédiée aux camping-cars. Au programme : indépendance grâce à la borne de paiement, emplacements confortables (65 m²), voire très spacieux (100 à 150 m²) délimités par des haies pour plus d'intimité, possibilité de vidange eaux noires et grises... Deux forfaits sont proposés : forfait vidange + eau, prévu pour les gens de passage (qui ne souhaitent pas stationner) ou forfait tout inclus, par tranche de 24h. Tout a été pensé pour faciliter la vie des camping-caristes de passage dans la région !

PAYS DE VANNES

ELVEN

Forte de ses commerces et de son cœur de ville au charme indéniable, cette bourgade saura vous retenir pour visiter les châteaux, moulins, fontaines et la tour de Largoët, monument historique incontournable. La commune est située à 15 minutes en voiture de Vannes et du golfe du Morbihan, et ouvre la voie à la Bretagne des terres. Arpentez ses sentiers : la nature, entre bocage et landes, y est envoûtante ! Elle a aussi ses secrets : au lieu-dit La Boissière, vous verrez les traces romaines et templières ; au lieu-dit Kerleau (ou Kerlo), vous apercevrez le manoir où Descartes a séjourné en 1644 ainsi que sa nièce, la poétesse Catherine Descartes.

CAMPING TY-COËT €

38, rue du Bois
✆ 02 97 42 09 05
www.camping-tycoet.fr

Fermé 15 décembre au 15 janvier. Terrain de 6 ha. 180 emplacements. Nuitée dès 15 € (2 pers), mobil-homes, camping-cars.

Situé aux abords de la rivière de Pénerf et à 7 km des plages, ce camping familial va faire le bonheur des amoureux de la nature. Sur 6 hectares de verdure, il bénéficie d'emplacements spacieux et offre diverses locations confortables de chalets, mobil-homes et autres caravanes.Un espace est prévu pour les camping-cars (vidange, remplissage, etc.). Sur place : jeux pour enfants, parc aquatique, terrain de pétanque, trampoline, table de ping-pong, animations... À proximité : école de voile, tennis, centre équestre, chemins de randonnées, sites ostréicoles...

PIZZA RHUYS €€

Parking de l'Intermarché
✆ 06 50 53 80 71
www.pizza-rhuys.com

Toute l'année. Du mercredi au dimanche le soir. Haute saison : 7j/7, le soir. Pizzas de 5,50 à 15 €. Vente à emporter.

Quoi de meilleur qu'une bonne pizza au feu de bois ? Une pizza au feu de bois, avec une pâte bio et des ingrédients sélectionnés chez des artisans et producteurs locaux... C'est ce que propose Pizza Rhuys à Surzur et dans la presqu'île de Rhuys, avec ses pizzas à emporter. Les pizzas marient la tradition italienne au terroir morbihannais : base à 100 % composée de tomates bio d'Italie, gorgonzola affiné 120 jours, mozzarella de Pontivy, huile basilic bio de Séné, saumon fumé de Sarzeau... Sans oublier le dessert et la boisson, bio également !

FORTERESSE DE LARGOËT - LES TOURS D'ELVEN

Largoet
✆ 02 97 53 35 96
www.largoet.com

Adulte : 5,50 €. Tarif réduit : 4 €.Horaires : voir site web.

Cette forteresse du XIVe siècle, résidence des seigneurs de Largoët, fut habitée au XVe siècle par le maréchal Jean IV de Rieux, tuteur de la duchesse Anne de Bretagne, future reine de France. Elle fut également le bagne en 1474, d'un prisonnier célèbre, le comte de Richmond qui deviendra le roi Henry VII d'Angleterre. Depuis plus de 300 ans propriété de la même famille, elle peut s'enorgueillir d'avoir le plus haut donjon de France (47 m) et des murs de plus de 8 m d'épaisseur.

AQUAGOLFE

Motten Graetal
✆ 02 97 42 05 33
www.centreaquatique-vannes-agglo.fr

Ouvert toute l'année. Entrée : 5,60 €. Prix pour un enfant à partir de 4,60 € - Balnéo + piscine : 9,90 €.

Le centre aquatique vous accueille 7j/7 hiver comme été. Côté sport : comptez sur un bassin sportif de 25 m avec des lignes pour les nageurs et chaque semaine une séance d'entraînement proposée à l'affichage par l'équipe bassin. Côté loisirs : profitez d'un bassin d'initiation, pataugeoire, bains bouillonnants, pataugeoire intérieure. En juillet août, vous vous rafraîchirez dans le bassin circulaire extérieur, la rivière à courant ou pentaglisse de 4 couloirs. Enfin, pour la détente, un espace de remise en forme et spa est à disposition.

AR PRETI €€

9, rue du Calvaire
✆ 02 97 68 20 05
arpreti-elven.fr/

Ouvert toute l'année. Fermé le lundi (journée) et jeudi (soir). Menus de 21 € à 27 €. Formule du midi : 14 €. (2020)

Café-restaurant, cet établissement propose des menus du jour façon bistrot le midi et une cuisine plus typée restaurant le soir. Simple, savoureux, convivial : que demander de plus ? Au déjeuner ou au dîner, les prix sont très abordables et les mets raffinés allient la tradition, l'authenticité, la gourmandise et l'élégance de belles présentations. Les produits frais et de qualité sont à l'honneur, tout autant qu'un service sympathique. Profitez-en pour vous balader dans Elven, commune typique, avec un joli et charmant cœur de ville.

L'AUBERGE DES BICHES €€

L'Étang aux Biches
TRÉDION ✆ 02 97 67 11 78
www.aubergedesbiches.com
Fermé le lundi et mardi (mercredi en basse saison). Carte : 23 € environ (plat et dessert). Menu du jour.

Lové dans un parc de 5 hectares en plein cœur du massif forestier des Landes de Lanvaux, ce restaurant se distingue par sa décoration inspirée de la brocante. À la carte, vous aurez le choix entre pizzas, salades, pâtes, viandes et poissons cuisinés, ou encore burgers, ainsi qu'à un menu du jour. Une belle terrasse invite à profiter du lieu. Après votre repas, une promenade vous fera découvrir le petit village de Trédion, avec ses sentiers pédestres, ses nombreux mégalithes et son château au XVe siècle (à voir de l'extérieur).

LE LION D'OR €€

5, place Adrien-Le-Franc
✆ 02 97 53 33 52
Ouvert du mardi au jeudi et le dimanche le midi ; le vendredi et le samedi le midi et le soir. Menu midi : 16 € (2020).

Accueil chaleureux et rénovation lumineuse d'une magnifique bâtisse classée : voilà ce qui vous marquera dès le seuil du restaurant. Quentin, le fils de la famille, saura vous orienter judicieusement dans les menus et formules élaborés par le père en cuisine. La cuisine est de qualité, mitonnée à base de produits frais et maison bien sûr. On apprécie le mélange de générations qui s'exprime dans la carte : burgers copieux et délicieux, ou mets traditionnels, tout aussi généreux. Les végétariens apprécieront les plats gourmands proposés à leur attention.

LA FLEMME CAVE & BAR

9, rue Gutenberg
SAINT-NOLFF ✆ 02 52 32 14 11
www.brasserieladilettante.com
Ouvert du jeudi au samedi de 14h à 21h. Bar : jeudi-samedi, 14h-21h. Cave ouverte du lundi au samedi.

La Flemme Cave & Bar est l'espace vente et dégustation de la brasserie La Dilettante. Créée en 2015, elle a inauguré ses locaux flambant neufs, plus grands et adaptés à l'accueil du public, en juin 2018. La Dilettante est née de l'initiative de Jean-Baptiste, musicien et brasseur, et de Pierre, ex-caviste. Elle propose 4 variétés de bières artisanales biologiques permanentes : La Flemme, La Fièvre, La Bringue et La Fougue, ainsi que des bières en éditions limitées. On trouvera aussi des produits locaux, et on pourra même y faire la fête.

ÉCOLE DE PARACHUTISME SPORTIF DE VANNES BRETAGNE

1, rue Kersimon - **MONTERBLANC**
✆ 02 97 60 78 69
parachutisme-vannes.fr
Tarif indicatif : 250 € pour un saut en parachute depuis Vannes.

Cette école figure parmi les 5 plus grandes structures de parachutisme en France. Elle est équipée de deux salles de cours, deux espaces de debriefing, un club-house, huit chambres, un avion Pilatus B2H4/A-34 en permanence et un avion supplémentaire lors des stages ou animations. L'école propose le saut en automatique à 1 100 m (progression classique vers la chute libre), le saut en chute libre à 4 000 m (progression accompagnée en chute) et le saut en tandem en chute libre à 4 000 m.

THEIX-NOYALO

Theix a fusionné avec sa voisine Noyalo au 1er janvier 2016, devenant une commune nouvelle de quelque 8 000 habitants. Ses structures hôtelières en font une étape idéale aux portes est et nord-est de Vannes. Parcourant les nombreux espaces naturels, étang de plus de 300 hectares, sentiers de randonnées pédestre, cyclable et pédestre, vous serez sous le charme des paysages de toute beauté. Les hameaux sont truffés de trésors historiques : des églises, chapelles, fontaines… Ce manoir du Plessis-Josso (appelé aussi château), ancienne maison forte classée Monument historique, est un des hauts lieux de visite du patrimoine du pays vannetais.

MANOIR DU PLESSIS-JOSSO

Plessis-Josso
✆ 02 97 43 16 16
www.plessis-josso.com
Haute saison : ouvert tous les jours de 14h à 18h30. Adulte : 10 €. Enfant : 5 €. Groupe : 5 €.

Propriété privée, cette belle demeure est tenue par l'héritière actuelle. Dès l'arrivée, la vision est celle d'une demeure sobre et fière derrière ses lourdes murailles en pierre. Autrefois, les poules, cochons et vaches s'ébattaient dans les communs entre les bottes de paille. Il est vrai que ces manoirs fortifiés étaient souvent utilisés pour la protection de la population locale et devaient subvenir à leurs besoins alimentaires. Hors la période à laquelle il est ouvert au public, le château peut être loué pour des événements ou des tournages de films.

DOMAINE DE KERBILLEC €€

Lieu-dit de Kerbillec
✆ 02 97 48 22 79
5 chambres (2 suites). Chambre double 95 €. Petit déjeuner inclus. (Tarifs 2020). Parking ouvert inclus.

Vous rêvez d'une nuit ou d'un séjour dans un environnement naturel, au calme et à proximité du golfe du Morbihan et de Vannes ? Alors le domaine de Kerbillec est fait pour vous. Martine et Hubert ont restauré et aménagé depuis 2011 ce château situé dans un parc de 78 hectares bordant l'étang de Noyalo. Les Salons de Kerbillec, sis à côté du domaine, vous proposent un ensemble de réception pour vos séminaires, mariages, communions. Ajoutez à cela la grande terrasse pavée sur l'étang de Noyalo, la restauration à proximité, et c'est le véritable coup de cœur !

LE MOULIN DU CLÉRIGO €€

Route du Clérigo
✆ 06 73 33 82 44
www.moulinduclerigo.fr
Pour 32 personnes (7 chambres). Accueil événements familiaux.

En juin 2016, Philippe a ouvert cet ensemble de réception dans les murs du moulin, autrefois faisant partie de la Seigneurie du Clérigo. On peut d'ailleurs encore apercevoir le manoir du châtelain derrière la ferme du même nom. Tout a été rebâti à l'intérieur des murs de pierres : salle de réception, gîtes comprenant 7 chambres dont 2 dortoirs. Séjournez en pleine campagne au bord d'un étang (sécurisé) et au cœur de vastes prairies... à 10 minutes du centre de Vannes, quelle aubaine ! C'est aussi le lieu idéal pour une réception en «petit» comité.

PIZZA RHUYS €

Galerie marchande
✆ 02 97 67 90 13
www.pizza-rhuys.com
Ouvert toute l'année. Ouvert tous les jours, le soir. Pizzas de 5,50 à 15 €. Vente à emporter.

Avis aux amateurs de pizzas : vous allez adorer Pizza Rhuys ! Chez Pizza Rhuys, à Theix-Noyalo comme dans ses autres points de vente fixes et camions, on prend à emporter de délicieuses pizzas, préparées avec un savoir-faire plusieurs fois récompensé – vice-champion d'Europe 2011, champion de France 2013 – et généreusement garnies avec des produits locaux. Sur une base 100 % tomates bio d'Italie se marient, selon les recettes, mozzarella fabriquée à Pontivy, andouille de Vannes, tomme bio de Bellevue, sardines grillées de Sarzeau, chèvre fermier de Languidic...

LA CRÊPERIE DU GORVELLO €€

17, rue des Ducs-de-Bretagne ✆ 02 97 43 69 19
Ouvert toute l'année. Réservation recommandée. Galette + crêpe spéciales : 15 € environ. Terrasse. Parking à 150 m.

Il y a fort à parier que vous serez sous le charme des spécialités des lieux, réalisées principalement avec des produits frais locaux. En amuse-bouche vous seront proposées des mini galettes. Pour la suite, à vous de choisir parmi les nombreuses spécialités de galettes et de crêpes. Une grande salle terrasse vous accueille à l'arrière du bâtiment. La maison propose également des faux-filets, des omelettes... Voilà une bien agréable halte avant de parcourir les rues du beau village du Gorvello ! Le site et l'établissement valent le détour.

L'HORTENSIA €€

18, rue Sainte-Brigitte
✆ 02 97 43 02 00
www.restaurantlhortensia.com
Fermé en janvier. Haute saison : du mardi au samedi, midi & soir. Menus : 40 à 65 €. Réservation obligatoire.

Ce restaurant fait partie des incontournables des gourmets de la région. Côté salle, la décoration sur ton pierre, ardoise et métal est du plus bel effet. Côté cuisine, les menus se déclinent en fonction des lieux historiques du bourg : le moulin, la fontaine, l'étang et les plats reprennent les floraisons annuelles. L'établissement propose également un service hôtelier impeccable avec ses appartements en duplex (derrière le bâtiment principal) et ses chambres à l'étage. L'Hortensia est une belle étape pour un séjour romantique à l'orée du golfe !

TENTATION CACAO

14, rue Jacques-Cartier
✆ 02 97 13 09 93
www.tentationcacao.com
Ouvert du lundi au vendredi de 10h à 12h30 et de 14h à 18h30. Livraison possible (commande en ligne).

Amateurs de chocolat, cette boutique est pour vous ! Les déclinaisons vous permettront de percer les saveurs infinies des assemblages créés par Prune et Quanah Jestin : curcuma, thé vert et chocolat blanc, éclats de caramel au beurre salé, praliné feuillantine, cacahuètes, mélanges 5 baies, ou piment d'Espelette et fleur de sel. Tentez les tablettes de la gamme XVI (pour les 16 bouchées de la tablette) : ainsi une présentation originale vous permettra de déguster les variétés de bonbons fourrés pralinés fondants et noisette.

ARZON

Située à l'entrée du golfe du Morbihan et à la pointe de la presqu'île de Rhuys, Arzon est une des rares communes à pouvoir s'enorgueillir de 33 km de côtes. Entourée d'un côté par les vagues de l'océan, de l'autre par les eaux calmes du golfe, c'est une station balnéaire par excellence. Elle a reçu le label de Station Kid, élaboré par le ministère du Tourisme, la Fédération nationale des offices de tourisme et l'association des maires des communes touristiques et stations classées. Il récompense tous ceux qui font des efforts dans le domaine de l'accueil des enfants. La commune offre en effet de nombreux jeux, sans compter les ateliers, les sports...

La plage de Port-Navalo.

CAIRN DE PETIT MONT

Pointe de Petit Mont ✆ 02 97 53 74 03
www.cairndepetitmont.com
Adulte : 6 €. Enfant : 5 €. Famille : 15 €. Offre de couplage de billets avec Gavrinis disponible. Visite guidée.

L'ensemble mégalithique de Petit-Mont est classé d'intérêt national depuis 1989. Le site archéologique a été construit en 4 phases, de -5000 à -3000 avant notre ère, sur un emplacement stratégique en promontoire sur l'océan. Il a été utilisé durant la Préhistoire, l'Antiquité puis la Seconde Guerre mondiale. Le cairn accueille aujourd'hui les familles les mercredis et dimanches pendant les vacances scolaires pour des ateliers « apprentis archéologues », avec tout comprendre de la Préhistoire. Le cairn de Petit-Mont est aussi un point de départ de randonnée.

MOULIN À MARÉE DE PEN CASTEL ★

Rue de Keravello
✆ 02 97 53 88 06
www.moulin-pen-castel.fr
Fermé janv-fév. Basse saison : ouvert mercredi au samedi 14h-18h. Haute saison : tous les jours 10h-13h/15h-19h. Gratuit

Ce moulin, qui fonctionnait jadis avec la marée, existe depuis la fin du XIIe siècle. Jusqu'au XIXe siècle, il était connu pour sa farine de froment et d'avoine. Aujourd'hui, il est un haut lieu culturel et artistique dans lequel vous pourrez découvrir diverses expositions et animations (ateliers avec les artistes, conférences ou encore projections). Une belle programmation basée sur le partage, le plaisir et l'étonnement vous est proposée toute l'année.

PLAGES ★

Avec ses 32 km de côtes (3,5 km de plages), Arzon a de quoi plaire aux amoureux de la nature et de la mer. Vous aurez le choix entre les plages de sable fin au sud, du côté de l'océan (Kerver, Kerjouanno, Fogeo ou la Grande Plage de Port-navalo) et les criques protégées des vents dominants par les pointes de Bilgroix, Monteno, Pembert, la Palisse, Kerners, Saint-Nicolas ou encore le Béchir. Sur les bords du golfe, ces criques offrent ainsi des abris naturels très appréciés. En promenade sur les différents sentiers, découvrez des paysages uniques et variés.

CAMPING DE BILOURIS €€

Pointe de Kerners ✆ 02 97 53 70 55
www.campingdebilouris.com
Ouvert du 1er avril au 1er novembre. Terrain de 2 ha. Mobile-homes dès 289 €. Emplacement dès 12,90 €. Animaux acceptés.

Installé sur l'une des pointes de la presqu'île, face à l'île aux Moines, ce camping les pieds dans l'eau trois étoiles vous accueille sur deux hectares de parc fleuri et ombragé. Ses emplacements offrent un accès direct sur le littoral. Sur place : une base de kayak de mer, une navette pour l'Île aux Moines et un petit bar pour profiter de la vue sur le golfe en dégustant des boissons locales. Les camping dispose également d'une laverie et un service de livraison de boulangerie/viennoiseries est assuré en haute saison. Une aire de camping-car se trouve à 300 m.

CAMPING DU MENHIR €€

53, route de Clos-er-Bé
SAINT-GILDAS-DE-RHUYS ✆ 02 97 45 22 88
www.camping-bretagnesud.com
Emplacement + véhicule à partir de 16 €. Mobil-homes 2 à 4 pers. à partir de 350€ la semaine. Animaux acceptés. Wifi.

Bienvenue au camping du Menhir ! Situé entre le golfe du Morbihan et l'océan Atlantique sur la presqu'île de Rhuys, il est un lieu idéal pour les familles. Depuis 1972, la famille s'efforce de vous chouchouter dès votre arrivée et pendant votre séjour. La plage est à 1 km et est accessible à pied ou à vélo par un sentier. De nombreuses possibilités d'animation : nombreuses soirées pour parents et enfants avec karaoké ou soirées dansantes, restaurant et bar. Ici, l'ambiance familiale est à l'honneur et un très bon accueil est réservé aux camping-caristes

CAMPING LE TINDIO €€

2, rue de Bilouris ✆ 02 97 53 75 59
www.camping-golfedumorbihan.com
Ouvert de mars à novembre. Terrain de 5 ha. 213 emplacements. Chalet de 215 € à 659 € selon saison.

Ce camping municipal est idéalement placé pour qui souhaite planter sa tente en bordure immédiate du golfe du Morbihan. Les emplacements, plutôt spacieux, s'étendent sur un terrain bien arboré séparés de haies et d'arbres. L'équipement sanitaire est complet et propre. Vous pourrez également bénéficier d'animations notamment durant la période estivale. À noter : le camping s'est totalement adapté à l'accueil de toutes les personnes en situation de handicap, un geste qui ne laisse pas le Petit Futé indifférent ! Voilà assurément une bonne adresse !

HÔTEL LE CROUESTY €€

18, rue du Croisty
✆ 02 97 53 87 91
www.hotellecrouesty.com
Ouvert de mi-février à fin octobre. 26 chambres. Chambre double de 89 à 179 €.

La décoration moderne et l'accueil sont des plus agréables pour cet hôtel 3 étoiles idéalement situé sur le port de plaisance. L'hôtel met à votre disposition 3 types de chambres : les « Conforts » avec accès de plain-pied, les « Supérieures » situées au calme avec vue sur le parc pour certaines et enfin les « Côté Port » qui, comme leur nom l'indique, vous offrent une vue sur le port de plaisance. Les chambres spacieuses, confortables et d'une propreté irréprochable, sont toutes équipées de salle de bains, WC, télévision LCD et téléphone.

LE BOUCANIER €€

3, rue du Général-de-Gaulle ✆ 02 97 53 89 22
www.restaurantleboucanier-arzon.com
Fermé du 15 décembre au 1er février. Haute saison : mercredi-lundi, midi & soir. Réservation recommandée. Menu dès 24 €.

Un déjeuner d'inspiration gastronomique vue sur mer, cela vous tente ? Le Boucanier vous accueille près de la grande plage de Port-Navalo et vous propose de déguster une cuisine inventive et généreuse, tantôt transmise des traditions culinaires françaises, tantôt épicée de touches exotiques, pour des saveurs étonnantes. La cuisine est maison et, ici, on ne manque pas de s'enquérir de votre avis pour se renouveler constamment. Inspirations de la terre et de la mer, mais aussi des contrées lointaines : tout concourt à vous surprendre autant qu'à vous régaler !

LA CAVE DE RHUYS €€

25, rue du Général-de-Gaulle
SAINT-GILDAS-DE-RHUYS
✆ 02 97 54 60 88
www.saint-gildas-de-rhuys.fr
Ouvert toute l'année. Haute saison : 7j/7 journée + soir. Carte : 17 € environ (plat + dessert).

Cave, bar à vin, brasserie, épicerie et jardin : voilà le brassage heureux que propose la Cave de Rhuys. Le lieu surprend : on ne l'imaginait pas aussi grand ! Puis on s'amuse et s'émerveille devant une déco chic et chinée, où chaque objet a son histoire. L'accueil est aussi exceptionnel que le décor. La Cave de Rhuys offre une pause hédoniste au milieu des 500 références de vins, spiritueux, mais aussi cidres et jus de fruits bio, tous rigoureusement choisis, thés, cafés et douceurs sucrées. Un espace jeux est dédié aux enfants.

LA MARINA €€

9, quai des Cabestans
✆ 02 97 53 98 92
www.la-marina-arzon.com
Ouvert toute l'année. Haute-saison : 7j/7. Restaurant et café. Menu midi : dès 12.90 €. Réserv. recommandée. Terrasse.

Murielle et Bruno vous accueillent dans leur restaurant au décor très cosy situé face à la Capitainerie. La cuisine est traditionnelle et locale, avec des plateaux de fruits de mer et des poissons pêchés tout près, mais aussi des viandes bovines issues d'élevages bretons. Tout est fait maison, dans la tradition et dans la modernité. En témoigne une carte bien gourmande : planches apéritives faisant honneur au terroir breton, huîtres de la presqu'île, pavé d'andouille de Guémené... Spiritueux, bières ou cafés ont, eux aussi, été choisis en production locale.

PAYS DE VANNES

PIZZA RHUYS €€

2, rue de la Poste ✆ 02 97 47 57 34
www.pizza-rhuys.com
Haute saison : 7j/7, dès 17h30. Commande par tél. Pizzas de 5,50 à 15 €. 2 tailles de pizzas. Vente à emporter.

Pizza Rhuys réunit propose des pizzas de grande qualité : pâte bio certifiée Ecocert, ingrédients issus de l'artisanat et des fermes locales, cuisson au feu de bois, et un pizzaïolo champion de France 2013 (et vice-champion d'Europe 2011). S'il fallait citer une pizza pour donner un aperçu de la carte unique de Pizza Rhuys, ce serait sans doute la Biodélice (certifiée bio) : tomate, tomme de Bellevue, olives, œuf, huile basilique de Séné, graines de courge. Possibilité de pizzas sans gluten et végan. Glaces artisanales pour le dessert. Boissons AOP et bio.

LE P'TIT BISTRO €€

3, rue du Général-de-Gaulle
SAINT-GILDAS-DE-RHUYS
✆ 02 97 45 13 13
Fermé en janvier. Haute saison : tous les jours de 9h à 21h30. Réservation recommandée. Carte : 15 € environ.

Le P'tit Bistro est de ces lieux chaleureux que l'on aime découvrir en vacances. L'établissement décline une carte courte de plats inspirés de la brasserie, mitonnés à partir de produits frais. Plusieurs suggestions du jour viennent la compléter : les moules-frites, tartares, salades et tartines chaudes à la carte. Côté desserts, là aussi le fait maison est à l'honneur et le café gourmand offre le plaisir d'être vraiment gourmand ! Le P'tit Bistro étant aussi un bar, sa carte des boissons et des cocktails ne manquera pas de vous tenter pour un apéro sympathique.

LE P'TIT ZEPH €€

1, rue du Phare
✆ 02 97 49 40 34
www.bar-ptitzeph.fr
Haute saison : mardi-dimanche midi & soir. Réservation recommandée. Assiettes de fruits de mer : 29 € ; plateau : 59 €.

Le « petit frère » du Grand Large vous propose des dégustations d'huîtres et autres fruits de mer, en provenance directe de leur propre bassin. Ici, la fraîcheur et la saisonnalité sont de mise ! Le P'tit Zeph offre également une cuisine bistronomique, travaillée avec des produits frais provenant du marché et des poissons du moment. Par exemple le thon rouge juste poêlé au wok de légumes. Le plaisir est dans l'assiette, mais aussi dans la vue panoramique sur l'embouchure du golfe. Le P'tit Zeph, c'est l'assurance d'un bon bol d'air marin !

FUMAGE ARTISANAL D'ARZON

23, rue Centrale
✆ 02 97 53 80 18
www.fumage-arzon.fr
Ouvert du mardi au samedi 9h-12h30 et 15h-18h30 ; le dimanche et les jours fériés 9h-12h30. Vente sur place et en ligne.

En 1990, Patrick et Anne Chauchard ont ouvert leur première boutique à Arzon, puis, en 2009 dans le bourg de Sarzeau. Le saumon frais arrive d'Écosse en qualité Label Rouge, fumé au hêtre vert et salé au sel de Guérande, il est tranché à la main, mis sous-vide en filets entiers, en tranches, en darnes ou en pavés. Ont été ajoutées des conserves de poissons, sardines à l'huile, morgates du golfe, thon germon et rillettes de poisson fumé. Vous pouvez retrouver en été, leurs produits sur les marchés de la Presqu'île de Rhuys et toute l'année sur celle de Quiberon.

© FUMAGE ARTISANAL D'ARZON

© FUMAGE ARTISANAL D'ARZON

LA SORCIÈRE €€

59, rue des Fontaines
✆ 02 97 53 87 25
www.creperie-la-sorciere.fr
Haute saison : mardi-dimanche, midi & soir. Réservation recommandée. Galette + crêpe (spéciales) : 18 €. Terrasse.

Sophie à la réception et Pierre-Yves en cuisine (pâtissier, glacier, chocolatier, confiseur) auront à cœur de vous faire passer un agréable moment. Merveilleusement située face à la mer, place du Taveno (parking gratuit), cette crêperie a tous les atouts pour vous faire passer un moment gourmand. Les galettes au blé noir sont délicieusement fines et croustillantes et les crêpes sucrées sont gourmandes et originales. Sa décoration chaleureuse envahie par de nombreuses et charmantes sorcières et sa terrasse ensoleillée sont des plus agréables.

ARMOR LUX

11, rue des Timoniers
www.armorlux.com
Ouvert 7j/7, 10h-13h et 14h30-19h30. Voir aussi le magasin de Vannes.

Armor-Lux est aujourd'hui une marque reconnue pour l'originalité de ses collections qui puisent leur inspiration dans les couleurs de la mer et les valeurs de la Bretagne (marinière, tee-shirt rayé, pull marin, vareuse, ciré, caban, duffle-coat…). Implantée sur le créneau de la qualité et de la relocalisation des emplois, la marque propose des vêtements pour l'homme, la femme et l'enfant. Élégance et douceur marine sont ses maîtres mots. À la tradition s'ajoute un vent de modernité, pour des collections de prêt-à-porter ouvertes à tous les styles.

LE GRAND LARGUE €€€

1, rue du Phare
✆ 02 97 53 71 58
www.grandlargue.fr
Réservation impérative. Menus de 59 € à 69 €. Formule du midi : 29 € (tarifs 2019-2020). Terrasse l'été. Chien admis.

Ce restaurant gastronomique, tenu par Baptiste Moisson, Virginie Moisson et Cyril Gaudron offre une cuisine raffinée, subtilement épicée et composée. Elle met en avant des produits locaux et du terroir, d'une fraîcheur et d'une qualité irréprochables (vivier sur place). Outre les traditionnels plateaux de fruits de mer, ou le homard bleu breton nature ou au Kari Gosse, goûtez leur spécialité : les ormeaux. Au-delà de la qualité des plats, l'établissement est très apprécié pour son accueil familial et sa situation, près de l'embarcadère et sur le tracé du GR® 34.

LES CAFÉS DE RHUYS

1, rue du Bernon
✆ 02 97 47 63 99
www.lescafesderhuys.com
Dégustations sur place et à emporter. Site web pour vente en ligne.

Bienvenue chez Mathieu, artisan voyageur torréfacteur ! Sa brûlerie, au bout de la presqu'île de Rhuys, est une ode à la découverte, aux sens en éveil, à la gourmandise et à l'audace. Mathieu vit sa passion et la fait partager avec générosité. Amateurs de café, évidemment, vous serez conquis par ses 15 cafés artisanaux, soigneusement sélectionnés et préparés. Les amateurs de thé et d'infusions trouveront aussi leur bonheur dans le piano de 90 thés aux origines variées, pour des évasions subtiles et étonnantes. Les douceurs chocolatées sont aussi de la partie.

MIRAMAR LA CIGALE THALASSO ET SPA

Route du Petit-Mont
✆ 02 97 53 49 13
www.miramar-lacigale.com
Ouvert 7j/7. Soins et spas à la carte. Restauration (plusieurs restaurants). Bar. Boutique. Hôtel.

L'établissement de thalassothérapie Miramar La Cigale vous offre le *must* en séjour et soins à la journée sur la presqu'île de Rhuys, avec d'excellentes prestations. Le lieu est aussi un hôtel de haut standing (5 étoiles), proposant des séjours d'exception. Plusieurs restaurants, avec différentes gammes de prix, mais une qualité toujours excellente, accueillent les visiteurs (même extérieurs à l'hôtel et au spa) : L'Escale gustative, Le Safran, Le BE, Le Ruban Bleu et Le Goéland.

CASINO JOA

Rond-Point du Crouesty
✆ 02 97 53 99 44
www.joa.fr/casinos/arzon
Ouvert toute l'année. 7j/7. Jusqu'à 3h le week-end. Pièce d'identité et tenue correcte exigée. Restauration.

Jour de pluie, soirée entre amis ou canicule : le casino est un espace de loisir auquel on ne pense pas toujours… Celui d'Arzon, situé sur le port du Crouesty, propose un large choix de jeux – machines à sous, tables de black-jack, roulette anglaise électronique –, mais aussi un espace bar et restauration dépaysant. Le restaurant Jules-Verne invite à la détente et à la gourmandise dans une ambiance moderne et chic. Le bar et le restaurant ont des entrées indépendantes et sont donc ouverts à toute la famille (contrairement au casino).

SARZEAU ★★

Chef-lieu de la presqu'île, Sarzeau offre quelques demeures ornées de belles façades des XVIIe et XVIIIe siècles, en plus de superbes plages et du château de Suscinio. D'abord ville de marchands et d'artisans, Sarzeau est devenue une communauté représentée aux États de Bretagne ; elle en fut ensuite le siège jusqu'à la Révolution. Ici s'installèrent avocats, avoués, notaires et officiers de justice. Une légende raconte que la fameuse baignoire du révolutionnaire Marat, dans laquelle sévit Charlotte de Corday, aurait échoué, on ne sait comment, au presbytère avant d'être vendue par le curé à un collectionneur qui en fit don au Musée Grévin.

LA MAISON DU CIDRE ★

Rue de Lann-Vrihan
LE HÉZO ✆ 02 97 26 47 40
www.museeducidre.com
Boutique ouverte toute l'année. Musée : avril-octobre. Haute saison : du lundi au samedi de 9h30 à 18h30. Adulte : 5 €.

La maison du Cidre vous dévoile les différentes étapes de fabrication traditionnelle du cidre, à travers les méthodes ancestrales des paysans et les techniques modernes de la cidrerie d'aujourd'hui. La visite commence par une exposition sur la pomme, la pollinisation et le rôle essentiel des abeilles puis se poursuit avec une collection remarquable d'outils et machines d'antan utilisés dans la fabrication du cidre et de l'eau de vie par distillation. La visite comprend une dégustation gratuite et pour les plus petits, un parcours ludique.

CHÂTEAU ET DOMAINE DE SUSCINIO ★★

Route du duc Jean V ✆ 02 97 41 91 91
www.suscinio.fr
Ouvert toute l'année. Haute saison : 7j/7, 10h-20h. Adulte : 10.50 €. Enfant : 6 €. Gratuit -10 ans. Animations.

Le Domaine de Suscinio bénéficie d'une situation exceptionnelle entre terre et mer. La construction du château de Suscinio a probablement débuté sous l'impulsion de Pierre de Dreux et surtout de son fils Jean 1er dit Leroux, duc de Bretagne, dans la première moitié du XIIIe siècle. Autour du château se trouvait un vaste domaine composé de grands parcs où les ducs se réservaient l'usage de la forêt aussi bien pour la chasse et la pêche que pour l'exploitation des ressources naturelles, bois, sel, etc. Aux XIVe et XVe siècles, le château a fait l'objet de plusieurs campagnes de travaux importants sous la dynastie ducale des Montfort. À partir de 1532, le château de Suscinio passe dans le domaine royal. De nombreux propriétaires vont se succéder au fil des siècles tels Diane de Poitiers, Catherine de Médicis, Henri IV… À la Révolution, les bâtiments sont vendus puis dépecés de leurs charpentes et pierres taillées pour finir à l'état de ruines. Classé Monument historique en 1840, le château est racheté en 1965 par le Département. Les restaurations s'échelonneront sur plusieurs dizaines d'années.

Chaussez-vous et habillez-vous bien : prenez de bonnes chaussures de marche pour pouvoir profiter de l'ensemble du domaine, et de vêtements chauds l'hiver, car toutes les parties du château ne sont pas chauffées !

Réservez en ligne : pour éviter l'attente de la billetterie, achetez vos billets en ligne sur le site web du château. Vous profiterez directement de la visite.

PAYS DE VANNES

© FRANK - FOTOLIA

Le château de Suscinio.

LES VIVIERS DE BANASTÈRE

66, rue de Bénester ✆ 02 97 67 40 79
www.viviers-banastere.com
Haute saison : vente 7j/7 et dégustations du mardi au dimanche. Horaires : voir web. Restauration. Vente à emporter.

Le Vivier de Banastère profite d'un environnement exceptionnel. Ses huitres creuses sont issues de son propre parc. Plusieurs fois médaillées à Paris (tous les ans depuis 2013 et médaille d'or en 2019), elles sont élevées dans les parcs d'Arradon et de Pénerf. Comme le proclame haut et fort Malo, l'ostréiculteur du Vivier : « *Je suis attaché à mon territoire comme une bernique à son rocher.* » Tous les jours, il fait déguster huitres, coquillages bretons, langoustines au rythme des marées et des saisons. L'été vaut mieux réserver sa table, cela ne désemplit pas.

LA FERME DE LANN HOËDIC €€

Rue Jean-de-La-Fontaine ✆ 02 97 48 01 73
www.camping-lannhoedic.fr
Ouvert d'avril à octobre. Terrain de 3,6 ha. 216 emplacements (tentes & caravanes). Nuitée 2 personnes dès 15 €.

Le camping La Ferme de Lann Hoëdic propose un environnement « nature » à 800 m de la plage de Roaliguen. L'accueil y est chaleureux et convivial. Locations de vélos, animations pour enfants – mini-ferme – proche et simple. Accueil particulier aux randonneurs et vélo-randonneurs grâce au local de stockage et de nettoyage de vos bolides ! Le camping étant situé sur le GR® 34, vous pourrez à loisir arpenter les sentiers de la presqu'île. Et si vous avez envie de détente, on vous propose des massages, de la réflexologie et de la relaxation.

FERME FROMAGÈRE DE SUSCINIO

Route de la Duchesse-Isabeau-d'Ecosse
✆ 02 97 41 85 68 - www.tomederhuys.fr
Haute saison : lun.-sam., 9h-19h30 ; dim. 12h-19h. Visites guidée (traite des vaches : 17h30). Restauration. Boutique.

« La ferme fromagère de Suscinio » vous permet d'assister à la traite des vaches, d'observer la fabrication du fromage, de goûter la production sur place et même de déjeuner ou dîner au Pie Noir Café. La boutique vous invite à déguster les produits dans une ambiance nature et authentique. Cédez à la tentation de la tome, du lait cru, du crémeux et du fouetté de Rhuys (avec des oignons de Roscoff), de la crème fraîche, du petit Rhuys (avec de la confiture bio) ou du fromage blanc.

HÔTEL CHEVALIER GAMBETTE €€

19, route de Saint-Colombier - **SAINT-ARMEL**
✆ 02 97 43 94 03 - www.hotelchevaliergambette.fr
Ouvert toute l'année. 22 chambres (2 chambres PMR). Chambre double dès 69 €. Petit-déjeuner : 10 €.

Cet hôtel indépendant est composé de 22 chambres réparties dans cinq ravissantes maisonnettes. Sur le thème des oiseaux du golfe, l'établissement offre de belles chambres, de mobilier en bois noble vêtues, dessinées et réalisées par un constructeur naval. Intime et cosy, chacune est confortablement équipée. Pour vous détendre, l'hôtel vous propose ses jardins fleuris et ses terrasses individuelles ensoleillées. Une grande salle pouvant contenir 50 personnes vous est proposée avec un service traiteur pour réunion ou séminaire. Vous serez charmés !

CAMPING LES MOUETTES €€

54, rue du Ral-Vraz ✆ 02 97 41 90 50
www.lesmouettes-camping.com
Ouvert de Pâques au 30 septembre. Réservation recommandée. Terrain de 2 ha. 86 emplacements. Accueil camping-cars.

Situé entre le château de Suscinio (qui propose entre autres, en juillet-août, des spectacles son et lumière) et la chapelle de Penvins, monuments classés, ce camping offre de belles installations dont une piscine chauffée (avec banquette hydromassante). Adonnez-vous à la plongée, au kitesurf, ou restez sur le site du camping et faites une partie de pétanque ou de ping-pong... L'immense plage de Landrézac, surveillée, est directement accessible du site. Le cadre est verdoyant, et l'ambiance familiale règne, pour des vacances reposantes et conviviales.

HÔTEL LE MUR DU ROY €€

43, chemin du Mur-du-Roy
✆ 02 97 67 34 08
www.lemurduroy.com
Dès 65 € la chambre double, demi-pension possible. Restaurant, bar, parking.

L'hôtel le Mur du Roy est l'hôtel de charme et de vacances qu'il vous faut ! Situé le long d'une plage accessible entre le château de Suscinio et le pont de Banastère, il dispose de 10 chambres pour accueillir les visiteurs toute l'année. Chaque chambre a sa salle de bain privative et est équipée d'une TV et dotée d'un accès web. Le salon, donnant sur la mer, vous retiendra le temps de choisir les plats du restaurant, basés sur les produits locaux. Un très beau sentier devant la résidence vous permet de rejoindre la chapelle au bout de la pointe de Penvins.

LE MANOIR DE KERBOT €€

Lieu-dit Kerbot
✆ 02 97 26 40 38
www.hotelrestaurantkerbot.com
Ouvert toute l'année. 12 chambres. Chambre double à partir de 110 €. Petit déjeuner : 18 €. Restauration. Spa.

C'est dans la partie « rurale » de son domaine que le propriétaire des lieux a restauré et agencé l'espace hôtel de son établissement. Il complète le déjà luxueux restaurant du Manoir. Sur deux paliers (accessibles aux PMR), les chambres se présentent dans leur écrin de bois, de verre, de fer, de tissu mural. La luminosité est travaillée et elles ont toutes une vue sur la campagne bretonne. La décoration et le service montrent une attention au confort des hôtes : coffre-fort, réfrigérateur, vaste dressing, aire coffee-shop, peignoirs...

LE SUROÎT €

4, rue Marie-Le-Franc
✆ 02 97 67 32 56
le-suroit.fr
Ouvert toute l'année. Du mardi au dimanche de 10h à 22h. Carte : 10 € environ (pour une galette et une crêpe). Vue mer.

Vous tomberez sous le charme de cette paillote au bord de la plage située sous le pont de Banastère, vers le chemin côtier menant à Penvins. Depuis plus de 35 ans, le Suroît propose l'accueil aux marins et ostréiculteurs locaux d'abord pour son café puis d'année en année, les touristes, découvrant le charme de la plage et du bord de mer reliant Banastère à la chapelle de Penvins, ont pu apprécier un très honnête bistrot de bord de mer. Carte de galettes, salades, brasserie, poissons du jour à l'ardoise laissent un bon choix.

LE BISTROT DE CARO €€

4, place Marie Le Franc
✆ 09 82 52 54 44
Ouvert du lundi au samedi, midi & soir. Menu à l'ardoise, de 15 à 18 € pour plat + dessert. Planches apéritives le soir.

Le Bistrot de Caro est tout nouveau à Sarzeau. Caroline Gauvin, la gérante de ce bar-restaurant a remis à neuf l'ancien bar Le Carpe Diem. Aujourd'hui, l'établissement offre une belle salle et une grande terrasse. Cheffe aussi, elle propose une cuisine de tradition familiale, fraîche, et avec des plats renouvelés tous les jours. Au choix, donc, pour chaque déjeuner, un poisson, une viande et une tarte salée, à compléter avec un dessert gourmand. Le soir, on vient y boire un verre entre amis ou en famille, autour d'une planche de charcuterie ou de fromage.

VALENTINO €€

23, rue Adrien-Régent
✆ 02 97 41 76 51
www.restovalentino-sarzeau.com
Lundi au samedi 12h-14h30. Jeudi au dimanche 17h30-22h. 7j/7 juil-août. Vente à emporter. Livraison.

© VALENTINO SARZEAU

Voilà un lieu que les familles adoreront fréquenter grâce à l'espace bambins, mais aussi la carte qui fait le bonheur des enfants (pizzas, burgers, frites..) comme des parents qui apprécieront les produits faits maison (pâtes, bun, desserts...), les plats savoureux et bien copieux. Ajoutez à cela un accueil convivial et chaleureux, un décor sympathique, et la possibilité de se faire livrer pour les soirs de matchs ou de flemme, et vous avez la recette d'une bonne adresse. La livraison se fait dans la presqu'île et est gratuite dès un certain montant de commande.

L'ENDROIT €€

1, Rue Hent-Ty-Guard
✆ 02 97 45 47 54
www.restaurant-lendroit.fr
Ouvert toute l'année. Haute saison : 7j/7, midi & soir. Formule du midi : 17 €. Terrasse. Bar, tapas, animations.

L'Endroit, ouvert fin février 2020, s'est fait une place à peine installé. Le restaurant est l'endroit parfait où se rendre pour bien manger ou prendre un verre entre amis avec une vue superbe. En effet, situé au dessus de la capitainerie, il offre une vue à 180° sur la mer. Il joue sur la convivialité avec des mange-debout, face aux cuisines ouvertes, ainsi que des tables rondes plus traditionnelles, mais surtout une grande terrasse les pieds dans l'eau. La carte s'oriente vers la bistronomie et est composée de produits frais et locaux.

HÔTEL & RESTAURANT LESAGE €€

3, place de la Duchesse-Anne
✆ 02 97 41 77 29
www.hotelrestaurantlesage.com
Haute saison : du mardi au samedi et les jours fériés le midi et le soir. Menus dès 20 € (midi). Hôtel : dès 109 €.

L'établissement est installé dans une très belle demeure de 1620 au charme indéniable avec ses pierres et poutres apparentes ou encore sa cheminée qui crépite tout l'hiver. Isabelle et Guy, maîtres des lieux, vous invitent à découvrir une cuisine gastronomique de terroir. Les plats mêlent tradition, modernité et créativité. La maison est également un agréable hôtel qui offre 12 chambres décorées différemment sur le thème des plus belles baies du monde.

LE PETIT PORT €€

9, quai des Voileries
✆ 02 97 26 89 87
www.restaurant-lepetitport.com
Fermé novembre à fin février. Juillet/août : Ouvert 7j/7. Réservation recommandée. Plat + dessert 15 € env. Terrasse.

© LE PETIT PORT SARZEAU

Voilà un cadre de toute beauté pour cette véritable paillote bretonne installée au port de Logéo ! Face au golfe du Morbihan, elle offre au regard un paysage exceptionnel. Sur sa terrasse, les pieds dans l'eau, vous goûterez les spécialités de la mer que propose la maison : poissons frais, assiettes de fruits de mer, homard breton, langoustes, langoustines royales (selon arrivages), brochettes de Saint-Jacques, sardines. Vous trouverez également à la carte une viande (VBF). Avec des prix accessibles et des assiettes bien garnies, cette adresse a tout pour plaire !

LE KERSTÉPHANIE €€

Route de Roaliguen
✆ 02 97 41 72 41
www.lekerstephanie.fr
Ouvert toute l'année. Du jeudi au lundi midi & soir. Réservation recommandée. Menus de 35 € à 55 €.

Installé dans une ancienne ferme rénovée, le Kerstéphanie offre un cadre bucolique et traditionnel à votre halte gourmande. Le charme opère, que vous soyez installés sur la terrasse fleurie ou dans la salle, avec pierres apparentes et cheminée imposante. La cuisine s'inspire du jardin, du terroir et des richesses du monde. En témoignent quelques plats extraits des menus : Homard bleu de Bretagne, tomates anciennes, huile de basilic, voile d'eau de tomates au réglisse ; dessert : fraises, hibiscus, baies de Timut. Tout est frais, local, surprenant et délicieux.

MANOIR DE KERBOT €€

Lieu-dit Kerbot
✆ 02 97 26 40 38
www.hotelrestaurantkerbot.com
Ouvertdu mercredi au samedi le midi et le soir ; le dimanche midi. Réservation impérative. Menus dès 24 €. Hôtel et spa.

Un lieu élégant et raffiné et une cuisine à l'aune, toute de délicatesse : voilà en quelques mots ce qu'inspire le Manoir de Kerbot. Restaurant de cuisine traditionnelle et gastronomique, où le poisson et les produits de la mer sont à l'honneur, il se distingue par son amour de la région. Les produits locaux sont honorés à travers les plats inventifs du chef Martial Berge et de son équipe. La carte évolue avec les saisons, pour plus de créativité et de gourmandise. Le Manoir de Kerbot propose des prestations d'hôtel****et spa, et se privatise pour un mariage.

PIE NOIR CAFÉ €€

Route de la Duchesse Isabeau d'Écosse
✆ 02 97 41 85 68
www.tomederhuys.fr
Horaires à consulter sur site web, réservation recommandée, terrasse, boutique.

La Ferme Fromagère de Suscinio invite à la dégustation de ses produits sur place. À côté du site de fabrication de la fameuse tome de Rhuys, la boutique et le « Pie Noir café » se partagent un bel ensemble accueillant et convivial. Tartines de fromage fondu, rillettes ou pâté sur une belle tranche de pain bio sont à déguster. Pour le sucré, vous aurez le choix entre les yaourts, le fromage blanc, le far breton ou encore le *gwell* (yaourt breton). On aime cette étape au vert, naturelle, bio et originale, à deux pas du château de Suscinio !

LES PIEDS DANS L'PLAT €€

3, rue du Poulmenach
✆ 02 97 48 22 28
www.lespiedsdanslplat.fr
Ouvert toute l'année du mercredi au dimanche le midi et le soir. Menus de 21,50 € à 26,50 €. Formule du midi : 11,50 €.

Gwen et Quentin, diplômé Maître-Crêpier à l'école de Maure-de-Bretagne, sont à la tête de ce restaurant-crêperie situé au cœur de Sarzeau. Côté crêperie, les gourmets seront à leur aise car les spécialités de la carte, tantôt classiques tantôt plus originales, sont de véritables petits bijoux de gourmandise, à l'instar des galettes au top des saveurs et des couleurs. Côté restaurant, on est dans l'esprit brasserie, avec des produits frais, bio, locaux et sélectionnés avec amour. Le lieu est décoré avec goût et fantaisie, et de bonnes idées à piquer.

LA POINTE €€

12, route de la Chapelle
✆ 02 97 62 26 84
www.lapointe-penvins.com
Haute saison : 7j/7 midi & soir. Réservation recommandée. Carte : 20 € environ (pour un plat et un dessert). Terrasse.

Le restaurant La Pointe n'a pas que son emplacement extraordinaire (vue panoramique sur la mer) comme atout. C'est aussi un restaurant brasserie convivial où les produits frais et gourmands sont à l'honneur. Environnement superbe et bonne table, à petit prix : que demander de plus ? Un bar ouvert en continu et des animations ? C'est aussi au programme. Les vendredis soir, c'est sets de DJ pour danser et, tout au long de la saison, des concerts variés, entre tradition et modernité. On s'y retrouve aussi bien en famille la journée qu'entre amis en soirée.

PIZZA RHUYS €€

Allée des Ducs de Bretagne
✆ 07 62 76 79 01
www.pizza-rhuys.com
Toute l'année. 7j/7, dès 17h30. Commande par téléphone. Pizzas à emporter entre 5,50 € et 15,50 €. 2 tailles de pizza.

© PIZZA RHUYS

L'établissement Pizza Rhuys est présent partout sur la presqu'île, en points fixes annuels, ponctuels et grâce à son camion qui fait une tournée toute l'année. Une fois que vous aurez dégusté leurs pizzas, il sera difficile de vous en passer. Pourquoi ? Une pâte bio (certifiée Ecocert), des ingrédients issus du marché local (mozzarella de Pontivy, chèvre fermier de Languidic, sardines grillées Chauchard...) et une cuisson au feu de bois. Qui plus est, les recettes sont originales et proposent de délicieux mariages de saveurs.

POURQUOI PAS €€

5, rue de la Corderie
✆ 02 97 41 80 20
Ouvert du lundi au samedi. Menus de 14,90 € à 22 €. Terrasse.

Situé un peu à l'écart du centre-bourg, vers les plages, cet établissement vous accueille avec une offre de cuisine très élargie : galettes 100 % blé noir avec un bel effort de mise en valeur du terroir local ou la belle carte de viande. À moins que les pizzas ne vous fassent très envie... Parmi elles, la très originale pizza exotique avec tomate, mozzarella, ananas, poivrons, banane et noix de coco râpée. En saison, des menus du jour et moules-frites sont proposées. La terrasse fleurie et ensoleillée offre une halte bien sympathique !

LES SALINES €€

11, rue de Ker-An-Poul
✆ 02 97 67 44 61
Ouvert de février à la Toussaint. 7j/7, midi et soir en haute-saison. Réservation recommandée.

Les Salines a fait peau neuve. Prenez place dans une décoration moderne et consultez la carte des galettes et crêpes, riche juste ce qu'il faut pour vous garantir des produits frais, locaux et du terroir (tome de Rhuys, fumage artisanal d'Arzon, cidre Nicol, terrines Groix et Nature, etc.). Ici, on vous reçoit avec générosité : assiettes bien garnies pour un bon rapport qualité-prix, terrasse confortable et ensoleillée (selon l'humeur de la météo), plaids à disposition s'il fait un peu frais... On vient volontiers y déjeuner, y dîner... et y goûter !

BISCUITERIE DES VÉNÈTES

15, rue de Lann-Vrihan - **LE HÉZO**
✆ 02 97 43 91 24
www.biscuiteriedesvenetes.com
Du lundi au samedi de 9h à 12h et de 14h à 19h, 7j/7 en juillet et août. Livraison possible (site de vente en ligne).

La devise de la biscuiterie, « Ici, on fabrique ! », trône sur la devanture. On trouve dans cette boutique tous les produits fabriqués sur place à base d'ingrédients de qualité (bretons évidemment), naturels et désormais labellisés bio : Galette de Saint-Armel, P'tit Vénète, cakes, kouign-amann, crèmes de caramel au beurre salé... Mais aussi une gamme de biscuits salés, tels que les P'tits Vénètes au chèvre et encre de seiche ou aux maquereaux et citrons confits. Des ateliers découverte sont proposés avec notamment une démonstration de confection du kouign-amann.

LE CLIFDEN

12, Porh Brillac
✆ 02 97 26 84 48
www.clifden-pub.fr
Haute saison : tous les jours de 10h30 à 1h. Animations. Concerts.

Ce bistrot de campagne est une véritable institution sur Sarzeau et alentour. Ayant pris la suite familiale il y a plus de 30 ans, Gwénaël Le Jendre ne veut pas lâcher le flambeau ; et pour cause comme il aime le dire : « Je suis trop amoureux de ce coin-là pour envisager autre chose » sinon enfourcher sa Harley et parcourir des contrées plus ou moins lointaines. Le Clifden a fêté ses 90 ans (ouvert en 1925 par le grand-père) en fanfare avec groupes de rock, rockabilly, blues ou musique traditionnelle celtique. Il y en a pour tous les goûts l'été en soirée !

AUX FILLES DES MARÉES

108, route de la Pointe du Ruault
✆ 02 97 41 73 11
Haute saison : ouvert du jeudi au samedi de 10h à 12h et de 16h à 18h30 ; le dimanche de 10h à 13h.

Marine, la fille, et Nathalie, la mère, sont les deux « filles des marées ». Elles vous accueillent sur leur chantier ostréicole en juin, juillet et août, et sur demande hors saison. L'entreprise est implantée dans le village du Ruault depuis 4 générations : c'est Marie-Joseph, la grand-mère de Nathalie, qui avait lancé l'aventure familiale en 1936. Vous pourrez déguster et acheter les huîtres sur place, tout en profitant du paysage. Hors saison, consultez les horaires et possibilités de commande sur la page Facebook Aux Filles des Marées.

FUMAGE ARTISANAL D'ARZON - SARZEAU

9, rue du Général-de-Gaulle ✆ 02 97 41 86 76
www.fumage-arzon.fr
Haute saison : lundi-samedi, 9h-12h30 & 16h-19h ; dimanche et jours fériés, 9h-12h30. Vente sur place et en ligne.

En 1990, Patrick Chauchard ouvre sa première boutique à Arzon. Il commence alors une aventure qui ravit ses clients depuis 30 ans. Le saumon frais arrive d'Écosse en qualité Label Rouge. Il est fumé et préparé dans les règles de l'art, pour en sublimer toutes les saveurs. Il se décline en différentes préparations : darnes de saumon fondant mi-fumées marinées, demi-filet tranché sur peau... La boutique propose aussi du tarama de corail d'oursins, des filets de thon blanc au naturel...

LES PARCS DU PASSAGE

10, Chemin du Poulho
SAINT-ARMEL
✆ 02 97 26 48 57
http://les-parcs-du-passage.over-blog.com
Haute saison : ouvert tous les jours. Plateaux de fruits de mer sur commande à emporter.

« *Ici le Paradis commence au Passage* » : voici que l'on peut lire sur l'ardoise devant l'entrée du minuscule cabanon de Yannick Le Joubioux. Ici, on parle de produits de la mer : araignées, tourteaux, crevettes roses, huîtres bien sûr... Plateaux de fruits de mer et homards sont préparés sur commande. L'endroit est magique : kayaks de mer, bateaux de pêcheurs, voiliers, touristes le nez au vent, tous se rencontrent le long de ce bras de mer et viennent passer un moment sur la Route de l'Huître pour profiter d'un instant inoubliable.

CELT'AVENTURES

Route du Menez ✆ 06 13 08 87 00
www.celtaventures.com
Ouvert d'avril à octobre. Haute saison : 7j/7. Tarifs selon activités et âge des participants : voir site web.

Ce parc d'aventures propose plusieurs parcours acrobatiques en hauteur, au sol, chasses au trésor, courses d'orientation énigmatiques, balades contées interactives... Celt'aventures, c'est aussi un village de lutins pour les tout petits, une clairière des elfes dans laquelle vous volerez grâce à des élastico-trampolines, des hamacs propices au repos... Choisissez le Périple des Sylphes et vous serez entraîné dans une folle descente sur des tyroliennes interminables. Le parc s'inscrit dans une démarche durable et d'inclusion des personnes en situation de handicap.

PAYS D'AURAY

Quel plaisir de se balader dans la petite cité médiévale d'Auray, entre les venelles fleuries ou le long de la rivière ! Le cœur historique et le port de Saint-Goustan recèlent de jolis monuments (église Saint-Gildas, mausolée de Cadoudal, chapelle du Saint-Esprit) et de petits recoins charmants. Dans les environs, mille merveilles vous attendent. Ne manquez pas le prestigieux lieu de pèlerinage de Sainte-Anne d'Auray, les alignements de Carnac, les longues plages de sable et les dunes d'Erdeven et de Plouharnel, les trois pointes de La Trinité-sur-Mer, Saint-Philibert, Locmariaquer et leurs parcs ostréicoles, la presqu'île de Quiberon et sa côte sauvage, l'isthme de Penthièvre, sans oublier la superbe ria d'Etel. La promesse d'un séjour inoubliable. Balade à pied, à vélo, à cheval, en bateau, kayak ou paddle, vous aurez le choix pour partir à la découverte des perles de cette partie du Morbihan.

Pays d'Auray
Brandérion
LANDÉVANT
Pluvigner
Nostang
Landaul
LOCOAL-MENDON
Sainte-Hélène
Brech
SAINTE-ANNE-D'AURAY
Crélin
Penhouët
Pluneret
Toulchignanet
Kergouric
BELZ
AURAY
Le Magouër
Les Quatre Chemins
ÉTEL
PLOEMEL
ERDEVEN
LE BONO
P.N.R. du Golfe du Morbihan
Kerhillio
PLOUHARNEL
CARNAC
LA TRINITÉ-SUR-MER
SAINT-PHILIBERT
LOCMARIAQUER
Océan Atlantique
Penthièvre
Kerhostin
Baie de Quiberon
SAINT-PIERRE-QUIBERON
Le Rohu
Presqu'île de Quiberon
QUIBERON
D102 A
D24
D102
D16
D765
D33
D103
D158
D19
E60
D119
D120
D28
C3
D186
D768
D781
D186 A
5 KM

PAGES

Carnac, c'est le lieu du mégalithisme mondial. On peut effectivement y découvrir une très forte concentration de mégalithes de tous genres dans un périmètre de quelques kilomètres carrés seulement... Ce n'est donc pas sans une certaine émotion que l'on se glisse parmi ces menhirs chargés d'histoire.

Le climat et les paysages époustouflants de la presqu'île de Quiberon attirent de nombreux touristes depuis de nombreuses années, et pour cause, l'endroit est relié au continent par une flèche de sable longue de 7 km. L'ensemble présente un contraste saisissant, entre la côte orientale, calme et sablonneuse, et le flanc occidental, rocheux et battu par la houle : la fameuse Côte sauvage.

Le port Haliguen de Quiberon.

AURAY ★★

Quel plaisir de se balader dans le quartier ancien pour admirer les monuments : église Saint-Gildas, mausolée de Cadoudal, chapelle du Saint-Esprit. Continuez en descendant par la rue du Château bordée de maisons du XVIIe siècle avant de vous diriger vers le joli port de Saint-Goustan de l'autre côté du petit pont de pierre du XIIIe siècle. Ici, se trouve la Goélette musée Saint-Sauveur qui vous apprendra beaucoup sur l'histoire du port rival de celui de Vannes, sous l'Ancien Régime. Enfin, finissez la promenade en remontant les minuscules ruelles derrière l'ensemble de maisons du XVe siècle, comme la rue Saint-René et celle du Petit-Port.

Basilique de Sainte-Anne d'Auray.

CHAPELLE SAINTE-HÉLÈNE ✝

Rue Clemenceau
✆ 02 97 24 09 75

Encore connue sous le nom de chapelle de l'hôpital, la chapelle Sainte Hélène est l'un des plus anciens monuments de la ville. L'hôpital, bâti en 1651, communiquait avec une chapelle permettant ainsi aux malades d'assister aux offices depuis leurs lits. En 1674, à la demande du conseiller au Parlement de Bretagne, les Augustines, des religieuses hospitalières, s'installent à Auray. La chapelle se métamorphose en salle d'hôpital pour accueillir soldats, marins mutilés et victimes d'épidémies, elle est agrandie au XIXe siècle. Le mobilier est d'époque.

ÉCOMUSÉE DE SAINT-DEGAN 🏛

BRECH
✆ 02 97 57 66 00
www.ecomusee-st-degan.fr

Du lundi au vendredi de 14h à 17h. En saison, du lundi au vendredi de 10h à 19h et le week-end de 14h à 19h. Entrée 6 €.

Une étape pour remonter le temps et se plonger dans le quotidien des paysans bretons depuis le XVIIIe siècle. On y découvre le four, le puits, l'étable, les hangars, la maison du sabotier et l'intérieur des maisonnées, les lits mi-clos typiques de la Bretagne, le mobilier rustique ainsi que les ustensiles du quotidien. Des sentiers permettent de sillonner tout le village. Une exposition permanente présente des toiles de Lucien Pouedras qui témoignent des activités paysannes des années 1950. Animations quotidiennes en juillet et août.

LA RUE DU LAIT 📷

Située en plein centre-ville de la jolie petite ville d'Auray, la rue du Lait, commerçante et fréquentée, conduit jusqu'à l'église Saint-Gildas. Une église construite au XVIIe siècle et dont l'intérêt principal réside dans le somptueux retable lavallois de pierre, de marbre et d'or datant de 1657. Tout près, en contrebas de la place Notre-Dame, on peut découvrir l'imposant édifice du XIIIe siècle de la commanderie du Saint-Esprit, qui, successivement à partir du XVIIIe siècle, fut hôpital général, caserne d'infanterie et caserne des pompiers.

LAMBERT TOURISME ☛

✆ 06 68 95 67 50
www.tourisme-decouverte.fr

Visites guidées, visites 3D, randonnées, classes découverte, conférences, circuits et excursions. Tarifs sur demande.

Pour découvrir l'histoire d'Auray et de son joli petit port de Saint-Goustan, Lambert Tourisme vous propose, en partenariat avec Arkhéo, une visite ludique, interactive et passionnante grâce à ses casques 3D. Vous participerez à une visite guidée de Saint-Goustan enrichie d'anecdotes et de légendes en première partie avant de vivre une expérience unique de réalité virtuelle immersive au XVe siècle. La visite dure environ 2h. Lambert Tourisme propose également de nombreuses autres prestations nature en Bretagne et en Normandie.

PORT DE SAINT-GOUSTAN ★★

24, quai Benjamin Franklin
✆ 02 97 29 46 39
www.passeportescales.com/fr/port-saint-goustan

Basse saison : ouvert de 9h à 12h et de 14h à 17h. Haute saison : de 8h30 à 19h30.

Le joli port de Saint-Goustan est prisé pour son point de vue et ses bars et restaurants. C'est une étape incontournable pour ceux qui aiment flâner dans un endroit chargé d'histoire... Les rampes du Loch, ou belvédère, furent élevées en deux temps, en 1727 puis en 1823. Du haut, on domine tout le port. C'est une magnifique promenade qui descend jusqu'au pont de pierre du XIIIe siècle menant à Saint-Goustan. Prisé des plaisanciers, le port accueille 155 bateaux résidents sur corps mort et dispose de 25 places pour les visiteurs.

LOCAVELO

26, place de la République
✆ 02 97 58 04 06

Ouvert du mardi au samedi de 10h à 19h.

Cette nouvelle venue dans les rues d'Auray est la deuxième boutique Locavelo après celle de Locmariaquer pour Christophe et Maud, les deux gérants, qui passent à la vitesse supérieure quatre ans après l'ouverture de leur première enseigne. Depuis fin 2020, ce nouveau magasin dédié aux cycles ne propose pas uniquement de la location mais élargit ses services et s'ouvre à la vente et à la réparation de vélos. Vous y trouverez un grand choix de vélos électriques, vélos musculaires, vélos pour enfant, vélos-cargos, de course, VTT... A peu près tout y est !

VÉLO BREIZH

13, place Raoul Dautry
✆ 06 84 52 62 19
https://breizh-velo.fr/

Ouvert 7/7j et 24/24h. Location dès deux heures (4 € le vélo traditionnel ou 6 € le vélo à assistance électrique).

Kristell et Kevin mettent en avant le vélo breton avec leur boutique ouverte en août 2020, juste devant la gare d'Auray. Les deux amoureux des deux-roues proposent des vélos traditionnels, à assistance électrique, des vélos pliants, des carrioles, des tricycles pour adultes ou encore des accessoires, en location ou à la vente. Les services sont adaptés aux habitants comme aux touristes de passage et les tarifs très attractifs. A venir : des ateliers de réparation et des «vélorutions» (manifestations autour du vélo) pour réunir les passionnés.

BREIZH HÔTEL €

1, rue du Tourbillon
CRACH ✆ 02 97 55 00 12
www.breizhhotel.com

Chambre double de 45 à 95 €, chambre triple de 63 à 98 €. Demi-pension. Petit déjeuner 9,80 €. Wifi. Restauration.

Breizh Hôtel est un établissement de 35 chambres disposant d'une vue sur le petit village de Crach, charmant et typiquement breton, et sur le superbe parc de 6 000 m² de l'hôtel. Les chambres sont confortables et lumineuses, avec une décoration marine. Chacune dispose d'une salle de bains avec w.c. douche ou bain et d'une télévision écran plat. L'établissement bénéficie également d'un bar et d'un restaurant de cuisine traditionnelle, Le Tourbillon. Breizh Hôtel propose des salles à la location pour l'organisation d'événements.Une adresse sympathique.

GITES AN ALRE €€

2, rue de la Bataille - **BRECH** ✆ 06 95 35 42 00
www.auray-gite.com

Basse saison : 240€/nuit (min.2 nuits) ; Haute saison et Vacances scolaires : de 1440€ à 2490€/semaine.

Le gîte An Alre est un superbe endroit où se ressourcer entre amis, en famille ou pour séjourner le temps d'un séminaire. Ce loft de 230 m² offre 12 couchages, un espace commun de 110 m² et de nombreux services qui vous assureront de passer d'agréables moments... Billard, babyfoot, poêle, 2 bibliothèques, un coin détente avec canapés et fauteuil chaleureux, une TV, internet par la fibre, une salle de cinéma, une grande terrasse, un jardin avec barbecue et une piscine chauffée d'avril à septembre... Une très belle adresse située à proximité du golfe du Morbihan !

HOTEL BEST WESTERN AURAY LE LOCH €€

2, rue François-Guhur
✆ 02 97 56 48 33
www.bestwesternaurayleloch.com

Ouvert toute l'année. 30 chambres. Chambre double ; chambre triple. Chambre dès 92 € (nuit).

Au cœur de la nature silencieuse, cet hôtel de charme lové dans son écrin de verdure en bordure de la Petite Forêt d'Auray et de la rivière le Loch, est l'endroit idéal pour se ressourcer en toute sérénité. Les chambres sont insonorisées avec vue sur la forêt. Certaines sont accessibles aux personnes à mobilité réduite. L'établissement dispose également d'un restaurant attenant, La Sterne, qui ravira vos papilles d'une cuisine du terroir breton des plus réussies. Une belle adresse.

HOTEL LE MARIN €€

1, place du Rolland
✆ 02 97 24 14 58
www.hotel-lemarin.com
12 chambres. Chambre double de 67 € à 83 € ; chambre triple de 87 € à 99 €.

Seul hôtel du port de Saint-Goustan, l'hôtel le Marin tient bien son nom puisque nous découvrons ici un authentique décor marin. Situé à 15 minutes de tous les sites de découverte, à 10 minutes des plages de Carnac, de Quiberon et à 8 km du sanctuaire de Sainte-Anne-d'Auray, l'hôtel dispose de 12 charmantes chambres (double, *twin*, triple et familiale) de charme, toutes équipées de télévision écran plat, téléphone, sèche-cheveux, ainsi que prise Internet avec accès gratuit au wifi. Le Marin dispose également d'une terrasse très appréciée aux beaux jours.

KABANE DE KERFORN €€

29, Lieu-Dit Kerforn
CRACH
✆ 06 19 98 01 00
Dès 165 €/nuit. Réservation pour deux nuits minimum. Coin cuisine, jacuzzi, accès direct au lac, balcon et jardin.

Victoria et Hermione ne sont pas les prénoms des propriétaires des lieux mais bien les lieux en eux-mêmes. Ces deux *tiny houses* sont posées sur un étang à 40 m du ponton d'accueil et l'on y accède à la barque. Ces deux « kabanes » de Kerforn, hébergements insolites particulièrement charmants, sont de vrais coups de cœur ! A proximité du golfe du Morbihan, de la Trinité-sur-Mer, de Carnac et de la presqu'île de Quiberon, pour un séjour au calme dans un décor épuré situé en pleine nature, c'est tout simplement parfait. Idéal à offrir pour passer un joli moment.

CURRY COCO €

6, Rue de Belgique
✆ 06 10 24 39 43
www.currycoco.fr
Ouvert toute l'année. Horaires à consulter sur le site internet. Formules ou à la carte, de 12,90 € à 14,90 €.

Les anciens propriétaires du Kérasy à Vannes, passionnés par l'Inde et sensibles à la cuisine bien-être, ont créé leur food truck qui se déplace dans les environs d'Auray depuis deux saisons déjà. Ici est proposée une cuisine savoureuse, 100% maison, saine et sans gluten. Avis aux amateurs de cuisine riche en saveur et équilibrée, vous ne serez pas déçus ! En plus, Serge et Jean-Jacques sont fort sympathiques, souriants et partagent leur passion volontiers et avec beaucoup d'entrain ! Des ateliers de cuisine ayurvédiques sont également organisés.

L'ANNEXE DU PORT €€

Place Saint-Sauveur
Ouvert tous les jours. Service en continu. Galette complète 7,50 €.

Même concept, même carte, même propriétaire, juste à côté de son homologue Le Café du Port, L'Annexe du Port se repère facilement grâce à sa belle façade à colombages. La nouvelle enseigne de la place de Saint-Goustan vous accueille 7/7 et en continu, avec un service « salon de thé » en plus ! La jolie terrasse invite à se poser pour boire un verre ou déguster l'une des savoureuses crêpe et galette à la carte. Farine, bière, cidre, ici les produits locaux et biologiques sont privilégiés. L'établissement ne prend pas de réservation.

BILLIG CAFE €

12, Quai Neuf
✆ 02 97 52 60 42
Ouvert du vendredi au lundi et le mercredi de 12h à 14h30 et de 18h30 à 21h ; le mardi et le jeudi de 12h à 14h30.

Un peu à l'écart de la foule du joli port de Saint-Goustan, le Billig Café jouit d'une belle situation au bord de la rivière d'Auray. Ici, pas d'assiettes ni de couverts, c'est en cornet en carton et à la main que l'on déguste les spécialités de la maison. Un concept ludique et pratique ! Le midi, une formule est proposée avec galette « classique », crêpe et boisson mais il est possible de composer son déjeuner ou dîner à la carte. L'enseigne privilégie les produits locaux et bretons. Une vitrine à l'intérieur en donne un petit aperçu.

LE BORSALINO €

36, rue du Lait
✆ 02 97 50 77 93
www.pizzeria-leborsalino.fr
Ouvert du mardi au samedi de 11h30 à 15h et de 19h à 22h30 ; le dimanche de 19h à 22h30. Terrasse. Vente à emporter.

C'est en plein centre-ville, entre l'office de tourisme et l'église Saint-Gildas, que vous pourrez venir déguster l'une des délicieuses spécialités du Borsalino. Si, de prime abord, l'établissement ne paie pas de mine, les pizzas, elles, font l'unanimité. Et elles sont fameuses ! Calabraise, Compostelle, Césaria, Roma, Capri, Vesuvio… au Borsalino, il n'y a pas que les noms qui font voyager ! Et pour cause, la pizzeria a été finaliste aux championnats de France de la pizza en 2016, 2017 et 2019 et a pris la 10e place au mondial de la pizza à Rome en 2016 !

LE CAFE DU PORT €€

7, place Saint-Sauveur
© 02 97 29 15 38
Ouvert 7/7 en continu. Galette complète 7,50 €.

Sur le port de Saint-Goustan, logé dans une belle bâtisse en pierre, Le Café du Port vous ouvre sa terrasse et son charmant intérieur tous les jours et en continu. Une carte de bières bretonnes bio et une sélection de cidre artisanal de la cidrerie de La Ruaudaie accompagneront votre choix de galettes et crêpes confectionnées à partir de farine bio elles aussi, ici, vous l'aurez compris, les produits sont locavores et bio si possible. Et vous dégusterez les galettes comme des tapas : en cornet ! L'établissement ne prend pas de réservation.

LE PILI PILI €

7, rue Loïc Caradec - **PLUNERET** © 02 97 59 63 51
www.lepilipili.fr
Ouvert le midi : lun, mar, merc, jeu, ven et le soir : mar, ven, et sam. Plat du jour : 10 €. Terrasse.

Marjorie et Erwan vous accueillent chaleureusement dans leur établissement à la décoration moderne et doté d'une très belle terrasse. Vous dégusterez des pizzas maison dont la pâte est faite avec la farine du Moulin de Payen à Guer.

Vous trouverez également lasagnes, poissons, viandes, hamburgers, salades et plats du jour (recettes de grands-mères), des desserts gourmands maison et des coupes glacées. Une nouvelle salle vous attend pour vos apéros avec des planches.

A noter : tous les 3e samedis du mois c'est karaoké ! Pensez à réserver car ils sont très prisés !

LA PETITE CASSEROLE €

1, place aux Roues
© 02 97 52 32 66
https://lapetitecasserole.eatbu.com/?lang=fr
Menus de 25 à 33 €. Plat du jour 12 €. Formule entrée-plat ou plat-dessert 15 €, entrée-plat-dessert 18 €. Terrasse.

Dans ce charmant petit restaurant, vous aurez le choix entre l'une des formules du midi ou un menu le soir. La Petite Casserole se situe sur une petite place qui fait un peu penser à Montmartre et propose une cuisine originale et gustative. Velouté de butternut crème de chèvre ciboulette, tataki de thon accompagné de blinis maison et chou blanc mariné pour commencer. Puis, filet de lieu jaune, chateaubriand et gratin dauphinois, assiette végétarienne. Avant de finir par un macaron citron revisité ou une tartelette Carambar mousse pralinée. À tester.

LE CADOUDAL

9, place Notre Dame
© 02 97 24 14 65
www.lecadoudal.com
reservation@lecadoudal.com
Ouvert tous les jours le midi et le soir. Chèques Vacances. Terrasse. Parking facilité.

En plein centre d'Auray, le logis-hôtel Le Cadoudal est un « hôtel-bar à grignoteries » qui propose une jolie gamme de produits bio à la carte. La sélection des vins est également bien fournie, avec quelques crus biologiques. Le bar est ouvert toute la journée et des rendez-vous mensuels sont organisés : sessions irlandaises, soirées polyglottes, soirées jeux, cafés philo ou encore les rencontres-partages avec un guérisseur. Des livres et BD sont disponibles pour une pause détente bienvenue, au coin du feu ou sur la terrasse aux beaux jours. Piano à disposition.

Port Saint-Goustan.

LE BISTROT A MANGER €€

144, rue Abbé Philippe Le Gall
✆ 02 97 56 61 95
www.lebistrotamanger.fr

Ouvert toute l'année. Ouvert mardi et dimanche midi ; du mercredi au samedi midi et soir. Menus de 15 € à 25 €.

En cuisine, le neveu du gérant s'est fait la main dans plusieurs étoilés et confectionne des assiettes gourmandes et savoureuses. Lors de notre passage, le menu bistrot (la formule du midi) proposait une brandade de haddock, vichyssoise émulsion curry en entrée, suivie d'un faux-filet à la cuisson parfaite, grenailles confites, pâte de persil, sauce au vin rouge, et pour finir un baba au rhum avec une délicieuse crème maison. Un bonheur visuel et gustatif ! Egalement d'autres propositions à la carte qui évolue toutes les deux, trois semaines.

LE CHAUDRON €€

3, route du Bono
✆ 02 97 14 65 38

Ouvert tous les jours sauf le lundi, le mercredi midi et le dimanche soir. De 20 à 53 € le menu. Terrasse.

L'accueil est des plus chaleureux dans ce restaurant repris depuis mai 2017. Au Chaudron, la carte est courte mais les propositions finement élaborées, savoureuses et « à la demande». Vous y dégusterez des plats de produits frais, cuisinés au fil de l'humeur du jeune chef. La gastronomie est sans prétention et délicieuse. La carte vous permettra de goûter à mille délices, tel le homard servi en moitié ou entier et rôti au beurre de saté… Décoration contemporaine aérée et assiettes savamment dressées… Une belle adresse à découvrir !

LE CASIER €€

16, rue du Jeu de Paume
✆ 02 97 52 88 29
http://restaurant-lecasier.fr

Ouvert du mardi au samedi, midi et soir. Formule du midi change tous les jours. Plat : 12,90€.

Le tout jeune restaurant bistronomique Le Casier propose de superbes assiettes concoctées à partir de produits frais et locaux. Les plats sont délicats, savoureux, surprenants ! A la tête de l'enseigne, Anne-Laure et Gonzague vous accueillent tout en douceur. Lors de notre passage, gros coup de cœur sur le dessert : un merveilleux pavlova ganache vanille bourbon, kiwi vert et jaune, et cœur gelée banane... Et le pain et le beurre faits maison sont à tomber ! Mais on vous laisse le soin de découvrir la carte par vous-même... Une belle trouvaille, à tester !

LA CHEBAUDIERE €€

6, rue Abbé Joseph Martin
✆ 02 97 24 09 84
www.restaurant-la-chebaudiere.com

Ouvert du mardi midi au samedi soir. Fermé dimanche et lundi. Formule du midi dès 22 €. Menu du soir dès 33 €.

Depuis 2018, c'est François Demassard, un jeune chef talentueux ayant fait ses armes dans de prestigieux restaurants, qui est à sa tête. A la carte, une cuisine fine, délicate et savoureuse comme ce turbot, lait de homard et girolles. Les desserts sont également très appréciés (crémeux chocolat caramel, cacahuètes caramélisées et sa glace vanille...). Les plats sont joliment présentés et accompagnés de bons vins. Ambiance chaleureuse et le plus : une salle de 30 couverts à l'étage à réserver pour les groupes. Une belle table à découvrir.

CDE & BEER ZONE €€

41, Avenue de l'Océan
✆ 02 97 58 92 26

Lundi midi, du mardi au jeudi midi et soir, vendredi et samedi 10h-23h. Pub en continu. Menu dès 18,90 €. Terrasse.

Dans une atmosphère de type industriel, à la fois chic et moderne, au CDE & Beer Zone, vous pourrez venir déguster une cuisine de « bistro-brasserie » avec des burgers, des pizzas, des viandes, des poissons, mais aussi des plats végans. Les propositions sont copieuses et le service impeccable. Côté bar, le CDE propose un vaste choix de bières, de vins et de cocktails à siroter accompagnés d'une planche apéro. Certains soirs, diffusion de matchs sportifs sur grand écran et soirées concerts. Le CDE porte bien son nom : Cooking Drinking Enjoy !

L'ÉPICERIE €€

15, place aux Roues
✆ 02 97 31 10 62

Haute saison : ouvert du lundi au samedi. Basse saison : fermé mercredi. Entrée + plat + dessert : 18,50 €.

Repris par Thierry Laloue en 2018, L'Épicerie propose des plats à l'ardoise. Les variations de viandes, plats végétariens et poissons sont de qualité. A l'heure du goûter, de succulentes pâtisseries vous attendent, accompagnées d'un chocolat chaud ou d'un thé à choisir parmi la belle sélection de la maison. A l'heure de l'apéro, l'ambiance bar à vins vous invite à déguster une assiette de charcuterie autour de crus sélectionnés avec un soin tout particulier. Aux beaux jours, la terrasse a autant de charme que les places de Montmartre. N'hésitez pas !

LA FERME DE KERGONAN €€

11, Kerinorët
PLUNERET
✆ 02 97 29 18 80
En basse saison, fermé lundi et mardi. En haute saison, vacances et fériés, ouvert tous les jours. Jardin. Terrasse.

La crêperie La ferme de Kergonan est idéale pour se relaxer, avec son merveilleux parc fleuri, son jardin, sa terrasse et les jeux pour les enfants. Aux beaux jours, le lieu est particulièrement propice à la détente. Surtout, vous en profiterez pour savourer les délicieuses crêpes et galettes de la maison. Les quatre salles sont historiquement décorées dans le style breton avec leurs meubles d'époque. Un véritable moment de plaisir pour tous. Attention à bien suivre les panneaux depuis la voie express, au risque de vous perdre...

AUX GALETTES D'ANTAN €€

6, rue Georges-Cadoudal - **PLUNERET**
✆ 02 97 29 17 60
Ouverture d'avril à octobre, tous les jours en saison et du jeudi au dimanche soir en basse saison. Carte 15 € environ.

Unique dans le Morbihan, venez découvrir cette crêperie intemporelle au cadre complètement atypique et charmant d'un décor de cabaret transportant ses visiteurs conquis dans les années 1900. Dîner aux chandelles et service en tenue d'époque finissent de donner l'ambiance... Le dépaysement est total. Et si la carte n'est pas très large, les galettes et crêpes sont délicieuses et copieuses, produits frais et savoir-faire obligent. Régulièrement des dîners-spectacles sont organisés. Excellent rapport qualité-prix. A ne pas manquer ! Pensez à réserver.

LA GOUSTANAISE €€

3, rue Saint-René
✆ 02 97 50 82 09
Ouvert toute l'année et en continu à la haute saison. Réservation recommandée. Terrasse.

La Goustanaise tient ses quartiers dans l'une des plus anciennes maisons du port de Saint-Goustan. L'établissement propose des assiettes délicieuses, servies dans une ambiance conviviale. Grâce à la cuisine ouverte, vous pourrez à loisir suivre la réalisation des spécialités de la maison, les galettes et les crêpes, tournées, cuites des deux côtés et copieusement garnies. Également, un choix de salades repas et d'omelettes (cuisson sur tuile). Vous pourrez profiter d'une terrasse atypique très sympathique et, pour ne rien gâcher, l'accueil est des plus agréables.

MAM'LOUISE €€

22, quai Franklin
✆ 02 97 29 56 85
https://mamlouise.eatbu.com/?lang=fr
Ouvert toute l'année. Tous les jours en été. Pizza de 9 à 17 €. Vente à emporter. Terrasse.

Situé au bout du quai Benjamin-Franklin, sur le port de Saint-Goustan, Mam'Louise vous invite à venir découvrir sa cuisine dans une ambiance conviviale et familiale, que vous soyez en terrasse, au patio ou en salle. Ici, la spécialité c'est pizzas cuites au feu de bois : les classiques, les régionales (telle que la Breizh En Douar), ainsi que les pizzas inspirées du monde (italienne, indienne, orientale, océane ou encore espagnole). Vous pourrez également déguster les Mam'Burgers, les salades et quelques plats traditionnels.

CREPERIE SAINT-MICHEL €€

33, rue du Belzic
✆ 02 97 24 06 28
www.creperie-auray.fr
Ouvert toute l'année. Fermé dimanche, lundi soir et mercredi soir. En été : fermé le dimanche et mercredi soir. Terrasse

© CREPERIE ST MICHEL

Située à 50 mètres de la place aux Roues, en plein cœur de la ville, la crêperie Saint-Michel fait partie de celles où on ne se lasse pas d'aller... Pour l'accueil chaleureux et souriant de Valérie, ensuite pour la qualité de ses produits - locaux et du terroir comme la farine artisanale ou le cidre fermier – et surtout le talent qu'elle a de divinement les accommoder... Résultat, crêpes et galettes se volent la vedette et il est très difficile de faire son choix parmi toutes ses spécialités... Une adresse à découvrir ou redécouvrir.

LE P'TIT GOUSTAN €€

9, place Saint-Sauveur
✆ 02 97 56 37 30
www.restaurantleptitgoustan.com
Ouvert du mardi au samedi, midi et soir et le dimanche uniquement le midi. Formule à 23,50 €. Terrasse.

Le P'tit Goustan est l'une des adresses culinaires sûres du port. Le restaurant vous accueille dans une ambiance raffinée. L'enseigne qui compte une belle clientèle d'habitués fidèles, propose des plats préparés à base de produits locaux et travaille dans le respect de la saisonnalité des produits. Quelques extraits pour vous mettre en bouche : les noix de Saint-Jacques émulsion de crustacé, la lotte glacée au jus de betterave avec son aigre-doux de chou rouge, le porc ibérique à la plancha et sa fricassée de carottes pain d'épices...

LE PETIT CERES €€

7, Quai Benjamin Franklin
✆ 02 97 24 13 53
https://lepetitceres.eatbu.com
Du mardi au dimanche 10h-14h30 et 19h-21h30. Menus : 19,40 à 28€. Formule midi 15,50 € (entrée/plat/dessert). Terrasse.

Le Petit Cères propose une cuisine fine et délicate avec des produits frais et de qualité. Idéalement situé sur le port de Saint-Goustan, le restaurant offre une superbe vue, à apprécier depuis la terrasse ou l'étage. L'établissement propose un rapport qualité-prix excellent. A la carte, gaspacho de melon, daurade sébaste, purée de patates douces, assiette de fruits de mer, salade de homard breton, soupe de fraises... Les menus donnent l'eau à la bouche et la même qualité de plats est proposée aux enfants. Une belle table à découvrir sans tarder.

LA TABLE DE ST GOUSTAN €€

11, place Saint-Sauveur
✆ 02 97 56 50 46
www.latabledestgoustan.com
Ouvert toute l'année. Tous les jours. Formule du midi : 16,50 € (entrée et plat ou plat et dessert). Terrasse.

Située en bordure de la rivière d'Auray, cette table vous propose des suggestions à l'ardoise et des formules du midi. On pourra par exemple déguster du foie gras, des rillettes de saumon au curry, un demi-magret de canard rôti au miel et son écrasée de pomme de terre, un pavé de thon mi-cuit et son wok de légumes bio, avant de finir par un crémeux citron extra frais ou un moelleux au chocolat... La présentation est soignée et le cadre très reposant, surtout si vous profitez de la terrasse chauffée et de sa vue panoramique sur le petit port de Saint-Goustan.

LE YAC'H €€

8, quai Franklin
✆ 02 56 54 69 43

Repris depuis 2015 par Leila Dimitri et Simon Capelle, le Yac'h est «une cantine bretonne décontractée et un bar des copains»... En breton, le Yac'h signifie le sain et le bien portant. A la carte, vous pourrez découvrir les galettes mais aussi des breizh burgers et des salades. Le blé noir est ainsi travaillé sous différentes formes. Assiettes de charcuteries et fromages artisanaux. Les dimanches, laissez-vous tenter par leur brunch (boisson chaude, jus pressé, assiette salée et pâtisserie maison). Et pour l'ambiance, des concerts sont régulièrement organisés.

LE CONTRETEMPS

24, rue du Jeu de Paume
✆ 02 97 50 77 38
https://lecontretemps.wixsite.com/lecontretemps
Ouvert toute l'année. De 18h à 1h. Concerts.

Cet endroit chaleureux fait partie des incontournables d'Auray. La Bretagne est un terrain fertile pour les musiciens et le contretemps est un de leurs repaires ! Tous les jeudis soir, le lieu vous propose de voyager dans différents univers musicaux grâce à une programmation éclectique, et le tout devant un apéro « Breizhou », des tapas, des ardoises, des burgers, accompagnés d'excellentes bières belges « pression ». Les 1er et 3e mardis du mois, c'est à vous de chanter lors des soirées « open mic' » ! En été, la terrasse exposée plein sud est un lieu privilégié.

LE FONDANT BAULOIS

Halles d'Auray
✆ 06 62 96 13 79
Ouvert tous les jours de 8h à 13h.

Avis aux amateurs de chocolat ! L'authentique Fondant Baulois vous est proposé aux halles d'Auray par le dynamique Clément. Chaque gâteau est soigneusement élaboré à la main et de fabrication 100 % artisanale. Goûtez-y et il vous sera impossible de résister à cette douceur chocolatée ! Le fondant se décline en plusieurs variantes : goût café, orange, élaboration sans gluten ou avec des ingrédients bio... Vous souhaitez varier le plaisir ? Laissez-vous tenter par le cake aux fruits, le gâteau nantais ou encore la pâte à tartiner goût... Fondant Baulois !

MAISON GAEL - ARTISAN

7, Rue Abraham Duquesne
✆ 02 97 29 99 49
www.patisseriegael.com
Ouvert du lundi au samedi de 7h à 19h30.

Gourmands et fins gourmets, la Maison Gaël vous ouvre ses portes à Auray. Au sein de cette grande boutique ouverte en 2016, vous pourrez découvrir plusieurs espaces de gourmandises : le coin boulangerie, le coin pâtisserie, le coin snacking, sans oublier, bien sûr, le coin chocolaterie ! Avec son savoir-faire de près de trente ans, Gaël saura combler vos papilles, notamment avec le chocolat Gacao, recette exclusive en collaboration avec Cacao Berry, ou encore ses terrines. Si vous ne résistez pas à la tentation, sachez qu'il est possible de déguster sur place.

AU PETIT PRINCE

4, place de la République
✆ 02 97 58 82 70
www.aupetitprince.fr
Du mardi au samedi de 9h30-12h30 et de 14h30-19h.

C'est la troisième boutique de Maëlig Georgelin et Emeline, sa sœur et associée. Et elle donne envie avec sa décoration contemporaine fraîche et printanière ! Les murs vert anis, l'étal en verre et les merveilleuses vitrines cloches, tels des écrins protégeant des émeraudes, subliment les desserts et entremets exposés. On ne sait plus où donner de la tête : macarons, cakes, nounours géants à la guimauve et chocolat, boîtes de sardines, huîtres en chocolat... Et pour prolonger l'expérience, plongez-vous dans le livre de Maëlig, *Mes ateliers de pâtisserie.*

AU RÉGAL BRETON

17, rue du Belzic ✆ 02 97 24 22 75
www.auregalbreton.com
Ouvert lundi, mardi et vendredi : 9h-13h et 14h-19h, mercredi 9h-13h, jeudi 9h-13h et 14h-18h, samedi 9h-19h.

Sylvain Tallon, artisan chocolatier vous accueille dans ce petit paradis de la gourmandise où tout est fait maison. Vous y trouverez de divins chocolats (mendiants, rochers), des confiseries maison (caramels au beurre salé, pâte de fruits, confitures), des spécialités bretonnes comme le kouign-amann, le quatre-quarts, le gâteau breton ou le far breton, ainsi qu'un large choix de macarons (24 parfums : rose, crème brûlée, pain d'épices, banane-chocolat). Sur commande, votre pâtisserie d'anniversaire, mariage, baptême et toute autre occasion. Incontournable à Auray.

BRÛLERIE D'ALRÉ

8, rue Jean-Marie-Barre
✆ 02 97 24 02 40
www.brulerie-dalre-shop.com
Ouvert du lundi au samedi de 9h30 à 12h30 et de 14h à 19h. Livraison possible (boutique en ligne).

Fort lumineuse et bien agencée, cette boutique vous propose de découvrir les cafés de la Brûlerie d'Alré. Des cafés récoltés aux quatre coins du monde et torréfiés à Plougoumelen ! Vous y trouverez également un large choix de thés et de tisanes que vous pourrez apprécier chez vous à la fin d'un repas ou tout simplement pour une pause détente... N'hésitez pas à demander conseils, le personnel saura prendre son temps pour vous faire découvrir les produits du magasin. Vaisselle, épicerie, confiserie, chocolaterie font également partie de la boutique.

LE CAFÉ QUI FUME

22, place Joffre
✆ 02 97 29 53 17
www.lecafequifume.com
Lundi 9h30-14h15, mardi 9h-18h et du mercredi au samedi 9h30-18h. Épicerie fine, petite restauration, salon de café

Les globe-trotters Nolwenn et Julien ont posé leurs sacs à dos, dans ce coffee-shop / épicerie fine / galerie d'art et boutique très cozy. La boutique épicerie fine propose des produits du monde, une gamme de thés et infusions bio, matériel d'extraction, et bien sûr du café, la spécialité du jeune couple. Côté cuisine, chaque jour vous est proposé un plat différent à déguster sur place ou à emporter : fondant de porc au cidre, tajine de poulet, curry de légumes ou tartiflette les jours de grand vent ! Ne loupez pas le brunch le dimanche.

GALERIE D'ART LA RESERVE

31, Rue du Château ✆ 02 97 29 73 52
lareserve-galerie.jimdofree.com
Ouvert toute l'année - Fermé le mardi (sauf RDV) - Expédition sur demande.

Située dans la rue du château, qui mène du centre-ville d'Auray au joli port de Saint-Goustan, La Réserve est une galerie d'art qui met en avant les travaux du célèbre artiste breton, Gildas Flahault, toute l'année. Aquarelles, huiles sur toile ou sérigraphies, 94 œuvres picturales de l'artiste sont présentées dans un espace dédié. D'autres artistes bretons sont également invités à exposer dans la galerie, l'occasion de découvrir de nouveaux talents. Avis aux amateurs d'impressions marines et de belles toiles ! Possibilité d'expédition sur demande.

HAPPY BOX

25, rue de Sombreuil
✆ 02 97 50 83 76
www.happybox-boutique.com
Box de 39€ à 199€.

La Bretagne vous a séduit et vous avez envie de partager un moment de bonheur ? Vous voulez prolonger votre expérience avec une promesse de nouveau séjour ? La Happy Box est pour vous. La marque propose, via son site internet, plusieurs excursions pour tester différentes expériences. De la sortie entre amis, en passant par les escapades romantiques et les week-ends familiaux, la Happy Box vous fera découvrir tout le Grand Ouest. Elle valorise les acteurs locaux et les sélectionne sur la qualité de leurs prestations. Satisfaction garantie !

HUITRES HENRY

31, le Luffang
CRACH ✆ 02 97 56 32 20
www.huitres-henry.com
Ouvert du vendredi au dimanche de 10h à 18h. Livraison possible. Plateaux de fruits de mer personnalisés sur commande.

Depuis 5 générations, la famille Henry se consacre à l'ostréiculture. Et aujourd'hui, les Huîtres Henry comptent trois sites de production : la baie de Quiberon, la rade de Brest et la baie du Mont-Saint-Michel. Venez goûter des huîtres 100 % naturelles, qui ont remporté de nombreuses médailles. Vous pourrez les déguster sur place ou à emporter. L'entreprise propose aussi des palourdes, praires, bigorneaux, amandes, pétoncles, moules, bulots, homards, langoustes, tourteaux et araignées. Possibilité de composer son plateau de fruits de mer.

MOUSQUETON

1, rue du Château ✆ 02 97 31 14 74
www.mousqueton.bzh
Ouvert du lundi au samedi de 9h30 à 13h30 et de 14h à 19h30 ; le dimanche de 10h à 13h30 et de 14h à 18h.

La marque bretonne Mousqueton a été créée par deux amoureux de la Bretagne, Pascal et Frédérique, en 2003. Les collections s'inspirent de l'esprit marin pour proposer des vêtements confortables, colorés et parfaits pour l'aventure. Le plus de ces vêtements conçus en Morbihan : l'alliance de matières authentiques et la modernité des coupes. La marque s'investit pour une confection de qualité dans des matières authentiques et naturelles.

Pratique, différentes boutiques de la marque sont implantées dans le Morbihan. Notez l'ouverture d'une boutique à Nantes.

VERGERS DE KERDANIEL

Hameau de Kerdaniel
PLUNERET
✆ 06 63 71 03 09
www.vergers-de-kerdaniel.fr
Ouvert du lundi au samedi de 10h à 12h et de 15h à 18h.

Alix et Jacques ont quitté leur Pays cathare pour redonner vie à Kerdaniel, verger familial tombé dans l'oubli. L'objectif : faire revivre l'exploitation agricole en s'inspirant du savoir-faire ancestral des habitants de la Pointe, intégrer le verger dans l'environnement sensible entre la rivière du Loch et la rivière du Bono et travailler de manière à ce que leur production soit le reflet du terroir et de sa typicité. La récolte est faite à la main et les pommes sont transformées en cidre, jus de pomme et eau-de-vie. Et depuis 2018, goûtez aussi le KerdaMiel !

LE MOULIN DE TREUROUX

BRECH
✆ 02 97 57 71 63
https://moulin-de-treuroux.pagesperso-orange.fr/
Ouvert du 01/04 au 30/09 tous les jours de 10h30 à 19h. Dernier départ à 17h30. 3-7 ans : 4 €/h. 8 ans et + : 8 €/h.

Sur la commune de Brec'h, dans un cadre enchanteur, embarquez en canoë ou en kayak sur un plan d'eau calme et sans courant. Le Moulin de Treuroux propose une parenthèse nautique dans un décor verdoyant. En 1h à 1h30 de balade, vous remontez vers la source de la rivière du Loc'h. Vous aurez sûrement la chance d'y apercevoir des aigrettes, des hérons et quelques poules d'eau. Et après avoir parcouru les 3 km aller-retour, régalez-vous d'une bonne crêpe dans l'espace bar ou d'une glace sur la terrasse. Une activité sans difficulté, idéale pour les familles !

LES PONEYS DU CLOS

Parc de la Chartreuse
BRECH
✆ 06 73 32 63 71
Ouvert toute l'année, sur réservation. Informations sur la page Facebook «Les Poneys du Clos». Chèques Vacances.

Il existe des endroits insoupçonnés, qui méritent que l'on s'y attarde. Au bout d'une allée, découvrez le magnifique parc de la Chartreuse où le poney-club a décidé de poser ses valises, emmenant avec lui poneys, mais aussi poules, chèvres, dindes, lapins et Hubert, le cochon la star de la ferme ! Ici, Agnès propose aux plus petits (dès 18 mois) différentes activités de découverte et des stages de perfectionnement pour les plus grands : atelier de baby-poney, balade à dos de poney... Des activités ludiques pour découvrir les bases de l'équitation !

SAINTE-ANNE-D'AURAY ★★

Basilique, cloître, galerie d'art religieux, musée du costume breton, Sainte-Anne-d'Auray est le plus important lieu de pèlerinage de Bretagne. Chaque année, il accueille plus de 800 000 visiteurs, dont la majorité sont des pèlerins. Ces derniers viennent en nombre au grand pardon de Sainte-Anne le 26 juillet, un pardon qui se situe au troisième rang des pèlerinages français après Lourdes et Lisieux. La basilique de Saint-Anne d'Auray a été édifiée entre 1866 et 1877 dans un style néo-Renaissance. Au sommet de la tour (75 m) se dresse une statue de bronze représentant sainte Anne, un flambeau à la main.
Face à la basilique, la fontaine miraculeuse.

TRÉSOR DE LA BASILIQUE SAINTE ANNE D'AURAY ★★

9, rue de Vannes
✆ 02 97 57 68 80
www.sainteanne-sanctuaire.com
Ouvert tous les jours de 10h à 12h et de 14h à 18h. Gratuit.

Ouvrant sur le cloître, le musée du Trésor expose tout ce qui se rapporte à Sainte-Anne. Vous y découvrirez le trésor spirituel de la prière et de la reconnaissance des fidèles, sous forme d'objets divers offerts par les pèlerins depuis 1625 : des portraits, des toiles ex-voto, une chasuble offerte par la reine Anne d'Autriche mère de Louis XIV, des reliquaires, le maillot jaune de Jean Robic, le maillot arc-en-ciel de Bernard Hinault, des souvenirs de rescapés de guerre, entre autres.

L'AUBERGE €€

56, route de Vannes
✆ 02 97 57 61 55
14 chambres et 2 suites. De 60 à 95 €. Petit déjeuner : 12 €. Parking inclus. Animaux acceptés. Restauration.

Membre des Logis, de Charme et Caractère, ainsi que du Collège Culinaire de France, les Labels d'excellence et de qualité ornent ce très bel établissement. Il est vrai que les prestations offertes sont à la hauteur de l'environnement : chambres « confort », chambres « supérieures » avec terrasse privée, suite et son salon privé, appartement pour 4 personnes. A cela s'ajoute un équipement sanitaire de luxe : vasque de marbre et granit, douches hydromassantes et bains. Très beau jardin fleuri. Room service. Une très belle adresse !

L'AUBERG'INE €€

8, route de Vannes
✆ 02 97 31 37 19
www.restaurant-aubergine-56.com
Ouvert tous les jours sauf mardi soir, mercredi et dimanche soir. Formule dès 16 €. Accueil des groupes. Terrasse.

Le restaurant ne travaille que des produits frais, cuisinés maison, et parmi ses spécialités, on peut retenir les œufs en meurette sur un lit d'épinards et de poireaux, le lieu et sa soupe de pommes de terre, l'échine de 7 heures et pommes Anna ou encore le mi-cuit au chocolat et sa glace vanille. Les restaurateurs ont développé une carte de vin mettant en avant les plus beaux cépages français. Salle de dégustation, salle de réception de 80 personnes pour groupe et cérémonie familiale. Une bonne adresse ! Même direction : l'auberge, et les tockés du 20.

PAYS D'AURAY

Sainte-Anne-d'Auray.

LA CROIX BLANCHE €€

25, rue de Vannes
✆ 02 97 57 64 44
www.hotel-lacroixblanche.com

Ouvert mardi soir, du mercredi au samedi midi et soir, dimanche midi. Menu à l'ardoise 19,50 €. Menu Saveurs 27 €.

Ce restaurant est depuis de nombreuses années, le lieu privilégié des déjeuners du dimanche. Dans un cadre soigné et chaleureux, on y déguste une cuisine traditionnelle de qualité concoctée par un chef, qui sait remarquablement mettre en valeur les produits frais et régionaux qu'il utilise. Vous apprécierez notamment le foie gras de canard maison mi-cuit aux poires, la cassolette d'escargots de l'île de Groix, la flambée de rognons de veau à la Fine Bretagne et bien sûr le large choix de desserts maison, tel le délicieux tiramisu revisité aux fruits de saison...

CARNAC ★★★

Carnac est célèbre pour sa forte concentration de mégalithes en tous genres, dans quelques kilomètres carrés seulement. Et avant tout, pour ses alignements de 3 871 pierres levées (menhirs ou peulvens selon l'ancienne appellation) réparties dans les quatre grands groupes du Ménec, de Kerzerho, de Kerlescan et de Kermario. Le paysage est à ce point marqué par la présence des pierres qu'il a même donné son nom à la commune. Carnac tire en effet son nom de « carn » (« tas de pierres » en langue celte). De nombreuses théories ont été avancées sur l'origine de ces alignements. Mais leur signification fait, à ce jour, encore couler beaucoup d'encre...

LES TOKÉS DU 20

20, place Y. Nicolazic ✆ 02 97 57 66 55
www.lestokesdu20.fr

Ouvert le mardi, le mercredi et le dimanche de 17h à 22h ; du jeudi au samedi de 9h30 à 15h et de 17h à 22h.

Cette «cave à manger», est le dernier de la famille Larvoir. Vous trouverez un large choix de crus pour une dégustation sur place ou à emporter, à accompagner de planches de charcuterie ou de fromage. Une petite restauration du type tartines, burrata, pâtés en bocaux ou encore omelette norvégienne est aussi proposée. Une trentaine de places assises vous attendent pour des moments de convivialité. Des appellations parfois rares telles un Pic Saint Loup de la bergerie du capucin, un Roc de Cambes, ou encore un vin du domaine Luneau-Papin. Belle cave de champagne.

LES ALIGNEMENTS DE CARNAC ★★★

Route des alignements - Ménec ✆ 02 97 52 29 81
www.menhirs-carnac.fr

Visite guidée toute l'année sur réservation. Gratuit jusqu'à 18 ans. Label Tourisme & Handicap. Fauteuil manuel en prêt.

L'endroit regroupe la plus forte concentration de mégalithes au monde, près 3 000 menhirs alignés sur 4 km ! Les passionnés de grosses pierres seront ravis, le sentier des mégalithes a été redessiné afin de devenir un véritable lieu de promenade. Dans la Maison des Mégalithes, les visiteurs découvriront des espaces de médiation, une salle de projection et une librairie-boutique. En juillet, le spectacle nocturne Skedanoz fait découvrir les menhirs sous un nouvel angle. A voir !

Mégalithes de Carnac.

LA MAISON DES MÉGALITHES

Route des Alignements ✆ 02 97 52 29 81
www.menhirs-carnac.fr

Ouvert toute l'année. Fermeture les 1er janvier, 1er mai, et 25 décembre. Gratuit jusqu'à 7 ans. Adulte : 9 €.

Gérée par le Centre des Monuments nationaux, la Maison des Mégalithes accueille environ 700 000 visiteurs par an, dans son espace d'information, son espace de médiation culturelle et sa salle de projection. Inscrits depuis 1889 aux monuments historiques, les mégalithes attendent également un classement au patrimoine mondial de l'Unesco depuis 1996. La Maison des Mégalithes nous permet d'en apprendre un peu plus à leur sujet... Une borne multimédia ainsi que des maquettes tactiles ont été mises en place pour les malentendants et les malvoyants.

MUSÉE DE PRÉHISTOIRE ★

10, place de la Chapelle ✆ 02 97 52 22 04
www.museedecarnac.com

Fermé de décembre à février. Ouvert tous les jours en juillet/août et vacances scolaires de 10h à 18h30. Entrée 7 €.

Le Musée présente les objets découverts sur les sites archéologiques réputés de la région. Prélude indispensable à la visite des dolmens et menhirs, vous y découvrirez la vie quotidienne à la période néolithique (5000-2200 av. J.-C.). Ne manquez pas les grandes haches en jade alpin et les parures polies d'Espagne ou du Portugal. Autant d'objets de prestige témoignant de l'époque pendant laquelle Carnac était un grand centre européen de pouvoir et de richesse. Visites guidées, animations et ateliers, démonstrations de techniques préhistoriques.. Très instructif !

LE TUMULUS DE SAINT-MICHEL ★

Édifié 4 500 ans avant notre ère, ce tumulus mesure 12 m de haut, 125 m de long et 60 m de large ! C'est l'un des plus grands monuments funéraires du néolithique en Europe. On a découvert de nombreuses choses sous cet amas de terre et de pierres : un dolmen, deux chambres funéraires, une quinzaine de coffres de pierre remplis d'ossements, des haches, des poteries, des bijoux exposés au Musée de la Préhistoire. Le tumulus offre un magnifique point d'observation sur la région.

LE PETIT TRAIN TOURISTIQUE

Parking du Menec
✆ 02 97 24 06 29
www.petittrain-carnac.com

Tous les jours d'avril à fin septembre et vacances de la Toussaint, de 10h à 18h toutes les 30 minutes. Adulte 7,50 €.

Ce circuit commenté de 50 minutes vous plonge au cœur du plus beau site néolithique au monde. Partez à la découverte des menhirs et dolmens, intimidants et mystérieux. Place à la rêverie le long des plages de sable blanc jusqu'au célèbre port de La Trinité-sur-Mer, lieu incontournable des amoureux de la voile et skippers de renom.

Un choix de 14 langues à votre disposition, ainsi qu'une version plus ludique pour les enfants en compagnie de 2 personnages inoubliables, ZIG et ZAG.

© PETIT TRAIN CARNAC

© PETIT TRAIN CARNAC

CARNAC VISIO TOUR

40 Boulevard de Légenèse
✆ 07 82 39 68 29
www.carnacvisiotour.com

Tlj d'avril à septembre. Menhir tour (45 min) et Visio tour (1 h). Adulte 6,50/9 €. Billetterie départ parking du Ménec.

Une balade de 40 minutes à bord d'un car cabriolet pour faire la visite de Carnac et ses environs, voilà une idée fort sympathique ! Le circuit intitulé le Menhirs Tour est proposé tous les jours d'avril à septembre. Sur le circuit, vous pourrez notamment admirer les différents alignements et tumulus, le port de la Trinité-sur-Mer, les marais salants de Kervillen, la plage du Men Du ou encore l'île de Stuhan... Du haut de ce car cabriolet, la vue panoramique sur les beautés de Carnac est sublime et vous aurez tout le loisir d'immortaliser ces paysages.

MOBILBOARD CARNAC GYROPODE

9 Allée Du Parc ✆ 02 90 61 12 71
www.mobilboard.com

Ouvert tous les jours de 10h à 18h. Sur réservation. Différentes formules proposées en circuits loisirs.

Partez à la découverte de Carnac et de la baie de Quiberon en toute liberté et de manière ludique grâce au gyropode Segway, véhicule nouvelle génération écologique et convivial ! Mobilboard propose des visites guidées et des animations dans les plus beaux sites. De 30 min à 2h, entre amis ou en famille, découvrez Carnac hors des sentiers battus, ses plages magnifiques et ses menhirs légendaires. À Quiberon profitez de vues imprenables sur la côte sauvage ou sur la pointe du Conguel.

CARNAC LOCATION VÉLOS

76, Ave des Druides
www.velocouest.fr

Ouvert du 1er/04 au 30/10 - Réservez votre vélo sur www.velocouest.fr - Livraison possible sur toute la Bretagne.

La jolie commune littorale de Carnac se parcourt agréablement à vélo. Et il fait bon pédaler à la découverte de la ville, des sentiers côtiers, des plages, et des incontournables alignements préhistoriques pour tenter de percer les secrets des menhirs, des dolmens et des mégalithes ! Chez Carnac Location (qui appartient à Véloc'Ouest), vous pourrez louer pour une journée ou plus, des vélos classiques pour adultes et pour enfants, des vélos électriques, avec baby van, sièges bébé et des casques pour rouler en toute sécurité !

LES BRUYÈRES €€

✆ 02 97 52 30 57
www.camping-lesbruyeres.com

Du 10 avril au 25 septembre. Terrain de 4 ha, 118 emplacements caravane, tente, camping-car. Mobil-home dès 209 €/sem.

Ce camping familial dispose de 118 emplacements calmes et ombragés, à deux pas de Carnac et des plages de sable fin. Les équipements sont appréciables : piscine couverte chauffée, pataugeoire avec cabane et toboggan, labyrinthe de 400 m² et tyrolienne pour tous au milieu des bois, club enfant, château gonflable, aire de jeux, mini-ferme et promenades à poney en été, tables de ping-pong, terrain de pétanque, bibliothèque, location de vélo... Ne manquez pas l'espace spa-sauna, un endroit entièrement dédié à votre bien être. Nombreuses animations pendant la saison.

CAMPING DES MENHIRS €€

Allée Saint-Michel ✆ 02 97 52 94 67
www.lesmenhirs.com

D'avril à septembre. 6 ha, 332 emplacements mobil-homes. Prix selon période. Jeux, bain bouillonnant, sauna, animations.

Avec son espace aquatique de 2 000 m², la Camping des Menhirs n'attend plus que vous ! Petits et grands prendront plaisir à découvrir les 3 toboggans : le space hole (tunnel lumineux), l'aquatube (pente rapide sur 58 mètres et sensations de glisse intenses) et le wide slide (large toboggan sur lequel glisser à plusieurs, dès 6 ans). Le camping compte de nombreux autres atouts : un espace bien-être avec salon de massage, une salle de fitness, et aussi billard, jeux d'arcade, épicerie, bar, snack, aire de jeux... Animations et plage de sable fin à 300 mètres.

CAMPING LE DOLMEN €€

Chemin de Beaumer
✆ 02 97 52 12 35
www.campingledolmen.com

Ouvert du 1er avril au 18 septembre. Réservation recommandée. 3 hectares.134 emplacements. Mobil-home dès 245 €/semaine.

Situé à 600 mètres de la plage du Men-Du et à 1,5 km de Carnac, ce camping familial offre de la détente avec une piscine couverte et une pataugeoire chauffées, une aire de jeux pour les plus jeunes, un terrain multisports, une salle de jeux (billard, TV et flipper) ainsi qu'un terrain de pétanque. Le Camping du Dolmen fait également dépôt de pain et un snack calmera toutes vos petites faims. Les mobil-homes bénéficient de tout le confort moderne, avec terrasses couvertes et certains sont accessibles aux personnes à mobilité réduite.

CAMPING LE MOUSTOIR €€

71, route du Moustoir
✆ 02 97 52 16 18
www.lemoustoir.com

Ouvert du 17 avril au 18 septembre. Réservation recommandée. 6 hectares. 115 emplacements. Mobil-home dès 273 €/semaine.

Le camping Le Moustoir se situe à quelques kilomètres des plages de Carnac. Il dispose de tous les équipements pour passer un agréable séjour : piscine couverte, piscine extérieure, toboggans aquatiques, aire de jeux sur le «bateau pirate le Black Pearl», mini-ferme, mini-golf, terrain multisports, hammam, châteaux gonflables, baptêmes de poneys, épicerie, bar-restaurant, plats à emporter, et d'autres animations... Toutes les locations sont équipées de terrasses couvertes. Le plus : des parcours en tyrolienne et du *paintball* pour les enfants !

LE CELTIQUE HÔTEL €€

82, avenue des Druides
✆ 02 97 52 14 15
www.hotel-celtique.com

56 chambres doubles : coquette, cosy ou deluxe et 10 suites : junior, deluxe ou familiale.

L'hôtel Le Celtique fait peau neuve ! Entièrement rénové pour vous apporter encore plus de confort et de satisfaction, l'établissement réouvre avec un espace flambant neuf. Le restaurant, le bar, l'espace bien-être, sa piscine et son spa signature, les salles de réunions et de séminaires, tout est pensé pour une détente maximale. Les 56 chambres et les 10 suites vous charmeront au premier coup d'œil. Voilà un magnifique hôtel, pensé comme une bulle de douceur, à deux pas des plages, de l'océan et du petit centre de la cité balnéaire de Carnac.

LES ALIGNEMENTS €€€

45, rue Saint-Cornély
✆ 02 97 52 06 30

Logis. Ouvert toute l'année. 27 chambres. Chambre double dès 59 €. Animaux acceptés.

L'Hôtel-Restaurant Les Alignements est idéalement situé à 300 m du site des Mégalithes, 150 m du centre de Carnac, 800 m du Casino, de la thalassothérapie et de la grande plage de sable fin. Il vous propose 27 chambres tout confort desservies par un ascenseur dont certaines avec balcon et vue sur la baie de Quiberon au 3ème étage. Demi-pension, petite carte de restauration alliant produits du terroir et de la mer servie dans une belle salle à manger avec de larges baies vitrées donnant sur une terrasse et un jardin. La région n'attend plus que vous !

LE DIANA HÔTEL & SPA NUXE €€€

21, boulevard de la Plage
✆ 02 97 52 05 38
www.lediana.com

*Hôtel****. Chambre vue panoramique sur l'océan. Spa Nuxe et espace bien-être. Fermé de début janvier à début février.*

Ce magnifique hôtel de standing, Le Diana**** Hôtel & Spa NUXE, dispose de 38 chambres et suites climatisées avec vue sur mer ou sur Carnac. Egalement une superbe suite de 70 m² au dernier étage avec vue panoramique sur l'océan. Le confort de l'hôtel et ses équipements sont haut de gamme : piscine, hammam, spa NUXE, sauna, piscine extérieure chauffée, appareils de fitness et de musculation... Et pour se restaurer, menus mitonnés par le Chef Alexandre Tête...

LA POTION MAGIQUE €

10, rue Saint-Cornely
✆ 02 97 52 63 46

Ouvert du mardi au samedi midi et soir. Terrasse. Crêperie Gourmande et Qualité Tourisme depuis de nombreuses années.

Une adresse hautement recommandée ! La Potion Magique, labellisée Crêperie Gourmande, vous propose ses spécialités de crêpes et galettes. Parmi elles, la galette noix de Saint-Jacques flambée au cognac et fondue de poireaux ; sœurs All Good (saucisse bretonne, oignons frits, sauce moutarde et salade)... Côté crêpes, laissez-vous tenter par la Cornelly (pommes rissolées au beurre et caramel au beurre salé maison) ou la Créole (poêlée d'ananas et de bananes, boule vanille, flambée au rhum)... Et à la fin du repas, la maison vous offrira sa potion magique !

PAYS D'AURAY

LA GRANDE METAIRIE €€€

✆ 02 97 52 24 01

www.lagrandemetairie.com

D'avril à fin septembre. Location mobil-homes et roulottes (4/8 pers). Jeux, restauration, animations, rivière de nage.

La grande Métairie fait partie de la prestigieuse sélection 5 * Castel hôtellerie de plein air. Sur un parc paysagé de 15 ha, les possibilités de séjour sont multiples : cabanes dans les arbres, roulottes, mobil-homes. Et les activités nombreuses : paradis aquatique chauffé avec rivière lente, cascade, piscine extérieure, toboggans, mini-golf, parcours d'accrobranche, tyrolienne de 400 mètres, mini-ferme, aire de jeux, initiation à la danse, laser game, skate-park, courts de tennis, balades à poneys, tournois sportifs, soirées à thème... A découvrir absolument !

LE PLANCTON €€€

12, boulevard de la Plage ✆ 02 97 52 13 65

www.hotel-plancton.com

Ouvert d'avril à septembre. 29 chambres. Dès 133 € la chambre double classique, vue océan. Parking fermé payant. Sauna.

Ce bel établissement situé en front de mer, face à la baie de Quiberon, offre des chambres lumineuses, des suites et appartements tout confort. Chaque chambre est équipée d'une salle de bains. Et les plus chanceux pourront profiter d'un balcon face à la mer. L'établissement met à disposition son sauna japonais et sa salle de fitness ainsi qu'une agréable terrasse pour profiter des journées ensoleillées. Pour vos bains de mer, notez que les serviettes de plage sont mises à disposition à la réception. Une escapade de charme aux portes du golfe du Morbihan...

THALAZUR €€€

Avenue de l'Atlantique ✆ 02 97 52 53 54

www.thalazur.fr

Ouvert à l'année. 210 chambres (dès 112 € la double). Hammam, bain bouillonnant, sauna. Animations. Excursions.

Dans un cadre privilégié, au cœur d'un parc naturel de plusieurs hectares en bordure des Salines et à deux pas des plages, le Thalazur vous accueille dans ses chambres spacieuses, toutes reliées au spa marin (accès libre et illimité), à la thalasso et aux trois restaurants (diététique, gastronomique et lounge). Avec de nombreux atouts : spa marin, spa beauté, thalasso, espace cardio-fitness, 8 courts de tennis en été, location de vélos, ateliers gratuits chaque semaine (auto-massage, conférence diététique, yoga, cours de cuisine...). Une belle adresse.

LE TUMULUS €€€

Chemin du Tumulus

✆ 02 97 52 08 21

www.hotel-tumulus.com

29 chambres et suites, dès 70 €. Tables Remarquables d'Alain Ducasse. Spa, soins du corps, piscine extérieure chauffée.

Situé au pied du tumulus Saint-Michel, cet hôtel de caractère, avec vue panoramique sur la baie de Quiberon, vous promet sérénité et détente. La bâtisse principale date de 1900, la salle de restaurant de 1940. C'est actuellement la 4e génération de la famille qui est à la tête de l'établissement. Les chambres, irréprochables, bénéficient pour certaines d'une terrasse privative. Un magnifique hôtel et un restaurant référencé Tables Remarquables d'Alain Ducasse. Prestations haut de gamme pour séminaires. Espace bien-être. Room service.

L'ANNEXE €

38, avenue des Druides

✆ 02 97 52 61 85

Ouvert toute l'année. Du mardi au samedi de 11h30 à 14h30 et de 18h à 21h. Terrasse. Vente à emporter.

Dans une atmosphère cosy et chaleureuse, l'Annexe vous propose des salades repas copieuses et des poissons grillés à la cheminée (essayez le filet de bar frais sauce beurre blanc ou encore les brochettes de Saint-Jacques, c'est très bon). L'établissement propose également des pizzas à emporter. Notez que le service de livraison est disponible l'été ! Pour finir sur une note sucrée, vous aurez le choix entre une mousse au chocolat maison, un mi-cuit au chocolat sans gluten ou bien la traditionnelle panna cotta et son coulis de framboise.

LA BIGOUDENE - CREPERIE LA THALASSO €

1, place de Port-en-Drô

✆ 02 97 52 22 88

Ouvert le lundi, le mardi et du jeudi au samedi le midi et le soir ; le dimanche midi. Carte : 15 € environ. Terrasse.

A l'ombre des platanes sur la petite place ou sur la terrasse couverte et ensoleillée plein sud, vous vous sentirez comblé dans cette crêperie située à côté de la thalasso et à 200 m de la plage. La carte propose des galettes et des crêpes bien évidemment, mais aussi des salades, quelques viandes et de très nombreuses variations de moules. Belle carte de cocktails avec ou sans alcool. On s'y sent particulièrement bien en fin d'après-midi au soleil rasant.

LA FORGE DE KERGROIX €

Kergroix
✆ 02 97 56 76 49
Ouvert toute l'année. Menus de 12 à 25 €. Terrasse.

Un lieu sans grande carte gastronomique mais bien agréable pour une halte sur la route de Quiberon à 2 km de la sortie d'Auray. Installée dans une longère typiquement bretonne, La Forge de Kergroix propose des menus du jour d'une grande fraîcheur et au rapport qualité/prix imbattable. Crevettes mayonnaise, rognons de bœuf, joues de porc, andouillette grillée ou encore bavette : ici, vous trouverez des produits et des propositions simples et des assiettes très généreuses. Accueil fort sympathique et parking à l'ombre facile d'accès.

LE PETIT BEDON €

106, avenue des Druides
✆ 02 97 52 11 62
www.lepetitbedon.fr
Toute l'année du mercredi au dimanche de 19h à 23h. Menu de 24 à 33,50 €. Jardin, terrasse, animations et concerts.

C'est le restaurant le plus ancien de Carnac avec jardin et terrasse couverte. L'exotisme caractérise la cuisine « bistrot resto » de l'enseigne. Les Antilles y sont à l'honneur : liboké de cabillaud, boudin créole, crabe farci... Ainsi que la mer et le terroir local : huîtres de Quiberon, homard breton, escargots de Groix, andouille chaude de Plouharnel, sole meunière des petits bateaux, fromage de chèvre et beurre de cidre d'Erdeven... Et l'incontournable braserade : de la viande de bœuf en fines tranches à griller sur un barbecue à même votre table !

LA TERRASSE €

86, avenue des Druides
✆ 02 97 52 12 29
www.la-terrasse-carnac.fr
Ouvert toute l'année, fermé le mardi et mercredi hors périodes scolaires. Fermé le lundi en été.

Située à 100 m de l'office de tourisme de Carnac plage, La Terrasse vous propose les seules pizzas cuites au feu de bois de la ville. Apéritifs maison, jolie sélection de vins français et italiens, pizzas, grillades, pâtes, salades-repas et desserts maison vous sont proposés. Deux jolies petites terrasses vous attendent : une côté rue et une côté jardin, au calme. N'hésitez pas à consulter la carte sur la page Facebook et sur le site Internet. L'établissement propose également ses pizzas à emporter selon l'affluence. Accueil très chaleureux.

LA CALYPSO €€

158, rue de Pô ✆ 02 97 52 06 14
www.calypso-carnac.com
Du mardi au dimanche midi. Fermé de mi-novembre à début février. Réservation par téléphone. Assiette de fruits de mer 32 €/pers.

© LA CALYPSO

C'est dans cette ancienne maison de pêcheur, face au parc à huîtres du Pô, que vous dégusterez un poisson grillé au feu de cheminée, la spécialité de la maison. Un endroit charmant labellisé « cuisine de qualité » par le Collège culinaire de France et Maître Restaurateur et qui a su garder son authenticité. Turbot, sole, rouget, barbue, brochette de lotte... Vous aurez le choix parmi 10 à 12 variétés de poissons, selon l'arrivage d'Etel. Sans compter les fruits de mer, le homard et la langouste grillés à la cheminée, devant le client...

LA BRIGANTINE €€

5, rue Colary
✆ 02 97 52 17 72
www.labrigantine.net
Ouvert tous les jours sauf le dimanche et le lundi. Formule midi 22 €. Menus de 37 à 70 € (homard).

Un établissement incontournable à Carnac, situé en centre-ville près de l'église. Le patron Daniel Séveno est fils d'ostréiculteur, c'est donc tout naturellement que cet autodidacte ouvre en 1995 La Brigantine, restaurant spécialisé dans les fruits de mer. Différentes formules et propositions à la carte : ravioles de langoustines émulsion de girolles ou carpaccio de Saint-Jacques au citron vert et combava, pavé de turbo sauvage sauce hollandaise et mini-légumes de saison. Ambiance chaleureuse et familiale. A découvrir absolument !

LE CAVOK €€

22, avenue Miln
✆ 02 97 14 56 08
Ouvert toute l'année tous les jours de 11h à minuit. En basse saison, le midi et vendredi et samedi le soir. Menu 29 €.

Ouvert depuis avril 2017, le Cavok se veut « bar à vin, bar à manger ». C'est tout près des plages que l'équipe de ce restaurant vous invite à prendre place sur leur belle terrasse (couverte et chauffée l'hiver), ou à l'intérieur, pour profiter d'un moment agréable. Les produits sont travaillés en fonction des saisons. Ici, il est possible de manger à toute heure des planches (par exemple, le duo huîtres et foie gras) ou bien les délicieuses pâtisseries. Quelques concerts sont proposés en saison. Une adresse fort sympathique.

CRÊPERIE SAINT-GEORGES €€

8, allée du Parc
✆ 09 60 03 62 31
Crêperie ouverte du lundi au samedi soir et le dimanche midi. Très grande terrasse de 120 couverts.

A la carte, une belle sélection de « classiques » avec notamment la « club », la « soubise », la « sauce tomate maison » ou la « saucisse bretonne artisanale » en provenance de Lorient. Mais aussi d'autres propositions, telles que les « originales » ou les « galettes de la mer » pour les plus aventureux. Côté sucré, les gourmands seront ravis : crêpes beurre, miel, caramel au beurre salé, pommes, crème de marrons, chocolat maison, flambées... On ne sait plus où donner de la tête ! Les boissons font également la part belle à la production locale (bière et cidre).

CÔTÉ CUISINE €€

36, avenue de la Poste
✆ 02 97 57 50 35
www.cotecuisine-carnac.fr
Restaurant gastronomique étoilé. Ouvert toute l'année. Menus de 28 à 70 €.

Laëtitia et Stéphane Cosnier vous accueillent au sein de l'hôtel Lann Roz, un restaurant ouvert sur les cuisines. La cave à vins en transparence vous fait découvrir le large choix de crus. La simplicité et le bien manger sont les valeurs de la maison, ce qui leur a permis de décrocher une étoile au Guide Michelin cette année. Pour la dégustation, il s'agit d'une cuisine soignée et mitonnée avec des produits frais. C'est pourquoi la carte change régulièrement. N'hésitez pas à découvrir le poisson tué à la manière traditionnelle Ikejime, délicieux.

L'EFFET MER €€

Place Saint-Cornély
✆ 02 97 14 25 99
Ouvert du mardi au samedi midi et soir, et le dimanche midi. Plat de 18,90 € à 46 €. Petite terrasse.

« Ici on fait le marché, on épluche, on coupe, on cuisine ». Au restaurant bistrot L'Effet Mer, tous les plats sont cuisinés avec des produits « culture raisonnée ». Le lieu est charmant, l'accueil convivial et l'on vient pour déguster des produits locaux savamment cuits et dressés à l'assiette. Les plats sont agrémentés de feuilles et de fleurs fraîches et comestibles, identifiables grâce à la carte des plantes à disposition. Les menus donnent l'eau à la bouche, c'est simple, mais savoureux et élaboré. Egalement, une très belle sélection de vins bio et naturels.

CREAT YVES CREP €€

1, avenue de Kermario
✆ 02 97 29 01 01
Crêperie ouverte mercredi soir et du jeudi au dimanche, midi et soir.Terrasse.

Dans un bâtiment des années 1930, au cœur de Carnac plage et à 100 mètres de la grande Plage, la crêperie Créat'Yves propose des crêpes et des galettes gourmandes. La carte est aussi originale que le bâtiment. Vous y trouverez une belle sélection de galettes « classiques », mais également des propositions basées sur le concept des makis japonais, où la feuille d'algue est remplacée par une galette de blé noir. Selon la météo et l'envie, on se restaure dans la salle lumineuse ou dans le petit jardin attenant. Accueil chaleureux et sympathique garanti !

HUÎTRES LE PRIOL €€

165, rue du Pô ✆ 06 89 91 17 92
www.huitreslepriol.fr
Été (juillet et août) de 9h30 à 22h. Commandes possibles toute l'année. Vente à emporter et dégustation. Terrasse.

Depuis trois générations, cette famille produit des huîtres dans les règles de l'art. Les huîtres arrivent à l'âge de 12 mois à Carnac (où elles passent un an), et sont triées et remises en poche pour être emmenées à Paimpol où elles passeront 12 mois et seront de retour à Carnac pour être commercialisées. Embarquez sur les petites chaloupes transformées en tables conviviales et dégustez des huîtres à peine sorties de l'eau, mais aussi des crevettes, bulots, palourdes et rillettes de poissons, face à la mer. Des formules adaptées à vos événements sont proposées.

LULU A LA PLAGE €€

3, avenue Miln
✆ 02 97 52 26 87
Ouvert à l'année. Terrasses face à la mer.

Planté dans un cadre exceptionnel, face à la grande plage, Ingrid, Yannis et leur équipe vous accueillent dans leur bistrot gourmand à l'ambiance chic et décontractée. Lulu à la Plage porte une grande attention au choix des produits cuisinés, l'ardoise change selon les arrivages et la saisonnalité. Spécialisé en poissons et fruits de mer (mais pas que), les circuits courts et la pêche locale « petits bateaux » sont privilégiés. Vous pourrez également profiter d'une carte de tapas pour vos apéros sur la terrasse face à la mer ! L'accueil est des plus sympathique.

LA SULTANA €€

4, Avenue Miln
✆ 02 97 52 28 50
www.lasultana-carnac.com
Fermeture annuelle l'hiver. Tous les jours midi et soir. Menus 27-33,50 € (-10 ans 11,90 €).

La Sultana offre 2 ambiances : bar lounge et brasserie. Dans cette dernière, la carte proposée est variée : salades repas, plats brasserie (fish & chips, burgers, andouillette ficelle, travers de porc caramélisés, risotto crémeux aux crevettes sauvages...), mais aussi pizzas à consommer sur place ou à emporter. Et si vous êtes plutôt apéro, le bar propose une belle carte de cocktails : chauds, à la tequila, à la vodka, au rhum, classiques et cocktails de bières. Mais il y a aussi des cocktails sans alcool ainsi que des smoothies... A vous de voir !

LA BAIGNOIRE DE JOSEPHINE

16, allée des Alignements
✆ 02 97 52 88 95
Fermé en janvier. Ouvert tous les jours l'été (17h-2h) et le week-end et vacances scolaires (18h-2h) en basse saison.

C'est un lieu convivial réputé de Carnac. Agréablement décoré de bois, de cordages, d'accessoires marins et de stores en paille, la Martinique n'est pas loin. Les cocktails (spécialité de la maison), bienvenus pour l'apéro et la détente, rappellent ces origines exotiques. L'établissement est devenu un spot incontournable des virées nocturnes. C'est vers une heure du matin que l'ambiance y est la plus chaude. Et en haute saison, elle devient carrément brûlante...

AU PETIT PRINCE

75, avenue des Druides
✆ 02 97 14 46 15
www.aupetitprince.fr
Ouvert du mardi au dimanche de 7h30 à 19h30 (fermé de 13h à 15h le dimanche). Juillet et août 7j/7 de 7h30 à 20h.

Un lieu de rêverie chocolatée et de pause gourmande avec salon de thé ouvert toute la journée. Ici, vous aurez également l'occasion de découvrir le pain et les viennoiseries réalisés sur place, mais aussi le coin *snacking* salé avec notamment les sandwichs. Alors, on n'hésite pas à venir s'installer sur leur terrasse en été pour profiter du soleil et de cette dégustation... En prime, la décoration du Petit Prince est un délice de couleurs chatoyantes et de luminosité douce appelant à la sérénité nécessaire pour une belle dégustation.

L'EPICERIE - MAISON LE DIRAISON

56, avenue des Druides
✆ 02 90 74 99 89
Ouvert de 10h30 à 13h et de 15h à 19h. Fermé le mercredi.

Située en plein centre de Carnac-Plage, l'épicerie fine Maison le Diraison vous propose de nombreux produits gourmands : thé, café, vin, spiritueux, champagne, produits locaux, épices, accessoires de cuisine, chocolats, et les incontournables produits bretons... Notez le rayon frais avec des charcuteries, des fromages et d'autres spécialités italiennes. Idéal pour les envies apéritives ! Une jolie adresse où l'accueil est très agréable et les conseils sont avisés.

HUITRES COCHENNEC

Pointe du Gourec
✆ 06 19 78 67 89
www.leshuitrescochennec.fr
Ouvert tous les jours, de 9h à 20h en juillet et août et de 11h à 15h le reste de l'année.

Créé il y a plus de 50 ans, le chantier ostréicole de la pointe du Gourec a vu se succéder 4 générations et c'est Maxime Cochennec qui a repris le flambeau familial. D'abord à Belle-Ile, dans la boutique, et sur les marchés, Maxime a finalement décidé de s'investir à Carnac. Le chantier ostréicole rouvre en 2018 avec, toujours, la vente au détail et, grosse nouveauté, un espace dégustation ! Ici, vous pourrez profiter du paysage installé à l'une des tables, tout en dégustant des huîtres accompagnées d'un verre de vin. Un bel endroit à découvrir.

TIBIDY

171, route du Pô
✆ 02 97 52 08 15
www.tibidy-huitres.com
Ouvert du lundi au samedi de 8h30 à 12h30 et de 14h30 à 18h30. Horaires variables selon la saison.

Entreprise familiale, Tibidy naît en 1937 et a vu se succéder trois générations de Jenot. Ostréiculteurs de père en fils en baie de Quiberon, ce sont aujourd'hui Hervé et Maxime qui élèvent les huîtres plates ou Belons et des huîtres creuses. Le site d'élevage peut se visiter et fait découvrir le métier d'ostréiculteur à travers un film intitulé *Du parc à table* (17 minutes). Une dégustation de quelques huîtres accompagnées d'un verre de vin blanc clôt la visite. Possibilité d'acheter au détail ou de se faire expédier huîtres et coquillages dans toute la France.

PARC FORÊT ADRÉNALINE

Fontainebleau - Le Hahon ✆ 02 90 84 00 20
www.foretadrenaline.com
Fermé de novembre à février. Parcours 2h30, 22 €/adulte. Réservation fortement conseillée. Venir 20 min avant le départ.

Dans un cadre naturel, venez vivre une expérience unique dans l'un des plus grands parcours acrobatiques sur le thème de la biodiversité et du développement durable de l'Ouest. Le parc propose plus de 210 ateliers, 18 parcours ludiques de 1 m à 17 m de haut. Après l'initiation, vous partirez pour deux heures de sensations avant de tester votre équilibre dans le « Mygale », un parcours filet sans baudrier sur plus de 1 000 m² de filet à 8 m de haut. Tel un écureuil, grimpez, sautez, glissez dans les arbres, volez entre les feuilles ! Et prenez un grand bol d'air !

CIRCUS CASINO DE CARNAC

41, avenue des Salines
✆ 02 97 52 64 64
www.casinodecarnac.fr
Ouvert toute l'année. Du dimanche au jeudi de 10h à 2h et le vendredi et le samedi de 10h à 3h. Restauration.

Le Circus Casino de Carnac vous propose 98 machines à sous : machines à rouleaux, machines vidéo et machines poker. Vous aurez également accès à la roulette anglaise électronique, 13 postes disponibles et vous aurez peut-être la chance de jouer sur la roulette tactile et interactive (unique en Bretagne). Et pour les inconditionnels du black jack, il y a de la place pour vous aussi... Restaurant ouvert toute l'année avec de nombreuses animations : dîner-spectacle, soirée quiz, soirée DJ, loto... Nouveauté : la terrasse avec des machines à sous.

ERDEVEN ★

En breton, « Ar Deuwen » signifie le pays de la dune. Ce qui n'est pas étonnant puisqu'Erdeven détient près de 385 hectares de dunes. Ce grand massif dunaire abrite ainsi un patrimoine naturel d'exception. Ici, tout est nature et vous pouvez passer des étendues de sable aux mégalithes en quelques enjambées, du village aux châteaux de Kercadio et Keravéon et des sentiers piétonniers aux ailes du gigantesque Moulin du Narbon en un rien de temps. Des sorties animées par des professionnels sont organisées du printemps à l'automne afin de découvrir le paysage et observer les différentes espèces d'oiseaux. Un environnement qui invite aux longues promenades.

LES ALIGNEMENTS DE KERZERHO

Accès libre et gratuit toute l'année. Visites guidées organisées par l'office de tourisme en été.

Deuxième plus important site mégalithique breton, derrière Carnac, les alignements de Kerzerho sont visibles le long de la départementale reliant Erdeven à Plouharnel. Classés Monuments historiques en 1862 et datés de 5 000 à 2 000 av. J.-C., ils ont évidemment subi les ravages du temps. Et aujourd'hui, on en dénombre 195 sur 5 rangées de 200 m de long contre 1 130 sur 11 rangées (environ 2 km de long sur 65 m de large) il y a encore quelques siècles.

LES PLAGES

Pour bronzer, se baigner ou se balader, Erdeven propose trois plages. Kerhillio, la plage familiale par excellence avec son sable fin, sa vue imprenable sur la presqu'île de Quiberon et Belle-Île-en-Mer et, en juillet, son poste de surveillance qui assure des baignades en toute sécurité. Kerouriec est une plage un peu plus rocheuse sur laquelle les amateurs pratiquent la pêche à pied de loisir avec les enfants, et surveillée en juillet et août. Enfin, Kerminihy est une grande et belle plage sauvage où le naturisme est toléré. Vous avez l'embarras du choix !

HÔTEL LES PINS €

Rue Nationale
✆ 02 97 55 66 10
www.hotel-erdeven.fr
Label Logis. Qualité Tourisme. 20 chambres dès 59 € la simple, 64 € la double, 74 € la supérieure. Animaux acceptés.

L'Hôtel Les Pins est un hôtel familial par excellence, situé à seulement 3 km des plages et 500 m du GR34, l'hôtel des Pins est une belle maison bretonne qui trône fièrement au milieu d'un parc arboré que l'on peut aisément admirer depuis les fenêtres des chambres de l'établissement. Des chambres qui offrent tout le confort nécessaire et des salles de bains privatives décorées avec beaucoup de goût. Vous aurez le choix entre des tonalités maritimes ou une ambiance plus romantique. On apprécie également l'attention portée par la direction...

CAMPING L'IDÉAL €€

Route de la Plage
✆ 02 97 55 67 66
www.camping-l-ideal.com
Mobil-homes 2 à 6 pers. de 280 à 785 €/semaine. Jeux enfants. Animaux acceptés (3,50 € par jour). Wifi. Restauration

Au Camping L'idéal, vous avez le choix entre la location d'un mobil-home ou d'un appartement pouvant accueillir jusqu'à 6 personnes. Dans l'enceinte du camping, différents services et équipements sont proposés : piscine couverte et chauffée toute la saison, trampoline, jeux pour enfants, snack, bar-glacier, petite épicerie. Possibilité d'emprunter des raquettes de ping-pong et des boules de pétanque. A seulement 800 mètres de la plage, sur un terrain verdoyant et mi-ombragé, vous passerez un séjour agréable, à proximité du golf et de l'océan.

CAMPING KERZERHO €€

Route de Plouharnel
✆ 02 97 55 63 17
www.camping-kerzerho.com
Ouvert d'avril à septembre. Réservation recommandée. 8 hectares. Mobil-home (semaine) dès 235,20 €. Animaux acceptés.

Situé à seulement 2 km de la plage, dans un grand parc arboré et fleuri de près de 8 hectares, vous aurez ainsi le choix de profiter de la plage ou du parc aquatique avec toboggans. Le camping propose un service de navette gratuite en juillet et août qui vous emmène jusqu'à la plage de Kerhillio ! Restauration au snack-bar et au restaurant Le Chaudron Magique. Parmi les autres équipements : salle de fitness, jeux gonflables, salle de jeux, petite épicerie, chalet zen avec spa, sauna, hammam... Et de nombreuses animations l'été.

LES ORMEAUX €€

Kerhillio
✆ 02 97 55 67 57
www.lesormeaux.fr
Ouvert d'avril à mi-novembre. Réservation recommandée. 110 emplacements. Mobil-home dès 190 €/sem. Animaux acceptés.

« Le calme d'un village, la proximité de l'océan » c'est ainsi que votre hôte Pierrick parle de son camping, Les Ormeaux. Pas étonnant lorsqu'on sait que la plage de Kerhillio se trouve à seulement 500 mètres de cet établissement familial... Un lieu idéal pour le repos et la détente. Le camping est très bien équipé avec des installations très bien entretenues. Le plus : vous avez la possibilité de louer également des maisons pouvant accueillir jusqu'à 12 personnes ou des appartements à proximité de l'océan. Tout à fait charmant.

Plage Erdeven.

VILLAGE VACANCES - KERAVEL €€€

✆ 02 97 52 34 66

www.keravelvacances.com

Ouvert à l'année. Réservation recommandée. 13 hectares. Chambres, gîtes, chalets. Mobil-homes (semaine) dès 362 €.

Dans ce village vacances, divers hébergements sont proposés : chalets, mobil-homes, gîtes, emplacements, ainsi que de nombreux services : restauration sur place, piscine avec toboggans, pataugeoire pour les plus petits, espace détente avec bains à remous, cascades, nage à contre-courant, balnéo de 900 m² avec cabines de massage, enveloppement d'algues, salle de musculation... Sans compter les nombreuses animations qui vous feront passer un agréable séjour à Erdeven.

RÉSIDENCE PRESTIGE ODALYS LE CHÂTEAU DE KERAVEON €€€

Route du Château ✆ 02 97 56 77 23

www.odalys-vacances.com

De 276 à 1 800 €/semaine selon saison. Studio de 2 à 4 pièces jusqu'à 8 personnes. Animaux acceptés.

Authentique demeure seigneuriale du XIVe siècle, le château de Kéravéon est protégé par une triple enceinte. Il est également doté d'un donjon du XVIIIe, d'une entrée monumentale et de 2 grosses tourelles. Une destination étonnante qui vous plonge dans une atmosphère mêlant charme du passé et confort actuel. Les chambres, aménagées dans le donjon, le corps de logis et l'orangerie, sont décorées avec goût. Parc de 20 ha et piscine extérieure chauffée... Dépaysement garanti !

CRÊPERIE DES DUNES €

2, Loperhet

✆ 02 97 52 39 10

Ouvert 7j/7 en juillet et août ; du jeudi au dimanche soir dès 18h le reste de l'année. Cidre maison. Terrasse.

Depuis plus de 30 ans la famille Le Guellec vous réserve un excellent accueil dans son cadre fleuri et vous présente des spécialités à base de farine artisanale bretonne : la blé noir *Forestière* (champignons, fromage, crème, ail et persil), la *Provençale* (tomate fraîche, fines herbes, jambon et fromage) ou encore *l'Air de Veine* (glace vanille, caramel maison au beurre salé, chantilly maison, amandes grillées).. Le cidre qui accompagne ces délicieux plats est fabriqué maison par le papa. Grand parking, grande terrasse et bel espace jeux pour les enfants.

CRÊPERIE LES GANIVELLES €€

10, rue des Menhirs

✆ 02 97 55 95 02

Basse saison, ouvert du vendredi au mardi le midi et le soir. Haute saison, tous les jours le midi et le soir. Terrasse.

Installée depuis quelques temps à Erdeven, la crêperie Les Ganivelles vous accueille dans un cadre chaleureux et sympathique. A la carte, vous pourrez découvrir des crêpes, classiques ou originales, savoureuses. Vous trouverez par exemple des spécialités comme la Biquette (fromage de chèvre rôti au caramel au beurre salé, lard fumé, concassé de tomates, noix), la Basque (œufs brouillés, poivrons cuisinés, jambon de pays, piment d'Espelette) ou encore la Ganivelle en haute saison (pâté de campagne maison, oignons au cidre, cornichons, pommes poêlées)... A tester.

ZEF ATTITUD'

Plage de Kerhillio

✆ 06 11 26 22 10

www.char-a-voile-bretagne.com

Ouvert toute l'année. Tarifs individuels : 1h 25 €, 1h30 32 €. Enfants -12 ans : 1h 22 €, 1h30 30 €.

Encadrée et animée par 2 moniteurs diplômés d'Etat, l'école de char à voile Zef Attitud' vous propose de rouler sur les belles plages de Kerhillio à Erdeven et de Penthièvre à Saint-Pierre-de-Quiberon. Les séances, de l'initiation au perfectionnement, sont accessibles à tous niveaux et tout public à partir de 8 ans. Et pour les horaires, c'est à marée basse... Le matériel est récent et tout terrain et l'école assure l'équipement et l'enseignement sur un parcours balisé et sécurisé. Pensez à prendre lunettes de soleil, gants et affaires de rechange.

PLOEMEL

Le nom vient du breton ploe, signifiant paroisse, et de Emel (nom d'un chef d'émigrés bretons venus s'implanter vers le VIIe siècle). Il s'agit probablement de la ploue fondée par saint Meir, inconnu par ailleurs, mais qui pourrait être rapproché du latin Marius. La ville est voisine d'Auray et se trouve à environ 35 km de Lorient. Ploemel compte de nombreux bois et sous-bois, propices à d'agréables promenades à pied ou à vélo, de même que le plan d'eau et le parc de Mané Bogad. Plusieurs chapelles et fontaines sont également à découvrir comme celles de Saint-Cado et celle de Saint-Laurent. La chapelle Notre-Dame de Recouvrance est également à voir.

CAMPING-SAINT-LAURENT €€

Kergonvo ✆ 02 97 56 85 90

www.camping-saint-laurent.fr

Ouvert d'avril à octobre. 90 Emplacements. ANCV. Club enfant. Wifi gratuit. Restauration. Animations.

A côté de Carnac et ses plages, Jérôme et sa femme vous réservent un accueil très sympathique. Choisissez entre des emplacements nus ou avec mobil-homes ou la location d'un bungalow toilé et un «tithome». Plusieurs équipements à votre disposition : piscine couverte et chauffée, snack-bar, épicerie de dépannage en haute saison, barbecue collectif, location de vélos, terrain multisport, salle de jeux, aire de jeux pour les plus jeunes, animations et club enfant en été. Un camping familial, au calme dans une pinède de 3,5 ha, qui saura vous séduire à coup sûr !

CAMPING DE KERGO €

Kergo ✆ 02 97 56 80 66

www.campingkergo.com

D'avril à octobre. Terrain de 3 ha, 135 emplacements. Mobil-homes (2-6 pers) dès 230 €/sem. Jeux, restauration, sauna.

A proximité de Carnac et de ses mégalithes, le camping de Kergo se trouve dans un environnement calme, verdoyant, ombragé et naturel. Vous y trouverez tous les conseils utiles pour découvrir le Morbihan. Quant aux équipements du camping, ils sont nombreux : dépôt d'épicerie, glaces et plats à emporter le soir (en saison), laverie, salle de jeux, billard, babyfoot, prêt de livres, table de ping-pong, terrain multisport, jeux de boules, aire de jeux, aire de services camping-car. Et l'espace détente avec sauna et bain bouillonnant ! Très bon rapport qualité-prix.

DIHAN €€

Kerganiet ✆ 02 97 56 88 27

www.dihan-evasion.org

Ecolabel européen. Chambre double de 95 à 255 €. Petit-déjeuner inclus. Panier repas sur réservation. Hammam, sauna.

Non loin de Carnac, Myriam et Arno vous accueillent sur le site de leur ancienne ferme familiale qu'ils ont repensé en hébergements insolites. Entre Océan atlantique et nature authentique, vous découvrirez un environnement préservé. Choisissez parmi les bulles, cabanes dans les arbres, roulottes, chambre d'hôtes, yourte... Location de vélos, de paddles, stage de kitesurf, randonnées paddle, jeux pour enfants.. Vous pourrez profiter du spa et des massages proposés. Un endroit plein de charme et d'authenticité doté d'un accueil chaleureux, que demander de plus ?

LA BELLE FOLIE €€

Lieu Dit de Kergo

✆ 06 14 43 37 93

www.labellefolie.fr

Ouvert toute l'année. Wifi gratuit. Restauration. Animations.

La Belle Folie, un nom bien pensé pour ce parc d'expérimentations architecturales d'un nouveau genre. Plus que des hébergements insolites, on découvre ici de véritables créations originales imaginées, dessinées et conçues par les élèves de l'ENSA de Nantes. Vous pourrez dormir dans la Keravan (caravane perchée au sommet d'un menhir), le Cactus ou encore la Superpausée. Au cœur de 5 ha de forêt, le lieu accueille un restaurant misant sur la qualité et le local, et propose des activités : concerts, expos, spectacles, conférences, cours de cirque, théâtre, ateliers.

LES ECOLODGES DE DIHAN €€

Kerganiet ✆ 02 97 56 88 27

www.dihan-evasion.org

Ecolodge 110 €/nuit ; chalet 210 €/nuit. Panier repas chaud à la demande, location de vélos, sports nautiques.

L'offre d'hébergements Dihan s'agrandit avec ces superbes écolodges format familial. Cette alternative aux hébergements insolites vous propose de séjourner dans l'une des 12 cabanes sur pilotis écoconçues ou l'un des 2 chalets-spa. Les premières accueillent jusqu'à 5 personnes et sont équipées de 2 chambres, d'un salon, d'une cuisine, d'une salle de bain et de douches extérieures pour les retours de plage. Les chalets, eux, logent jusqu'à 4 personnes et disposent, chacun, d'un bain finlandais sur la terrasse. Une belle invitation à la détente et la déconnexion.

PLOUHARNEL ★

Située à 3 km de Carnac, ancrée au fond de la baie de Quiberon, cette petite commune possède un ensemble important de monuments mégalithiques de l'époque néolithique. La plupart d'entre eux sont d'ailleurs classés aux Monuments historiques depuis la fin du XIXe siècle. Plouharnel nous dévoile également la chapelle Notre-Dame-des-Fleurs (XVIe siècle), la chapelle Sainte-Barbe (XVIe siècle), l'abbaye Saint-Michel-de-Kergonan ainsi que l'abbaye Sainte-Anne-de-Kergonan. Voilà pour les amoureux de patrimoine. Pour ceux qui aiment le grand air, Plouharnel, c'est aussi de superbes plages, des spots de surf ou encore une piste cyclable jusqu'à Quiberon.

URBAN SUSHI TRUCK €€

20, Résidence Le Parc du Golf
✆ 06 45 55 92 88
urbansushitruck.com

Lundi soir : Plougoumelen. Mardi soir : Arradon. Jeudi midi : Auray. Jeudi soir : Ploemel. Vendredi midi et soir : Belz.

Ce street food truck propose de délicieux sushis, makis, sashimis et autres spécialités nipponnes. La carte digne d'un restaurant est pourtant bien préparée minute dans le camion ambulant. Les produits sont frais, très bien travaillés, et vous aurez du mal à vous décider devant les plats colorés. Mention spéciale pour les sashimis et les California rolls, super bons ! Vous pouvez commander à la pièce ou choisir l'option plateau. Urban Sushi truck se déplace à Plougoumelen, Arradon, Ploemel, Belz ou Auray. A tester d'urgence...

KART 56

ZAC La Madeleine ✆ 02 97 56 71 71
www.kart56.com/

Du mercredi au dimanche, 13h30-18h30, 7j/7 vacances scolaires. Les 10 min : 17 à 19 €/adulte et 16 à 18 €/enfant.

La piste de karting outdoor de Ploemel (800 m) est la plus grande du Morbihan ! Au volant de votre kart, vous pourrez piloter sur un impressionnant tracé fait de courbes rapides et de virages serrés. De quoi passer un bon moment en famille dès 7 ans et en toute sécurité sur un revêtement capable de faire apprécier le pilotage par temps humide comme par temps sec. Avant le départ, explications et briefing de sécurité pour tous. Le karting de Ploemel dispose de deux circuits réservés aux tout petits de 3 à 6 ans. Équipements fournis et sensations garanties.

LE P'TIT DÉLIRE

RD768 ✆ 02 97 56 73 51
www.parc-jeux-petit-delire.com

Ouvert d'avril à novembre. Tarif : 14 €. Gratuit pour les -2 ans. Pour +60 ans/PMR/femmes enceintes de + 6 mois : 11 €.

Parc de loisirs en famille qui régale petits et grands ! Venez essayer le TrampoDélire, l'AquaDélire, le SliDélire (toboggans aquatiques), les jets d'eau, l'HélicoDélire (envolez-vous en pédalant), Le PentaDélire (toboggan multipistes 8 m de haut), le Délitubing (piste de bouée de 70 m). Mais aussi les trampolines, karts à pédales, vélos rigolos, accro-branches avec tyrolienne, cabanes perchées dans les arbres, jeux gonflables... Et les 700 m² de jeux indoor. Sans oublier le parc avec sa mini-ferme. Venez passer un moment de détente dans un cadre calme et boisé !

MUSÉE VENDÉE CHOUANNERIE ★★

Bois du Bégo ✆ 02 97 52 31 31
www.musee-vendee-chouannerie.com

Ouvert d'avril à fin octobre. Du 1/04 au 14/06 de 14h à 18h. Du 15/06 au 31/10 de 10h à 12h et de 14h à 18h. Adulte 7 €.

Le musée de la Chouannerie offre une très belle rétrospective d'une partie de l'histoire de la Chouannerie. Il est installé dans un bunker, vestige du passage des Allemands en Bretagne lors de la Seconde Guerre mondiale. Fondé en 1985, le musée présente les faits marquants de la résistance à la Révolution française. Cette période se concentre sur la partie de 1788 jusqu'en 1882. Il commémore le débarquement de plusieurs milliers d'émigrés dans la baie. Belle collection d'objets uniques : costumes, armes, miniatures des batailles de cette époque, guillotine..

PLAGE DE PLOUHARNEL

On compte plusieurs plages à Plouharnel dont la principale, également la plus connue, est celle de Sainte Barbe située côté océan dans la direction d'Erdeven : une longue langue de sable doré, superbe sous le soleil. Notez également la plage du Mané Guen, idéale pour les activités nautiques telles que la pratique du surf, du kitesurf et du char à voile, ainsi que la plage du Mentor. Pour les familles accompagnées d'enfants, sachez que ces plages sont surveillées en été. Une surveillance mobile s'y installe en juillet en août. Néanmoins, restez vigilants !

VESTIGES DU BEGO

✆ 02 97 52 32 93

Visites guidées organisées par l'office de tourisme. Chaque jeudi du 8 juillet au 19 août. 6 €/adulte.

Rendez-vous devant le Musée de la chouannerie pour une visite guidée passionnante qui vous fera découvrir un pan de la Seconde mondiale souvent méconnu. Le site du Bégo compte 180 vestiges de béton armé disséminés dans les dunes de Plouharnel. Le mur de l'Atlantique était la ligne défensive côtière qui protégeait la rade de Lorient et prévenait un éventuel débarquement allié. Les bunkers qui abritaient les 700 soldats allemands sont toujours présents. La tour d'observation des tirs qui culmine à 21 m porte le héron du graffeur *WAR*. Impossible de la manquer.

CAMPING DE LOPERHET €€

Loperhet

✆ 02 97 52 34 68

www.camping-loperhet.com

Fermé d´octobre à mars. Terrain de 14 ha. 123 emplacements. Caravanes 4 pers dès 190 €/sem. Jeux. Animaux acceptés.

Près d'une plage de sable fin et d'un étang de pêche, le site vous accueille dans une ambiance familiale. Vous y trouverez plusieurs modèles de mobil-homes dans quatre catégories de confort (4/6 places). Mais aussi un bel espace aquatique (piscine couverte chauffée, pataugeoire avec mini-toboggan et toboggan aquatique de 42 mètres) et de nombreuses autres activités : tennis, terrain multisports, ping-pong, terrain de pétanque, aire de jeux pour les enfants, salle de jeux (billard, Baby-foot, jeux électroniques), salle de télévision, laverie, épicerie, glaces...

CARNAC LODGE HOTEL €€

Route de Carnac

Kerhueno ✆ 02 97 58 30 30

www.carnaclodge.com

Citotel. 20 chambres (et mini-suites). Chambre double à partir de 95 € ; suite à partir de 149 €.

C'est au cœur d'un écrin de verdure, dans un cadre calme et reposant, que se situe ce petit hôtel lodge plein de charme et d'élégance. Situé entre Carnac et Plouharnel, il dispose de 20 chambres et mini-suites joliment décorées et tout équipées. Les plus : la cheminée dans le coin salon, la piscine extérieure chauffée, l'espace détente et relaxation, l'accès libre au sauna... Les intervenants proposent également divers massages, cours de yoga et de méditation... Un séjour au Carnac Lodge Hôtel, c'est l'assurance de vivre un moment de bien-être privilégié.

LA PÊCHE À LA TURLUTTE €

1, rue Auguste Le Bon ✆ 02 97 52 32 42

Ouvert toute l'année. Vacances scolaires : 7j/7. Hors vacances : du mercredi au dimanche midi. Menus de 12 € à 29 €.

Un restaurant fort recommandable sur la route d'Auray à Quiberon ! Le nom vient du plat savoureux à la carte : les seiches en fricassée, pêchées à «la turlutte». Les produits de la mer sont excellents. Belle carte d'huîtres du bassin aménagé dans l'établissement, mais aussi dégustation de belle viande dont le tartare de bœuf ainsi que des plats à tendance asiatique cuisinés au wok. Tout est acheté local : des légumes aux poissons ainsi que les glaces artisanales lorientaises. Belle terrasse l'été et décoration lumineuse et contemporaine.

Plage de Ty Hoche, Plouharnel.

ESB SHOP & CAFE €€

20, avenue de l'Océan

✆ 02 97 14 29 95

Ouvert du mercredi au lundi. Haute saison : tous les jours. Carte : 16 € environ.

Parce qu'après une bonne session, on apprécie de venir apaiser sa faim, et sa soif... L'ESB Shop & Café propose des burgers, des wraps, des salades mais aussi des tartes, du fried chicken (nuggets de poulet avec des frites) et de la brick de bœuf. En dessert, de délicieux smoothies.. N'hésitez pas à venir profiter de l'ambiance et de l'accueil sympas. Situé sur la route des spots à Plouharnel, sur la presqu'île de Quiberon, vous pourrez aussi découvrir les joies de la glisse avec l'ESB Shop qui propose des cours et de la location. Egalement, un côté magasin...

LES VOILES €€

1, Baie de Quiberon

✆ 02 97 14 29 92

www.lesvoiles-baiedequiberon.com

Octobre-mars fermé lundi, mardi, mercredi ; avril-septembre fermé mercredi ; juillet et août tous les jours. Terrasse.

Délicieusement installé en terrasse, profitant ainsi de la superbe vue sur la baie de Quiberon, vous pourrez apprécier les cocktails et les mets concoctés par Les Voiles. La cuisine délicate est réalisée à partir de produits triés sur le volet. On citera le carpaccio de filet de lieu jaune dans sa marinade shiitakés/yuzu et, en dessert, le sablé aux fruits rouges. Le plus : quelques soirées sont organisées et vous pouvez également venir pour y fêter un évènement (mariage, anniversaire...). Une cuisine savoureuse dans un cadre d'exception.

LA TRINITÉ-SUR-MER ★★★

Rendez-vous incontournable de la plaisance et des grands noms des courses au large tels Laurent Bourgeon, Francis Joyon ou encore Loïc Peyron, La Trinité-sur-Mer est le port principal de la côte des Mégalithes. D'ailleurs, il faut savoir que la Société Nautique de La Trinité-sur-Mer est le premier club au classement de la Fédération française de Voile, et ce depuis plusieurs années ! Elle organise ainsi des journées spéciales rejetées, mais propose aussi une école de voile accueillant petits et grands. On parlera également de l'ostréiculture, largement présente ici : c'est l'une des activités professionnelles les plus florissantes aujourd'hui.

SITE DES MÉGALITHES DE LOCMARIAQUER - ★★★

Route de Kerlogonan - **LOCMARIAQUER**

✆ 02 97 57 37 59

www.locmariaquer.monuments-nationaux.fr

Ouvert toute l'année. Gratuit jusqu'à 18 ans (et handicapé). Label Tourisme & Handicap. Animations en haute saison.

Ce site majeur abrite des monuments emblématiques : le grand menhir brisé côtoie la Table des marchands. Il est enfoui sous un tombereau de pierre restauré. Les pierres ont été remontées jusqu'à la hauteur des murs connus, ceux-ci devaient être encore plus hauts à l'origine ; le dernier monument du site est le Tumulus d'Er Grah, un trapèze de 140 m de long en partie recouvert de pierres sèches qui recèle une « tombe à couloir » inaccessible. Vue inouïe sur le golfe du Morbihan !

Site des mégalithes de Locmariaquer.

CAMPING L'ÉVASION €

22, lieu-dit le Congre - **SAINT-PHILIBERT**
✆ 02 97 55 04 90 - www.campinglevasion.com
Ouvert d'avril à octobre. Réservation recommandée. Nuitée (2 personnes) : dès 13,50 €. Animaux acceptés.

Le camping l'Evasion, idéalement situé entre le golfe du Morbihan et l'Océan, vous accueille dans un environnement arboré et fleuri. Il dispose de vastes emplacements et loue des mobil-homes, bungalows et tente lodge. Le grand bassin est chauffé de mai à septembre et la pataugeoire amusera les petits et le toboggan les plus grands ! Côté services : dépôt de pain, journaux, espace vente à emporter en été, location de vélos adultes et enfants, animations, soirées à thèmes. Le camping s'est également équipé de mobil-home adapté aux personnes à mobilité réduite.

LE PETIT TRAIN TOURISTIQUE

Cours des Quais ✆ 02 97 24 06 29
www.petittrain-carnac.com
Tous les jours d'avril à fin septembre et vacances de la Toussaint, de 10h à 18h toutes les 30 min. Adulte 7,50 €.

Quel délicieux moyen de découvrir le joli environnement en se laissant porter par le petit train touristique... Il vous fera faire un tour de 50 minutes en passant par les différents points d'intérêt du circuit : les célèbres alignements, le port de Carnac, sa plage de sable blanc, la réserve naturelle et enfin, le port de la Trinité. Le circuit est commenté en 16 langues. La billetterie se trouve sur place, rendez-vous à l'arrêt de bus Cours des Quais au port de la Trinité.

CAMPING DE LA BAIE €€

45, rue Kervillen
✆ 02 97 55 73 42
www.campingdelabaie.com
De fin avril à septembre. 167 emplacements dont 96 nus. Mobil-home (semaine) : dès 252 €.

Situé au cœur de la baie de Quiberon, sur une péninsule ensablée, le camping de la Baie a de nombreux atouts : sa localisation et la qualité des emplacements et services proposés : location de mobil-homes, cottages ou tente équipée, terrain multisport, tennis, mini-golf, location de vélos, canoës et paddles, bar-restaurant au bord de l'eau, épicerie, piscine avec toboggan et pataugeoire. Et un accès direct à la plage. Mais aussi des animations : spectacles, soirées, structures gonflables, tournois de pétanque, tour du golfe à bord des vedettes de l'Angélus.

CAMPING DE LA TOUR €€

2, route de Kérinis - **LOCMARIAQUER**
✆ 02 97 57 40 62
www.camping-delatour.com
Ouvert d'avril à octobre. Réservation recommandée. Mobil-home (semaine) : dès 205 €. Nuitée (2 personnes) : dès 13,80 €.

Ce superbe camping familial situé à proximité de la plage de Kerinis, à 3,5 km du centre-ville et à 3 km de la Grande Plage de Saint-Pierre, offre des emplacements spacieux et propose à la location des mobil-homes parfaitement équipés. Il assure de nombreux services : douches chaudes gratuites, accès facilité pour handicapés, Wifi, machines à laver, service courrier, et en haute saison : dépôt de pain et de journaux, boissons, glaces et frites... Côté loisirs, animations estivales tous les jeudis, des concours de pétanque, ping-pong, baby-foot, jeux pour enfants.

CAMPING DE LA PLAGE €€

40 bis, rue Kervourden
✆ 02 97 55 73 28
www.camping-plage.com
De fin avril à mi-septembre. Réservation recommandée. 189 emplacements dont 118 nus. Mobil-home (semaine) dès 182 €.

Le camping de la Plage, situé à La Trinité-sur-Mer dispose d'un accès direct à la grande plage de Kervillen. Il offre de nombreux équipements : piscine et pataugeoire chauffées, pistes de toboggans aquatiques, tennis, salle de télévision, bain bouillonnant, location de vélos et de vélos électriques, location de canoës, mini-golf, aire de jeux pour les plus jeunes, piscine à boules en espace couvert... De nombreuses animations sont proposées (tournois sportifs, karaokés, jeux, spectacles, randonnées). Et à 150 m, vous trouverez le restaurant, le bar et l'épicerie.

CAMPING KERVILOR €€

21, Kervilor / Route du Latz
✆ 02 97 55 76 75
www.camping-kervilor.com
Ouvert du 16 avril au 26 septembre 2021. Réservation recommandée. 250 emplacements. Nuitée (2 personnes) dès 18 €.

A 1,5 km du port de La Trinité et à 2 km des plages de sable fin, c'est dans un cadre calme et verdoyant que vous pourrez installer votre tente, camping-car ou louer un mobil-home tout confort. Le camping propose, en outre, des prestations bien agréables : piscine couverte, extérieure, bain bouillonnant, toboggans aquatiques, pataugeoires, solarium, aire de jeux, espace multisport, mini-golf, tables de ping-pong, boulodromes, billards, jeux vidéo... Et pour les services, tout y est : snack, plats à emporter, bar, épicerie, dépôt de pain, laverie, wifi...

CAMPING LANN BRICK €€

LOCMARIAQUER
✆ 02 97 57 32 79
www.camping-lannbrick.com

Ouvert de mars à octobre. Mobil-home pour 2 dès 255 €/sem. Jeux pour enfants. Aire camping-cars. Petite restauration.

Appréciez ainsi des vacances à la mer en toute liberté, dans un camping familial du côté de Carnac, niché dans un océan de verdure en Bretagne Sud. Le camping Lann Brick propose la location de mobil-homes, de *tithomes*, de caravanes ou de bungalows toilés à 150 mètres de la mer. Vous pourrez également louer un emplacement pour votre tente, caravane ou camping-car. Les équipements sont complets : piscine chauffée, espace enfants, salle et aires de jeux, snack-bar, épicerie, laverie, location de vélo... Vélos électriques et soirées organisées en été.

HÔTEL LA VILLA BEL ANGE €€

25, route des Plages - SAINT-PHILIBERT
✆ 02 97 50 23 44www.lavillabelange.com

Ouvert du 3 avril au 11 novembre et pendant les vacances de Noël. Chambre dès 100 €, suites dès 150 €. Animaux non admis.

Avec sa situation idyllique, lovée dans un havre de verdure face à la mer, la Villa Bel Ange offre chambres, suites et appartements. Deux des hébergements ont leur bain bouillonnant privatif ! Les autres offrent une terrasse vue mer ou panoramique. La villa propose un accès au sauna, des massages sur réservation, un lecteur DVD et vidéothèque sur demande, un coin salon avec bibliothèque et jeux de société et met à disposition une carte de vins et de champagnes. Vous pouvez même commander et déguster sur place de superbes plateaux de fruits de mer. Belle adresse !

HÔTEL LA VOILE €€

Place de l'Eglise - LOCMARIAQUER
✆ 02 97 57 31 32
www.hotellavoile.com

22 chambres. Chambre double dès 44 € ; triple avec vue Golfe dès 54 € ; quadruple 64 €. Restaurant. Animaux acceptés.

L'Hôtel de charme La Voile** est situé à 50 m du port pittoresque de Locmariaquer. Un emplacement de premier choix pour vos cafés, petits déjeuners matinaux et emplettes au marché. De la chambre familiale pour 4 personnes à l'appartement indépendant avec service hôtelier, chacun trouvera la proposition adaptée à ses envies pour une nuit ou un séjour de plusieurs jours. L'emplacement de l'hôtel, en plein cœur du bourg de Locmariaquer, est le point de départ de nombreuses croisières et d'activités nautiques, cyclistes ou pédestres. Une agréable escale estivale.

LA TYKOUMAD €€

2, impasse de la Ruche - LOCMARIAQUER
✆ 02 97 57 33 16
www.tykoumad.fr

Gîtes de France (3 épis). 5 chambres. Chambre double ; chambre triple. Petit déjeuner inclus. Chambre 4 personnes.

Une grande maison située à cinq minutes du bourg et du port, avec cinq chambres au cœur d'un terrain de 3 000 m² arboré et fleuri. Capables d'accueillir entre deux et quatre personnes, celles-ci sont toutes équipées de sanitaires privatifs (avec douche et toilettes). Michelle et Jean, qui habitent au rez-de-chaussée de l'une des ailes de la maison, vous régalerons d'un petit déjeuner copieux avec spécialités locales et gâteau maison. Salon sur jardin réservé aux hôtes, calme et verdure. Dans les environs se trouvent un site mégalithique et des sentiers côtiers.

LE GALET €€€

24, Le Congre
✆ 02 97 55 00 56
www.legalet.fr

Tous les jours 8h-12h30/14h30h-20h. 21 chambres. Standard dès 60 €, suite dès 110 €. Soin du corps dès 60 €.

Situé à environ 2 km du port de la Trinité, cet hôtel de charme est un véritable havre de paix : chambres à la décoration sobre et raffinée, très grande piscine extérieure chauffée de mai à fin septembre, écrin de verdure, terrain de tennis... Sans oublier les concepts du bien-être : spa, sauna, salle de fitness, salle de massages et soins esthétiques, très belle terrasse propice aux bains de soleils, ou bien le *lounge* bar, un espace contemporain très agréable avec sa cheminée. Délicieux et copieux petits déjeuners servis en chambre sans supplément.

LE LODGE KERISPER €€€

4, rue du Latz
✆ 02 97 52 88 56
www.lodgekerisper.com

Chambre double dès 89 €, suite dès 144 €. Petit déj 14 €. Animaux acceptés (25 €/jr). Séminaires, réceptions, mariages.

Hôtel de charme contemporain, à quelques pas du port de La Trinité, cette ancienne ferme du XIXe siècle a été repensée dans un esprit « maison de famille ». L'établissement dispose de 20 chambres réparties en 4 catégories : la chambre Etage (17/20 m²), la chambre Supérieure Terrasse (22/25 m²), la suite Junior (30/35 m²) et la suite Appartement (38/45 m²), toutes lumineuses et cosy, avec vue sur le jardin et la piscine. Le *lodge* Kerisper vous propose également sa piscine chauffée, son salon et bar, ainsi qu'un espace détente avec séances de massage.

LE VAHINÉ €

Le Port
LOCMARIAQUER ✆ 02 97 57 43 47
www.levahine-creperie.com
Du mercredi au lundi, midi et soir et tlj en haute saison. Formule «La Bien-être» le midi 12 €. Réservation recommandée.

Monsieur Gillet, malgache d'origine, nous fait profiter de son histoire et de sa passion pour les parfums d'ailleurs. En terrasse, aux beaux jours, laissez-vous aller à déguster en début de repas les formules apéro, avant de consulter la carte des galettes. Les spécialités «le Péchou» (fruits de mer) ou «la Figueute» (chèvre, lard grillé, confiture de figue), mais aussi les accras, les rillettes de chorizo, l'assiette créole composée d'accras, de petits boudins noirs épicés et achards de légumes, ou encore la cassolette de la mer vous régaleront !

L'AZIMUT €€

1, rue du Men-dû ✆ 02 97 55 71 88
www.lazimut-latrinite.com
Ouvert du jeudi au lundi, midi et soir et les mardis et mercredis l'été. Formule du midi 18 €. Terrasse. Cours de cuisine.

Depuis plus de 50 ans, cette maison bourgeoise, Véronique et Rudy Deniaud vous invitent à découvrir leur cuisine gastronomique. Avec sa belle vue mer, sa grande terrasse ensoleillée et son salon de réception, l'ensemble ne vous laissera pas indifférent... Restaurant de la mer et du potager, l'Azimut vous propose des menus au fil des saisons. Le maître cuisinier vous fera découvrir de surprenantes saveurs comme avec ces Saint-Jacques caramélisées, mousseline panais, jus corsé de volaille et croquant de jambon fumé, ou son chocolat citron, cousin du mille-feuille.

LE BIGORNEAU €€

22, Cours des Quais
✆ 02 97 05 26 83
Ouvert du mardi au samedi, midi et soir. Spécialités de la mer. Plats de 12€ à 22€. Terrasse.

Le restaurant Le Bigorneau est une jolie adresse reprise en janvier 2019 par l'ancien propriétaire du Cirque à Vannes, devenu Chez Woody's. L'établissement propose une restauration de brasserie traditionnelle, mettant à l'honneur les produits de la mer et du terroir. Au Bigorneau, vous pourrez déguster des planches, des rillettes terre ou mer, des salades, des moules, un tartare, des huîtres bien sûr, ainsi que plusieurs desserts au choix, le tout, dans une ambiance chaleureuse. Produits frais et locaux, déco sympa et accueil très agréable.

L'ETAGE €€

Cours des Quais
✆ 02 97 59 56 12
Ouvert tous les jours sauf le lundi hors saison. Restauration midi et soir. Bar à cocktails. Terrasse. Animations.

Idéal pour prendre l'apéro en soirée dans un cadre sympathique et une ambiance festive, L'Etage vous réserve un accueil charmant. Superbe terrasse en altitude depuis laquelle vous pourrez contempler l'arrivée des bateaux ou admirer le coucher du soleil. Le week-end, L'Etage organise régulièrement des concerts et animations. Vous trouverez les infos sur leur page Facebook. Ne manquez pas la dégustation, avec ou sans alcool, des cocktails de l'établissement, incontournables... Sans oublier les tapas en accompagnement de votre boisson.

LE SURCOUF BISTRO €€

21, rue des Résistants
✆ 02 90 61 39 03
www.lesurcouf-latrinite.fr
Ouvert du lundi au samedi le midi et le soir ; le dimanche midi. Ouvert 7j/7 en saison. Menus de 23 à 36 €. Terrasse.

Au bout du pont de Kerisper s'érige, dans une petite maison typique, comme un « péage savoureux », un passage obligé à l'entrée de la Trinité-sur-Mer... C'est le Surcouf. Le bistro de bord de mer devient encore plus gourmand depuis sa reprise, début 2020, par le chef étoilé Pierre Yves Lorgeoux. Son envie : concocter de délicieux mets à partir de produits frais, locaux et de saison, en privilégiant le circuit court. Au menu, des propositions simples, mais sublimées par l'expertise du chef et une ardoise qui change tous les quinze jours.

AUX TERRASSES DE LA PLAGE €€

Plage de Kervillen
✆ 02 97 55 84 15
www.aux-terrasses-de-la-plage.fr
Ouvert d'avril à fin septembre, tous les jours le midi et le soir. En continu. Réservation recommandée. Terrasse.

Situé sur la plage de Kervillen, ce restaurant-bar-brasserie-crêperie bénéficie d'une situation exceptionnelle, les pieds dans l'eau, vue sur la Baie de Quiberon et les îles de Belle-Ile-en-Mer, Houat et Hoëdic... La carte composée de salades, de fruits de mer, de poissons, de viandes, mais aussi de tapas servis à toute heure ainsi qu'une carte de galettes et de crêpes. Espace jeux pour les enfants, animations et concerts organisés en saison estivale.

TY MALOU CRÊPERIE €€

10, Cours des Quais
✆ 02 97 30 17 30
Ouvert lundi, vendredi et samedi midi et soir. Mardi et mercredi midi. Dimanche soir. Tlj en été. Formule 13,50 €.

Face à la mer, Ty Malou propose des crêpes croustillantes, savoureuses et originales comme la Mégalithe (chèvre, oignons, confiture de figue, salade), la Kerispert (andouille, œuf, fromage, oignons, salade), la Stuhan (caramel au beurre salé, glace nougat, chantilly). On apprécie la formule du midi, servie même le week-end (galette complète, salade, bolée de cidre et crêpe beurre-sucre ou confiture) à prix très raisonnable. Et si vous aimez la raclette, Ty Malou vous régale de son menu dédié le soir. L'accueil est sympathique et le service tardif.

L'ARROSOIR €€€

4, place Yvonne Sarcey ✆ 02 97 30 13 58
www.leshortensias.info
Ouvert du vendredi au mercredi le soir, du vendredi au lundi le midi. Tous les jours pendant les vacances scolaires.

Au calme des quais, découvrez cette charmante maison des années 1880 et son restaurant aux douces odeurs de l'océan. A la carte, des produits de la mer : nems de crevettes, mi-cuit de thon gingembre, médaillon de lotte au cidre, fish & chips maison, wok d'encornets sautés à la thaïe. Pour ceux qui préfèrent la viande : parmentier d'andouille ou bien côtes de veau aux pleurotes. L'endroit est charmant, et, de la terrasse qui surplombe le port, profitez paisiblement de la vue magnifique. L'établissement dispose également d'un petit hôtel de charme et d'un bar.

LABARKER

2, rue Wilson
LOCMARIAQUER
✆ 02 97 57 43 53
Ouvert du jeudi au dimanche de 17h à 2h. Bar café concert.

Le café-concert n'est plus à présenter. Quand tout est éteint, Labarker, « l'embarcadère » en breton, accueille ceux qui cherchent un endroit chaleureux où boire un verre. En poussant la porte, on n'est pas déçu. A l'intérieur, l'ambiance est cosy et le mobilier et les bibelots chargés d'histoire, comme ce piano, cadeau d'un client. Au Labarker, on boit un café, de la bière, du gin ou du rhum et on vient écouter des concerts, trois fois par semaine à la haute saison et une fois par semaine toute l'année. Un rendez-vous incontournable dans la baie de Quiberon.

BRASSERIE L'ETRILLE

2 Lieu dit Bellevue
LOCMARIAQUER
✆ 06 28 81 01 13
Vente directe à la brasserie du mardi au samedi de 10h à 13h et de 17h à 19h. Ou sur les marchés des environs.

C'est au Chili que Clotilde et Yann Morvant commencent à brasser leur propre bière faute de proposition locale satisfaisante. Revenus en France, ils ramènent dans leurs valises cette même idée : brasser artisanalement leur propre bière à Locmariaquer. L'Etrille était née ! C'est précisément dans leur maison, dans un coin spécialement aménagé pour, qu'ils brassent, conditionnent et vendent leur breuvage. Vous pourrez même déguster une bière blonde ou ambrée sur place, dans le jardin à côté du potager, avec une très belle vue sur l'eau. Superbe !

LES HUITRES D'EVARISTE

Kerivaud
LOCMARIAQUER
✆ 06 61 75 54 42
Vendredi dès 18h30 ; samedi et dimanche 11h30-14h30 et dès 18h30 en soirée. Formules Huîtres et muscadet 8-14 €.

Si vous passez par la superbe pointe de Locmariaquer, c'est un immanquable ! Amateurs d'huîtres et de petit coin de paradis, le lieu est fait pour vous ! Et pour les autres aussi. Confortablement installés dans l'herbe sur des fauteuils et sièges de rotin chinés ici et là et des tables de bois de palettes peintes de vert et de bleu, vous apprécierez la quiétude des lieux, le chant des oiseaux et le calme remous de l'eau. Des huîtres, des palourdes cuites ou crues, du pain Pesked, des verres de vin et la mer à vos pieds... Que demander de plus ?

LA MAISON QUINTIN - LA PERLE DE QUEHAN

7, Route de Quehan - **SAINT-PHILIBERT**
✆ 02 97 55 01 94
www.laperledequehan.com
Terrasse avec superbe vue sur l'eau. Haute saison : ouvert tlj, midi et soir. Basse saison : du vendredi au dimanche.

Depuis trois générations la Maison Quintin, plusieurs fois médaillée pour la qualité de ses produits, est installée sur les bords de la rivière de Crach. Aujourd'hui, c'est Jean-François qui vous propose ses huîtres plates et creuses, homards, langoustes, tourteaux et araignées de mer. La maison propose également un service de livraison, un coin boutique et des gîtes. A ne surtout pas rater : la magnifique terrasse en été qui donne sur un panorama de rêve !

QUIBERON ★★★

Reliée au continent par 7 km de sable, la presqu'île de Quiberon attire les amoureux de la mer. En pleine saison, il faut être patient pour y accéder à cause du trafic automobile dense. La ligne saisonnière entre Auray et Quiberon y a d'ailleurs gagné son nom : le Tire-Bouchon ! Les deux flancs de la presqu'île offrent un contraste saisissant. Alors que la côte orientale est calme et sablonneuse. La côte occidentale est rocheuse et battue par la houle, c'est la fameuse Côte Sauvage. Au XIXe siècle, une vingtaine de conserveries emploient plus de 1 500 ouvrières faisant de Quiberon le premier port sardinier de France. Depuis, le tourisme a pris le pas.

FUMAGE ARTISANAL MAISON LUCAS

Quai des Saveurs
✆ 02 97 50 59 50
www.maisonlucas.com
Ouvert à la visite des vacances Pâques à la Toussaint. Gratuit. Visite guidée gratuite (30 min).

Cette entreprise familiale mêle le goût de la qualité artisanale aux exigences des normes européennes. Tous les jours, les plus beaux poissons sont sélectionnés avec soin. Le produit phare : le saucisson de thon blanc. Préparé dans les ateliers, salé à sec et fumé à la sciure de hêtre vert, ce produit original se conserve jusqu'à trois semaines au réfrigérateur. La Maison propose également d'autres poissons fumés tels que le saumon, la sardine, le maquereau.

CONSERVERIE LA BELLE-ÎLOISE

ZA Plein Ouest ✆ 02 97 50 09 08
www.labelleiloise.fr
Ouvert toute l'année. Horaires des visites consultables sur le site Internet, rubrique « Nos boutiques ».

Depuis trois générations, la Conserverie la Belle-Iloise perpétue sur la presqu'île de Quiberon la tradition des conserves gastronomiques de poissons. Le meilleur poisson, travaillé à la main, entre dans la composition de ces conserves. Découvrez les ateliers de fabrication actuels et plongez dans le passé quiberonnais à travers les reconstitutions et films d'archives. La visite gratuite et accompagnée dure environ 45 minutes. Elle est ponctuée d'une dégustation offerte.

PETIT TRAIN TOURISTIQUE

Place Hoche ✆ 02 97 24 06 29
www.petittrain-quiberon.com
Tous les jours d'avril à fin septembre. Départ toutes les heures place Hoche de 10h à 18h (sauf 13h). Adulte 7,50 €.

Embarquez à bord du petit train pour 50 min de circuit commenté et découvrez les deux facettes de Quiberon : côté baie, parmi les plus belles du monde, et côté ouest, la magnifique côte sauvage parsemée de falaises ciselées par les flots. Le spectacle est saisissant, même par temps calme. Sur le retour, découvrez le château Turpault, port Maria : le port de pêche et l'embarcadère pour les îles de Houat, Hoëdic et Belle-Ile-en-Mer.

Le circuit est commenté en 8 langues, une version plus ludique pour les enfants en compagnie de 2 personnages inoubliables : ZIG et ZAG.

LA COUR D'ORGÈRES GÂTEAUX ET GLACES

Pôle artisanal Plein Ouest ✆ 02 97 29 55 62
www.lacourdorgeres.com
Du lundi au vendredi de 10h à 12h30 et de 14h à 18h. Le samedi pendant les vacances scolaires. Visite avec dégustation.

Dans cette boutique, on découvre une décoration à l'ancienne avec des vieux meubles en bois dignes des fermes d'antan. On peut y découvrir l'histoire de la confiture et visiter l'atelier de fabrication. L'occasion de découvrir les spécialités de la maison : les confitures insolites et coquines, les sucrées-salées, les traditions, les voluptueuses et légères ou encore les gelées pulpeuses sans pépin ; l'univers du chocolat, des confiseries, l'épicerie fine ou encore la fine de mer.

LA MAISON D'ARMORINE

5, boulevard Chanard
✆ 02 97 50 09 96
www.maison-armorine.com
Ouvert de 9h à 12h30 et de 14h à 18h. Visite possible.

Depuis 1946, trois générations se sont succédé, perpétuant ainsi les secrets de fabrication traditionnelle de ces redoutables gourmandises. Sucre de canne, beurre salé, sel de Guérande, vieux chaudrons en cuivre accompagnés de l'incomparable talent de l'artisan confiseur, voilà le secret ! Et puisqu'on peut visiter leur atelier qui se situe 1, rue des Confiseurs à Quiberon, on ne s'en prive pas... On peut y découvrir les machines de confiserie du début du siècle et assister à l'élaboration des spécialités artisanales : la niniche et le salidou par exemple.

LES PLAGES

La côte quiberonnaise abrite de très belles plages de sable fin, chacune ayant ses particularités. Certaines sont interdites à la baignade comme la plage de Port Rhu ou la plage de Port-Blanc qui cache des lames de fond trop dangereuses pour pouvoir se baigner. Abritée par les dunes et les falaises sculptées, elle offre en revanche de superbes paysages naturels à dessiner, peindre ou photographier. A découvrir : les plages de Kerhostin, du Grand Rohu (idéal pour les familles), de Penthièvre (la plus grande de la presqu'île) ou encore de Keraude.

LE BOIS D'AMOUR €€

Rue Saint-Clément
✆ 02 97 50 13 52
www.quiberon-camping.com

Ouvert d'avril à septembre. Réservation recommandée. 5 hectares. Mobil-home (semaine) dès 229 €. Restauration.

A seulement 150 mètres de la superbe plage du Goviro, le camping Le Bois d'Amour dispose de nombreux autres atouts, notamment la piscine couverte et chauffée avec pataugeoire pour les jeunes enfants. L'établissement dispose aussi d'un terrain de boules, d'aires de jeux, de structures gonflables, de la location de vélos, ainsi que d'une épicerie, d'un snack, d'un bar et d'un restaurant... En saison, de nombreuses animations, tels des clubs enfants vous seront proposés. Le plus : la thalassothérapie de Quiberon à seulement 150 mètres du camping !

COMPAGNIE OCÉANE

Gare Maritime
Port Maria ✆ 08 20 05 61 56
www.compagnie-oceane.fr

Départs quotidiens toute l'année, véhicules et passagers. Accès PMR. Horaires et tarifs sur leur site internet.

Au départ de Quiberon, vous aurez la possibilité de vous diriger vers Belle-Île, Houat ou Hoëdic, les deux dernières étant des îles plus petites (120 habitants pour Hoëdic) et plus sauvages que la première. Pour y arriver, il faudra compter 45 minutes de traversée pour Belle-Île avec 5 allers-retours par jour en basse saison et jusqu'à 12 en haute saison. Pour aller à Houat, il faudra 40 minutes (2 allers-retours en basse saison et jusqu'à 5 en haute saison, comme pour Hoëdic qui compte en revanche un temps de traversée de 55 minutes). I

CAMPING DU CONGUEL €€

7, boulevard de la Teignouse
✆ 02 97 50 19 11
www.leconguel.com

Mobil-homes pour 4 à 6 personnes. Aire pour camping-cars. Club enfants. Animaux acceptés. Bain bouillonnant. Animations.

C'est à seulement quelques mètres d'une plage bien abritée vers le golfe de Quiberon que se situe le camping du Conguel. L'endroit idéal pour les familles avec enfants grâce aux nombreuses animations et aux équipements proposés : piscine couverte chauffée, pataugeoire, toboggans, bain bouillonnant, structure gonflable, aire de jeux, bar, snack, restaurant, épicerie. Sinon, vous pourrez aussi profiter de la location sur place de vélos, canoës ou paddles pour aller explorer les environs. Pour info : vous pouvez désormais acquérir un mobil-home !

CAMPING DO MI SI LA MI €

8, rue de la Vierge
✆ 02 97 50 22 52
www.domisilami.com

Ouvert d'avril à septembre. Réservation recommandée. 5 hectares. 350 emplacements. Mobil-home (semaine) dès 282 €.

Très beau camping familial avec son superbe espace de 600 m² avec salle d'animations, espace pour les ados et pour les bébés. Situé à moins de 100 mètres de la plage, l'environnement est charmant avec ses haies fleuries qui délimitent les emplacements. Quant aux services, ils sont à la hauteur du confort du camping : laverie, sanitaires bébés, salle TV, terrain multisports et wifi accessible partout. Supermarché, bar-restaurant à 100 mètres. Belle terrasse vue mer. Un camp 3-étoiles pour les amoureux de la nature (cabane sur pilotis avec vue étoilée) !

HÔTEL ALBATROS €€

24, quai de Belle-Ile
✆ 02 97 50 15 05
www.hotel-albatros-quiberon.com/

35 chambres. Chambre double à partir de 71 €. Restauration (Le Corsaire).

Ancré en plein centre de Quiberon, à seulement 20 mètres de la grande plage, à proximité du port de pêche et de l'embarcadère, l'hôtel Albatros est un établissement familial exposé plein sud jouit d'une vue exceptionnelle sur la mer, les îles, la grande plage et le port de pêche. Il dispose de 35 chambres spacieuses, lumineuses et confortables, équipées chacune de baignoire ou douche, wc, télévision écran plat et téléphone. Son restaurant Le Corsaire vous régalera d'une cuisine traditionnelle d'inspiration principalement marine.

BEAUSEJOUR €€

13, Boulevard du Parco
© 02 97 30 44 93
www.campingbeausejour.com
Ouvert d'avril à fin septembre. 173 emplacements. Mobil-home (semaine) dès 320 €. Aire de service pour camping-car.

Le camping 2* Beauséjour se trouve idéalement placé, à 50m de la mer, entre Quiberon et Saint-Pierre, à proximité de la plage de St-Julien. Dans un environnement où la nature est respectée et la végétation entretenue, vous pourrez séjourner pour la nuit (à partir d'une nuit en camping et 2 nuits en mobil-home), ou à la semaine. En juillet et août, les enfants peuvent bénéficier d'une animation encadrée par une animatrice dans le centre du camping. N'hésitez plus et venez profiter du microclimat de la presqu'île (2 500 heures de soleil par an) !

HÔTEL PORT HALIGUEN €€

Place de Port-Haliguen
© 02 97 50 16 52
www.hotel-port-haliguen.com
Ouvert d'avril à fin octobre. Réservation recommandée. 21 chambres. Chambre double dès 70 € ; familiale dès 105 €.

Situé à quelques mètres de la plage et à côté de l'institut de thalassothérapie, le petit hôtel Port Haliguen est un établissement de charme doté de 21 chambres (doubles, triples, jusqu'aux chambres familiales pour 3 ou 4 personnes) joliment décorées. Les chambres donnent côté mer (sur le vieux port et son phare) ou côté jardin. Et que dire encore de la terrasse panoramique qui offre une vue exceptionnelle sur la baie de Quiberon... L'hôtel propose de louer des vélos. Le moyen idéal pour aller découvrir la côte sauvage toute proche !

SOFITEL QUIBERON THALASSA SEA & SPA €€

Pointe de Goulvars © 02 97 50 20 00
www.thalassa.com
Ouvert toute l'année. 126 chambres dès 213 €, dont 22 suites. Spa, hammam, sauna. Réservation recommandée.

Les chambres offrent une vue imprenable sur l'océan et les îles du Ponant. Attenant à l'hôtel, la thalassothérapie vous invite à profiter de moments de bien-être et de soins experts. Immense piscine d'eau de mer chauffée, bain à remous extérieur, sauna, hammam, salle de fitness et appareils dernier cri, cours de gym en extérieur et soins personnalisés, trois restaurants pour manger selon ses envies avec *room service* selon ses envies... Tout est pensé pour un bien-être total.

LE CAFE DU MIDI

1, place du Port Haliguen
✆ 02 97 24 21 10
Bistrot crêperie ouvert tous les jours de 10h à 1h, midi et soir, excepté le jeudi.

Enseigne conviviale par excellence, Le Café du Midi est le repère des locaux. On y vient pour boire un café, une bière, manger un burger ou une crêpe ! Et on ne se lasse pas de la vue privilégiée sur le joli port Haliguen, des murs et des tablées rapprochées dans la salle qui a conservé son charme et son cachet d'antan. C'est que l'enseigne est l'un des petits bijoux de la presqu'île, un café ouvert depuis 1890. Repris par Morgane, c'est une adresse sympa, typique, traditionnelle où l'on mange d'excellentes galettes, huîtres et salades. Bref tout ce qu'on aime !

LA STRADA €

14, avenue du Général de Gaulle
✆ 02 97 50 06 79
www.lastrada-quiberon.fr
Ouvert tlj en juillet août. Fermé mardi soir et mercredi hors saison. Menu unique 14,50 €. Pizza 8-13,90 €. Terrasse.

En dehors des sentiers touristiques, Mary et Pierre-Yves proposent des pizzas à la pâte fine, des galettes croustillantes et des crêpes savoureuses, dans une ambiance agréable où détente et plaisir riment. Egalement un plat du jour et une formule du midi en semaine. Ici tout est fait maison, les plats sont comme on les aime et réalisés avec des produits de qualité. Lorsque vous apercevez la devanture colorée de La Strada, n'hésitez pas à vous arrêter, vous ne serez pas déçus. Le restaurant est ouvert toute l'année, avec un très bon rapport qualité-prix.

MAM'Z'ELLE D'ANTAN €

36, Rue de Port Maria
✆ 02 22 21 43 41
https://mamzelledantan.com/
Hors saison : 9h30-18h30, fermé le mercredi après-midi et le jeudi. Haute saison : 8h00-19h00. Terrasse. Boutique.

Chez Mam'z'Elle d'Antan, vous pourrez découvrir une cuisine gourmande avec des plats faits maison : tartes salées, quiches, poissons, salades, soupes... Les propositions dépendent de l'humeur du jour, mais surtout de la saison. Et Mam'Z'Elle D'Antan n'oublie pas les végétariens ! D'ailleurs, elle cuisine aussi sans gluten (surtout ses pâtisseries !). L'établissement est un restaurant, mais aussi une épicerie et un salon de thé qui propose des ateliers cuisine ou jeux de société. On y déguste brunch, petit-déjeuner et collation salée. Une trouvaille !

LES BAIGNEUSES €€

7, rue de Port-Maria
✆ 02 97 50 33 89
Tlj de 10h à 22h. Accueil des groupes. Terrasse. Galette de 7,20 à 13,90 €. Assiette à partager 18,90-23,90 €.

L'ex-Villa Margot devient Les Baigneuses. Blotti au cœur d'une maison du XIXe siècle avec tourelle attenante, merveilleusement situé face à l'océan sur la plage de Quiberon, non loin de l'embarcadère des îles et de la place Hoche, le restaurant propose une cuisine centrée sur les spécialités locales et les produits de la mer. A la carte, vous trouverez des assiettes terre et mer à partager, une sélection de galettes et de crêpes pour tous les goûts et de généreuses coupes de glace. Joli spot et terrasse agréable. Un endroit sympa pour boire un verre ou manger !

Le port Maria, Quiberon.

LE BARAGWIN €€

Port Haliguen
✆ 06 58 35 23 68
www.baragwin.fr
Ouvert mardi soir ; du mercredi au vendredi de 8h à 14h et le soir ; le week-end. Haute saison : tous les jours.

BaraGwin, en breton c'est du pain et du vin... Voilà l'idée de cet établissement, en plus abouti évidemment. Pour faire simple, le BaraGwin vous propose les petits déjeuners avec du pain et des viennoiseries, les déjeuners avec plats du jour ou suggestions à l'ardoise, les soirées avec tapas. Cuisine maison du monde et du terroir, le BarGwin propose par exemple des burgers, des fish and potatoes, des tortillas... Le plus : certains plats sont proposés à emporter. Tout comme les vins de la cave de l'établissement... Et il y a près de 80 références...

LE BISTROT DU PORT €€

8 Quai de l'Océan
✆ 02 97 85 78 16
http://bistrotduport-quiberon.fr/
Ouvert de 9h30 à 23h. Fermé mardi en juillet et août. Fermé mercredi et jeudi hors saison. Plat 15-19 €.

Sur Port Maria face à la criée, le Bistrot du Port est une adresse chaleureuse où il fait bon manger et qui vous ouvre ses portes midi et soir. Bruno et Jean-Pierre sont installés à Quiberon depuis 2018 et proposent un lieu qui fait bar et cuisine bistronomique avec une belle sélection de plats frais, de poissons, de viandes et de délicieux fruits de mer. Cotriade de poissons façon bistrot, filet de bar à la vanille et lait de coco, vernis et palourdes farcies ou encore tartare de bœuf au couteau comptent parmi les spécialités à la carte. A tester !

MAISON RIGUIDEL

38, rue de Port-Maria ✆ 02 97 50 07 41
www.maison-riguidel.bzh
Lundi, mardi, jeudi 8h-13h/14h30-19h ; fermé mercredi ; vendredi et samedi 8h-19h ; dimanche 8h-18h. Commandes en ligne.

© MAISON RIGUIDEL

Cette boulangerie-pâtisserie bretonne a été fondée en 1893. Aujourd'hui, c'est la 5e génération qui perpétue la tradition de « la Beurrée de Riguidel », comme l'appellent les adeptes, qui est à n'en pas douter le meilleur kouign-amann de Bretagne ! La Beurrée de Riguidel, sur une base de pâte à pain feuilletée et caramélisée, est le produit phare de la maison tout comme le quatre-quarts breton, la galette Riguidel (une sorte de gâteau breton sablé) ou le pain doux, un pain brioché au rhum et raisins absolument délicieux. Commande en ligne sur leur site Internet

LA CABANE À CRABES €€

1, rue de Kervozes
✆ 02 97 30 40 43
www.lacabaneacrabes.fr/
Tous les jours midi et soir. Formule Cabane 19 €-25 €. Formule Saint- Jacques Rôties 26 €. Formule fish express 15 €.

Après un premier restaurant à Binic, La Cabane à Crabes s'installe à Quiberon, à deux pas de la plage de Port-Maria et de l'embarcadère pour Belle-île-en-Mer, Houat et Hoedic. Ce restaurant de poissons et de fruits de mer vous accueille tous les jours, midi et soir, dans ses deux salles claires et chaleureuses. On vous recommande fortement les Saint-Jacques rôties et le burger de crabe, délicieux ! Le demi homard n'est pas mal non plus... Egalement, une jolie carte de vins. Et pour les concerts de jazz, on vous donne rendez-vous à Pâques...

LA CAPITAINERIE €€

1, rue des Conserveries
✆ 02 97 30 38 39
Ouvert toute l'année. Ouvert 7j/7 en service continu pendant les vacances scolaires. Terrasse. Réservation recommandée.

Cette crêperie, comme son nom l'indique, est située dans l'ancienne capitainerie de Port-Maria, face à la criée, et propose des galettes et crêpes à la fois traditionnelles et originales. Vous découvrirez par exemple la gourmande galette Landaise au filet de magret de canard fumé, emmental, chèvre et miel ou bien la chaleureuse Madrilène à l'emmental, chorizo, tomates cuisinées, crème fraîche... Envie d'une note sucrée ? La crêpe Palais au caramel beurre salé maison, sorbet cassis, crème sucrée, palet breton vous ravira ! Agréable terrasse face à la mer.

LE CORSAIRE €€

24, quai de Belle-Ile
✆ 02 97 50 15 05
www.hotel-albatros-quiberon.com
Haute saison : ouvert tous les jours. Menus de 16,50 € à 31,90 €. Menu enfant : 9,90 €. Accueil des groupes. Terrasse.

Situé juste en face de l'embarcadère de Belle-Ile, au rez-de-chaussée de l'hôtel Albatros, on trouve facilement le Corsaire. La salle, vaste et lumineuse comme la terrasse, peut accueillir jusqu'à 100 personnes. Aux étages, on bénéficie d'un joli point de vue sur Belle-Ile. Quoi de mieux pour déguster les spécialités de la maison ? Carpaccio de poulpe mariné, salade de raie au vinaigre de framboise, steak de thon rouge sur sa tarte fine et fondue d'échalotes, Saint-Jacques snackées.. Sans oublier les fruits de mer, les viandes et les salades repas. Belle adresse !

LA CREP €€

24, rue de Port-Maria
✆ 02 97 50 44 28
Basse saison : mercredi-dimanche. Ouvert tous les jours pendant les vacances scolaires. Accueil des groupes. Terrasse.

Christelle et Virginie ont repris la Crep en avril 2017. Située dans une petite rue pavée, parallèle à l'embarcadère, vous aurez toujours plaisir à découvrir cette crêperie chaleureuse. Dès les beaux jours venus, vous apprécierez certainement la terrasse côté jardin... Pour la dégustation, il y a les classiques mais aussi quelques originalités telle la Cactus ! Préparées avec soin et générosité, à partir de produits frais et cuisinés maison, les crêpes et galettes sont excellentes. Une délicieuse adresse doublée d'un très bon accueil.

CRÊPERIE-RESTAURANT DU VIEUX PORT €€

42-44, rue Surcouf
✆ 02 97 50 01 56
www.creperieduvieuxport.fr
En juillet et août, tous les jours de 12h à 22h. Fermé le mercredi hors vacances scolaires. Jardin. Terrasse.

Située sur le contre-quai du vieux port de Port-Haliguen, face au grand phare, «Chez Jean-Marc», comme l'appellent les habitués, est un établissement niché dans une maison de pêcheur. Le restaurant vous accueille dans l'une de ses 3 salles et dans son charmant petit jardin fleuri. Ici, on mange des galettes de blé noir comme la fameuse crêpe du Vieux Port (coquilles Saint-Jacques, moules, crevettes), des salades repas, des fruits de mer, du poisson...

A LA LOUCHE €€

42, rue de Port Maria ✆ 02 97 59 07 49
www.alalouche-restaurant-quiberon.jimdofree.com
Du jeudi au lundi, midi et soir et mardi midi. Menus de 22,50 € à 27,50 €. Formule du midi : 19,50 €. Terrasse.

Dans sa déco rétro-vintage, cet établissement vous propose une cuisine gourmande et créative. Gambas kari gosse, mousseline de fond d'artichauts, Tatin d'endives et chèvre au caramel, magret de canard au poivre du Sichuan, mignon de porc au saté, choucroute de la mer au beurre blanc, morgate à la provençale, Saint-Jacques au whisky, ou encore crumble de cabillaud au pesto de roquette... Sans oublier quelques suggestions du jour telles que les Saint-Jacques au chouchen et à l'andouille de Guémené ! Une adresse que l'on retiendra.

RESTAURANT L'ATLANTIQUE €€

10, place du Port-Haliguen
✆ 02 56 54 23 84
www.restaurantlatlantique.fr
Ouvert du mardi au dimanche de 12h15 à 14h30 et de 19h15 à 21h30. Sauf vacances et jours fériés. Menus de 32 € à 55 €.

Dans ce restaurant ô combien connu de Port Haliguen, les deux compères, Nicolas et Soufiane, font voler leur établissement vers la célébrité. L'endroit est sympa et accueillant avec sa belle terrasse et son intérieur façon brasserie. La cuisine de Nicolas mêle poisson et influence du Sud-Ouest. Ses recettes le confirment : magret, Piquillos, Espelette, piperade. La carte change plusieurs fois par an et, régulièrement, Soufiane invite des *musicos* pour mettre l'ambiance. Une très bonne table. Il faut y aller au moins une fois pour comprendre.

TY KAWA

29 Place Hoche
✆ 09 87 73 51 08
www.tykawa.bzh
Ouvert du mardi au dimanche. Menu Foccacia 12 € ; Bruschetta 12 € Bagel 9 € ; Salade 10 € ; Brunch 25 €.

Plutôt discrète, l'enseigne Ty Kawa est installée dans le centre de Quiberon. Ce coffee shop cosy propose des menus à petits prix. Hot dog, bruschetta, focaccia, bagel, ou encore salade... Il y en a pour tous les goûts ! Vous trouverez également des brunchs et des formules petit déjeuner servies été comme hiver. A la carte, une belle sélection de gourmandises salées et sucrées, des jus frais, des boissons bio ou des chocolats chauds maison, de quoi se désaltérer aux beaux jours et se réconforter durant la grisaille de l'hiver.

CONSERVERIE LES JEANNETTES

38, rue du Port-de-Pêche
✆ 02 97 50 07 13
www.conserveslesjeannettes.com
Ouvert du lundi au vendredi de 10h à 12h et de 15h à 18h.

Aux conserveries Jeannettes, c'est la qualité qui prime. Du poisson frais (sardines et thons), travaillé à la main, une méthode artisanale, des recettes inchangées depuis 1925, voilà comment les Jeannettes conservent leur renommée. Les fameuses sardines au beurre se réchauffent même en plat principal. Sinon vous trouverez de la soupe de poisson, de la crème à toaster, des rillettes de maquereaux au citron, de la bisque de homard : de quoi régaler les gourmets de saveurs marines !

HAPPY KITE SCHOOL

Capitainerie Port Haliguen 2
✆ 06 21 15 59 48
https://happykiteschool.com
Ouvert tous les jours de 8h à 21h. Cours dès 200 €, stage de 3 séances 500 € et location de paddle dès 35 €.

Benoît a ouvert en 2016, son école de glisse Happy Kite School dans la sublime baie de Quiberon, au sein du port de plaisance de la presqu'île. Il propose cours, stages et location de kitesurf, paddle, wing, et, depuis peu, de e-foil. Avide de sensations ? Ce surf électrique volant est fait pour vous ! Il permet de se mouvoir jusqu'à un mètre au-dessus de l'eau à plus de 35 km/h ! Propulsé par une petite hélice sur le mât et à un petit moteur dans la planche, nul besoin d'être un as de la glisse pour vivre une expérience insolite. Sensations garanties !

SAINT-PIERRE-QUIBERON ★★

Saint-Pierre-de-Quiberon, c'est avant tout la beauté de sa côte sauvage, une côte de falaises battues et sculptées par le vent. Impossible de rester insensible à son charme. La commune compte 17 plages, mais, attention, elles ne sont pas toutes autorisées à la baignade. En s'y baladant au printemps, le spectacle des dunes recouvertes de tapis de plantes et de fleurs vous enchantera... Certains lieux sont à découvrir absolument comme la pointe du Percho, les plages de Port Bora et de Port Blanc ainsi que l'Arche de Port Blanc. Côté patrimoine, la chapelle de Lotivy, les mégalithes et le fort Penthièvre méritent également que l'on s'y attarde.

CAMPING DE L'OCÉAN €€

16, avenue de Groix ✆ 02 97 30 91 29
www.relaisdelocean.com/
Ouvert d'avril à novembre. Réservation recommandée. 6 hectares. 250 emplacements. Chalet (semaine) dès 54 €.

Bienvenue au paradis des pêcheurs, amateurs de voile, de balade et de kayak de mer ! Situé face à l'océan, avec une rampe d'accès pour les bateaux, le Camping de l'Océan propose des mobil-homes, des chalets, des emplacements pour tente, caravane et camping-car. Durant votre séjour, vous pourrez profiter de la piscine chauffée, des vélos pour découvrir les superbes paysages de Quiberon, mais aussi du terrain multisports, de l'aire de jeux. Sans oublier le légendaire « Ty Mouss » (bar, dépôt de pain, épicerie...) et les animations proposées par le Camping de l'Océan

© STEFAN ROTTER - SHUTTERSTOCK.COM
Saint-Pierre-Quiberon.

CAMPING PARK ER LANN €€

4, rue de l'Ecole de Voile ✆ 02 97 50 24 93
www.campingparkerlann.com
42 emplacements nus. Mobil-home (semaine) dès 222 €. Bel espace aquatique. Réservation recommandée.

Le Camping 3 étoiles Park er Lann vous assure un séjour de détente à seulement 700 mètres de l'océan. En couple, en famille ou entre amis, la situation idéale de la petite station balnéaire de Saint-Pierre Quiberon, à proximité du Golfe du Morbihan, promet de jolies balades et activités nautiques. Le camping vous offre un bel espace aquatique avec balnéo, pataugeoire et espace détente, ainsi qu'un bar-snack. Une supérette se trouve également à 700 mètres du camping.

Ouverture au public de début avril à la fin des vacances de la Toussaint.

HÔTEL DE LA PLAGE €€

25 quai d'Orange
✆ 02 97 30 92 10
www.hotel-plage-quiberon.com
Ouvert d'avril à septembre. Réservation recommandée. Chambre dès 74 €. Appartement dès 119 €. Animaux acceptés.

C'est l'endroit idéal pour venir en famille ou entre amis. La plupart des chambres ont un balcon ou une terrasse pour profiter au mieux de l'océan. Le petit déjeuner est servi sous forme de buffet dans la salle de restaurant et peut être pris en terrasse ou dans la chambre (même tardivement). L'hôtel de la Plage propose également des séjours en demi-pension. Tous les soirs, au menu, des produits du terroir breton et un poisson cuisiné par le chef Maître Restaurateur. Le midi, il faudra vous diriger vers la brasserie de la Plage.

L'ANNEXE BAR

2, quai Saint-Ivy Portivy
✆ 06 07 19 82 93
Ouvert du vendredi au lundi de 10h à 1h ; le mardi de 10h à 0h.

Petit coin de paradis de Saint-Pierre-Quiberon, Portivy recèle des petites tables fort sympathiques. L'Annexe Bar en est une. Avec ses deux terrasses qui donnent directement sur le port et la mer toute proche, c'est le spot idéal pour un apéro entre amis et admirer le soleil se coucher... L'Annexe Bar propose, pour accompagner vos rafraîchissements, des petits encas à tout moment de la journée : viennoiseries, saucissons, mais aussi sandwichs chauds et croque-monsieur... On vous conseille le croque t'Ivy, une tartine de 3 fromages, jambon cru et chorizo. Fameux !

LE BATEAU IVRE €€

Portivy
✆ 02 97 30 99 19
Ouvert toute l'année de 9h30 à 00h30. Fermé le mardi. Réservation recommandée. Accueil des groupes. Terrasse.

Le Bateau Ivre, avec sa situation sans pareille face au port de Portivy, est un lieu incroyable avec un coucher de soleil à couper le souffle. Ce café-restaurant, avec sa terrasse de 60 couverts, a été repris en février 2019 par Valérie et Pierrick. Salades, moules, fruits de mer et burger, si la carte est quelque peu réduite, les plats sont en revanche excellents et les assiettes généreuses. L'adresse est courue, surtout les tables donnant sur la mer, alors pensez bien à réserver ! L'équipe est adorable et le cadre parfait. On adore !

LE BIGORN'EAU €€

Port d'Orange
✆ 02 97 30 91 59
www.lebigorneau-saint-pierre-quiberon.fr
Ouvert toute l'année et tous les jours en saison. Carte : 15 € environ. Terrasse. Concerts.

Superbe emplacement pour ce Bigorn'eau : tout est ouvert vers la baie de Quiberon. On y admire les couchers de soleil le soir sur la terrasse si propice à ces moments de quiétude... La carte se veut essentiellement tournée vers les galettes et crêpes, mais vous pourrez y faire un excellent repas autour des fruits de mer et des salades repas telles la salade penn sardine : salade verte, filets de sardines au basilic, filets d'anchois marinés, pommes de terre tièdes, oignons frais et basilic frais. On craque pour : l'assiette de poissons fumés de Chez Lucas.

LE PETIT HÔTEL DU GRAND LARGE €€€

Quai d'Ivy
✆ 02 97 30 91 61
www.lepetithoteldugrandlarge.fr
Ouvert toute l'année. Au déjeuner, menu à 50 et 100 €. Au dîner, menu unique à 100 €.

Le petit hôtel du grand large : un hôtel-restaurant planté face à la mer et un chef qui cuisine merveilleusement bien la pêche. Poissons, coquillages, herbes aromatiques, légumes ou fruits sont magnifiés. Un jour, le mulet noir peut être l'invité d'honneur. Le lendemain, ce sont les pouces-pieds qui ont la vedette. Le chef est ainsi, il cuisine les poissons moins connus pour une clientèle désireuse d'en savoir plus sur le sabre, le tacaud ou la cardine, et pas seulement la sardine...

ETEL ★

Blottie entre le port et la butte de Kérévin, la jolie et agréable commune d'Etel s'étale vers la rivière du Sach. Son nom, de l'ancien mot français « ételle », désigne une grande vague. Petit port de pêche et de plaisance, Etel était animé en 1937 par quelque 250 thoniers : de grands dundees à deux mâts portant une superbe voilure, du rose au brun. Grâce à de longues perches abaissées de chaque côté, les marins pêchaient le thon à la ligne. Aujourd'hui encore, la fête du thon est organisée chaque année, à la période estivale. Au programme : défilé de chars, prestations de groupes et repas traditionnels de thon grillé au déjeuner et au dîner...

MUSÉE DES THONIERS ★

3, impasse Jean Bart ✆ 02 97 55 26 67
www.museedesthoniers.fr

Ouvert d'avril à octobre, vacances scolaires, de mi-décembre à mi-janvier. Du mardi au dimanche de 14h à 18h. Entrée 6 €.

Embarquez comme un moussaillon de l'époque de la pêche au thon ! Découvrez des vieux gréements partiellement reconstitués et la grande histoire du port thonier, celle de ses marins pêcheurs et des conserveries. La sardine, le thon, la voile, les chaluts, le sauvetage ou encore le patrimoine, plus rien n'aura de secret pour vous. A travers des maquettes paysagères, des témoignages de marins et des vidéos, les visiteurs vogueront au fil de la Ria d'Etel dans une aventure pleine d'émotions. Le musée propose également des expositions virtuelles et temporaires.

LA BARRE D'ETEL ★

Située entre la pointe d'Erdeven et la tourelle du Chaudronnier, la barre d'Etel est un phénomène naturel apparu au siècle dernier qui doit son nom à un banc de sable sous-marin. A basse mer, il se découvre en partie et se déplace au gré du vent et des marées, rendant la navigation difficile, voire impossible. Et même par temps calme, le danger demeure car le chenal est étroit (200 m max. à marée basse) et peu profond (moins de 2 m aux plus basses mers).

En revanche, la Ria d'Etel est magnifique alors embarquez sans crainte pour une croisière depuis le port d'Etel.

NAVIX - COMPAGNIE MARITIME

Place des Thoniers ✆ 02 97 46 60 00
www.navix.fr

Adulte : 20 € - 13/25 ans : 16.15 € - 4/12 ans : 12.30 € -4 ans : 5.60 € - Tous les horaires et infos sur www.navix.fr

D'avril à septembre, depuis le port d'Etel, embarquez pour la plus secrète des mers intérieures ! La compagnie maritime Navix vous propose des croisières commentées pour découvrir la Ria d'Etel, une vallée fluviale envahie par la mer. Pendant environ une heure trente, vous découvrirez cette baie magnifique et parsemée d'îlots. De son embouchure avec la célèbre « barre d'Etel » au charmant îlot de Saint-Cado, laissez-vous tenter et voguez sur l'un des plus beaux sites de la région...

PAYS D'AURAY

© LAËTITIA STEIMETZ

La maison aux volets bleus de la Ria d'Etel.

CAMPING DE SAINT CADO €€

3, Pen-Perleieu
BELZ ✆ 02 97 55 31 98
camping-saintcado.com
Ouvert du 1er avril au 15 octobre. Réservation recommandée. 2,5 hectares. 86 emplacements. Mobil-home (semaine) dès 238 €

Le Camping de Saint-Cado, avec ses emplacements plats et herbeux et son terrain arboré les pieds dans l'eau, est un camping familial créé en 1971. Il domine le port et la Ria d'Etel, avec, en descendant seulement quelques marches, un accès direct à une petite plage. Pour vos activités : une aire de jeux pour les enfants, un terrain de tennis, un coin ping-pong, un terrain de pétanque et un service de boulangerie tous les matins en haute saison. En haute saison, des restaurateurs ambulants proposent également des plats à emporter quelques soirs en semaine.

HÔTEL RESTAURANT LE TRIANON €€

14, rue Général Leclerc ✆ 02 97 55 32 41
www.letrianon56.com
Logis. Fermé en janvier. 19 chambres. Chambre double dès 78 €. Petit déjeuner buffet 12 €. Restauration.

Petit hôtel au charme d'antan, le Trianon est situé à seulement cinq minutes de la plage et du port d'Etel. Vous y serez ici accueillis dans une ambiance chaleureuse et familiale. Les chambres sont charmantes. Certaines sont communicantes et permettent aux familles d'y séjourner en toute tranquillité. Salon avec cheminée, terrasse, jardin et restaurant viennent compléter le charme de l'hôtel. Les animaux sont admis et sans supplément. Un hôtel fort agréable à deux pas de la mer !

LE MOULIN DES OIES €€

21, rue de la Côte
BELZ ✆ 02 97 55 53 26
www.lemoulindesoies.com
Ouvert d'avril à fin septembre. Terrain 2 ha. 90 emplacements dont 20 mobil-homes. Mobil-home (1 à 4 pers) dès 220 €.

Ancien moulin à marée, le camping du Moulin des Oies est doté de beaux atouts pour un séjour de qualité. On y trouve notamment un superbe bassin d'eau de mer naturel de 2 000 m² accompagné d'une plage de sable privée ! Parmi les équipements, on retrouve une salle de détente (billard, babyfoot, TV, coin lecture), un snack-bar qui propose des plats du jour, des pizzas, des salades ou des burgers, un terrain multisport, mais aussi des sanitaires équipés d'un coin bébé. Un camping très agréable, classé parmi les 100 plus beaux campings de France.

LA VILLA KERGO €€

8, Venelle de Niveru
BELZ ✆ 06 25 40 06 16
Villa (10/12 pers.) de 1 300 à 2 800 € la semaine. Studio seul (2/3 pers.) dès 150 € la nuit. Location 2 nuits minimum.

A deux pas de la ria d'Etel et de Port-Niscop, cachée dans une venelle, cette charmante villa de 150 m², entièrement pensée et rénovée par ses propriétaires Caroline et Kevin, possède de nombreux atouts : un jardin de plus de 1 000 m² agrémenté de deux terrasses, une jolie capacité d'accueil et un bel espace de vie ouvert sur un séduisant patio avec bassin de nage et jets hydromassants. Pas de doute, la villa Kergo est l'environnement parfait pour un séjour agréable. Idéal pour famille et couples d'amis avec enfants. Petit-déjeuner et planche apéro sur demande.

LE BB RESTAURANT €€

2, rue du 8 mai
✆ 02 97 83 24 26
Basse saison, ouvert du vendredi au mardi le midi et le soir. Haute saison, tous les jours le midi et le soir. Terrasse

Avec sa décoration originale, ses couleurs chaudes et son atmosphère chaleureuse, le BB restaurant vous accueille dans un cadre idéal face à la mer. On y déguste avec plaisir les spécialités de la maison. En entrée, on découvre la tulipe craquante de homard, le camembert rôti à la truffe, ou encore le carpaccio de Saint-Jacques. On laisse ensuite place aux brochettes suspendues de poisson ou de viande. Le BB propose également un choix de burgers maison. Encore une petite faim ? Tester le baba au rhum ou le délice de noisette...

BIHAN CAFÉ €€

56, rue de la Libération
✆ 02 97 55 28 06
Ouvert de fin mars à fin novembre. Fermé le lundi. Accueil des groupes. Terrasse.

Le Bihan Café a changé de main et propose une cuisine de type brasserie avec à la carte, des burgers composés de pain maison et accompagnés de frites (maison également), des moules ainsi que des plats vegans et végétariens cuisinés à partir de produits frais et locaux. A savoir : l'établissement propose également des plats sans gluten sur demande. L'ambiance est agréable et conviviale et sachez que vous pourrez dénicher quelques petits trésors, dans le même concept que Ché Luz... Le plus : des concerts seront organisés en saison.

LE CHAT QUI PECHE €€

2, cours des Quais
✆ 02 97 55 24 70
Ouvert toute l'année. Du mardi au dimanche le midi et le soir. Fermé le lundi. Carte : 22 € environ.
Idéalement situé, vous pourrez profiter pleinement de la vue depuis l'une des terrasses de l'établissement, couverte ou non. Pour la dégustation, vous pourrez choisir entre viande, poisson, salades ou hamburgers composés de pain maison. Vous pourrez également choisir un menu du jour parmi deux entrées, deux plats et deux desserts. Au choix : friture d'éperlans, pavé de julienne, bavette d'aloyau, tartine du marin, sardines grillées... Pour les desserts, les gourmands se laisseront certainement tenter par le fondant au chocolat... Concerts le vendredi soir.

CHÉ LUZ €€

1, cours des Quais
✆ 06 10 77 70 53
Ouvert d'avril à début octobre. Ouvert du mardi au samedi le midi et le soir ; le dimanche midi. Terrasse.
Ché Luz est une institution à Etel ! Ce bar à huîtres placé juste en face du port et à la Ria d'Etel attire les touristes et les habitués. Durant la saison d'avril à septembre, l'établissement organise régulièrement des dîners concerts. Pensez à réserver, car la terrasse est prisée ! A la carte : des huîtres bien sûr, mais aussi des poissons fumés et de belles assiettes de fruits de mer. Pour finir le repas, Ché Luz vous propose également ses desserts maison. Notez que l'adresse est aussi un espace brocante, ce qui en fait un lieu complètement atypique.

SOUS L'PONT €€

Pont Lorois - 22 rue de port niscop
BELZ
✆ 09 72 80 39 25
Ouvert tous les jours midi et soir, sauf mardi et mercredi. Menu dès 14€. Plateaux de fruits de mer. Terrasse.
Pierre Fountaine a eu le nez creux en achetant en 2013, ce chantier naval à l'abandon depuis les années 1980. Avec son emplacement d'exception, au pied du pont Lorois, sur les bords de la ria, le bâtiment promettait la réalisation d'un beau projet. Et quel projet ! Après quelques années et sa rencontre avec son acolyte, Christophe Le Gloahec, restaurateur originaire d'Etel, l'enseigne voit le jour. Et depuis son ouverture, le 12 juin dernier, le restaurant ne désemplit pas. La carte est simple et gourmande. Et la vue justifie à elle seule le détour.

LES ALGUES MARINES €€

8, place Pen-er-Pont
BELZ
✆ 02 97 55 33 30
lesalguesmarines.e-monsite.com
Basse saison, du mardi au dimanche. Haute saison, tous les jours midi et soir. Accueil des groupes. Terrasse.
Lionel et Sophie vous accueillent dans ce restaurant au cadre exceptionnel à Saint-Cado, les pieds dans l'eau face à la Ria d'Etel. Ici, des produits frais et locaux pour la plupart et une cuisine traditionnelle. A la carte, vous trouverez des produits de la mer bien sûr (huîtres, langoustines, moules, plateaux de fruits de mer sur commande...), mais aussi des galettes et salades repas. En dessert, des pâtisseries maison comme le crumble aux pommes et caramel au beurre salé. L'ambiance est familiale et le cadre magnifique. À tester absolument !

© LES ALGUES MARINES

© LES ALGUES MARINES

PAYS D'AURAY

MAURICETTE €€

64, rue de la Libération
✆ 02 97 55 56 49
Ouvert du jeudi au mardi de 12h à 22h.
Chaises bébé. Jardin. Terrasse. Brocante.

© MAURICETTE

En plus d'être une crêperie, vous pourrez venir pour le goûter (les crêpes et le caramel sont excellents) et faire quelques emplettes, car Mauricette est un salon de thé, mais aussi une boutique ! De l'extérieur, la jolie devanture attire l'œil. Franchissez le seuil et un adorable espace de restauration, une terrasse couverte et un jardin (très mignon) vous attendent... N'hésitez pas à goûter les gâteaux maison. Un joli concept qui permet de repartir avec un petit souvenir de ce lieu unique. Réservez, surtout à la haute saison. L'endroit est petit et prisé !

CONFISERIE ARTISANALE PAPO

1, rue de Kerévin
✆ 06 43 15 54 75
www.confiseriepapo.com
Ouverture du mardi au samedi de 11h à 13h et 15h à 18h30.

Qui aime les bonbons ? Tout le monde ! Ici, vous trouverez des confiseries maison qui plairont à tous... Même aux dentistes ! Si si... Vous pourrez déguster des bonbons traditionnels et sans sucre, des gels de fruits et fleurs... À vous les sucettes, roudoudous et berlingots ! En plus, ils sont fabriqués «maison» et sans gélatine : ils sont donc végétariens. Vous pourrez aussi craquer sur les nougatines, caramels et sirops naturels, mais aussi sur les glaces et sorbets plein fruit.

BIOCOOP LA BELZ'SAISON

1, Rue du Suroît
BELZ
✆ 02 97 59 44 00
Ouvert du lundi au jeudi de 9h à 13h et de 14h30 à 19h ; le vendredi et le samedi de 9h à 19h.

La Biocoop de Belz, dans son bâtiment éco-construit, n'a plus à être présentée. L'enseigne propose un maximum de produits issus des exploitations locales : fruits et légumes mais aussi une sélection de produits transformés. Et on y trouve bien sûr un rayon de produits en vrac. Pour les amateurs de café, notez qu'il est torréfié et moulu sur place. La Belz'Saison propose également un rayon «soins du corps», ainsi qu'une cave à vin. Inutile de chercher ailleurs, la Biocoop fournit tout le nécessaire et ce, dans un esprit de partage et de coopérative...

AU PETIT PRINCE

15, rue Général de Gaulle
BELZ
✆ 02 97 55 33 31
www.aupetitprince.fr
Ouvert du mardi au samedi de 7h30 à 19h30 ; le dimanche de 7h30 à 13h et de 15h30 à 19h.

© AU PETIT PRINCE BELZ

Avis aux amateurs de gourmandises sucrées ! Après Carnac, Baud, Auray et Locoal-Mendon, Au Petit Prince prend ses quartiers à Belz. La boutique reprend le concept développé dans celle de Carnac : pâtisseries, chocolats, macarons mais aussi un bel espace salon de thé et snacking, ainsi qu'une boulangerie. Retrouvez les différents délices au chocolat, les confiseries et tous les autres biscuits, à déguster sur place ou à emporter. Vous ne connaissez pas encore ? N'hésitez plus et venez goûter aux nombreuses douceurs proposées par la maison !

BISCUITERIE KERJEANNE

26, route d'Auray - BELZ © 02 97 55 38 97
www.patisseriebretonne.fr

Toute l'année du mardi au dimanche midi. 7j/7 en juillet-août. Visite de l'atelier de fabrication les jeudis, à 11h.

Vous trouverez ici un grand choix de biscuits bretons dont les fameuses galettes et les palets bretons. Mais également des quatre-quarts, des fars aux pruneaux, des kouign-amann, des gâteaux bretons au caramel au beurre salé... Parmi les autres douceurs et gourmandises, vous aurez le choix entre les bonbons fondants au caramel, les confitures et miels, les chocolats, les entremets. La biscuiterie Kerjeanne complète son offre avec des produits salés, des boissons et de jolies idées cadeaux !

Futé : pensez à commander sur leur site Internet.

CAVE DE LA RIA

9, rue Général de Gaulle
BELZ
© 02 97 32 01 82
https://lacavedelaria.com/

Ouvert du mardi au samedi de 10h à 13h et de 15h à 19h ; le dimanche de 10h à 13h.

Installée en face de la mairie de Belz, la cave de la Ria a ouvert ses portes en juillet 2017. On y retrouve une belle sélection de vins mais aussi des spiritueux, du cidre et des bières artisanales locales. Le patron, c'est Simon. Il vous accueille dans sa cave avec plaisir et bonne humeur. N'hésitez pas à lui demander conseil pour trouver la bouteille qui accompagnera idéalement votre repas. En général, il ne se trompe pas ! La cave fait office de bar à vin le vendredi soir et le dimanche matin à l'occasion des deux marchés hebdomadaires de Belz.

BAT'O D'ARMOR

Place des Thoniers
© 06 75 01 29 73
www.bato-darmor.bzh

Jusqu'à 7 pers. à bord. Location 1h : 50 € ; 1h30 : 65 € ; 2h : 80 € ; 3h : 110 € ; 4h : 140 €.

Découvrez la Ria d'Etel à bord d'un bateau électrique sans permis ! Venez passer un moment agréable et en silence à bord de ces charmantes embarcations. Quelques conseils prodigués avant votre départ et vous voilà le capitaine et maître à bord d'un jour ! Location à partir d'une heure et jusqu'à 7 personnes par bateau. La bonne idée ? Amenez votre pique-nique à bord par exemple. Alors, n'hésitez plus, et faites-vous plaisir avec le bateau facile ! En route pour une belle balade dans un cadre tout simplement enchanteur. Bonne découverte !

LOCOAL-MENDON

Locoal-Mendon est une commune bordée à l'ouest par la Ria parsemée d'îles et d'îlots et s'étalant alors en d'innombrables bras de mer. C'est ainsi que l'on découvre 40 km de littoral abritant une faune riche en oiseaux marins (cormorans, canards, hérons et aigrettes...). Ici, les paysages sont à la fois ruraux et maritimes : c'est la campagne au bord de la mer ! De nos jours, Locoal-Mendon est connue grâce au bagad Ronsed-Mor (formation musicale traditionnelle plusieurs fois championne de Bretagne). Du point de vue du patrimoine, on peut découvrir de nombreux mégalithes (dolmens, menhirs ou lec'hs) mais aussi l'église de Mendon et son porche, ainsi que les fontaines et les calvaires, représentatifs des XVe et XVIe siècles bretons.

© JORDAN FONT - STOCK.ADOBE.COM

Locoal-Mendon.

L'ARBRE VOYAGEUR €€

Lieu-dit Ti Er Chir © 02 97 55 32 71
www.larbrevoyageur.com

5 chambres de 90 à 125 €. Petit déjeuner gratuit. Dîner table d'hôtes sur réservation : 29 €/pers. Parking gratuit.

Entre terre et mer, au calme au milieu d'un parc arboré et paysager, l'Arbre Voyageur est une belle longère néo-bretonne où Corinne et Hugues vous reçoivent dans un univers chaleureux. Les 5 chambres d'hôtes à la décoration élégante allient confort et intimité. Vous pourrez flâner au bord de la piscine couverte et chauffée ou à l'ombre d'un chêne ou encore profiter de l'espace salon-bibliothèque ouvrant sur le parc. Pour votre bien-être, plusieurs soins sont proposés : massage aquatique ou aux huiles essentielles, shiatsu, réflexologie plantaire, modelage...

PAYS D'AURAY

DON K'MILLO €€

2, route de l'Océan
✆ 02 97 24 34 30
Ouvert du mardi au samedi midi & soir, mercredi uniquement le soir. Pizzas 8,50-13 € ; burgers 11,50-12,50 €. Terrasse.

Au Don K'Millo, on mange des pizzas, des salades repas et de succulents burgers. Les propositions sont variées et créatives, comme ce Thaï burger au poulet mariné estragon, oignons rouges, sauce moutarde et miel, ou ce burger froid au saumon fumé, concombre, citron et ciboulette. Les suggestions du moment sont tout aussi sympathiques du côté des pizzas, en témoigne la pizza à base de tomates, saucisses fumées, lanières de poivrons, crème et paprika, ou bien, plus surprenant encore la pizza saumon fumé, crevettes, tomates cerises séchées et persillade... Gourmand !

CREPERIE DES 2 PROVINCES €

Moulin de Cochelin
✆ 02 97 12 82 40
www.creperiedes2provinces.fr
Ouvert mardi et mercredi midi ; du jeudi au dimanche de midi et soir. Ouvert 7/7 j en Juillet et Août. Formule 12 €

Depuis 2017, Nathalie et Olivier vous accueillent dans le moulin de Cochelin (1250) situé au cœur d'un environnement verdoyant et reposant. Les galettes et les crêpes sont réalisées avec du sarrazin et du froment IGP bio. A la carte, un joli choix des spécialités donc, mais également des soupes maison, omelettes, plats gratinés, salades repas, far aux pommes ou aux pruneaux, flans et gâteaux bretons. S'il n'y a pas de saison pour savourer une bonne crêpe, à la belle saison sur la terrasse ombragée, elle sera d'autant plus savoureuse !

ESPÈCE DE GANACHE

35, route de l'Océan ✆ 07 81 25 64 38
www.especedeganache.fr
Ouvert tous les jours de 9h30 à 19h30. À 3 km de la voie express (N 165), sur la route de Belz à la sortie de Mendon.

Installé à Locoal-Mendon dans une ancienne école datant de 1910, cette chocolaterie a déjà une belle reconnaissance. Chez Espèce de Ganache !, les arômes sont puissants, les associations étonnantes, les chocolats ont un goût subtil et délicat et les dégustations sont savoureuses. Au sein de cette superbe chocolaterie, vous pourrez également découvrir et profiter du coin détente. Confortablement installés, vous pourrez y déguster sur place vos petites douceurs autour d'un chocolat, d'un thé ou d'un café. Quelques ateliers sont également organisés.

AU PETIT PRINCE

Route de l'Océan
✆ 02 97 55 30 53
www.aupetitprince.fr
Ouvert du mardi au samedi de 7h30 à 13h et de 15h30 à 19h ; le dimanche de 7h30 à 12h30.

Si vous aimez les préparations gourmandes et sucrées, vous ne serez pas déçu ! Après les boutiques de Carnac, Baud, Auray et Belz, Au Petit Prince ouvre à Locoal-Mendon. Et le fameux chocolatier, pâtissier, créateur de macarons vous promet de nombreux bonheurs gustatifs ! Spécialités chocolatières, confiseries et autres biscuits n'attendent que vous. Vous pourrez également découvrir le pain et les viennoiseries faites maison, le *snacking* salé et les sandwichs. Alors, n'hésitez pas à pousser la porte de la boutique et à goûter aux douceurs de la maison !

LE P'TIT FERMIER DE KERVIHAN

Lieu Dit Kervihan
✆ 02 97 59 52 74
www.le-ptit-fermier-de-kervihan.fr
Marchés d'Auray, Etel, Carnac, La Trinté sur Mer, Quiberon. Mardi-vendredi : 9h30-13h/14h-18h30 ; samedi : 9h30-12h30.

C'est dans leur ferme située dans le village de Kervihan que Lydie et Vincent Joyeux et leurs collaborateurs élaborent, à partir du lait de leurs 80 vaches laitières, du fromage, du beurre, de la crème, des yaourts. En plus de la vente en direct sur le lieu de production, les visites de la ferme permettent de découvrir les animaux et d'assister à la traite des vaches. Des produits fermiers bio et une excursion familiale fort sympathique, Le P'tit fermier de Kervihan vaut le détour !

LES P'TITES MOUSSES

26, route de l'Océan
✆ 07 67 45 31 36
site.les-ptites-mousses.bzh
Du mardi au samedi de 16h à 19h.

Ce café-épicerie local a ouvert fin 2020 et mise sur l'accessibilité de produits locaux et ultra-locaux. Dans cette jolie adresse, on déguste de bons produits, sur place dans la partie café ou à emporter en click & collect. Rien de plus simple ! Vous composez votre panier sur le site des P'tites Mousses au plus tard le mercredi soir et vous le récupérez en boutique le samedi matin. Fruits et légumes, œufs, viande, vrac, café, thé, chocolat, bière, saucisson, tartinables, pâtisseries, mais aussi des fruits de mer : huîtres, palourdes, bigorneaux.. Il y a du choix !

LANDÉVANT

Landévant est célèbre dans l'histoire de France ! Et pour cause : en 1795, quelques milliers de Chouans ont battu les troupes républicaines lors de la Bataille qui porte le nom de la commune... Au gré de vos balades, vous pourrez découvrir plusieurs chapelles notamment celle du Listoir (5,2 km) et celle de Lannouan (3,7 km). Durant votre séjour, vous pourrez également voir la chapelle de Locmaria Er Hoët inscrite aux Monuments historiques en 1925. A l'époque, on raconte que la chapelle était un ancien hôpital où les pèlerins du Tro Breizh pouvaient se reposer et se soigner... Au même endroit se trouve également un calvaire datant de 1732 orné d'un Christ archaïque. A voir également : le moulin à marée, le dernier de la rivière d'Etel !

LE MOULIN DE LA DEMI-VILLE

La maison et le moulin à énergie mixte (à eau et à marée) ont été construits avec les pierres en provenance de l'ancien manoir de Demi-Ville. Sa roue en bois et à palette mesure environ 6 mètres de diamètre. La Demi-Ville est l'une des seigneuries présentes sur le territoire de la paroisse dès le XIIIe siècle. En 1200, elle est l'appartenance de Tristan du Bahuno, puis celle des familles de Villeblanche et de Perrien. Ce moulin est le dernier moulin à marée de la rivière d'Etel !

KERFETAN €€

5, rue Kerfétan - **LANDAUL** ✆ 02 97 24 54 54
www.kerfetan.com

Ouvert de fin mars à octobre. Tarifs sur site internet www.kerfetan.com. ANCV. Jeux pour enfants. Séminaires. WIFI.

Ce village vacances du réseau Cap France très bien situé, dispose de tous les équipements nécessaires pour que vous puissiez passer un agréable séjour. Piscine couverte chauffée d'avril à fin septembre, bibliothèque, salle de jeux (billard, ping-pong, babyfoot)... Location simple, demi-pension ou pension complète, gîtes, mobil-homes ou cottages. En période estivale un restaurant, des plats à emporter ainsi qu'un dépôt de pain sont à votre disposition. Soirées, animations, mini-golf, séjours randonnées, séjours découverte (circuits proposés sur mesure).

CHATEAU DE LANNOUAN €€€

Lieu-dit, Lannouan
✆ 06 15 70 63 87
www.chateaudelannouan.fr

5 chambres d'hôtes et gîtes. Dès 89 €/nuit la chambre double.

Un lieu d'exception niché sur un parc de 82 ha, vous voici au domaine du château de Lannouan. Un endroit superbe qui vous promet de passer un moment hors du temps. Pour vous loger, 5 chambres d'hôtes et des gîtes vous sont proposés. Valérie et Philippe Ramel, le couple qui a repris les rênes de l'établissement en 2018, vous ouvriront les portes du lieu avec prévenance et discrétion. Salle de réception, billard, piscine intérieure chauffée, jacuzzi : le château de Lannouan a de sublimes atouts. C'est l'endroit parfait pour vos événements : mariages, cérémonies...

UNCLE BREIZH €

30, rue de l'église
✆ 06 35 41 72 93
www.unclebreizh.bzh

Ouvert toute l'année. Du mardi au vendredi le midi et le soir ; le week-end le soir. Burger'zh : de 3,50 à 13 €.

À la carte, une quinzaine de burgers bien copieux (et très bons), à base de viande hachée fraîche de race limousine (150 g). L'originalité est dans l'assiette : le bleuzh (sauce au bleu), le breizhouille (avec de l'andouille de Guémené et du steak haché), le kinkin, le tartibreizh, servis avec des frites maison (pommes de terre de Pontivy). Uncle Breizh propose également des grandes salades, des nugget'zh et calamar'zh, des panini'zh, sans compter le burger du mois ! Sur place ou à emporter, on ne se lasse pas de venir apprécier ces burgers bien bretons.

L'AUBERGE A PAPA €€

1, Place Saint-Michel ✆ 07 67 17 19 91
www.aubergeapapa.wixsite.com
Ouvert lundi et mardi midi ; et du jeudi au dimanche midi et soir. Menus de 22,80 € à 34,80 €.

L'Auberge à Papa est une adresse authentique qui vous accueille dans une ambiance digne des jolies pensions d'antan. Un soin particulier est mis dans la décoration où chaque meuble, tasse et cafetière a été chiné et briqué par Corinne, la propriétaire des lieux. A la carte, vous aurez le choix entre les «Traditions de l'auberge» (retour de pêche, croustillant saumon-chèvre et rognons de veau) ou les spécialités «Côté Cheminée», de jolis morceaux de bœuf, canard, poulet ou agneau cuits à la perfection dans le four à bois que vous apercevez dans la cuisine ouverte.

MAGASIN D'USINE CARABREIZH

ZA de Mané Craping
✆ 02 97 88 30 30
www.carabreizh.bzh/visite
Du lundi au vendredi : de 9h à 19h. Samedi : de 9h à 12h30 et de 13h30 à 18h. Avec ou sans réservation. Adulte 3 €.

Carabreizh vous invite aux rêves les plus insoupçonnés de vos âmes d'enfants et vous fait pénétrer dans le monde imagé et commenté du processus de l'élaboration de ces confiseries (parcours de 45 min). A la sortie, arrêtez-vous faire le plein de friandises dans la boutique. Tous les produits sont en dégustation et en vente. Pratique : TER à 5 min à pied, 2 emplacements pour camping-cars, accueil bus tourisme, recharge véhicule électrique et abri vélos !

MAISON LE ROUX - CHOCOLATIER & CARAMELIER

ZA Mané Craping
✆ 02 97 50 06 83
www.chocolatleroux.com
Ouvert du jeudi au samedi de 10h30 à 13h et de 14h à 18h.

Installée dans son très grand laboratoire de 2 300 m² à Landévant, la maison Le Roux vous propose ses spécialités raffinées. Vous y découvrirez les fameux caramels et les chocolats en tablette, à l'unité et en coffret. Pour les curieux, il est possible de visiter l'atelier et observer le savoir-faire des chocolatiers. Le chocolatier a été élu, pour la 5e année consécutive, parmi les 15 chocolatiers de France « Incontournables » par le Club des Croqueurs de Chocolat.

PAYS DE LORIENT

Lorient attire les curieux avec ses vestiges de la Seconde Guerre mondiale : la base sous-marine de Keroman érigée par l'armée allemande et le sous-marin Flore. Devenue pôle de course au large, les trimarans des skippers du moment s'exposent dans son port proche de la cité de la voile Eric Tabarly. Lorient est également un bon camp de base pour partir à la découverte des environs : l'île de Groix et sa sublime plage convexe, la citadelle de Port-Louis, le musée de la Compagnie des Indes, les vallées arborées du Scorff et du Blavet, les rues pavées de la cité médiévale d'Hennebont et son chemin de halage, la Cour des Métiers d'Art à Pont-Scorff, sans oublier les nombreux marchés locaux. Et si vous prévoyez de visiter la région au mois d'août, ne manquez pas le Festival Interceltique qui rassemble chaque année les meilleurs bagads du monde entier et une foule de festivaliers venus rire, chanter et danser au son des cornemuses !

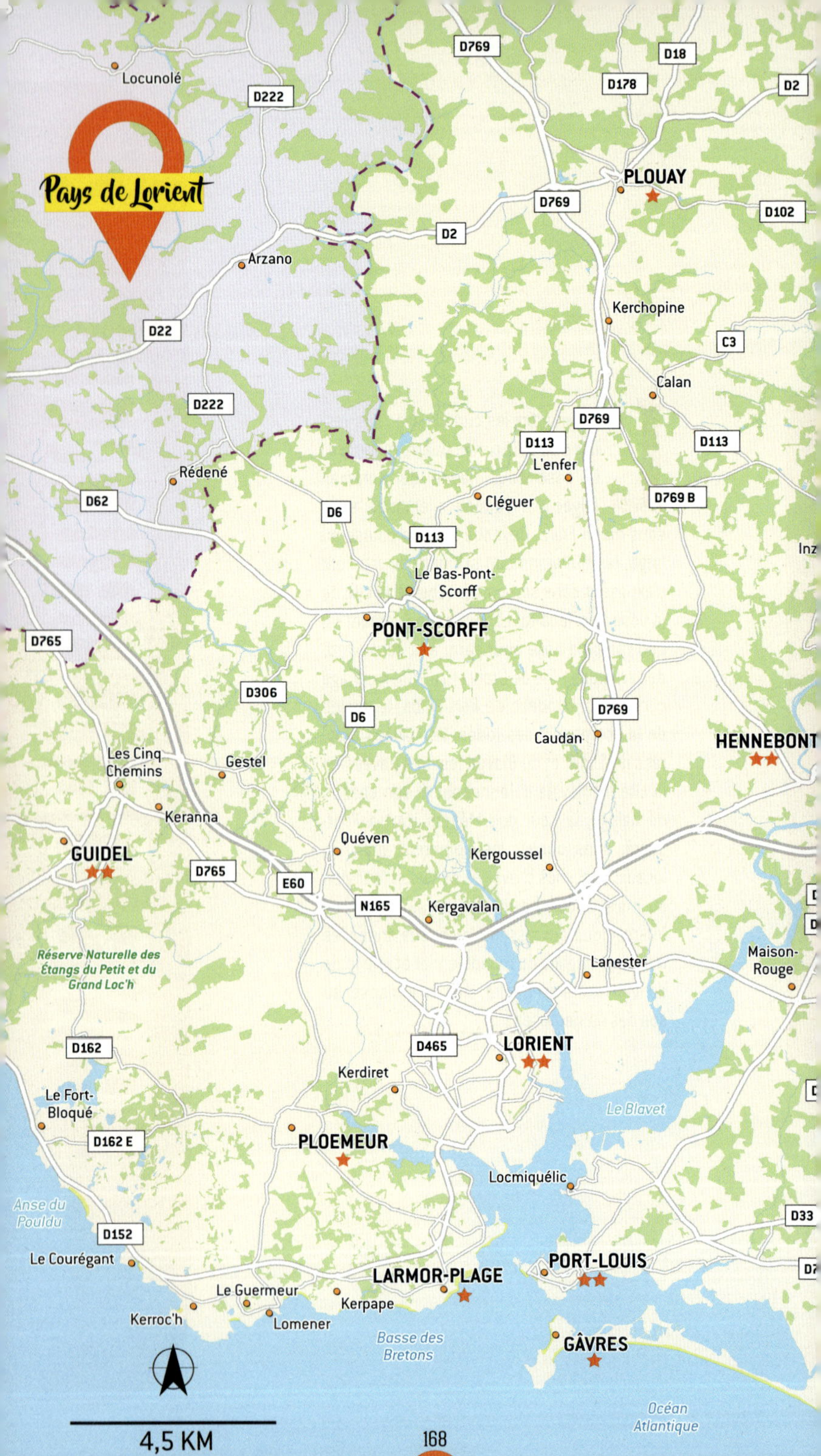
Pays de Lorient
Locunolé
D222
D769
D18
D178
D2
PLOUAY
D769
D102
D2
Arzano
D22
Kerchopine
C3
Calan
D222
D769
D113
D113
L'enfer
Rédéné
D62
D6
Cléguer
D769 B
D113
Inz
Le Bas-Pont-Scorff
D765
PONT-SCORFF
D306
D6
D769
Caudan
HENNEBONT
Les Cinq Chemins
Gestel
Keranna
Quéven
Kergoussel
GUIDEL
D765
E60
N165
Kergavalan
Réserve Naturelle des Étangs du Petit et du Grand Loc'h
Lanester
Maison-Rouge
D162
D465
LORIENT
Kerdiret
Le Fort-Bloqué
Le Blavet
D162 E
PLOEMEUR
Locmiquélic
Anse du Pouldu
D152
D33
Le Courégant
PORT-LOUIS
LARMOR-PLAGE
Le Guermeur
Kerpape
Kerroc'h
Lomener
Basse des Bretons
GÂVRES
Océan Atlantique
4,5 KM

PAGES

Les remparts d'Hennebont.

HENNEBONT ★★

Hennebont a toujours été un lieu de passage. Son nom vient de « Hen Pont » qui signifie vieux pont. La ville s'est développée autour du fleuve côtier le Blavet et s'étend aujourd'hui amplement sur les deux rives. Elle présente de beaux vestiges de son patrimoine historique qui promettent d'intéressantes découvertes : le château, les remparts, la ville close, le musée des tours Broërec'h, le chemin de halage, l'écomusée des Forges, mais aussi les maisons et les hôtels particuliers... Incontournable, la visite des Haras nationaux, installés en 1857, vous transportera au XIXe siècle, au temps où Hennebont était la capitale du cheval breton.

PARC BOTANIQUE DE KERBIHAN

✆ 02 97 85 16 16

www.hennebont-tourisme.com

Ouvert toute l'année. Tous les jours. Gratuit.

Le parc botanique de Kerbihan (10 ha) se situe en pleine ville. Dessiné à la fin du XIXe siècle, il présente 400 espèces arborifères et horticoles des 5 continents. Outre un arboretum avec des conifères centenaires, une bambouseraie autour d'un plan d'eau, une hêtraie et un jardin néoromantique, le parc est également agrémenté d'une petite volière, et propose des aires de jeux aménagées pour les enfants. Les balades y sont tout à fait charmantes !

L'ECOMUSÉE DES FORGES

Mail François Giovannelli - **INZINZAC-LOCHRIST**

✆ 02 97 36 98 21 - www.inzinzac-lochrist.fr/Ecomusee-des-Forges.6681.0.html

Ouvert d'avril à octobre. Et de mars à décembre sur réservation pour les groupes de plus de 10 personnes. Adulte 4,70 €.

Cet écomusée raconte l'histoire sociale des forges d'Hennebont. Tout commence en 1860 avec les frères Trottier qui y installent leur usine à fer. Les forges sont ensuite rachetées par la Société Générale des Cirages Français et connaissent leur apogée en 1936, employant alors jusqu'à 3 000 personnes. Elles ferment finalement en 1966. Les salles de l'écomusée vous présentent les techniques de l'époque, les traditions et la vie ouvrière des métallurgistes aux XIXe et XXe siècles. Les maquettes, les photos et les films vous feront entrer au cœur de l'histoire.

LES REMPARTS ★

En 1250, Jean Ier le Roux décide de construire des fortifications sur la rive gauche. Malgré les différentes destructions et reconstructions, l'enceinte visible aujourd'hui date du XVe siècle ! Progressivement enserrés dans le tissu urbain, les remparts ne sont redécouverts et mis en valeur qu'après les destructions de la Seconde Guerre mondiale. Il reste quatre tours : celle des Carmes (au nord-est), celle de Broerec'h et la tour Saint-Nicolas (au sud) et la tour Rospadern au bord du Blavet. La balade sur les remparts offre un beau point de vue sur la ville.

HARAS NATIONAL D'HENNEBONT ★

Rue Victor Hugo

✆ 02 97 89 40 30

www.haras-hennebont.fr

Haras ouvert au public d'avril à janvier. Adulte 7,90 €. Enfant (de 7 à 17 ans) 4,70 €.

Au fil de votre visite, découvrez tous les secrets du Haras et la manière dont il vit aujourd'hui. Vous approchez les chevaux de sport et de spectacle, vous admirez les voitures hippomobiles, la sellerie et assistez à un spectacle. Le Haras reçoit des artistes de renom qui vous proposent de nombreux spectacles équestres et animations sur plusieurs temps forts dans l'année. Un programme riche et varié pour toute la famille ! Balade à poney, expositions complètent votre visite du Haras.

LES TOURS DE BROEREC'H

Rue de la Prison

✆ 02 97 36 29 18

www.musee-hennebont.fr

Tous les jours de juin à septembre 10h30-12h30 et 13h30-18h30. Adulte 5,50 €. Jeunes, étudiants, sans emploi 3,50 €.

Situées à l'entrée de la ville médiévale, vous ne pouvez pas manquer les tours de Broerec'h qui ornent l'ouvrage défensif de la ville. Datant de la fin du XIVe et du début du XVe siècle, préservées et entretenues, ces tours abritent aujourd'hui un musée d'art et tradition réparti dans dix salles aux thèmes différents. On pourra notamment y découvrir les costumes de la région, des peintures et faïences, des meubles, ou encore des maquettes... Pour faire simple, le musée retrace l'histoire de la ville et son activité portuaire.

AU FIL DE L'EAU €€

Maison éclusière N°27 Ar Gored
✆ 06 50 56 30 36
www.aufildeleau.bzh

Gîte insolite dès 80 €/nuit en basse saison, 140 €/nuit en haute saison.

Linda et Tanguy vous accueillent sur le Korriganez, un joli Tjalk de 1907. Ce superbe voilier amarré à Hennebont devant la maison éclusière n° 27, se transforme en bar en saison. Et quel régal de boire un verre sur ce lieu magique... *Au fil de l'eau* vous propose aussi d'autres possibilités de profiter du bateau : des balades fluviales commentées sur le Blavet à la journée ou 1/2 journée ; des balades maritimes (week-end, journée ou croisière) à destination des îles morbihannaises ; et enfin avec l'option hébergement insolite, dormez en cabine jusqu'à 8 personnes !

LES PIANOS DU BONHOMME €€

10 bis, route du Pont - **KERVIGNAC**
✆ 02 56 54 30 43
www.lespianosdubonhomme.com

3 chambres. Chambre double à partir de 81 €. Petit-déjeuner inclus. 2 gîtes de 330 € à 620 € la semaine. Restauration.

C'est dans une grande maison en bois située sur les bords du Blavet, au calme, que Pierre et Carole vous accueillent dans l'une de leurs 3 chambres d'hôtes. L'une des chambres se trouve au rez-de-chaussée afin de pouvoir accueillir les personnes à mobilité réduite. Le lieu est idéal pour venir y séjourner tout au long de l'année et profiter, en été, de la piscine extérieure chauffée. Pour ceux qui souhaitent plus d'indépendance, *les Pianos du Bonhomme* dispose de 2 gîtes en duplex avec terrasse et salon de jardin. Tout est fait ici dans le respect environnemental.

LE RANCH DE CALAMITY JANE €€

Kerhouriette - **LANGUIDIC** ✆ 02 97 65 81 13
www.leranchdecalamityjane.com

Hôtel ouvert toute l'année. Tipis d'avril à octobre. Week-end dès 195 € adulte, 105 € enfant, activités comprises.

C'est le Far-West en Bretagne au Ranch de Calamity Jane. avec un saloon, un gîte western, des tipis et une caravane Teardrop en forme de larme, couteau suisse du camping en pleine nature. Original et dépaysant, au cœur d'une prairie de plusieurs hectares. Au petit déjeuner : pancakes au sirop d'érable, pain et confiture maison, pour le repas une cuisine authentique du Far-West, service en costume d'époque. Au programme : lasso, tir à l'arc, danse country et indienne, monte américaine.

LES CULS SALES €

Kernours - **KERVIGNAC** ✆ 02 97 50 34 57
www.lesculsales.fr

Ouvert tlj de 10h à 14h et de 17h30 à 22h, sauf dimanche midi. Burger simple ou double de 6 à 12 €. Formule + 5 €.

L'ancien foodtruck s'installe dans un nouvel espace cosy ! La recette reste inchangée : des burgers made in Bretagne avec des pains maison, du bœuf né et élevé sur le territoire et de la viande hachée sur place. *Cheese, Bacon, Chicken, Pepper, Savoyard, Italien, Végétarien...* Sous ces appellations basiques se cachent de savoureuses recettes, à déguster en version simple ou double. *Aux culs salés* propose désormais aussi un bar dédié aux bières locales et vins de petits producteurs.. Happy hour de 17h30 à 19h30. Pour une bière achetée, une planche apéro offerte !

Château Hennebont.

LA CRÊPERIE DES DEUX TOURS €

9, rue Trottier
© 02 97 36 58 32
Ouvert du mardi au samedi le midi et le soir. Carte : 15 € environ. Menu enfant 7 € (jusqu'à 12 ans). Accueil groupes.

Dans cette crêperie traditionnelle située en face des remparts, vous pourrez déguster des spécialités telles la Bigoudène (andouille et pommes), l'Anglaise (avec du bacon), la Saint-Jacques flambée ou encore la Terre Mer (noix de Saint-Jacques sauce à l'andouille). Et leurs versions sucrées : la Gourmande (pommes rissolées, caramel au beurre salé, boule vanille) ou la Deux Tours (pommes rissolées et sorbet pomme, flambée au calvados) ! Un vrai régal et un accueil des plus agréable.

AU JARDIN DES SENS €€

1, avenue Ambroise-Croizat
© 02 97 36 21 44
www.aujardindessens.fr
Du mardi au dimanche midi, 12h-13h30 et 19h30-20h30. Réservation recommandée. Menu dès 19,50 €. Groupes. Terrasse.

Luc et Catherine Kerno sont installés dans cette ancienne bâtisse des années 1900 depuis plusieurs années maintenant. Ils proposent une cuisine de poisson et de fruits de mer : barre de thon croustillante, pistou basilic et coulis de poivron acidulé, Saint-Jacques poêlée, raviole de homard, coulis de crustacés aux citrons confits... Les desserts sont autant de petites merveilles telles que le millefeuille craquant cacao avec sa mousse légère caramel au beurre salé ou encore l'opéra aux griottes ! Le Jardin des Sens a été reconnu Table du terroir. A retenir.

RESTAURANT DU BLAVET €

3, route de Port-Louis
© 02 97 78 66 81
www.restaurantdublavet.fr
Du lundi au samedi midi et jeudi, vendredi et samedi soir. Formule 14 €. Plat du jour 9 €.

Ancienne guinguette située au bord du Blavet, le restaurant a changé de propriétaire fin 2016. Guénaëlle Monnier est désormais aux commandes de ce nouveau « petit bistrot breton » comme elle le présente. Au menu : planches apéro, salades, croq'avel douar (faits avec des galettes de pommes de terre au blé noir), burgers et galettes. Et l'incontournable Kig Ha Farz (le meilleur du coin selon beaucoup), spécialité bretonne qu'on ne présente plus et servie sur réservation le vendredi midi et soir, en hiver. On aime aussi le Menu du marché et ses produits de saison !

LE RELAIS DE SAINT CARADEC €€

33, quai Saint-Caradec © 02 97 36 21 49
lesaintk.bzh
Ouvert tous les jours de 10h à 20h30. Réservation recommandée. Formule midi 15 € (entrée, plat et dessert). Terrasse.

Idéalement situé sur les bords du Blavet, le Relais de Saint-Caradec propose une formule du midi et une petite carte présentée à l'ardoise. Les plats suivent les saisons. En hiver, on retrouve les pieds de cochon vinaigrette, les escargots de Bourgogne ou encore l'andouille de Guémené chaude. Aux beaux jours, les portes accordéons s'ouvrent en grand et permettent de profiter de la vue sur le Blavet. Le plus : le barbecue extérieur sur lequel on fait les grillades au feu de bois.

LE CARPE DIEM €€

1, rue de la Mairie - **MERLEVENEZ**
© 02 97 02 63 14
www.lecarpediem.fr
Tous les midis en semaine ; vendredi et samedi midi et soir. Formule du midi 11,70 €, plat du jour 7,80 €.

En plein centre de Merlevenez, face à l'église, le Carpe Diem vous accueille pour un repas simple et rapide. Hugues et Tamara préparent un menu différent chaque jour : émincé de porc, bœuf Stroganoff, boudin blanc, palette à la provençale, poisson en papillote... Un menu bon marché avec les classiques de la cuisine traditionnelle. Le week-end, vous trouverez une carte brasserie : os à moelle, coquillages farcis, magret de canard, pâtes du moment. Le Carpe Diem organise également des soirées (galette des rois ou Halloween)...

LE VIEUX LOGIS €€

5, place du Maréchal-Foch
© 02 97 36 21 55
Ouvert toute l'année, du lundi au samedi midi et soir. Menus de 24,80 à 29 €. Formule du midi 13,50 €. Terrasse.

Le Vieux Logis est installé dans une ancienne bâtisse datant de 1639 face à la basilique d'Hennebont. La décoration intérieure mélange harmonieusement le moderne et l'ancien, avec sa belle cheminée et sa grande terrasse ensoleillée. A la carte, on trouve des salades repas, des viandes et poissons, des pâtes, des pizzas, du far au caramel au beurre salé et du moelleux au chocolat... Le Vieux Logis propose également des tartines le midi en semaine. Le plus : le bar-pub qui se trouve au rez-de-chaussée sous la salle de restaurant.

BRASSERIE LA BELLE JOIE

181, rue Maréchal Joffre

✆ 06 51 55 32 62 - www.labellejoie.fr/

Ouvert le mardi et le mercredi de 15h30 à 17h30 ; le vendredi de 10h à 18h ; le samedi de 10h à 13h.

Ancien pilote d'avion, Dave Bednarowicz s'est lancé en 2013 dans la fabrication artisanale des bières, passion qu'il exerçait déjà en amateur. Aujourd'hui, il produit pas moins de 6 000 litres par mois. Parmi les bières brassées à l'année : la Pilote en Mousse (blonde), la Covale (blanche), la Boom (blonde de type IPA), la Kervignacoise (triple) et la Chonchon (bière ambrée). Fort de son succès, la brasserie vous accueille désormais dans un bel espace au sein d'une ancienne imprimerie. Possibilité de louer une tireuse à bière et des fûts pour vos événements.

POULAIN & FILS TRAITEUR

1, rue de Gutenberg

✆ 02 97 36 53 37

www.poulain-traiteur.com

Vous souhaitez organiser une soirée privée (mariage, anniversaire) ou professionnelle (séminaire, réunion d'entreprise, cocktail ou tout autre événement), Poulain et Fils Traiteur vous propose des prestations haut de gamme. Ils peuvent, selon vos envies, vous proposer une formule tout compris ou adaptée à ce que vous recherchez. Leur credo : création culinaire (mignardises salées et sucrées telles que verrines, brochettes, mais aussi macarons...), art de la réception, engagement écoresponsable et qualité et fraîcheur garanties.

LA TERRE NATIVE

82, avenue de la République

✆ 02 97 85 72 40

Ouvert du lundi au samedi de 10h à 13h et de 14h à 19h.

Des fruits et légumes, des céréales, des légumineuses, des épices, des fruits à coque, des confiseries, des huiles, de la bière locale, des produits d'hygiène et d'entretien... Ici, les produits sont proposés en vrac, dans de larges bocaux en verre. On se sert en remplissant ses propres contenants ou en utilisant ceux mis à disposition. La boutique s'approvisionne également en fonction des envies et demandes des clients. On trouve encore des huiles essentielles, des contenants alternatifs au plastique ou des livres qui font réfléchir sur son impact écologique.

CHEMIN DU HALAGE

✆ 02 97 51 09 37

www.blavet.com

Une belle idée de promenade le long du plus grand fleuve de Bretagne occidentale, le Blavet. D'une longueur de 58 kilomètres, le chemin de halage qui relie Hennebont à Pontivy promet une agréable excursion. Pour y accéder, il faut se diriger en bas des remparts, sur la droite. Le chemin est accessible aux piétons, aux cyclistes ainsi qu'aux cavaliers. Un parcours de santé y est également aménagé, du parking de la Poterie à celui de la Bergerie. Les enfants pourront aussi y trouver une belle aire de jeux. Un bon bol d'air en perspective.

PARC D'EAU VIVE

Ile de Locastel - **INZINZAC-LOCHRIST**

✆ 02 97 36 09 27

www.sellor-nautisme.fr

Accès au Parc d'Eau vive (avec matériel) de 8 à 12 ans : 11,20 €. 13 ans et + : 17,20 € ;

Envie d'une pause sportive et conviviale ? Entre amis ou en famille, petits et grands, le parc d'eau vive d'Inzinzac-Lochrist est un espace ludique et accessible à tous. Dans une rivière avec obstacles et courants, vous allez slalomer sur le parcours aménagé pour la pratique du kayak à tous niveaux. Sensations garanties ! L'ascenseur à canoë, unique en France, permet de remonter la rivière sans effort, et de repartir sur les eaux mouvementées. Le parc d'eau vive propose aussi des randonnées en canoë au fil du Blavet, pour une demi-journée ou sur plusieurs jours.

WEST WAKE PARK

West Wake Park, carrière de bonne-nouvelle- Inzinzac Lochrist - **INZINZAC-LOCHRIST**

✆ 02 97 76 11 76 - www.westwakepark.fr

D'avril à novembre. Basse saison, du mardi au vendredi 12h-20h et le week-end 10h-20h. Haute saison, 7j/7 9h-20h. 22€/h.

Sur un plan d'eau de 4,5 ha, vous pourrez vous adonner à la discipline du téléski nautique. Trois supports sont proposés : le knee-board pour les débutants (à genoux), le bi-ski (skis nautiques classiques) et le wakeboard (planche ressemblant à un skate ou un surf), ou bien le wakeskate pour les plus avertis. Un câble vous tire à une vitesse de 30 km/h sur un rectangle de 500 m de long avec virages à négocier, sans oublier les « rampes » pour les figures. Un autre espace, plus « soft » est accessible dès 6 ans : l'aquapark avec structures gonflables et toboggans.

LORIENT ★★

En 1664, Colbert obtient de Louis XIV l'autorisation de créer la Compagnie des Indes orientales pour profiter du commerce des épices. En 1666, la Compagnie s'installe sous la protection de la citadelle de Port-Louis. Le port de Lorient est baptisé du nom d'un navire sorti des chantiers du Faouëdic, Soleil d'Orient. Cité portuaire active et arsenal maritime protégé au fond de sa rade, Lorient a une vie économique tournée vers la mer : 3e port de pêche français, 1er port de commerce de Bretagne, port militaire majeur, pôle de course au large et port de plaisance de bon niveau. En outre, chaque mois d'août, la ville accueille le Festival interceltique.

FROMAGEONS !

56, rue du Port

✆ 09 87 13 17 11

Ouvert de 10h à 14h et de 16h à 19h du mardi au jeudi ; de 10h à 19h vendredi et samedi.

En voilà une belle idée : une fromagerie et un espace dégustation ! Pour les amoureux de saint-nectaire, mozzarella, bleu d'Auvergne et autre tomme, la toute nouvelle enseigne de la rue du Port à Lorient vous fera de l'œil, c'est sûr ! Ici, vous l'aurez compris, le fromage est roi et les propositions sont variées et de choix. Le fromage se déguste sur place ou sur le pouce. Fondu, rôti, en sandwich, en assortiment sur plateau, en gratin, sur toast, cuisiné ou en tranche, il se décline sur tous les tons... Alors n'hésitons plus, fromageons !

ANSE DE KERHERVY

LANESTER

Véritable lieu d'histoire et de culture, l'anse de Kerhervy dévoile aux visiteurs un cimetière de bateaux avec, notamment, des thoniers de l'île de Groix. C'est également ici que se trouve un théâtre de plein air. Chaque année, celui-ci accueille le festival de théâtre amateur de Kerhervy en juin et le festival de théâtre professionnel en juillet. Il accueille également un festival de danse à cette même époque. Depuis l'anse de Kerhervy, vous pourrez découvrir des sentiers de randonnées dont la boucle du moulin du Plessis (7,7 km). Une visite qui vaut le détour.

MUSÉE SOUS-MARIN DU PAYS DE LORIENT ★★

✆ 06 07 10 69 41

www.musee-sous-marin.com

Ouvert le dimanche de 14h à 18h et 7j/7j en juillet-août de 13h30 à 18h30. Adulte 5,50 €. Enfant 3,50 €. Visite guidée

Au cœur de Keroman, se trouve un bunker de 15 m de haut transformé en musée sous-marin depuis 1999 dans les locaux de la plus grande base de *U-Boot* édifiée pendant la Seconde Guerre mondiale. La visite vous fait découvrir le plus ancien simulateur d'entraînement pour sous-mariniers au monde et le seul en Europe à être ouvert à la visite ! Vous découvrirez également les techniques de survie auxquelles s'entraînent les équipages sous-marins. Le centre a servi pendant plus de 50 ans.

ESPACE DES SCIENCES - MAISON DE LA MER

6 bis rue François Toullec ✆ 02 97 84 87 37

www.maisondelamer.org

Ouvert pendant les vacances scolaires toutes zones. Gratuit jusqu'à 4 ans. Tarifs à consulter sur le site Internet.

La Maison de la Mer a pour but de faire découvrir la pêche et la construction navale à Lorient à travers des visites guidées. Vous accéderez à des endroits jusque-là inconnus comme la Criée ou Ifremer et rencontrerez des professionnels. Plusieurs circuits sont proposés : « La rade aux 3 000 navires », « Ifremer », « IDMer », « Secrets de navire » ou « La marée du jour ». Futé : l'application mobile Explo'r@de avec sa carte interactive permet de découvrir librement la rade de Lorient.

SOUS-MARIN FLORE-S645

La Base ✆ 02 97 65 52 87

www.la-flore.fr/fr

Fermé en janvier. Horaires sur le site Internet. Gratuit jusqu'à 7 ans. Adulte 9,90 €. Boutique.

Dans l'une des alvéoles de l'ancienne base de sous-marins, un espace d'exposition inédit vous fait partager le quotidien des sous-mariniers, le fonctionnement de ces mystérieux bateaux militaires ainsi que l'histoire de Lorient comme port stratégique. Muni d'un audioguide relatant la vie à bord, vous pourrez terminer par la visite de cet authentique sous-marin. Pour une visite plus ludique pour les enfants, deux jeux de piste et d'aventure sont proposés en téléchargement sur smartphone et tablette. Et bien d'autres temps forts insolites sont proposés !

COMPAGNIE OCÉANE

Gare Maritime de Lorient
✆ 08 20 05 61 56 - www.compagnie-oceane.fr
Toute l'année. Accès personnes à mobilité réduite. Horaires, tarifs et réservation sur le site Internet

Pour aller sur les îles du Morbihan, vous pourrez embarquer toute l'année avec la Compagnie Océane. Celle-ci dispose d'une flotte de 7 bateaux : Breizh Nevez I, Ile de Groix, Bangor, Vindilis, Kerdonis, Saint-Tudy et Melvan. Au départ de Lorient pour aller à Groix ou au départ de Quiberon pour aller à Houat, Hoëdic et Belle-Ile.

Tous les bateaux de la flotte sont accessibles aux personnes à mobilité réduite. La plupart peuvent transporter véhicules et marchandise. **Attention** : Se présenter 20 min avant le départ pour les passagers et 45 min pour les véhicules.

BRETAGNE FOOD TOUR

✆ 06 71 96 34 42
www.bretagnefoodtour.com
Balades gourmandes de 35 à 80 €, en saison estivale.

Avec Bretagne Food Tour, testez de nouvelles expériences gustatives ! Et embarquez pour des balades insolites à pied, en bus ou en bateau, sur la terre ou au fil de l'eau. Laissez-vous tenter, par exemple, par une dégustation insulaire à bord d'un vieux gréement, dégustez des huîtres et du vin blanc à bord d'un catamaran à moteur en observant la rade au soleil couchant, faites le tour des étals des Halles et de ses artisans passionnés ou apprenez à tourner des crêpes... Ces circuits culinaires vous feront découvrir la culture gastronomique bretonne autrement !

ESCAL' OUEST- COMPAGNIE MARITIME

✆ 02 97 65 52 52
www.escalouest.com
Traversées régulières d'avril à septembre dès 20,50 € (A/R) par adulte. Infos sur le site et dans les offices de tourisme.

Embarquez vers l'île de Groix depuis Lorient La Base, le port du Kernevel (Larmor-Plage) et celui de Port-Louis avec Escal'Ouest ! La compagnie propose aussi d'autres prestations : croisières commentées de la Rade de Lorient, du Blavet ; tours de Groix ; initiations pêche en mer et service de taxi vers l'île. Les trois bateaux sont privatisables pour vos événements : apéros, anniversaires, mariages, sorties d'entreprise... Une expérience conviviale avec un équipage jeune et sympa !

CITÉ DE LA VOILE ÉRIC TABARLY ★★★

Lorient La Base
✆ 02 97 65 56 56
www.citevoile-tabarly.com
Tous les jours, 10h à 19h en été. Hors saison, voir site. Adulte 12,80 €. Enfant (7-17 ans) 7,50 €, (3-6 ans) 3,20 €.

La Cité de la Voile vous place au cœur de l'aventure océanique. Grâce à des concepts ingénieux et interactifs, vous plongez dans l'univers de la voile et de la course au large : nombreuses manipulations, films, espace jeux pour les jeunes enfants, cinéma dynamique 4D, espace consacré à Eric Tabarly... Il est également possible d'embarquer à bord d'un voilier avec un skipper professionnel ou de s'élancer du haut de la Tour des vents pour une descente en tyrolienne au-dessus de l'eau.

© YVAN ZEDDA

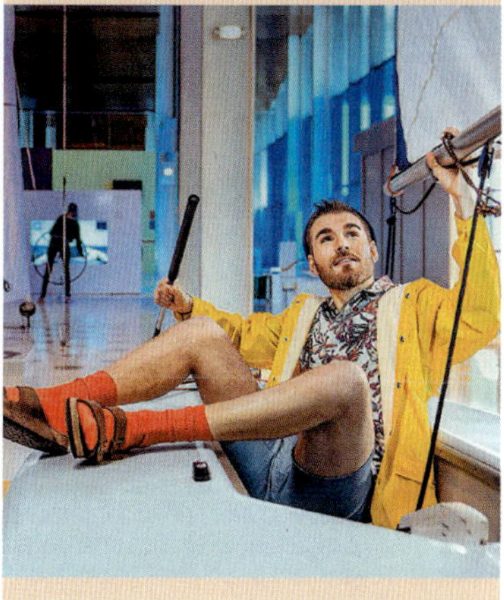

© GRÉGORY VOIVENEL

VÉLO AN ORIANT

2 C, boulevard Franchet Desperey
© 02 97 89 05 84
www.lorient.bzh/boutiquevelo/
Basse saison, du lundi au samedi (9h-13h/14h-18h). Haute saison, tous les jours. Jours fériés, 9h-13h/14h-19h.

Pour s'aligner sur les villes telles que Rennes ou encore Nantes, Lorient a lancé son service de location de vélo en 2012. Les locaux et les touristes peuvent donc louer un vélo directement dans une station en libre-service. Les vélos sont disponibles à tout moment de la journée et de la nuit, 24h/24 et 7j/7. Plusieurs formules s'offrent à vous : location à la journée, à la semaine, au mois, au trimestre, et même à l'année... Futé : Lorient propose cinq vélos électriques en libre-service sur le parvis de la gare, disponibles 24h/24 et 7j/7.

MERCURE LORIENT CENTRE €€

31, place Jules-Ferry
© 02 97 21 35 73
www.accorhotels.com
Ouvert toute l'année. 58 chambres. Petit déjeuner 16 €. Label Tourisme & Handicap. Séminaires. Restauration.

En plein centre-ville, à deux pas du bassin à flot, l'hôtel Mercure Lorient vous accueille pour des séjours de loisirs ou d'affaires. Il est idéalement situé dans la ville pour que vous soyez à proximité des grands points de rendez-vous : l'embarcadère pour les îles, la piscine, le stade du Moustoir... Dans cet hôtel de standing, les chambres décorées avec des matériaux nobles ont bénéficié d'un rafraichissement récent. Les architectes se sont appuyés sur l'histoire des lieux pour la décliner dans l'espace. Les petits déjeuners sont un vrai coup de cœur !

THE ORIGINALS CITY LORIENT - HÔTEL CLÉRIA €€

27, boulevard Franchet-d'Esperey
© 02 97 21 04 59
www.hotel-cleria.com
Ouvert toute l'année. 33 chambres. Chambre double dès 59 € ; chambre triple dès 79 €. Petit déjeuner buffet 11 €.

Avec ses 33 chambres tout confort à 250 mètres de la gare SNCF mais aussi tout proche du Cinéville de Lorient et du centre-ville, cet hôtel fonctionnel a différents atouts. Pensée avec goût, la décoration est douce et nuancée, et le salon et le patio invitent à la détente. Un ascenseur dessert les trois étages qui comptent, entre autres, deux chambres quadruples et trois chambres triples. Deux studios attenants à l'hôtel sont également disponibles à la location.

AUTOUR DE LA CREPE €

© 07 67 68 77 26
10-15 € par personne environ. Commande 24h/48h à l'avance.

Fin 2020, Loïc se lance dans la crêpe et la galette et revisite les souvenirs de son enfance. Autour de la crêpe, ce sont des variations salées ou sucrées, sous forme de makis, blinis et samoussas. Des galettes (bien sûr), au confit d'oignon et au tzatziki jusqu'à la mousse de langoustines, tout est fait maison et préparé minutieusement par ce créatif passionné. Mention spéciale pour le pesto, les makis saumon, ail et fines herbes et les samoussas de blé noir poulet-coco-curry-ananas... fameux ! Une alternative originale pour tous vos événements.

BRAWCOLI €€

50, rue du Port
© 09 86 66 18 06
Toute l'année du lundi au samedi 11h-16h. Groupes sur demande. Soupe et salade à partir de 5 € Jus frais : 4 € Terrasse.

Brawcoli propose un concept novateur et unique à Lorient : le tout cru. Ici, vous dégusterez des mets savamment élaborés à partir de produits locaux, de saison et bio oui, mais crus uniquement ! Le riz des makis est remplacé par un mélange de céleri, betterave et épices ; la soupe concoctée en mixant des légumes crus et en y ajoutant de l'eau chaude à la dernière minute, et le pain remplacé par de savoureux crackers faits maison à partir de graines de tournesol, de lin, d'un mélange de légumes et d'épices. Le tout est mixé et déshydraté, et c'est très bon !

FISH €

68, du port
© 06 21 29 28 43
Ouvert du lundi au samedi le midi et le soir. Plat de 10 € à 13 €. Bagel au saumon mariné : 7 €. Terrasse.

Ouvert le 8 juin dernier, la nouvelle enseigne lorientaise « Fish », comme son nom le promet, met en valeur le poisson ! Dans ce restaurant qui bénéficie d'une jolie terrasse sur la rue piétonne du port, Gauthier Carnavet propose une carte courte et efficace qui travaille ce produit de la mer sous toutes ses formes. Vous aurez le choix entre un délicieux fish & chips, un poke bowl, un burger de poisson blanc pané, un tartare, un ceviche ou encore un bagel de saumon mariné. C'est bon, sain et à prix tout doux. On recommande !

VERY LUNCH €

4, Place Clémenceau
✆ 02 97 32 79 83

Du lundi au jeudi de 9h à 18h et le vendredi de 9h à 17h. A la carte 5 € environ. Formule 11,50 €. Vente à emporter.

Erwann et Patrick vous accueillent au Very Lunch dans une ambiance détendue et très agréable ! On y trouve que des produits frais et locaux et on apprécie de pouvoir composer nous-mêmes nos salades avec un large choix d'ingrédients de saison... Ce Salad'bar vous propose également des plats cuisinés maison au gré des saisons, des tartes salées, des soupes ou encore des gaspachos que vous pourrez déguster sur place ou à emporter. Et pour le côté sucré, les gourmands seront ravis avec les desserts, faits maison également ! Le plus : un service à toute heure !

WHERE IS TOM ? €€

✆ 07 85 85 36 39
www.whereistom.fr

Du mardi au vendredi midi, devant le concept store 727 sailbags à la Base et le soir, parking du Géant. Plat 7-8,50 €.

De passage à Lorient, impossible de rater Tom dans son ancien bus impérial londonien ou dans son *school bus* jaune, transformés en *food truck*. Au menu : des plats mijotés (rougail-saucisse, blanquette, poulet tikka masala...), de la *street food* (burger, hot-dog, *fish and chips*), et de la cuisine sur le pouce (*wrap*, velouté en hiver, salade en été) à raison de 3 plats à l'ardoise par semaine. A déguster sur place, à l'étage du bus ou en terrasse, ou à emporter. Possibilité de privatiser les deux food trucks pour les événements d'entreprise ou les soirées privées.

LE BAXO €

11, place Aristide-Briand
✆ 02 97 21 07 53
www.baxo-lorient.fr

Service de 11h45 à 14h30. Bar de 9h à 22h. Fermé dimanche. Formule dès 11 €. Terrasse de 90 couverts.

Bar-resto-tapas à la décoration cosy et chaleureuse, situé en plein centre-ville, à côté de la FNAC. A l'heure du déjeuner, vous aurez le choix entre les burgers, les clubs sandwiches (végétarien, jambon, poulet ou saumon), les salades repas servies sur ardoises, les tartines (provençale, Saint-Jacques, espagnole...) avec frites et salade, les viandes ou encore les tapas. Le soir, place à l'apéro avec tapas et vins au verre dans une sympathique ambiance lounge et jazzy. Le soir, concerts et retransmission de matchs sportifs.

LE KARRE BIO

Halles de Merville
✆ 07 62 65 21 12
www.lekarrebio.com

Ouvert du mardi au dimanche de 8h à 13h.

Pour apporter une touche végétale à tous vos événements, c'est au Karré Bio qu'il faut s'adresser. Ce primeur valorise les fruits et les légumes et vous propose des prestations sur mesure, saines, savoureuses et bio. Plateaux, buffets, brochettes, cuillères, gaspacho, gâteaux et autres variations apéritives, le Karré Bio est une alternative idéale pour vos petits-déjeuners, brunchs et apéritifs dînatoires. Le stand maraîcher se situe dans les Halles de Merville du mardi au dimanche et également en extérieur les jours de marché, le mercredi et le samedi.

© LE KARRE BIO

© LE KARRE BIO

PAYS DE LORIENT

BIBOVINO €

6, rue Charles de Clairambault
✆ 09 83 33 82 38
www.bibovino.fr/content/89-bibovino-lorient
Ouvert du lundi au vendredi, midi et soir et le samedi soir. Terrasse. Boutique.

Situé en haut du cours de la Bôve, à Lorient, le Bibovino propose un concept plutôt sympathique : une cave à vins dans laquelle on peut aussi manger... Et pas n'importe quelle cave à vins, car ici, il s'agit de vins en *bag in box* conditionnés en 2 ou 3 litres, qui plus est, du vin haut de gamme. Si, si... Vous pourrez déguster avant d'acheter pour en être convaincu. Aux beaux jours, la terrasse s'y prête fort bien. Le Bibovino vous propose également une petite carte avec des salades, des bruschettas, des desserts et aussi des planches le soir.

CRÊPERIE LOUNGE €

191, Rue du Colonel Jean Muller
✆ 09 86 31 74 35
https://creperie-lounge.fr/
Ouvert toute l'année du mardi au samedi de 10h à 14h et de 19h à 22h. Formule dès 12,50 €. Groupes. Terrasse.

Cette crêperie offre 3 belles salles de restaurant avec leurs cheminées qui ont été joliment redécorées. Ici, composez la crêpe salée ou sucrée qui vous fait envie avec 2,3, 4 (ou plus) ingrédients, ou choisissez parmi quelques-unes des spécialités proposées. Vous trouverez également à la carte une grillade, un poisson ou encore le *fish and chips*. Les menus sont très attractifs comme cette formule crêpes à volonté... Et la formule existe aussi le soir. Les crêpes, composées par nos soins, sont délicieuses. Accueil fort sympathique.

L'ORCHIDEE NOIRE €

3, rue Auguste Nayel ✆ 06 59 03 85 40
www.lorchideenoirelorient.com
Du mardi au vendredi de 12h à 14h et de 19h à 22h ; le samedi en continu de 12h à 22h. Plat 13,50€/ 16€.

L'adresse créole et africaine de Lorient ! Cette enseigne chaleureuse propose de (re) visiter des plats traditionnels : rougail de porc, crevette, poisson ; thieb végétarien ; poulet mafé, yassa, thieb, curry. Mais aussi samoussas, bokits, bouchons, accras et de savoureuses bananes plantains pour composer des plateaux à partager. Les habitués et plus téméraires goûteront les «bobolos», sorte de bâton de farine de manioc. Plutôt bon mais consistant ! L'Orchidée Noire, ce sont des plats gourmands et généreux et une équipe plus qu'amicale. On recommande vivement !

PAIHIA KITCHEN €€

9, Avenue de la Perrière
✆ 06 62 07 93 16
https://paihiakitchen-lorient.fr/
Du lundi au vendredi (11h45-19h). Formule (entrée, plat, dessert) : 13,60 €. Brunch le dimanche (11h30-14h30) : 18,50 €.

A l'entrée de l'avenue de La Perrière, avec son bardage en bois clair, le Paihia Kitchen annonce la couleur : ici, on se sent bien. «Paihia» en maori signifie : «bien ici». Et c'est ce que l'on vient chercher dans ce restaurant cosy et «happy» coffee shop. On s'y retrouve pour déjeuner l'une des propositions créatives à la carte ou savourer une tasse de thé à tout moment de la journée. Du parmentier, des nouilles sautées ou le fameux pain brioché pulled pork... la cuisine est saine, locale et de saison. Un brunch est proposé tous les dimanches. Pensez à réserver.

PESK €

20, Avenue de la Perrière
✆ 09 71 36 24 74
www.pesk.eatbu.com
Ouvert du lundi au vendredi de 11h30 à 14h30. Bol 10,50 €.

En ouvrant Pesk (« poisson » en breton) en avril 2019 dans l'avenue de la Perrière, un quartier vivant et à la clientèle hétéroclite, Arnaud et Guillaume ont le nez creux. Le succès est en effet immédiat. La carte s'inspire des Buddha bowls et des Poke bowls et propose au choix six bols mêlant le chaud-froid, les textures, des légumes frais, des poissons marinés ou des viandes confites. Une cuisine savoureuse qui s'approvisionne en circuit court, avec des produits de saison. C'est simple, bon et sain. Une vraie belle adresse !

TAVARN AR ROUE MORVAN €

1, place Polig Monjarret ✆ 02 97 21 61 57
www.tavarnlorient.bzh
Ouvert du lundi au samedi de 11h à 1h. Plat du jour : 6,20 € - 12,80 €. Groupes. Terrasse. Animations.

Lieu incontournable, c'est LA taverne bretonne de Lorient. « On peut y boire, manger, chanter et danser ». Côté restauration, la Tavarn propose une cuisine de produits frais du terroir « faite maison » ! Une viande et un poisson chaque jour.

Parmi ses spécialités : le kig ha farz, le rost er forn, la choucroute de la mer ou l'andouille chaude de Guémené... Côté pub : douze bières bretonnes à la pression. Une ambiance festive, un accueil chaleureux, de la musique traditionnelle en live, dans un cadre typique que l'on ne peut que vous conseiller...

AU TI BOUKANÉ €

21, boulevard Franchet d'Esperey
✆ 02 97 21 06 55

Ouvert du mardi au vendredi le midi et le soir ; le samedi soir. Formule du midi 10 €. Terrasse. Vente à emporter.

Vous avez envie d'exotisme ? Embarquez vers les îles, et La Réunion, grâce à la cuisine du Ti Boukané. Dépaysement garanti avec, au menu, du rougail saucisses ? du rougail morue, de l'agneau massalé, de l'espadon massalé, du cari de thon, des brochettes, un Ti Jacques boukané, des crevettes exotiques... Par contre, pensez à réserver ! Le Ti Boukané est victime de son succès... Et si vous n'avez pas la possibilité d'aller au restaurant, vous pouvez toujours commander ou prendre à emporter aux halles de Merville à la Case à Bana, le week-end.

CHEZ TIGRE €

35, avenue de La Perrière
✆ 02 97 85 78 26

Ouvert du lundi au vendredi le midi. Bo bun : 8€ (supplément nem : 1,50€) ; sandwich Banh mi : 5, 80€.

Depuis avril, une toute nouvelle devanture jaune fluo vient égayer et étoffer l'offre gustative de l'avenue de La Perrière. C'est Chez Tigre, un petit restaurant vietnamien qui propose une carte courte mais efficace. Ici, vous avez le choix entre un Bo bun (bœuf, poulet ou tofu), une soupe, un plat du jour ou un Banh mi (sandwich au cha lua - sorte de mortadelle vietnamienne - et au porc laqué). En dessert, vous trouvez les incontournables perles de tapioca avec mangue et lait de coco. C'est sain et savoureux. La bonne option pour déjeuner bon, rapide et pas cher.

LE 26-28 RESTAURANT €€

26-28, rue de la Poissonnière
✆ 02 97 50 29 13
www.le2628.com

Ouvert du mardi au samedi midi et soir. Réservation recommandée. Formule du midi 20 €. Formule du soir 36 €.

De la gastronomie à prix doux, voilà ce que propose le 26-28, la nouvelle enseigne gourmande de la rue Poissonnière à Lorient. Après dix années à travailler dans les cuisines de restaurants étoilés, le chef, Arthur Friess, propose désormais son savoir-faire à Lorient. C'est donc dans un espace aéré et très joliment agencé que vous pourrez apprécier l'art culinaire de la maison. Du tourteau au poulpe rôti, en passant par les artichauts de Plouhinec et l'agneau mariné, les mets sont savamment préparés et les assiettes à tomber.

L'ALSACE À QUAI €€

19, cours de la Bôve
✆ 02 97 21 47 81

Ouvert du mardi au samedi le midi et le soir. Carte 30 € environ. Menu enfant 8,50 €. Accueil des groupes. Terrasse.

Mêler l'Alsace à la Bretagne, il fallait y penser ! Situé à quelques pas du port de plaisance, dans un cadre raffiné et contemporain, l'Alsace à Quai est un restaurant qui réussit subtilement ce mélange et propose des spécialités bretonnes et alsaciennes. On retrouve ainsi les incontournables flammekueches alsaciennes, le baeckeoffe, le jarret au munster, mais aussi la choucroute de la mer, la queue de lotte rôtie ou le dos de cabillaud gratiné au comté... Un accueil charmant, la passion du métier et des assiettes très (très) copieuses, on vous aura prévenu !

ENTRE TERRE ET MER €

20, cours de la Bôve ✆ 02 97 64 25 85
www.entreterreetmer-lorient.com

Ouvert du mardi au dimanche midi, jours fériés et ponts. Fermé mercredi l'hiver hors vacances scolaires. Menu dès 20,50 €.

Gratin de pétoncles et crevettes à la crème de tourteau, gambas graines de blé noir, lait de coco et citronnelle, pavé de morue au kari gosse et ses cocos cuisinés, magret de canard avec sa sauce framboise, millefeuille d'andouille de Guémené ou encore terrine de crêpes au caramel au beurre salé sont quelques spécialités de la carte. D'avril à septembre, vous aurez également le choix entre 6 spécialités de moules et des salades repas. Une adresse chaleureuse et conviviale dans une nouvelle déco de style marine, d'un très bon rapport qualité-prix.

AUBERGE DU CHEMIN DE FER €€

2, rue Marcel Sembat - **LANESTER**
✆ 02 97 76 18 79 - www.aubergeducheminedefer.fr

Ouvert toute l'année. Du lundi au jeudi le midi ; vendredi et samedi : midi et soir. Terrasse. Vente à emporter.

Bienvenue à l'Auberge du Chemin de Fer, un établissement original dédié aux trains, où vous pourrez en apercevoir un vrai dans le jardin ! Côté cuisine, l'auberge vous propose son menu du jour au rapport qualité-prix excellent et d'autres menus : Orient-Express, Carte blanche au chef, Breizh Burger, Voyageur, Homard... Il y en a pour tous les goûts et toutes les bourses. Sans compter le menu couscous tous les vendredis ! Le plus : venez profiter d'une nuit en hébergement insolite dans l'autorail Picasso réaménagé, dans le jardin de l'établissement.

BASILICO BISTRO €€

3, rue de Liège
✆ 09 81 41 18 19
Ouvert du mardi au samedi de 12h à 14h et de 19h à 21h30.

Pour une pause italienne, c'est au Basilico Bistro que l'on vient se restaurer. Ce joli petit restaurant de charme caché dans une rue du centre de Lorient, ne désemplit pas depuis son ouverture en 2015. A la carte et à l'ardoise, vous trouverez des antipasti, des entrées, des plats et des desserts généreux et typiques de la gastronomie transalpine. Tout est délicieux et l'on en sort souvent le ventre tendu... Mais comment résister à l'appel des charcuteries fines et autres spécialités de pâtes et de fromage ? Un seul conseil avant de vous y rendre : réservez !

AU BOUCHE À OREILLE €€

60, avenue Jean-Jaurès
✆ 02 97 64 14 09
www.auboucheaoreille-lorient.com
Ouvert toute l'année. Du lundi au vendredi de 11h30 à 14h. Formule du midi 15,90 €. Accueil des groupes. Terrasse.

Au printemps 2019, Fiona et Ben (Benjamin) craquent pour l'établissement lorientais et sa magnifique terrasse boisée de 50 couverts, une véritable bulle au cœur de la ville. Ici, les plats évoluent au gré des saisons et changent tous les jours. Tout est frais, cuisiné maison et les restaurateurs privilégient les circuits courts. Une idée de la carte pour vous mettre l'eau à la bouche : tartare de saumon à la mangue et guacamole ; moussaka maison ; nems au chocolat... De quoi ravir l'appétit ! Le plus : un espace jeux pour les petits.

LE BELVÉDÈRE €€

Place de l'Hôtel-de-Ville
✆ 02 97 84 07 57
www.lebelvedere-lorient.fr
Du mardi au samedi midi et soir. Dès 18h30 lors de représentations au Grand Théâtre. Menu du soir dès 32 €.

Très bien situé sur le parvis du grand théâtre, le Belvédère propose des plats soigneusement présentés et servis rapidement (pratique pour arriver à temps à la représentation !). Raviolis de langoustines au beurre d'estragon, salade de foie gras chaud, langoustines rôties, beurre de gingembre, noix de Saint-Jacques aux pâtes fraîches, copeaux de foie gras, ris de veau rôti, artichauts, girolles et en dessert, nage de fruits d'automne, sorbet litchi-pétale de rose... C'est excellent ! Un régal pour les yeux et les papilles...

CAMP DE BASE TARA €€

Rue Raymond Rallier du Baty
✆ 02 97 50 91 63
Ouvert du lundi au vendredi de 8h à 17h ; le samedi de 12h à 18h. Réservation recommandée. Boutique.

Le bateau de recherche scientifique Tara a son port d'attache à Lorient, il a maintenant son camp de base. Ouvert début 2020, ce restaurant est aménagé dans le hangar à bateaux qui héberge en partie la base technique de la fondation Tara océan. La nouvelle cantine de la Base est ouverte en journée et propose un plat unique, « comme sur le bateau ». A la carte également, des tartes, des sandwichs ou la soupe du jour. Un coin « boutique » est dédié à la vente de produits créés par Tara aux bénéfices en partie reversés à la fondation Tara océan.

BOSTON CAFE €€

53, Rue du Port
✆ 02 97 30 51 31
Ouvert du lundi au samedi, midi et soir. Formule du midi 19 € (entrée, plat, dessert). Accueil des groupes. Terrasse.

Si vous cherchez un véritable bistrot, n'hésitez pas à aller faire un petit tour au Boston Café. Vous pourrez venir y déjeuner en semaine du mardi au vendredi ou bien opter pour l'apéro du soir avec les tapas. Le menu bistronomique du midi change toutes les semaines. C'est très simple mais très bon : une entrée, une viande ou un poisson et un dessert. Les plats sont originaux et avec beaucoup de saveurs. La carte des tapas change toutes les deux semaines. L'ambiance sympathique et les assiettes soignées ne manqueront pas de vous charmer. Super bistrot !

CODE 0 €€

5, rue de Carnel
✆ 02 97 06 37 13
www.cafecode0.fr
Ouvert du lundi au vendredi 8h-18h (jusqu'à 22h le mercredi) et un dimanche par mois 11h-15h. Plat du jour 9,50 €

Proposer une cuisine de goût sans gaspillage, tel est le credo de Code 0, un café engagé dans la démarche zéro déchet. Ici, les bocaux sont consignés et aucune vaisselle n'est jetable : tout est pensé pour réduire l'utilisation des emballages. Le circuit court et les produits locaux sont privilégiés : fruits, légumes, vin et même café proviennent de fournisseurs des environs. A la carte, trois plats chaque jour confectionnés avec amour par la cheffe Emeline Morvan. Et puis, cheese cake à toute heure et brunchs pour certaines occasions ! Bravo !

LE COMPTOIR GROIX & NATURE €€

7, Rue d'Estienne d'Orves
✆ 02 97 86 81 37
www.groix-et-nature.com
Ouvert du lundi au samedi de 10h à 21h.

Le Comptoir Groix et Nature c'est une épicerie fine et un espace restaurant avec une jolie terrasse de 50 m². Dans un style bistrot-cantine, le chef de ce nouveau concept vous propose la pêche du jour avec un poisson de la criée, des salades, des burgers et des plats cuisinés en bocaux sur l'île de Groix. L'après-midi, vous pourrez également vous arrêter profiter de l'esprit salon de thé et le soir, le salon de thé laisse la place à l'apéro avec des planches...

L'ENVOL €€

1, Rue Olivier de Clisson ✆ 07 83 83 52 57
www.lenvolrestaurant.com
Ouvert du lundi au vendredi de 12h à 14h. Ouvert le soir pour les groupes de 8 personnes minimum. Plat du jour : 8 €.

Le nouvel établissement sain et zéro déchet à Lorient est tenu par un jeune Lillois, Matthieu Vin, accompagné d'un ami aux fourneaux. Ici, on déjeune local, responsable et savoureux. Au menu, chaque jour, trois plats au choix dont un élaboré à base de pâtes, et des entrées et des desserts en libre service. Le lieu est charmant mais petit, aussi, le jeune restaurateur a développé le concept de l'abonnement pour être livré à vélo. Vous pouvez choisir d'être livré une à plusieurs fois par semaine, moyennant 1 euro de plus par commande (3 euros pour les non-abonnés).

LE CRABE MARTEAU €€

34 avenue de la Perrière
✆ 02 97 59 40 71
crabemarteau.fr
Ouvert du mardi au samedi le midi et le soir. Plat de 17 à 25 €. Le Crabe Marteau 23 €. Terrasse.

Né à Brest en 2004, le Crabe Marteau a ouvert des restaurants à Paris (17e), Bordeaux, Nantes et à Lorient en 2016. L'idée est de déguster un crabe ou une araignée par moitié ou en entier. Sur la table : un maillet, un bavoir, du pain, des pommes de terre et des sauces. Les crabes sont pêchés sur les côtes bretonnes et livrés toutes les nuits au restaurant. Egalement des ormeaux, des Saint-Jacques et des pétoncles noirs, des homards, des huîtres pleine mer, des langoustines et des poissons (merlu, lieu, sole, selon la pêche du jour). Une très bonne adresse !

LE JARDIN GOURMAND €€

46, rue Jules-Simon
✆ 02 97 64 17 24
www.tropmad.bzh
Du vendredi au dimanche midi et soir à l'année ; du mercredi au dimanche midi et soir, l'été. Menu 38-46 €. Terrasse.

Surnommée la « fée du Morbihan » en 2002 par Gilles Pudlowski, Nathalie Beauvais se démène pour faire connaître la Bretagne, ses produits et ses bonnes adresses. Sa particularité est de ne pas catégoriser les productions locales mais de les associer. L'andouille, le cidre, la langoustine, le tourteau, les huîtres, la coquille Saint-Jacques, le chou, le chou-fleur, l'artichaut ou encore le far Breton, tous ces produits se glissent dans son menu du marché qu'elle compose au gré de ses pérégrinations matinales chez les producteurs et les artisans locaux. Unique !

DYNAMO CANTINE ET VELO €€

62, Avenue de la Perrière ✆ 09 84 24 49 05
www.dynamo-lorient.jimdofree.com
Ouvert du lundi au vendredi de 10h à 17h. Brunch les premiers dimanches de chaque mois.

Elodie et Luc, couple à la ville et au restaurant, ont ouvert un concept atypique de cantine-magasin/atelier de réparation vélo. Et il fait bon s'arrêter au Dynamo pour déguster l'une des créations salées ou sucrées d'Elodie et discuter avec le charmant Luc en salle. Le restaurant propose une cuisine fraîche, savoureuse et originale, en travaillant des produits bio et locaux de saison. La carte est renouvelée chaque jour. Les plus : la cour extérieure parfaite pour profiter du soleil et le brunch chaque premier dimanche du mois. Attention, il faut réserver !

KARANTEZ €€

36, bis Rue Lazare Carnot ✆ 02 97 64 26 54
Ouvert du mercredi au dimanche de 12h à 14h15 et de 19h à 21h45. Menu à emporter 15 € et 17 € la formule complète.

Après être passé par le Ritz et le Bristol, Jonathan Reine a posé ses valises à Lorient. Son restaurant Karantez propose une cuisine fraîche et variée. Ici, la carte est courte et de saison et laisse la part belle aux fruits et aux légumes. Les plats ne versent certes pas dans l'originalité franche mais les assiettes ont le mérite d'être toutes très bien réalisées. Notez la carte des vins de très bonne facture qui accompagne les propositions culinaires avec régal. Le chef breton, repéré par le Gault & Millau, fait partie de la sélection «jeunes talents» 2021.

LOUISE. €€

4, Rue Léo Le Bourgo
✆ 02 97 84 72 12
www.restaurantlouise.fr
Ouvert toute l'année, du mardi au samedi midi et soir. Réservation recommandée. Menu dès 55 €. Formule du midi 25 €

Ouvert depuis mi-avril 2018, Louise. a pris la place d'Henri et Joseph. Le chef y avait d'ailleurs travaillé il y a quelques années après être également passé par l'Amphitryon. Merlan de ligne, sauce au champagne et asperges blanches ; fraises et rhubarbes, crème glacée au poivre de Tasmanie... Le chef est passionné et on le sent dans sa cuisine et dans l'ambiance du restaurant. La carte change toutes les 3 semaines environ et le Menu du Marché, au prix plus que raisonnable compte tenu de la qualité, change toutes les semaines.

LE NATTI BLUE €€

11 Quai des Indes
✆ 02 97 59 66 99
Ouvert du mardi au samedi de 11h à 22h.

Face au bassin à flot, au quai des indes, on découvre depuis peu, le premier bar à huîtres de Lorient. Et c'est grâce à Marie Brianceau que le concept a pu voir le jour dans la ville. Cette amoureuse de la mer et des fruits de mer propose des huîtres creuses de la ria d'Etel et du Golfe du Morbihan et des huîtres plates du Belon. Bons pains et vins de petits producteurs accompagnent les assiettes de 3, 6 ou 12 huîtres. Le midi, une restauration légère de produits frais est également proposée. En projet : ouvrir la proposition à tous les coquillages...

LE MINGO'S €€

15, Boulevard Franchet d'Esperey
✆ 09 87 15 91 23
Ouvert le lundi midi ; du mardi au vendredi le midi et le soir ; le samedi soir.

Ambiance burgers, grills et prohibition pour cet établissement ouvert début 2019 boulevard Franchey d'Esperey. Mais pas que... Aiguillettes de poulet marinées au citron et sa purée de pomme-céleri, mijoté de calamars frais au chorizo, filet d'Eglefin au velouté de ciboulette ou encore hampe de bœuf aux oignons rouges confits et sa purée maison, de quoi donner envie de venir goûter le plat du jour.. Et les desserts ne sont pas en reste : l'entremets passion et noix de coco et pain perdu au cacao, secouent les papilles. C'est simple et bon.

LA PASTA DE LA MAMMA €€

10, bis Boulevard du Général Philippe Leclerc
✆ 02 97 83 17 96
www.la-pasta-de-la-mamma.fr
Lundi 10h-15h, mardi et mercredi 10h-15h et 18h-19h30, jeudi et vendredi 10h-19h30, samedi 18h-19h30. Boutique.

Ici, le meilleur des spécialités de pâtes transalpines. Lasagnes aux aubergines ou de saison, bolognaise, poireau-saumon, chèvre-épinard, ravioles à la truffe, au citron, pâtes carbonara à la coppa, tout est absolument délicieux. L'adresse fait également épicerie fine et vous pourrez trouver votre bonheur parmi les pâtes, l'huile d'olive, les antipasti et la charcuterie fine à la découpe. La pasta de La Mamma fait aussi traiteur pour différents événements. Les produits sont disponibles sur son stand « O Sole Mio » au marché couvert des Halles de Merville.

Port de Lorient.

LE POULPE €€

29 Avenue de la Perrière
✆ 02 97 50 08 24
Du lundi au jeudi : le midi, vendredi : midi et soir. Formule midi : 18,50€ (14€ à emporter). Vendredi soir menu à 27€

C'est une institution dans l'avenue de La Perrière ! Le Poulpe est un petit resto, caché entre deux autres, ouvert les midis en semaine et un seul soir, le vendredi. Ce jour-là, il faut réserver pour avoir la chance de goûter à la spécialité de la maison : le homard. La bête est déclinée en entrée, plat, à toutes les sauces et c'est excellent. Pour le reste, la cuisine de cette « cantine gastro » est soignée, mais sans prétention, et conviviale comme le lieu. Si vous vous aventurez dans le quartier du port de pêche, c'est une étape à ne pas manquer !

LE YACHTMAN €€

14, Rue Poissonnière
✆ 02 97 21 31 91
www.leyachtmanlorient.fr
Maître Restaurateur. Ouvert du mardi au samedi le midi et le soir. Menus de 22 € à 45 €.

À l'intérieur, une salle sobre et une cuisine raffinée, élaborée avec des produits frais et de saison. Par exemple : velouté de potimarron, autour du poisson cru, filet de poisson rôti, bar rôti aux petits légumes, gougeonnettes de saint-pierre… Si vous êtes plutôt viande : pied de cochon farci, boudin noir du Pays basque ou encore rognon de veau rôti entier. Côté desserts, le chef vous propose un crumble aux fruits, la tartelette du moment, un baba au rhum crème fouettée, et on en passe. Un agréable restaurant. La cave à vin fait partie du même établissement.

ZAMPA €€

19 Boulevard Franchet d'Esperey
✆ 02 97 64 20 77
Ouvert lundi midi, du mardi au jeudi et dimanche jusqu'à 22h ; vendredi et samedi jusqu'à 23h. Pizza de 9,50 à 13,50 €.

Le Zampa propose une belle carte de pizzas à la pâte aussi fine que délicieuse, mais également des pâtes, des salades, et d'autres plats chaque jour. La cuisine ouverte sur la salle à la décoration soignée permet d'observer l'art des pizzaïolos dans « le tourner » de pizza et de saliver en attendant son plat. Mais le petit plus de l'endroit est incontestablement le concept des « mi-mi » qui séduira à coup sûr les indécis qui pourront opter pour la formule : 1/2 pizza + 1/2 salade ou 1/2 pizza + 1/2 pâtes ou 1/2 pâtes + 1/2 salade ! C'est séduisant, copieux, bon !

L'AMPHITRYON €€€

127, rue du Colonel-Muller
✆ 02 97 83 34 04
www.amphitryon-lorient.com
Du lundi au samedi midi et soir. Menu de 35 € (les midis du lundi au vendredi) à 130 €. Accueil des groupes.

Depuis fin 2017, Anthony Rauld, sommelier depuis plus de 12 ans du restaurant, et Olivier Beurné, ancien chef étoilé du château de Locguénolé, ont repris les rênes de l'Amphitryon. Dans ce cadre ultra contemporain et élégant, ils vous font découvrir leur vision de la gastronomie. Mets raffinés et alliances créatives sont proposés au fil des saisons : bulles d'huître, chlorophylle de persil, sorbet vinaigre de shiso, pâte d'asperge, condiment d'oignon rouge au thé noir, écume de parmesan, mousse verveine, sorbet kalamansi… Une cuisine tout en finesse.

RESTAURANT SOURCES €€€

1, Cours de la Bôve
✆ 02 97 78 76 25
www.restaurant-sources.com
Du mardi au vendredi : 12h15-14h et 19h30-22h, samedi : 19h30-22h. Réservation recommandée.

Face au port de plaisance, une nouvelle enseigne gastronomique a ouvert ses portes à l'initiative de deux frères, Mathieu et Nicolas Le Tirrand. Le restaurant Sources propose des mets finement élaborés qui n'ont rien à envier aux adresses étoilées dans lesquelles le duo a fait ses marques. Au déjeuner, on opte pour une proposition en 2 ou 3 temps et le soir, pour le Menu Naturel (3 temps), le Menu Minéral (4 temps) ou bien le Menu Sources (6 temps). Les produits sont de premier choix et les saveurs au rendez-vous, assurément. Laissez-vous tenter les yeux fermés.

LE BAR D'EN FACE (BDF)

Place Polig Monjarret
✆ 02 97 11 24 83
Ouvert du mercredi au lundi : de 17h à 2h. Terrasse. Animations. Concerts.

Le Bar d'en Face est un bar à ambiance avec musique live, rock'n'roll, sessions jazz et irlandaise, DJ sets et des diffusions de matchs de rugby ou de concerts sur grand écran. Il s'agit d'un pub qui propose une carte de vins bio, 10 bières pression originales à des prix tout à fait acceptables, une carte de cocktails à base de fruits frais de saison et une sélection de saucissons affinés accompagnent votre apéro !

C'est l'after recommandé par l'équipe de la tavarn ar roue morvan, c'est normal, c'est la même maison, mais en face !

COFFEE AND CO

19, Rue de l'Assemblée Nationale

Ouvert du lundi au samedi de 8h à 17h45. Terrasse.

Idéalement situé dans le centre-ville, près de tous les commerces, Coffee and Co vous propose une belle carte de boissons parfois originales et surtout délicieuses, à découvrir et déguster tout au long de la journée. Chocolat viennois Bounty (chocolat chaud, sirop de coco, chantilly, coco râpée, copeaux de chocolat), milkshake Coffee and Co avec chantilly, smoothie Detox, Bubble Tea (thé vert froid, purée de passion, billes arôme fraise). Et bien sûr, les incontournables thés, tisanes et cafés. Petite terrasse et coin bureau de tabac.

LE KARRE BIO

3, Rue de la libération

CAUDAN ✆ 07 62 65 21 12

www.lekarrebio.com

Ouvert mardi, mercredi, vendredi et samedi de 9h30 à 13h et de 16h à 19h. Le dimanche de 10h à 13h.

Le Karré Bio ouvre sa boutique à Caudan ! Ici, le primeur bio propose de bons et savoureux fruits et légumes de saison, des fromages, ainsi qu'une délicieuse gamme de chocolats biologiques. Pour apporter une touche végétale à tous vos événements, c'est au Karré Bio qu'il faut s'adresser. Plateaux, buffets, brochettes, cuillères, gaspacho, gâteaux et autres variations apéritives, le Karré Bio est une alternative idéale pour vos petits déjeuners, brunchs et apéritifs dînatoires. Pensez à réserver votre corbeille, 48h à l'avance !

LE GALION

2, rue Florian Laporte

✆ 02 97 37 41 23

Ouvert du mardi au samedi. Jusqu'à 2h du matin vendredi et samedi. Restauration. Concerts (tous les week-ends).

Bar mythique de Lorient, le Galion est un endroit unique qui offre une programmation musicale pointue concoctée par le maître des lieux, Jean-Ba, pour les intimes. Les artistes viennent de partout et l'ambiance décline le rock en tout genre et pour tous les goûts. Au Galion, s'organisent aussi des répétitions et d'autres événements (soirées poker, projections ciné d'associations locales). On y vient en journée pour un café ou une bière, mais surtout le week-end pour les concerts, parfois spectaculaires et toujours étonnants. Un lieu atypique qui vaut le détour !

PIER-MARIE PATISSERIE

8, Rue Victor Masse

✆ 02 97 55 44 78

www.patisserie-piermarie.com

Du mardi au vendredi de 9h30 à 13h et de 14h à 19h ; le samedi de 9h à 13h et de 14h à 19h ; le dimanche de 9h à 12h15.

A Lorient, l'enseigne Pier-Marie n'a plus à être présentée. Depuis 2014, les délicates et savoureuses pâtisseries ont emporté les faveurs des habitants. Ici, tout est réalisé à partir de produits locaux rigoureusement sélectionnés et préparés dans l'atelier attenant. Les créations sont aussi jolies et fines à l'œil qu'en bouche. Coup de cœur pour le baba au rhum et la tarte au citron, subtilement revisités pour le plus grand plaisir des papilles. Vous pourrez déguster les pâtisseries sur place ou à emporter. Des ateliers sucrés sont proposés en petit comité.

LE GALWAY INN

18, rue de Belgique

✆ 02 97 64 50 77

Ouvert tous les jours de 17h à 2h.

Bienvenue au Galway Inn, un véritable pub irlandais logé dans une sympathique bâtisse toute en pierre. Une maison où l'on peut boire une bière, un irish-whiskey, un scotch ou un verre de vin au coin du feu l'hiver, sur la jolie terrasse au printemps. Ici, l'ambiance est conviviale et, seul, ou accompagné, vous vous sentirez comme chez vous ! Et si vous aimez le son du fiddle, du bodhran et de la flûte traversière, alors ne ratez pas la session irlandaise du mercredi soir et les concerts le week-end. L'authenticité et la chaleur irlandaises en Bretagne. On adore !

WESTPORT INN

2, place Polig Monjarret

✆ 09 67 17 76 57

Ouvert du mardi au samedi de 11h à 1h. Terrasse. Restauration. Concerts.

Petit frère du Galway Inn, situé au « triangle des Bermudes » comme le surnomment les locaux, le Westport est idéal pour faire la fête ou se restaurer. Le pub propose des bières artisanales, des whiskys, des rhums, du vin et des cocktails, le tout dans une ambiance chaleureuse. Au programme donc, de la bière, des rencontres musicales, des formules déjeuner le midi et des planches à partager le soir. A la carte, quelques spécialités : bœuf à la Guinness et l'Irish stew à l'agneau mais aussi hot-dog, burger, fish and chips... Et le samedi, c'est Irish Breakfast !

727 SAILBAGS

Rue Bourely
✆ 02 97 37 12 13
www.727sailbags.com
Ouvert du lundi au samedi de 10h à 13h et de 14h à 19h.

Découvrez ce *concept store* dans une boutique créée avec d'anciens containers recyclés. A la vente, des objets de décoration, des sacs de sport ou de voyage, des vêtements de prêt-à-porter. Si les prix sont assez élevés, les créations sont toutes uniques. En effet, les voiles de bateau utilisées pour créer les sacs et les accessoires ont chacune une histoire et une identité propre. Elles portent ainsi une fiche d'authentification qui retrace leur histoire maritime. D'autres collections ont également vu le jour (Pen Duick VI et Marie Tabarly ; Touche Pas à Ma Mer).

L'ATELIER DU CAFE D'ORIANT

1, Rue Faidherbe
✆ 06 43 53 20 87
www.cafedoriant.fr
Ouvert du lundi au vendredi de 9h à 12h30 et 14h à 19h ; le samedi de 8h à 19h.

La petite boutique offre douze cafés différents torréfiés, mais également une large gamme de thés, de rooibos et d'infusions. Il s'inscrit dans une démarche artisanale et locale et, grâce au bel outil, le torréfacteur, situé dans la boutique elle-même, il transforme le café sur place et deux fois par semaine. Possibilité pour les clients de découvrir le processus complet de torréfaction. C'est surtout un gage de qualité et une démarche unique dans la ville.

BIOCOOP LES 7 ÉPIS

20, rue Jean-Marie-Tjibaou
LANESTER
✆ 02 97 76 77 00
www.les7epis.fr
Ouvert du lundi au samedi de 9h30 à 19h.

Petite sœur de la Biocoop de Lorient, la boutique des 7 Epis à Lanester propose près de 10 000 références dont beaucoup de produits locaux. Les 3/4 des fruits et légumes sont cultivés dans le département. Vous trouverez au rayon frais d'excellents poissons bios ou sauvages, fumés artisanalement à la pointe du Raz (dans le département voisin). Le rayon vrac a près de 200 références en céréales, légumineuses, farines et gâteaux. Un espace épicerie fine présente toutes sortes d'épices, de tisanes et thés en vrac. Il est également possible de moudre son café.

CARNET DE VINS

10, boulevard Maréchal Joffre
✆ 02 97 84 95 07
www.carnetdevins.fr
Egalement vente directe en ligne sur le site. Ouvert tous les jours sauf le dimanche et le lundi matin.

C'est LE caviste spécialisé en vin naturel à Lorient ! Chez Carnet de Vins, vous trouverez de nombreux crus en provenance de toutes les régions françaises et quelques bouteilles de l'étranger. Un joli choix de vins naturels donc, mais aussi issus de l'agriculture biologique. Ici, le vin est bon et bon pour la santé ! Vous trouverez des appellations de toutes les régions de France, mais aussi de l'étranger. On y va pour la belle sélection, mais également pour les précieux conseils et la bonhomie d'Hervé, le caviste. Une adresse à adopter d'urgence !

FRACAS

11, rue Auguste Nayel
✆ 02 97 85 35 32
https://margauxceramics.com/fracaslorient/
Ouvert lundi et mercredi de 10h30 à 18h et le mardi, jeudi, vendredi, samedi jusqu'à 19h.

Un lieu hybride comme on aime ! Cette librairie indépendante-atelier de céramique-salon de thé, naît de l'initiative de Margaux et Guillaume qui fusionnent leur passion respective pour créer ce lieu unique. Ici, les ouvrages font l'objet d'une sélection toute particulière pour le plaisir de tous. Des livres pour enfants, bandes dessinées, aux essais et romans, Fracas donne à lire une vision alternative de la vie. L'atelier céramique, quant à lui, accueille les initiations, la production et la vente des créations. Et le coin salon, votre séant ! Un chouette endroit

HALLES DE MERVILLE

Avenue Anatole-France
Ouvert tous les matins de 7h à 13h et le vendredi de 16h à 19h. Fermé le lundi.

Pilier de la vie lorientaise, les halles de Merville sont construites sur un ancien abri anti-bombes. Tous les matins, on peut s'y rendre pour faire ses courses de produits frais parmi la soixantaine de commerçants présents ici. Toutes les bonnes enseignes de la région sont réunies et l'ambiance est délicieusement bon enfant... A l'entrée des Halles, le kiosque à journaux vient compléter l'offre commerçante du lieu. A noter : tous les mercredis et samedis matin, le marché s'agrandit et prend vie à l'extérieur, tout autour des Halles.

MA KIBELL

26, Rue du port
✆ 02 96 94 11 17
www.makibell.com
Ouvert du mardi au samedi de 10h à 13h et de 14h à 19h.

Ma Kibell, « ma baignoire » en breton, est une petite enseigne installée rue du Port. Il s'agit d'une boutique qui propose des cosmétiques artisanaux bretons. Que du Breizh : bain moussant aux algues, huile de massage, sel de bain kouign-amann, baume à lèvres miel et safran de Bretagne, masque argile blé noir, gommage 100 % bio et chanvre, parfum d'oreiller, parfum d'ambiance, bougie parfumée (fraise de Plougastel, caramel au beurre salé, lait robot, embruns marins, sable et sel...), mais aussi des gels douche, shampoings et savons...

SAINT JAMES

29, Rue du Port
✆ 0954046471
Ouvert le lundi de 14h à 19h ; du mardi au samedi de 10h à 19h.

Saint-James est une marque bretonne tournée vers la mer, spécialiste du pull, de la maille et de la laine, qui a fêté son centenaire en 1989 ! Tout commence dans la baie du Mont Saint-Michel lorsque la laine des moutons de prés-salés servait à concevoir les tricots et les bonnets des marins. Depuis, la marque a évolué, mais la qualité des produits, elle, est restée. Saint-James a obtenu le trophée Éthique et gouvernance (2005) et le label Entreprise du Patrimoine Vivant (2013). Ses produits sont entièrement fabriqués en France.

LUCIE AU VRAC

22, Avenue de la Perrière
✆ 06 56 86 99 32
https://lucieauvrac.fr/
Du mardi au vendredi de 10h à 14h et de 16h à 19h et le samedi de 9h à 19h. Bol du jour 10,50 €.

Jolie petite épicerie de produits vrac bio et locaux nichée dans l'avenue de La Perrière, Lucie au vrac est un endroit où l'on vient s'approvisionner en aliments secs, céréales et légumineuses, biscuits, légumes, fruits, produits d'entretien, cosmétiques.. On y dégote de jolies créations artisanales au passage telles que les recouvre-plats, éponges végétales, essuie-tout lavables, boîtes à thé, gourdes et brosses à dent. Le lieu fait aussi restauration et propose des préparations végétales : bol du jour, végétal bagnat et délicieuses mousses de fruits en dessert.

TETE EN VRAC

CAUDAN
✆ 06 65 60 96 11
https://teteenvrac.bzh/
Marché bio Lorient, Ferme du Koz Ker, marché bio Pont-Scorff, Ferme de Kerhervy, marché Caudan. Plus d'infos sur site.

Il y a quelques mois encore, Noëlla était infirmière. Une soirée de réflexion aura suffi pour qu'elle priorise ses valeurs personnelles, troque son 9h-17h et ouvre son épicerie vrac... à roulettes ! Désormais, c'est dans sa caravane aménagée qu'elle propose ses quelque 150 références (alimentation, droguerie, hygiène) sur différents sites de l'agglomération de Lorient. Tous les produits sont triés sur le volet : agriculture biologique, français, équitables et bons uniquement. Et avec sa jolie couleur jaune, impossible de manquer l'épicerie itinérante !

AUX MILLE DÉLICES

41, rue du Port
✆ 02 97 21 84 84
www.auxmilledelices.fr
Ouvert du mardi au samedi de 10h à 18h.

Cette petite épicerie fine vous propose ses produits gastronomiques (thés, cafés, épices), mais aussi ses plaisirs régionaux et du terroir (conserverie, condiments, liqueurs) et toutes ses petites douceurs telles que chocolats, bonbons, caramels au beurre salé, macarons ou encore fruits confits. Pour compléter sa gamme, Aux Mille Délices propose également des tisanières, des théières, des filtres à thé, des mugs, des kits pour cocktail... Sans oublier les différentes sortes de paniers gourmands. Une adresse savoureuse à Lorient.

AU VENT DES MOTS

7, rue du Port
✆ 02 97 84 16 50
www.auventdesmots.fr
Ouvert du lundi au samedi de 10h à 19h.

En plein centre-ville de Lorient, dans la rue piétonne, la librairie Au Vent des Mots vous accueille dans ses différents espaces. Au rez-de-chaussée, vous pourrez découvrir l'espace jeunesse avec BD, albums pour enfants, jeux. En descendant, vous trouverez un grand espace papeterie et matériel de dessin. Et dans les étages, les livres : livres pour école, beaux-livres... La librairie dispose également d'une salle dédiée aux expositions.

La librairie organise régulièrement des dédicaces. Toutes les infos pratiques sur le site Internet.

LES VIGNES D'OR

18, rue Carnel
© 02 97 84 09 78

Ouvert du mardi au vendredi de 9h30 à 12h30 et de 15h à 19h30 ; le samedi de 9h30 à 12h45 et de 14h30 à 19h30.

Si cette cave n'est plus à présenter à Lorient, sachez que le propriétaire a changé en 2018. Le choix et la qualité, eux, restent au rendez-vous. Blanc, rouge, rosé, pétillant, pour toutes vos soirées et occasions festives, la cave Les Vignes d'Or vous propose une sélection rigoureuse de vins venus de toutes les régions de France. Et si vous ne savez plus où donner de la tête, fiez-vous au conseil avisé de l'équipe qui vous permettra d'orienter votre choix. Une adresse sympathique, un accueil chaleureux et une jolie diversité de bouteilles.

LOCO LOCA

8, Place François Mitterrand
© 02 90 98 92 71
https://locoloca.com/lieu-de-vie-latino/lorient/

Ouvert tous les jours dès 11h du matin. Plusieurs espaces dont deux terrasses. Shop. Événements et fiestas.

Mange, ris, aime, tutoie à Loco Loca ! L'enseigne latino déjà présente à Rennes a ouvert en septembre 2020 à Lorient, sur la place qui jouxte la gare. Ici, vous aurez le choix de l'espace dans lequel vous poser pour discuter/travailler/manger/boire un cocktail ou un café. Avec ses très beaux espaces intérieurs, sa décoration soignée typée Amérique latine et ses merveilles à boire et à grignoter, le dépaysement est assuré ! Ne manquez pas le brunch à volonté tous les dimanches de 11h à 15h. Le Petit Futé aime et recommande cette parenthèse enchantée !

ELISE LE SOLLIEC

2, Place Alsace Lorraine © 06 98 20 21 47
www.eliselesolliec.fr

Ouvert du mardi au samedi de 10h à 18h. De 30 € à 120 € selon la prestation. Tarif groupe : 25 € les 2 heures.

Élise Le Solliec a ouvert la toute première agence de style à Lorient, un endroit cosy où l'on se sent en confiance. Diplômée de l'École Supérieure de Relooking de Paris, elle propose des services et conseils sur mesure, pour femme et pour homme, allant du conseil en image (couleurs, morphologie, coiffure, maquillage) au tri du dressing (chez vous !), en passant par la séance de shopping accompagné, jusqu'au relooking complet. Sa philosophie : vous aider à mieux vous accepter et devenir autonome dans la gestion de votre image, et sans dépenser beaucoup d'argent !

ORIENT ESCAPE

42, Avenue de la Perrière
© 07 88 69 89 56
https://orient-escape.com/

Du lundi au samedi, de 9h à 22h. A partir de 27 €/personne. Réalité virtuelle 30 €/personne.

1 thème, 1 équipe, 1 heure ! Le concept de ce jeu immersif est donné. L'escape game se joue en équipe de deux joueurs minimum. Enfermée dans une salle, l'équipe dispose de 60 minutes pour trouver les indices lui permettant de résoudre l'énigme et de sortir des lieux. Chez Orient Escape, deux parcours sont proposés : Retour des Indes ou L'Atelier de l'ingénieur. Intuition, esprit d'équipe, agilité intellectuelle sont les ingrédients indispensables au bon déroulement de la mission... Nouveau : évadez-vous avec la réalité virtuelle ! Alors, vous essayez quand ?

CINÉVILLE

4, boulevard du Maréchal-Joffre
© 02 97 64 78 00
www.cineville.fr

Entrée : 10 €. Tarif réduit : 7 € moins de 18 ans et étudiants ; 6,60 € matin ; 7,50 € le vendredi et 5 € - 14 ans.

Le groupe rennais Cinéville est le cinquième exploitant de salles de cinéma en France, avec cinq millions de spectateurs par an et compte plus d'une dizaine de salles de cinéma multiplexe dans la région Grand Ouest. A Lorient, en centre-ville, vous disposez ainsi de 11 salles climatisées avec écrans géants. Notez que vous avez la possibilité d'acheter vos billets en ligne sur le site internet de l'établissement et qu'il existe des abonnements (carte CinéPréférence et carte CinéLiberté) vous permettant de bénéficier d'un tarif réduit.

THÉÂTRE DE LORIENT

Parvis du Grand Théâtre
© 02 97 02 22 70
www.theatredelorient.fr

Carte adhésion pour bénéficier du tarif adhérent 15/10/5 €. Tarif plein 25 €, réduit 13 €, plus réduit 10 €.

Idéal pour passer un bon moment, le théâtre de Lorient vous propose une belle programmation tout au long de l'année : théâtre pur, danse, cirque, musique et bien d'autres créations... Pour acheter vos places, rendez-vous directement à la billetterie du théâtre ou bien possibilité de les acheter sur internet. Sachez d'ailleurs qu'il existe plusieurs abonnements pour satisfaire chacun. Le plus : si vous souhaitez dîner avant le spectacle, le restaurant Le Belvédère situé à côté du théâtre ouvre ses portes plus tôt les soirs de spectacle (sur réservation).

GUIDEL ★★

Située en bordure d'océan, Guidel compte plusieurs plages sableuses. La commune est également limitée par l'estuaire sinueux de la rivière la Laïta qui la sépare du Finistère. De belles promenades à prévoir dans ses rives boisées ou la forêt domaniale du Rocher Royal à Locmaria. En outre, la commune est connue pour le surf et ses chapelles. D'ailleurs, de mi-juillet à mi-août, le festival des « 7 chapelles en art » célèbre le patrimoine culturel local à travers des balades, des concerts et des expositions dans chacune d'entre elles. Enfin, pour les amateurs de terrasses en bord de mer, les restaurants du port n'attendent plus que vous !

KERBREIZHVACANCES €

11, chemin de Cruguel
✆ 02 97 05 91 80
http://morinlocation.chez.com

Fermé de novembre à mars. De 360 à 520 € la semaine selon saison. Salon de jardin, lave-linge.

Située à 500 mètres de la mer, au calme, on découvre une longère entièrement rénovée et ses trois gîtes de 57 m² qui possèdent, chacun, son entrée indépendante. Avec leurs deux chambres, l'une avec un grand lit et l'autre avec deux lits pour une personne, ces gîtes ont une capacité de 4 à 5 personnes chacun. De plus, vous apprécierez sans doute le barbecue et le jardin clos et arboré de 1 000 m² dans lequel se trouve la terrasse... Idéal pour les grandes familles qui souhaitent passer du bon temps ensemble tout en gardant son intimité !

FERME D'AUTRUCHES DE LA SAUDRAYE

La Haye
✆ 06 83 37 70 91
www.ferme-autruches.com

La visite de l'exploitation est actuellement fermée. La boutique de la ferme est ouverte du lundi au vendredi 10h-18h.

Depuis plus de 20 ans, Boris Le Bec élève des centaines d'autruches sur 30 hectares de prairies et d'espaces boisés, dans son domaine familial, à Guidel. Respectueux du bien-être de l'animal, l'exploitation maîtrise la ponte des œufs, l'abattage et la transformation. La viande est une bonne alternative à la viande de bœuf : rouge, tendre et raffinée ! Tous les produits de la ferme sont en vente sur la boutique fine en ligne : www.latypique-epicerie.com.

BREIZH YOURTE €€

LD Coatroual
✆ 06 07 36 24 48
www.breizh-yourte.fr

Ouvert toute l'année. 3 yourtes. Petit déjeuner inclus. A partir de 95 € la nuit pour 2 personnes.

Découvrez la yourte traditionnelle mongole pour un séjour insolite en Bretagne ! Installées sur une grande prairie entre champs et forêt, les 3 yourtes ont une superficie de 30 m². Chacune est équipée pour 4 personnes (un grand lit et 2 lits simples) et est chauffée au bois l'hiver. La salle d'eau et le WC sont accessibles dans la maison de vos hôtes par une entrée indépendante. Au même endroit, une pièce de détente et une cuisine équipée (gratuit à partir d'un séjour de 2 nuits). Chaque yourte dispose d'un salon de jardin et d'un barbecue.

KER AR C'HOARI

Kerdrien
✆ 07 81 05 11 30
www.kerarchoari.com

Ouvert en juillet et août. Ouvert tous les jours de 11h à 19h. Tarif unique à 7 €. Gratuit jusqu'à 3 ans.

Le parc Ker ar C'Hoari est l'endroit idéal pour fêter un anniversaire, passer un moment de détente en famille ou entre amis et s'amuser en toute simplicité. Répartis sur 5 ha, ces 3 labyrinthes de maïs feront le bonheur des petits et des grands. Sur ce parc de jeux, vous trouverez également des structures gonflables : bulle de savon, lion, château, parcours aventure, ainsi que des jeux en bois. Une petite faim ? Le parc propose, sur place, des boissons fraîches, des gâteaux, des friandises, du café, des bonbons, des glaces...

CAMPING DE LA PLAGE €€

Le Fort-Bloqué
✆ 02 97 05 95 46
www.campingplageguidel.com

D'avril à septembre. Réservation recommandée. Mobil-home pour 4 à 8 personnes dès 245 € la semaine. Piscine couverte.

Situé au cœur d'un cadre naturel et protégé, à une centaine de mètres d'une belle plage de sable fin, la situation de ce camping familial est on ne peut plus rêvée. Nombreuses commodités : baignoire bébé, lave-linge, sèche-linge, accès wifi sur tout le terrain, bar ouvert le soir pendant les animations, trois food-trucks pour se restaurer (crêpes, pizzas, moules-frites), dépôt de pain, glaces... Et de nombreuses activités : piscine couverte chauffée, terrain multisports, salle de jeux (babyfoot, billard, tables de ping-pong), aire de jeux pour les plus jeunes.

CAMPING PEN ER MALO €€

✆ 02 97 05 99 86

www.camping-penermalo.fr

Ouvert de début avril à début novembre. 144 emplacements. Mobil-home (3-6 personnes) dès 280 €/sem. Animaux acceptés.

A 100 mètres de la plage, le Camping Pen Er Malo vous propose, en plus de ses emplacements, la location de mobil-homes ainsi que le concept du coco sweat (à mi-chemin entre la caravane et le mobil-home). Dans ce camping familial, vous aurez également tout le loisir de profiter de la piscine couverte chauffée, d'un bar-épicerie, d'un restaurant, d'une aire de jeux pour les enfants, d'une table de ping-pong, sans compter les nombreux sentiers de randonnée que vous pourrez emprunter puisque le camping se trouve également sur les chemins de la côte de Cornouaille.

HISTOIRE DE €€

Kerunon

✆ 06 71 96 34 42

www.histoirede-chambresdhotes.fr

85 €/nuit, petit-déjeuner bio compris.

Une chambre d'hôte chez l'habitant, une vraie ! C'est ce que propose Sophie, une artiste-enseignante amoureuse de sa région. Pour un moment de détente dans un coin de verdure à l'ombre des arbres, c'est l'adresse parfaite ! Pierre de taille, grand lit douillet et écritoire, la chambre à la « Jane Austen » est le cadre idéal pour se ressourcer. Le petit-déjeuner est compris dans la location et vous embarque en Bretagne, avec des produits 100 % biologiques. Et si vous désirez dîner, Sophie se fera un plaisir de cuisiner une recette du terroir !

MANOIR DES EPERVIERS €€

1 rue Pierre Mendes France

QUÉVEN

✆ 06 77 45 63 44

http://manoir-des-eperviers.com

3 chambres (et 2 suites). De 135 à 160 €.

Le Manoir des Eperviers est une maison d'hôtes installée dans un manoir rénové, une bâtisse typiquement bretonne, construit sous la Compagnie des Indes en 1767. Vous ne pourrez que succomber au charme bucolique du lieu. Réparties dans plusieurs bâtiments dans un environnement calme et verdoyant, les chambres sont équipées avec un grand lit de 180 cm modulable en 2 lits simples. Au centre de la maison, un espace bien-être avec piscine chauffée à 29 °C, sauna et hammam vous accueille toute l'année. Des cures de jeûne encadrées par des professionnels sont proposées.

LE CONTAINER A PAINS €€

6, rue Lavoisier

QUÉVEN ✆ 02 97 12 37 81

Ouvert du lundi au vendredi de 7h à 19h30. Formule du midi : 16,50 € (entrée, plat, dessert).

Le Container à pains propose un service de restauration tous les midis en semaine. L'établissement, comme son nom l'indique, a également un côté boulangerie dans lequel vous pourrez choisir parmi plusieurs formules. On y trouve, en plus des différentes propositions de pains et de viennoiseries, des sandwichs, des frites, des tartes chaudes... Un plat du jour est proposé quotidiennement en plat seul ou en formule gourmande. Un lieu à découvrir qui est bien pratique pour les déjeuners sur le pouce, d'autant plus que le service est très agréable.

LE MELTING €€

6, rue du Capitaine Quillien

✆ 02 97 02 91 45

Ouvert toute l'année, du lundi au samedi. Réservation recommandée. Formule midi 14,90 €. Menu soir à 23 €. Terrasse.

Ouvert depuis juillet 2017, le Melting a déjà su conquérir une clientèle d'habitués. Exemple de menu du jour : salade de jambon cru, pignons de pin, radis et parmesan ; lieu noir sauce lardons champignons accompagné d'une purée de carotte au cumin. L'été, l'établissement propose des fruits de mer et des moules frites. La cuisine de Damien est simple, mais bonne et l'accueil d'Aline très aimable. Une adresse sympathique dans le bourg de Guidel. Et pour les amateurs de bière, n'hésitez pas à venir goûter la sélection de bières spéciales !

LA MOULE QUI SAOULE €€

Résidence de La Falaise ✆ 02 97 05 97 21

https://lamoulequisaoule.com/

En été, ouvert tous les jours de 11h00 à 1h00 du matin.

Une adresse fort sympathique à proximité de l'océan et des dunes de Guidel-Plages. A La Moule qui saoule, on vient entre amis pour se désaltérer, déguster une glace en coupe ou en cornet et, le soir à l'heure de l'apéritif, pour admirer le soleil qui se couche et manger un bout sur la terrasse. A l'assiette, vous trouverez les classiques burgers, pizzas, salades et moules-frites bien sûr ! Côté bar, vins au verre, bières, rhums arrangés ou cocktails... Géré par une équipe amicale, on vous recommande ce repère agréable à l'ambiance décontractée garantie !

PAYS DE LORIENT

LES PIEDS DANS L'EAU €€

Bas Pouldu © 02 97 32 84 85

7j/7 dès 10h30. Galette complète 6,90 €, pizza 12-16,90 €, pêche du jour 18,50 €, pièce du boucher 19,90 €. Terrasse.

Une situation idyllique pour ce restaurant en front de mer, « les pieds dans l'eau », comme son nom l'indique. La terrasse est une place prisée où admirer le soleil miroiter sur l'eau. La salle n'est pas en reste avec sa décoration soignée. A la carte, il y en a pour tous les goûts et pour toutes les faims. Du poke bowl de thon mariné aux salades, galettes, pizzas, poissons et viandes, vous aurez l'embarras du choix ! Le plus : profiter du bar-restaurant l'après-midi, au retour d'une baignade ou d'une promenade sur la plage...

LA CABANE

Place du Bas-Pouldu

© 02 97 32 84 51

Ouvert tous les jours de 11h30 à 20h.

La Cabane est un snack qui propose des glaces bien sûr (italiennes, sorbets et crèmes glacées) et de la restauration rapide à emporter. Sandwichs, paninis, hot-dogs, gaufres, boissons (soft, café ou bière), chacun craquera pour son envie sucrée ou salée du moment. Et à quelques pas, face à la confidentielle commune de Clohars-Carnoët, quel plaisir de les déguster en bord de mer sur la promenade qui longe l'eau et mène jusqu'au port de plaisance de Guidel ! Une pause essentielle lors des belles journées d'été, pour les petits et pour les grands !

TY BEACH €€

Bas Pouldu © 02 97 88 73 69

www.restaurant-tybeach.com

Ouvert 7j/7 de 11h à 1h. Fermeture en janvier. Tarif variable suivant le menu proposé. Accueil des groupes. Terrasse.

Avec sa superbe terrasse vue sur mer, son espace bar avec un îlot central et sa belle salle de restaurant, le Ty Beach vous accueille pour un moment convivial en bord de mer. La carte est simple et les menus attractifs. Pour les amateurs de crustacés, l'établissement propose des plateaux de fruits de mer pour une ou deux personnes (sur commande). Au bar, vous pourrez déguster des tapas, huîtres et langoustines pour accompagner votre verre de vin ou l'un des nombreux cocktails que propose l'établissement. Soirées à thème chaque 1er vendredi du mois.

O'ROOF

Bas Pouldu

© 06 13 17 55 13

Ouvert tous les jours de 10h30 à 0h30. Burgers 14,90 à 16,50 €. Pizzas 9 à 16,90 €.

A deux pas du port de plaisance de Guidel et de la plage du Bas-Pouldu (idéale pour les jeunes enfants), à l'endroit où la Laïta rejoint l'océan, une jolie brochette de restaurants sustente les affamés (et assoiffés). Parmi celle-ci, O'Roof, le seul représentant outre-Manche du coin. Ce pub irlandais, avec sa belle terrasse, ses comptoirs extérieurs et sa salle à la déco typée et chaleureuse vous accueille pour une pinte, un burger, une pizza, ou les trois à la fois ! A déguster sur place ou à emporter. Et les soirs de football, retransmission des matchs !

LA VILLA €€

2, place du Bas-Pouldu

© 02 97 78 05 54

Ouvert tous les jours de 12h à 15h et de 18h à 22h. Plat de 17€ à 26€.

En voilà un joli resto, et 100 % italien ! *Antipasti, piatti, pasta, formaggi* et incontournable *tiramisù*... : l'enseigne vous promet de jolies propositions gustatives transalpines ! En effet, ce restaurant bistronomique de Guidel-Plages a confié ses cuisines aux mains expertes d'une cheffe et de sa petite équipe tout droit venues de la Botte. Et avec sa situation à tomber, aux portes de l'océan, vous ne pourrez que succomber aux charmes et aux saveurs de La Villa. Si vous êtes de passage dans le coin, n'hésitez pas à faire le voyage...

K-YOU CONCEPT STORE

2, rue du Port

© 06 61 69 02 97

kyouconceptstore.com

Lundi et mardi de 10h30 à 13h15 ; du mercredi au vendredi de 10h30 à 12h30 et de 15h à 19h ; week-end de 14h30 à 19h30.

Le K-You Concept Store est un magasin multiservices avec un espace bien-être (savons, senteurs, billes de bains, bougies, parfums d'ambiance...), un espace déco-design d'intérieur (coussins, peluches et même vinyles et tourne-disques vintage dans un îlot central entouré de verrières), quelques vêtements, et aussi une épicerie fine avec des produits bretons (cidre de Guidel, miel de Clohars, bonbon à l'ancienne, sardines, ainsi que vins et spiritueux). En haute saison, vous pourrez également découvrir un coin avec des articles de plage.

TETE EN VRAC

CAUDAN
✆ 06 65 60 96 11
https://teteenvrac.bzh/
Marché bio Lorient, Ferme du Koz Ker, marché bio Pont-Scorff, Ferme de Kerhervy, marché Caudan. Plus d'infos sur site.

Il y a quelques mois encore, Noëlla était infirmière. Une soirée de réflexion aura suffi pour qu'elle priorise ses valeurs personnelles, troque son 9h-17h et ouvre son épicerie vrac... à roulettes ! Désormais, c'est dans sa caravane aménagée qu'elle propose ses quelque 150 références (alimentation, droguerie, hygiène) sur différents sites de l'agglomération de Lorient. Tous les produits sont triés sur le volet : agriculture biologique, français, équitables et bons uniquement. Et avec sa jolie couleur jaune, impossible de manquer l'épicerie itinérante !

YOUSURF ÉCOLE DE SURF ET SURFSHOP

Route des Plages
✆ 06 83 16 50 08
www.yousurf.fr
Vente et location de matériel du mardi au samedi.

Yann Cannuel, figure emblématique du surf breton est à la tête de cette école de surf, il enseigne depuis plusieurs années. Il tient aussi un *surfshop* au Belvédère où il propose location et vente de matériel. Vous aurez ainsi toutes les clés en main pour glisser dans de bonnes conditions et profiter des nombreux spots que nous offre la côte lorientaise. Pour les cours, risquez-vous ou venez perfectionner votre glisse : les séances sont adaptées au niveau et à l'âge, dès 5 ans.

LARMOR-PLAGE ★

Avec ses 3 km de plages et ses 6 km de littoral, Larmor-Plage est une petite station touristique classée. On y découvre notamment la promenade de Port-Maria sur laquelle se trouvent plusieurs restaurants, les pieds dans l'eau... La vocation résidentielle de Larmor-Plage est visible sur la totalité de son territoire. On note les jolies villas du début du XXe siècle bien sûr, mais aussi les charmantes habitations dans les rues de la ville, autour du Port de Plaisance de Kernevel ou près du Parc océanique de Kerguelen. Seules les fortifications des XVIIIe et XXe siècles rappellent la place de la transformation de la sardine dans l'essor de la commune.

LES FONTAINES

Sur la commune, on compte pas moins d'une vingtaine de fontaines et de lavoirs. Jusqu'à la dernière guerre, certains de ces points d'eau servaient encore de réservoir d'eau potable, lavoir ou abreuvoir. Le week-end, ils servaient de lieu de pèlerinage, de promenade, de rencontre. La principale source de Larmor-Plage, Notre-Dame-de-la-Clarté, était considérée comme la seule source d'eau guérisseuse. On y jetait des pièces de monnaies pour recouvrer la vue, l'espoir. Désormais on s'active à restaurer et transformer ces édifices et aménager les chemins pour y accéder

Les vagues de l'océan à Larmor-Plage.

VILLA KERLILON

Kernével

Construite par la famille Ouizille, cette villa balnéaire eut une destinée célèbre. L'amiral Dönitz se l'appropria pour y diriger la célèbre bataille de l'Atlantique (1940-1942). De septembre 1944 à mai 1945, l'état-major allemand l'occupa comme siège de défense de la « poche » de Lorient. Sa vocation militaire se poursuivit dans les années 50 puisqu'elle abritait le commandement de l'arrondissement militaire de Lorient. La villa Kerlilon comporte un patchwork de styles architecturaux, du style Mansart pour le toit au style Renaissance et au classicisme du XVIIe.

LES MOUETTES €€

Rue de Rennes

✆ 02 97 65 50 30

www.lesmouettes.com

Chambres de 60 à 160 €. Petit déjeuner type continental face à la mer ou sur la terrasse 14 €. Animaux acceptés 14 €.

On est époustouflé par la vue depuis les chambres ! C'est la seule habitation située sur la plage et au milieu de la réserve naturelle. Équipées tout confort, on ne peut qu'apprécier de séjourner dans cet hôtel-restaurant : literie de qualité, douche à l'italienne, écran plat avec canal +. Pour améliorer votre repos, les chasses d'eau sont silencieuses tout comme le sèche-cheveux et la VMC. L'établissement dispose également d'un très bon restaurant avec terrasse et vue panoramique sur la mer. Excellente situation et très bel établissement.

CAMPING DE LA FONTAINE €

Rue de Quéhello ✆ 02 97 33 71 28

www.campingdelafontaine.fr

Fermé de mi-janvier à mi-février. 143 emplacements. Jeux pour enfants. Restauration. Animations. Animaux acceptés.

Ce camping a adopté une démarche éco-camping et bénéficie d'une situation exceptionnelle dans le parc océanique de Kerguelen, un site naturel de 80 hectares abritant une faune et une flore protégées. A seulement 700 mètres des plages de sable fin, les superbes promenades en front de mer vous attendent. Pour y accéder, empruntez un petit sentier à pied ou à vélo. Le camping, calme et familial, propose de nombreuses animations en été. Un kit bébé est mis à disposition gratuitement, un congélateur est en accès libre et les vélos sont prêtés pour 1 ou 2 heures.

SEALOFT - L'ENDROIT €€

Port de Kernevel

✆ 06 70 75 49 25

Ouvert toute l'année. Location : 180 €/nuit en semaine ; 200 € /nuit le week-end. Forfait ménage si souhaité : 50€.

Le premier « house-boat », nommé « L'Endroit », a pris ses quartiers sur le joli port du Kernevel en 2018. Cette habitation atypique de presque 50 m² est un bateau neuf à la décoration soignée et au mobilier design. La location pour 5 personnes a de beaux atouts : deux chambres, salle de bains et toilettes, l'équipement nécessaire pour cuisiner en regardant les bateaux à travers les baies vitrées qui s'ouvrent sur la mer et surtout, une très jolie terrasse au rez-de-chaussée d'environ 9 m², idéale pour boire un verre les pieds dans l'eau.

HÔTEL LARMOR-PLAGE €

1, rue de Bretagne

✆ 02 97 83 21 21

www.larmor-plage-hotel.com

32 chambres. Chambre double dès 51 €. Chambre 4 personnes dès 71 €. Chambre pour 5 personnes dès 81 €. Sauna.

Idéalement situé à 3 km des plages et 5 km du centre de Lorient, l'Hôtel Larmor-Plage dispose de 32 chambres calmes et confortables toutes bien équipées : téléviseur led de 82 cm, wifi gratuit, salle de bains avec douche ou baignoire, WC... Le cadre est agréable et vous pourrez même profiter du sauna gratuitement ! Un atout considérable. L'établissement propose un très bon rapport qualité-prix. Notez par contre que pendant la période d'été, et spécialement du Festival interceltique, les tarifs sont bien plus élevés. Pensez à réserver à l'avance.

HÔTEL BEST WESTERN PLUS LES RIVES DU TER €€€

15, boulevard Jean Monnet ✆ 02 97 35 33 50

https://lesrivesduter.com

Ouvert toute l'année. 58 chambres. Chambre double dès 109 €. Petit déjeuner 15 €. Séminaires. Restauration. Hammam.

Aux abords de l'étang du Ter et dans un cadre naturel protégé magnifique, l'hôtel Best Western Plus Les Rives du Ter**** promet un séjour reposant. Les 58 chambres disposent d'un balcon vue sur l'eau. L'établissement est un lieu de réception, de séminaire, de restauration et de détente, avec un bar et un espace bien-être (piscine couverte chauffée, hammam, sauna et salle de fitness). Son restaurant « La Terrasse du Ter » propose une cuisine raffinée tous les jours, midi et soir.

CREPERIE DE TOULHARS €€

2, boulevard de Toulhars
✆ 02 97 11 49 88
Du mardi au vendredi de 8h30 à 12h30 et de 15h à 19h ; le samedi de 8h30 à 15h30, le dimanche de 8h30 à 13h. 7j/7 l'été.

Issu d'une famille de crêpiers, on apprécie les galettes de Christian Gouiffès, encore plus quand elles sont chaudes ! Il propose ainsi des crêpes de froment et de blé noir nature mais aussi des crêpes garnies à l'unité, des «blinis» aux pépites de chocolat ou encore à l'écorce d'orange confite. Dans sa petite boutique-atelier, Christian met en vente des paquets de chips de blé noir, des confitures artisanales et des pots de caramel au beurre salé ou de caramel-noisette. Et pour vos apéros à la maison, des plateaux dinatoires sont disponibles sur réservation.

LE TOUR DU MONDE €

Port de Kernével
✆ 02 97 65 54 18
www.tourdumondelorient.com
Ouvert tous les jours de 11h à 1h. Terrasse.

Qu'il est bon de venir prendre l'apéro au « Tour dum' » (pour les initiés) ! Dans cette institution avec vue panoramique sur la rade et les bateaux, vous aurez tout le loisir de profiter des deux terrasses aux beaux jours ou de vous réchauffer auprès de la cheminée en hiver. Dans une ambiance conviviale et festive, dégustez les spécialités culinaires de la maison : les moules-frites (marinières, crème, piment, curry ou andouille de Guémené) et le fish and chips servirent midi et soir. Les salades et sandwichs sont à la carte le midi uniquement.

BOO'T A BOO €

2, rue de la Marine
✆ 02 97 65 54 75
bootaboo-baracrepes.eatbu.com
Ouvert du mardi au samedi le midi et le soir. Ouvert les jours fériés et 7j/7 en juillet et août. Accueil des groupes.

Aurélie a repris les rênes de cette crêperie de Larmor-Plage qu'elle a remise à son goût, avec une déco à son image qui fait voyager dans les tropiques. On y va pour les spécialités savoureuses mais aussi pour l'endroit cosy. À la carte, on se laisse tenter par l'originalité avec la Jambon, banane, roquefort, ou la Camembert, caramel au beurre salé, ou encore la Chèvre, raisins, salade. Pour les desserts, c'est la BOO N'Ty (nutella, coco, glace coco, chantilly) et la MaliBOO (chocolat, banane, noix de coco, chantilly qui emportent notre curiosité.

LA FOLIIIIIIIE DOUCE €€

9, Prom. de Port Maria
✆ 02 97 65 59 95
www.lafoliiiiiiiedouce.fr
Ouvert tous les jours de 9h à 23h. Menu enfant : 11,90 €.

A La Foliiiiiiie Douce, le cadre est bord de mer et les spécialités montagnardes ! Ici, les déclinaisons fromagères sont à la fête ! Et c'est dans un cadre cosy, confortablement installé sur des (fausses) peaux de bêtes, que vous vous laisserez réconforter par une flammekueche, un Mont d'Or, une tartiflette, une raclette ou encore une fondue. Vous n'êtes pas « fromag'ovore » ? Un petit choix de viandes et de poisson est également au rendez-vous. Et pour les amoureux (de viandes), la braserade est une option fort sympathique pour passer la soirée !

KERGUELEN CAFE €

✆ 02 97 33 77 78
Ouvert de 9h à 20h, tous les jours en juillet et août. Plat du jour 11 €. Formules entrée-plat-dessert 17 €.

Sur le site du centre nautique de Kerguelen, à proximité de la plage, de l'océan et du parc océanique, le container et la jolie terrasse en bois du Kerguelen Café vous proposent une pause sympathique et gourmande. Installé au soleil, vous pourrez vous délecter d'un menu qui change tous les midis, mais aussi des salades et des plats à la carte. Le K's Kroute et le Fish'n Grenaille sont fameux ! Pour déguster un café, une glace, un verre ou une assiette, c'est parfait ! Simple, gourmand, local. Une nouvelle enseigne qui a tout bon !

LES MOUETTES €€

Rue de Rennes ✆ 02 97 65 50 30
www.lesmouettes.com
Ouvert toute l'année. Chambre dès 60 €. Tous les jours, midi et soir. Menus dès 22 €. Carte : 40 € environ. Terrasse.

Avec cette vue à couper le souffle, on ne demande qu'à aller en profiter autour d'une belle table ! En harmonie avec le décor, le restaurant Les Mouettes vous propose une cuisine travaillée autour des produits de la mer : pavé de cabillaud, minestrone de légumes et andouille de Guéméné aux mogettes de Vendée, poisson noble snacké... Et, petite surprise, un homard burger (pain à l'encre de seiche, homard, aubergines, poivrons, oignons, parmesan) ! On vous proposera également, l'incontournable plateau de fruits de mer. Une belle table donc, dans un cadre magnifique.

PAYS DE LORIENT

L'INCONTOURNABLE

24, avenue Général de Gaulle
✆ 02 97 11 92 54

Haute saison, ouvert tous les jours de 10h30 à 23h. Basse saison, uniquement l'après-midi du mardi au dimanche.

Installé à côté de l'office de tourisme, en face de la plage, ce glacier-salon de thé est effectivement « incontournable » au sortir de l'eau. L'établissement propose plus de soixante parfums de glaces artisanales au lait cru fermier : banane, barbe à papa, brésilienne caramel au beurre salé, citron meringué, chocolat pépites, guimauve, kouign-amann, palet breton, spéculoos, abricot, cassis, fraise, ananas, figue, litchi à la rose, melon, mojito, pêche de vigne, violette... Terrasse ensoleillée face à la mer très appréciable.

CHEZ ALICE MASSAGE

10, Avenue du Général de Gaulle ✆ 06 73 15 09 73
chezalicemassage.fr

Du lundi au samedi. Soins à la carte, de 40€ à 100€. Cure : 5h 280€, 10h 500€. Entrée privatisée au sauna (1h) 30€/pers.

Bienvenue dans un univers relaxant qui offre une panoplie de soins complète et personnalisée.

Ouvert depuis août 2019, Alice, qui s'est formée à Paris et en Thaïlande, propose des soins du visage et du corps à la carte. L'ambiance cosy, l'accueil privilégié et les soins sont pratiqués dans les règles de l'art. Du traditionnel sauna/gommage/massage à la ventouse amincissante, toutes les envies seront satisfaites. Pensez à réserver, car les séances se font uniquement sur rendez-vous, sur https://www.planity.com/chez-alice-massage-56260-larmor-plage.

LA VILLA MARGARET

Place de Kernével
✆ 09 53 16 37 79

Ouvert tous les jours de 10h à 21h. Jusqu'à 22h les vendredis et samedis. Terrasse.

La célèbre demeure bourgeoise du XIXe siècle, la Villa Margaret a un intérieur digne d'un décor de cinéma. Les murs blancs et bleus, les boiseries, les moulures, la cheminée, le parquet, ont été conservés et remis en état en 2018. A l'extérieur, la terrasse herbeuse donne sur une vue magnifique sur la rade de Lorient et le petit port de Kernevel. On peut y boire et y manger sur le pouce du poisson fumé, des terrines et quelques huîtres le dimanche. Régulièrement, des animations musicales sont organisées. Un endroit incontournable.

CENTRE NAUTIQUE DE KERGUELEN

Parc Océanique
✆ 02 97 33 77 78
www.sellor-nautisme.fr

Ouvert toute l'année.

Le centre nautique de Kerguelen propose une large palette d'activités. En voile légère, enfants et adultes pourront s'initier et se perfectionner sur des supports adaptés, avec des formules sur mesure (stage, location, cours). La plongée est à la portée de tous, au pied de l'île de Groix (baptême, formation, exploration). Quant au kayak de mer, il vous permettra de partir à la découverte du littoral, en stage ou en rando. Mais aussi de la marche aquatique et du stand-up paddle.

TITINE LA SARDINE

4, boulevard de Toulhars
✆ 02 97 81 52 46

Ouvert tous les jours en juillet et août.

Qu'elle est jolie, cette boutique ! Et qu'on y est bien accueilli ! « Titine la Sardine » est un univers déco et cadeaux autour de la mer et de la Bretagne. Tout ce qui a été sélectionné est créatif, esthétique, charmant et propice à créer de vrais coups de cœur. Un souvenir à rapporter ? Un cadeau à faire ? Une jolie pièce de mobilier pour égayer votre maison ou appartement ? C'est ici qu'il faut venir. Surtout, sollicitez votre hôtesse : elle se fera un plaisir de vous conseiller et de vous parler des artisans-créateurs avec lesquels elle travaille.

KASINO

24, boulevard de Port Maria
✆ 02 97 11 07 77
https://larmorplage.kasino.bzh/

Du dimanche au jeudi de 10h à 3h ; vendredi et samedi de 10h à 4h. Animation musicale le week-end. Restauration.

Le Casino de Larmor-Plage vous ouvre ses portes sur un grand espace dédié aux jeux et plaisirs de la table. Au programme de l'établissement : roulette anglaise, roulette électronique, black jack, et pas moins de 110 machines à sous dernière génération... Des animations musicales sont également proposées tous les week-ends (concert gratuit le samedi). Sur les 6 casinos bretons, celui de Larmor-Plage se place en tête. Pour les petites faims, le restaurant le «A» se situe à l'étage du Casino et vous fera profiter d'une vue panoramique sur l'océan.

PLOËMEUR ★

Étendue sur près de 17 km de côtes, Ploemeur est la quatrième ville du Morbihan avec une population en constante évolution. La commune située « entre terre et mer » offre une jolie diversité de paysages : dunes, petits ports de pêche (Lomener, Kerroch), côtes rocheuses et plages de sable fin mais aussi des chapelles et des petits chemins creux. Sans compter la carrière des kaolins (l'or blanc breton), premier centre français d'extraction de cette roche blanche argileuse, qui offre un paysage de montagnes blanches. Une plage lui doit d'ailleurs son nom : la plage des Kaolins, abritée par les dunes et affectionnée par les naturistes...

L'ÎLE DE KERAGAN DIT «FORT-BLOQUÉ»

www.fort-keragan.com

Propriété privée. Location possible de l'île de 2 000 € à 4 000 € la semaine.

Le fort fut construit en 1747, sur la petite île de Keragan (communément appelée «Fort-Bloqué») de 6 000 m² située à une centaine de mètres du rivage, pour défendre la cité florissante de Lorient contre les attaques des Anglais. Mais il ne servira que durant les guerres révolutionnaires et impériales. Les bâtiments actuels sont l'objet d'une reconstruction qui date du XIXe siècle. Le fort, propriété privée qu'il est possible de louer, est accessible à pied à marée basse et en voiture.

CAMPING PEN PALUD €

Impasse pen palud ✆ 02 97 82 94 56

www.camping-pen-palud.com

Ouvert d'avril à fin septembre. Terrain de 2,6 ha. 116 emplacements. Mobil-home (1-6 personnes) dès 270 € la semaine.

A 150 m des plages, le camping Pen Palud vous accueille avec ses nombreux atouts : espace aquatique avec 2 piscines (intérieure et extérieure), toboggans et bains bouillonnants, terrain multisports couvert, espace fitness extérieur, aire de jeux pour les petits, billard, babyfoot, flipper, animations... Vous profiterez pleinement de votre séjour. Et pourquoi pas louer des vélos pour visiter le petit village de pêcheurs de Lomener et son port situé à environ 600 mètres du camping ? De nombreuses pistes cyclables ainsi que des sentiers de randonnées à proximité.

LES ASTÉRIES - L'ASSIETTE €€

1, Place des Forces-Françaises-Libres

✆ 02 97 86 21 97 - www.hotel-lesasteries.com/

Logis. 35 chambres. Chambre simple de 64 € à 116 € ; chambre double de 85 € à 116 € ; chambre triple de 100 € à 116 €.

Moderne et très paisible, ce complexe hôtelier se situe à quelques kilomètres de Lorient, en plein centre de Plœmeur, à deux pas de l'océan et du golf. Il propose des chambres spacieuses et lumineuses toutes dotées de salle de bains, écran plat HD et de tout le confort nécessaire pour passer un bon séjour. De plus, Les Astéries propose des chambres réservées aux personnes à mobilité réduite. Les chambres triples et quadruples sont parfaites pour séjourner en famille !

YELLOH VILLAGE - BELLE PLAGE €€

Rue de l'Anse-du-Stole

✆ 02 97 56 77 17

www.camping-belleplage.com

Label Qualité Tourisme. Ouvert d'avril à fin septembre. 88 emplacements et 113 locations. Mobil-home dès 264,60 €/sem.

Bordé par l'Anse du Stole avec un accès direct à cette plage de sable fin, le Camping Belle Plage porte très bien son nom ! L'emplacement est idéal pour pratiquer de multiples activités nautiques ou pour aller se promener en bord de mer. Le cadre naturel et arboré du camping permet de choisir son emplacement entre ombre et plein ciel. Autres atouts de l'établissement : piscine couverte chauffée, restaurant, bar-snack, épicerie, espace bien-être, vélos à louer...

LE VIVIER €€€

9, route Beg-er-Vir

✆ 02 97 82 99 60

www.levivier-lomener.com

Ouvert toute l'année. Chambre simple de 110 € à 136 € ; chambre double de 114 € à 158 €. Animaux acceptés. Restauration.

Idéal pour un séjour au grand large, le Vivier vous accueille toute l'année dans l'une de ses 14 chambres. Posé sur les rochers, l'établissement propose un séjour les pieds dans l'eau ! Dotées de larges baies vitrées pour profiter au maximum de la vue à couper le souffle, les chambres offrent le confort nécessaire : écran plat, machine à café Nespresso avec capsules, baignoire balnéo, mini bar. Quelques-unes bénéficient d'une terrasse. Pour dîner, on ne vous recommande que trop le restaurant du même nom spécialisé dans les produits de la mer. Un délice.

CRÊPERIE TY-ROUILLE €

1, route de Perello

✆ 02 97 24 07 74

www.tyrouille.fr/

Ouvert toute l'année. Fermeture le mardi en hiver, ouvert en continu le dimanche. Galette complète 6,70 €.

C'est au pied du petit port de Lomener que se trouve la crêperie Ty-Rouille. A la carte, de savoureuses spécialités de crêpes et de galettes, mais aussi d'autres plats tels que le gratin de lotte maison, l'andouillette de Troyes, les salades ou encore la soupe de crabe maison... L'établissement est agréable, habillé de tons de beige et de bleu, et offre une jolie terrasse chauffée. Quant à l'accueil, il est sympathique et le service, rapide. Une belle adresse à découvrir avant d'entamer une charmante promenade sur le petit port de Lomener.

ÉCUME GIVRÉE €€

6, rue Sainte-Anne

✆ 02 97 86 32 90

Ouvert le lundi de 8h à 20h30 ; le mardi, jeudi, vendredi et samedi de 12h à 22h. Plat 14,50/15,50 €.

Feu l'Harmony, place à l'esprit bistronomique d'Estelle et Emmanuel Alart et leur restaurant l'Écume Givrée, ouvert fin mai dans le bourg de la commune. Ce « Ploemeurois pur beurre » et son épouse proposent une cuisine joliment travaillée qui mêle les saveurs de la terre et de la mer. Au menu, carpaccio de longe de porc mariné, tarte fine à la sardine, asperges juste rôties au beurre salé ou faux-filet fumé au bois de hêtre, vous trouverez des propositions simples, mais engageantes. Bel espace intérieur et petite terrasse extérieure.

LE MOULIN VERT €

1, quai Gilles-Gahinet

✆ 02 97 82 94 92

www.le-moulin-vert.fr

Ouvert toute l'année de 7h30 à 1h du matin en continu. En hiver, fermé les soirs du dimanche au mercredi. Plat 16-18 €.

Idéalement situé, Le Moulin Vert dispose d'une grande terrasse très agréable avec une vue à couper le souffle juste en face de la plage de Lomener. Toute la semaine et toute l'année, vous savourerez des petits déjeuners complets, les Api-oysters (huîtres-apéro), les Apéro-langoustines, les Planches apéro, les Petits saucissons, les animations le samedi et les concerts le vendredi. Et bien sûr, les formules du midi pour vous restaurer d'une cuisine faite maison. Possibilité de commander des fruits de mer. En été, les moules emplissent les tables.

LA P'TITE CALE €€

21, Rue du Port Blanc

✆ 02 97 56 30 47

Ouvert 7/7, midi et soir. Plats de 13 à 27 €. Desserts maison de 6,50 à 8,50 €. Vin au verre. Pizza à emporter le soir.

La P'tite Cale, c'est un petit resto à deux pas de la jolie plage abritée de Kerroc'h. La salle – et sa petite terrasse – vous accueille 7 jours sur 7 midi et soir, et propose des entrées, plats et desserts à l'ardoise. Du tourteau mayonnaise, en passant par le curry de légumes aux saveurs asiatiques et la cassolette de Kerroc'h, jusqu'aux incontournables burger, fish and chips et entrecôte, ainsi que quelques desserts, vous aurez le choix parmi une sélection simple mais efficace. La bonne option si vous vous baladez dans le coin...

LA BERNIK €€

9, boulevard de l'Océan

✆ 02 97 05 93 87

Ouvert toute l'année. Fermeture en janvier. Réservation recommandée. Terrasse.

La gastronomie locale manquait sur ce bout de littoral pourtant, l'emplacement face à la mer est idéal. Alors Anouk et Manu ouvrent la crêperie La Bernik en 2019 et la clientèle ne se fait pas attendre. Le couple propose une belle sélection de crêpes et de galettes, mais également des salades repas, des burgers et des fish & chips. En été, découvrez les moules frites ; en hiver, le plat de la semaine et la soupe proposés par le chef ! Le tout dégusté sur la grande terrasse avec vue sur le fort-bloqué. Une étape sympa sur la route des plages.

RESTAURANT-PIZZERIA VENEZIA €€

59, bis rue de Sainte-Anne

✆ 02 97 59 23 97

http://lavenezia.wix.com/lavenezia

Ouvert du mardi au samedi. Plat 11,50 €. Accueil des groupes. Terrasse. Vente à emporter.

A 200 mètres de l'étang du Ter, la pizzeria Venezia propose des salades repas, des burgers, des pâtes, des viandes et des pizzas. Dans cet endroit *cosy*, vous pourrez déguster une salade antipasti latino (salade, tomates séchées, mozzarelle, tartine de chèvre au miel, jambon cru, chorizo grillé), un burger au parmesan ou une pizza à la pâte fine telle que l'indienne (poulet, crème, curry, tomates séchées, oignons, olives). L'établissement comprend plusieurs salles et une belle terrasse.

CAMPING L'ATLANTYS €

Boulevard des Sables-Blancs
✆ 02 97 05 99 81
www.camping-atlantys.com

155 emplacements. Mobil-home (2-6 personnes) dès 490 € la semaine. Animaux acceptés.

Situé à proximité immédiate de la plus grande plage de Ploemeur, la plage du Fort-Bloqué, ce camping familial vous attend les pieds dans l'eau avec un accès direct à la mer. Tous les équipements nécessaires à un agréable séjour : aire de jeux pour les enfants, épicerie, restauration, trampoline, école de surf, location de vélos et piscine chauffée... Sans compter les nombreuses animations qui vous seront proposées tout au long de la saison. De beaux sentiers de promenade à proximité. Une belle adresse pour des vacances réussies au bord de la mer.

LA VIE EST BELLE €€

3, Place Gustave le Floch
✆ 02 97 78 14 72
www.lavieestbelle-lomener.fr

7J/7, midi et soir. 150 couverts. Brasserie, terrasse et restaurant panoramique.

Après La Villa Sud, les trois associés Loïc Vigo, Jérémy Clavier et David Montreley investissent une nouvelle fois le joli port de Lomener et ouvrent le restaurant La Vie est belle à deux pas du premier. Avec ses 150 couverts, sa brasserie avec terrasse au rez-de-chaussée, son restaurant panoramique à l'étage et sa vue imprenable face à la mer, l'endroit porte son nom à merveille. Le soin apporté à la décoration (cuir et bois) et les plats joliment travaillés tiennent la promesse. De quoi donner envie de tester la nouvelle adresse ploemeuroise !

IL PICCOLO MAESTRO €€€

20, boulevard de l'Atlantique
✆ 02 97 82 95 79

Ouvert toute l'année. Fermé le mardi - Juillet et Août : ouvert 7j/7 midi et soir. Terrasse.

Il Piccolo Maestro ce sont des spécialités de pâtes fraîches faites à la main, du fromage, de la charcuterie et du vin venus d'Italie. Le lieu est petit, mais charmant. Et l'accueil, très agréable. A l'ardoise, et dans la digne tradition italienne, des antipasti (burratina, déclinaison de tomates cœur de bœuf, gratin d'aubergines au parmesan) ; les primo piatto (raviolis à la truffe, spaghettis ail, huile et piment) ; les secundo piatto (escalope de veau à la truffe, oreille d'éléphant) et les desserts (véritable tiramisu, panna cotta, banofee). Un délice !

LE QG DES SAVEURS €€€

112, rue Sainte-Anne
✆ 02 97 86 09 29
https://leqgrestaurant.wixsite.com/home

Ouvert du jeudi au lundi midi et soir. Réservation recommandée. Formule du midi 14,90 €. Menu enfant 8,90 €. Terrasse.

C'est en face de l'étang du Ter, côté Ploemeur, dans une belle bâtisse en pierre avec une véranda, que se trouve le restaurant Le QG des Saveurs. À la carte, on découvre des plats raffinés tels que le croustillant de dorade au basilic et sa vinaigrette de mangue aux épices ou le tataki de thon gingembre en entrée ; le risotto crémeux de volaille, le burger marin, le bœuf thaï, le pot au feu de foie gras ou encore la brochette de lotte lardée pour la suite. Le QG des Saveurs peut aussi vous proposer des menus pour vos repas d'affaires ou vos fêtes privées.

LE VIVIER €€€

9, route Beg-er-Vir
✆ 02 97 82 99 60
www.levivier-lomener.com

Maître Restaurateur. Ouvert toute l'année, du lundi au samedi midi et soir et dimanche midi. Menus de 40 € à 75 €.

Au ras des flots, sur les rochers en face à l'île de Groix, cet endroit est juste magnifique. C'est l'un des restaurants de fruits de mer les plus réputés du pays de Lorient. Les produits de qualité se dégustent en admirant la vue à couper le souffle. A la carte, cassolette d'encornets au cidre, plateau de fruits de mer, homard grillé, feuilleté de Saint-Jacques et ris de veau aux pommes jus de truffe... Côté desserts, laissez-vous tenter par la tarte meringuée au citron ou le croustillant poire rôtie façon Tatin. Une belle adresse.

BISCUITERIE DU FORT BLOQUE

19, boulevard de l'Océan
✆ 02 97 05 97 42
www.biscuiteriedufortbloque.com

Ouvert 7j/7 - de 9h à 12h et de 14h à 19h - Juillet et Août ouvert de 9h à 19h30 non stop.

Dans cette boutique aux divers espaces, vous pourrez découvrir les galettes et palets du pâtissier de la maison. Ici, la plupart des produits viennent du Morbihan. Notre coup de cœur : le kouign-amann fait main, sur place et bien sûr 100 % beurre breton ! La boutique en propose des versions mensuelles, telles que le kouign-amann aux figues-éclats de noix, potiron-noisettes ou encore au foie gras pour les fêtes ! La biscuiterie propose aussi des articles souvenirs.

DÉLICES DU FORT-BLOQUÉ

9, boulevard de l'Océan
✆ 02 97 87 55 87

Ouvert tous les jours de 9h à 19h. Ouvert jusqu'à 20h en juillet et août.

Situé sur la route des plages, l'établissement Les Délices du Fort-Bloqué vous propose un large choix de galettes et palets aux goûts différents (caramel au beurre salé, framboise...). Mais on y va aussi pour son véritable kouign-amann fait sur place avec du beurre de baratte frais. Venez assister à sa fabrication et sa dégustation, il serait dommage de ne pas en profiter ! L'accueil est des plus agréable.

Le plus : les petits bols de dégustation placés à côté de chaque produit. Egalement des produits régionaux, du thé, des tisanes, etc.

VIVIERS DE BEG ER VIR

22, rue Beg-Er-Vir
✆ 02 97 82 82 67

Ouvert mardi, jeudi et dimanche de 9h30 à 12h30 et de 17h à 18h ; vendredi et samedi jusqu'à 19h.

Installés à Lomener, les Viviers de Beg Er Vir propose de superbes fruits de mer. Ici, vous pouvez vous procurer homards, tourteaux, araignées, étrilles, huîtres, palourdes, Saint-Jacques, bigorneaux, et tout ce qui est nécessaire pour confectionner un beau plateau de fruits de mer. Vous pouvez demander à ce que votre plateau soit réalisé sur place ou seulement que les crustacés soient cuits avant de les emporter (cuisson vapeur). Sachez que les Viviers ont également une case aux Halles de Merville à Lorient où vous pourrez les retrouvez tous les matins.

COMPLEXE AQUATIQUE OCEANIS

Boulevard François-Mitterrand ✆ 02 97 86 41 00
www.ploemeur.com

Ouvert toute l'année, tlj. Sauf 1er janvier, 1er mai, 25 décembre. Entrée 6 €/4,50 €. Enfant 4,50 €/3,50 €.

Adapté aux personnes en fauteuil avec hippocampe à disposition, ce centre aquatique est composé de deux bassins : un sportif de 25 m et un « ludique » de 230 m². En été, découvrez le bassin extérieur. Les installations sont parfaites : un toboggan de 57 m avec trous noirs à partir de 6 ans, un toboggan pour jeunes enfants, une pataugeoire, 2 bains bouillonnants, un sauna, un hammam. Nombreuses activités aquatiques : cours de natation, aquagym, aquabike, danse aquatique et aquatraining.

LE POISSON VOLANT

LD Douar Gwen
✆ 06 80 24 05 06
www.poissonvolant.net

7j/7 l'été. Hors saison, ouvert mercredi, samedi, dimanche, fériés, vacances scolaires. Dès 3 ans. Parcours 10 à 23 €.

Situé au sein d'une forêt de près de 2 hectares à Ploemeur, le Poisson Volant est un véritable parc aventure au décor typiquement marin avec une capitainerie à la place de l'accueil, un quai au lieu d'une terrasse, de véritables bateaux pour les goûters d'anniversaires, et de nombreuses passerelles, filets et tyroliennes... Il y a de quoi s'amuser ! Un parcours Moussaillons est adapté pour les plus jeunes enfants dès 3 ans. Les plus grands (et plus téméraires) pourront tester le parcours « Tempête » ! Plusieurs départs sont donnés dans la journée. Réservez !

PORT-LOUIS ★★

Sentinelle à l'entrée de la rade de Lorient, Port-Louis s'appelait autrefois Blavet. En 1590, la cité est occupée par les Espagnols qui y construisent le fort de l'Aigle. En 1618, Blavet devient Port-Louis en l'honneur de Louis XIII qui ordonne l'agrandissement de la citadelle et la fortification de la ville. L'activité commerciale de Port-Louis se déplace sur l'autre rive choisie comme site de la Compagnie des Indes. Au XIXe siècle, la cité maritime se reconvertit dans la pêche. Aux XXe et XXIe siècles, Port-Louis s'enrichit grâce aux activités de transformation. Quelques beaux témoignages architecturaux : citadelle, maisons bourgeoises...

LE CHÂTEAU DE KERDURAND

RIANTEC
✆ 02 97 33 98 10

Ouvert le lundi, le mardi, le jeudi et le vendredi de 14h à 17h30 ; le mercredi de 13h30 à 17h30.

Construit par le sieur de La Feuillade, Jean Durand, bourgeois et marchand de Port-Louis, le château de Kerdurand, alors maison de campagne, date du début du XVIIIe siècle. L'arboretum a été créé en 1745. Les grilles et le portail du XIXe siècle ont été réalisés par un ferronnier de Port-Louis. Puis un chirurgien de la Compagnie des Indes en fut propriétaire ! Aujourd'hui, les campeurs se font un plaisir d'installer leur tente sur le parc devenu terrain de camping municipal. « L'espace culturel » du château est le lieu d'expositions et manifestations culturelles.

MUSÉE DE LA COMPAGNIE DES INDES ★★

Citadelle de Port-Louis ✆ 02 97 82 19 13
https://musee.lorient.bzh/

Du 1er février au 15 décembre. Hors saison, mercredi au lundi : 13h30-18h. L'été, 7j/7 : 10h-18h30. Adulte : 8 €.

Le Musée fait revivre l'extraordinaire histoire des grandes compagnies de commerce maritime des XVIIe et XVIIIe siècles. Héritière des Routes de la Soie, la Compagnie des Indes construit et arme des navires qui font voile vers des pays encore mal connus des Occidentaux, pour y bâtir des comptoirs. Maquettes de vaisseaux, estampes et cartes anciennes, mobilier indo-européen, porcelaines de Chine et cotonnades indiennes sont autant de témoignages de cette incroyable épopée maritime.

HÔTEL DE LA CITADELLE €

Place du Marché
✆ 02 97 82 46 05
www.hotel-citadelle.fr

Ouvert toute l'année. 28 chambres, dont deux pour les personnes handicapées. Chambre simple dès 57 € ; double dès 79 €.

C'est en plein cœur de la cité de Port-Louis, à seulement 250 mètres de la plage et des musées de la Compagnie des Indes et de la Marine, que vous trouverez ce petit hôtel de charme. Des chambres familiales, certaines avec vue panoramique sur Groix et la rade de Lorient, une superbe terrasse, un agréable jardin, une épicerie fine, une cave à vins, une salle de sport, une salle de réunion... Et un service de repas par l'intermédiaire d'un restaurant extérieur. Un très bel établissement à découvrir lors de votre séjour à Port-Louis.

MAISON GLAZ €

Les Saisies Route du fort
GÂVRES
✆ 07 61 55 80 16
https://maison-glaz.bzh/

Gîtes dès 25 €/nuit ; cabane dès 15 €/nuit. Coin café buvette.

Maison Glaz est une « fabrique joyeuse de littoral en transition », un tiers-lieu où il fait bon coworker, séjourner le temps d'un week-end ou d'un temps plus long dans des gîtes et cabanes, participer à l'un des nombreux ateliers proposés ou seulement se poser pour boire une bière ou un café. L'ancien centre de vacances de l'armée de la presqu'île s'est transformé en lieu de travail sympa où viennent se mêler cours de yoga, échanges, débats, projections, concerts et potager collectif. Tout ça, à deux pas de l'océan. L'endroit rêvé pour déconnecter !

BACK TO BREIZH €€

19, rue Général de Gaulle
PLOUHINEC
✆ 02 97 82 49 56
www.backtobreizh.com

4 chambres. Chambre double de 63 € à 65 €. Petit déjeuner inclus. CB non acceptée.

Cette maison d'hôtes dispose de quatre chambres joliment décorées, toutes équipées d'une salle d'eau privative avec lavabo, douche et WC. Situé dans le centre de la petite ville de Plouhinec, Back To Breizh vous propose, dans sa salle commune située au rez-de-chaussée de la maison, un frigo à disposition ainsi que la TV. Le plus : possibilité de louer toute la maison à la semaine en haute saison et pendant les vacances scolaires (8 à 9 personnes maximum réparties dans les 4 chambres). Un hébergement sympathique à tarif attractif.

LE PHARE DE KERBEL €€€

71, route de Port-Louis - **RIANTEC**
✆ 06 62 64 11 14
www.pharedekerbel.com

Toute l'année. Location de l'ensemble de la propriété (8 pers) 4 000 €/sem. Location du phare seul (2 pers) 650 €/nuit.

Idéalement situé, avec la plage à ses pieds bien entendu, le phare de Kerbel nous laisse découvrir tous ses charmes. Au gré de vos envies, vous pourrez profiter de la piscine, du sauna, de la plage et de la pêche à pied à marée basse. La maison du gardien peut accueillir jusqu'à 6 personnes. Quant au phare, le must de la prestation, il vous permet, du haut de ses 25 mètres, de découvrir une vue panoramique sur la côte bretonne et sur l'île de Groix. A l'intérieur de ce dernier, une pièce principale avec banquette clic-clac, coin cuisine, salle d'eau et WC.

Voilier à Port-Louis.

UNCLE BREIZH €

42 bis, Grande Rue - **LOCMIQUÉLIC**
✆ 07 67 51 46 91
uncle-breizh.eatbu.com
Ouvert mardi midi ; du mercredi au vendredi midi et soir ; et le soir le week-end. Carte 10 € environ. Vente à emporter.

Déjà installé à Landévant, Uncle Breizh se trouve désormais à Locmiquélic et propose les mêmes burgers et la même qualité. Des burgers bien bretons et originaux tels le breizhouille (sauce moutarde, andouille de Guémené, camembert et steak haché), le tartibreizh (sauce blanche, steak haché, lardons, fromage à raclette, jambon de pays, rösti, salade, tomate, oignon) ou encore tomm'zh (sauce cocktail, steak haché, tomme, œuf, salade, tomate, oignon). Pour les autres, il y a aussi des salade'zh, des panini'zh, des nugget'zh, des calamar'zh et des oignons ring'zh..

CRÊPERIE DU PONT-LOROIS €

3, rue du Passage-Neuf - **PLOUHINEC**
✆ 02 97 85 70 70
www.creperiepontlorois.com
Ouvert toute l'année. 7j/7 midi et soir en juillet et août. Horaires modifiés en basse saison, consulter le site Internet.

Idéal pour déjeuner ou dîner les pieds (presque) dans l'eau, la Crêperie du Pont-Lorois vous accueille dans un cadre idyllique, avec vue sur la ria d'Etel. Parmi les spécialités salées, on citera la Pont-Lorois (noix de Saint-Jacques, fondue de poireaux, carottes), la Ria (tranches de lard, épinards béchamel, œuf) ou bien la Scorff (andouille de Guémené, oignons confits, pommes rissolées). Pour les lichous, la Sainte-Anne (caramel au beurre salé) et la Saint-Jacut (chocolat, noix de coco, chantilly)... Et il y a aussi les flambées pour les plus gourmands.

LE CLOS MARINE €

17, rue du Driasker - **PLOUHINEC** ✆ 02 97 85 81 80
www.leclosmarine.fr
Ouvert du mardi soir au dimanche midi, de 12h à 13h30 et de 19h à 20h30. Galette complète 7,30 €.

Fin 2019, la crêperie Le Clos Marine change de mains et de formules. Et quelles formules ! Les nouveaux propriétaires, Joy et Sébastien, ont misé sur l'inventivité et l'originalité. Dans cette crêperie, vous trouverez donc les bonnes vieilles galettes complètes classiques, mais également les « galettes planchettes » (galettes de sarrasin roulées et coupées, à partager), les « samo » (samoussas de blé noir), les « galettes Menhir » (galettes de blé noir froides, garnies et roulées) ou encore les « cairns du clos » (burgers de pain de blé noir). Tentant, non ?

L'ARDOIZEN €€

27, rue de la Madeleine - **RIANTEC**
✆ 02 22 21 44 32
www.lardoizen.com
Ouvert dimanche et lundi midi.Du mercredi au samedi midi et soir. Menu enfant. Formule du midi. Accueil groupes

Venez découvrir une cuisine de qualité de style bistronomie. Doté de 2 cuisines et 3 salles de restaurant, le lieu est à la fois élégant et convivial. Les plats sont élaborés en fonction des arrivages des différents producteurs locaux et sont donc régulièrement renouvelés. Quelques exemples : cassolette d'encornets en persillade, mi-cuit de Saint-Jacques avec son tartare de daurade et Granny Smith, blanquette de veau, panais et billes de risotto panées, tarte au citron meringuée de l'Ardoizen, finger pommes rôties et sa chantilly tonka. Une très belle découverte.

CRÊPERIE DU MEN GWEN €

13, place du Général-de-Gaulle - **GÂVRES**
✆ 02 97 82 21 23
www.creperie-gavres.fr/
De Pâques à novembre, du mardi au vendredi et le dimanche midi ; samedi midi et soir. Crêpes et galettes 2,50/9,30 €.

La crêperie du Men Gwen vous invite, en salle ou sur leur belle terrasse ensoleillée, à déguster un large choix de crêpes de blé noir (faite avec la farine du moulin de St Germain à Erdeven) et de froment. Petit par la taille et unique établissement à Gâvres l'endroit est souvent plein en été, n'oubliez pas de réserver.de savoureuses spécialités telles que la Montagnarde (pommes de terres, lardons, fromage, crème), la Trois Fromages (fromage de chèvre, Emmental, Camembert), ou encore la très originale Camembert caramel beurre salé !

L'ATELIER €€

11, rue de la Marine
✆ 02 97 05 45 93
Ouvert toute l'année. Du mercredi au vendredi soir ; le week-end midi et soir. Menus à 27,50 € et 30 €. Terrasse.

Installée dans son Atelier depuis quelques années maintenant, Aurélie, membre de la Confrérie des Toqués de la Pomme de Terre, vous propose une cuisine élégante et raffinée. Vous pourrez alors découvrir une carte composée de cinq entrées, six plats et cinq desserts qui varient selon les saisons. D'ailleurs il faut savoir que la majorité des légumes sont issus d'une agriculture locale biologique. Ensuite, il ne vous reste plus qu'à choisir et à composer vous-mêmes librement votre menu selon votre faim et vos envies bien sûr... Une idée fort séduisante.

BELLE-VUE €€

1, rue de la Pointe
✆ 02 97 82 46 03

Ouvert vendredi et samedi midi et soir. Hors saison : du dimanche au jeudi midi. Haute saison : 7j/7 midi et soir.

Situé en surplomb des remparts et du port, ce restaurant offre une échappée visuelle imprenable sur la rade. Au choix : plateaux de fruits de mer, huîtres creuses et moules, et d'autres spécialités maison à découvrir comme la fricassée de noix de Saint-Jacques, le dos de cabillaud ou la souris d'agneau. Aux fourneaux, c'est François, le chef de cuisine, qui vous propose une cuisine du marché basée sur les produits du terroir et de la mer achetés le jour même sur le port. De mi-juin à mi-septembre, vous pourrez profiter en plus de la belle terrasse face à la mer.

LE BISTROY €€

18bis, rue de Locmalo ✆ 02 97 82 48 41
www.lebistroy.fr

Ouvert toute l'année. Haute saison : tous les jours sauf dimanche soir et lundi toute la journée. Menu dès 26 €.

Située sur le port de Locmalo et offrant une vue imprenable sur la petite mer de Gâvres, le Bistroy propose une carte imaginative aux notes diverses, parfois lyonnaises, parfois asiatiques, toujours changeantes selon l'humeur du chef. La cuisine de qualité met en avant les produits frais de producteurs locaux. Au menu, 5 choix d'entrées, de plats et de desserts. Les belles assiettes font la promesse de mets savoureux et on n'est pas déçu. L'équipe également est du coin : tous vivent à moins de 10 km du restaurant. Une volonté du couple de « travailler local ».

LA CAVE DES GOURMANDS €€

2, rue Léon Blum
LOCMIQUÉLIC ✆ 09 51 12 91 06
www.lacavedesgourmands.fr

Ouvert du mercredi au dimanche le soir. Restaurant de 12h à 13h30 et de 19h à 21h30. Cave de 10h30 à 14h et de 17h à 20H

La Cave des Gourmands est le dernier resto minahouet à la mode. Ce bistrot-cave à vin est tenu par un jeune couple franco-slovaque, avec Émilie Beauvais (la fille de la cheffe lorientaise) à la cave et Matej Tokoly en cuisine. La carte fait dans la simplicité et l'originalité avec des plats aux saveurs de l'Est. Ici, rien que des produits frais, bio et locaux, et une cuisine gourmande et sans artifice. Aux beaux jours, la jolie terrasse, habillée par le graffeur Kaz, promet des pauses agréables. Des animations de dégustation de vin sont également au programme.

LE JEAN BART €€

14, Grande Rue
✆ 02 97 82 42 26
www.creperielejeanbart.e-monsite.com

Fermé en janvier. Ouvert le lundi midi et du mercredi au dimanche midi et soir. Accueil des groupes. Terrasse.

Dans cette petite crêperie située dans la rue commerçante de Port-Louis, vous pouvez vous arrêter les yeux fermés. Les crêpes et galettes sont créatives et originales, et composées de produits frais locaux comme la Printanière (légumes frais, chèvre et miel) ou encore la Poséidon (saumon sur salade de wakamé au sésame). A découvrir également, la Saint-Jacques aux petits légumes ou encore la Valentine (oignons caramélisés, chèvre snack, magret fumé et confiture de mangue) à l'occasion de la fête du même nom. Pensez à réserver.

LA TAVERNE DE GAVRES €€

31, rue du Débarcadère - **GÂVRES**
✆ 02 97 82 47 54
http://restaurantgavres.com/

Basse saison : ouvert tous les jours à 11h, fermé lundi et mardi. Haute saison : ouvert tous les jours dès 9h.

La taverne est une institution à Gâvres. A l'image de son gérant, le Groisillon Pascal Orvoen, l'enseigne propose une ambiance conviviale et une cuisine traditionnelle qui fait la part belle aux produits bio et locaux. Le restaurant s'est doté d'une terrasse couverte de 237 m², au pied de « la petite mer de Gâvres », face à la citadelle de Port-Louis. Un cadre idéal pour déguster des produits de la mer. L'hiver, c'est repas à thèmes : cassoulet, tête de veau, paella ou kig ha farz. Devis personnalisé pour les groupes dès 20 personnes disponible sur demande.

TI AR BOUED MAD €€

7, place Aimé-Corvec - **RIANTEC** ✆ 09 83 73 93 01
www.restaurant-tyarbouedmad.fr

Ouvert toute l'année. Mardi, vendredi, samedi midi et soir ; mercredi, jeudi et dimanche midi. Menus dès 25 €. Épicerie.

Depuis 2013, Jean-Louis vous accueille à « la maison du bon manger », Ti Ar Boued Mad en breton. L'établissement fait restaurant et épicerie. Quelques spécialités : viandes et poissons fumés sur place, grillades au feu de bois, cassolette maison (pétoncles, palourdes, moules au kari gosse). Chez Jean-Louis, c'est une cuisine savoureuse, généreuse et très abordable que l'on déguste. Côté épicerie, Ti Ar Boued Mad propose des légumes de saison et des produits locaux artisanaux (bières bretonnes, caramels au beurre salé, fromages breton, cidre poiré et jus de pomme).

PAYS DE LORIENT

LA DAME BLANCHE

35, Grande Rue
✆ 02 97 82 45 11
www.la-dameblanche.fr
Ouvert de 11h à 19h. Samedi de 10h à 19h. Fermé mardi et mercredi. Terrasse. Boutique.

Au hasard d'une promenade dans le centre de Port-Louis, dans la seule rue piétonne de la commune, on vous invite à vous arrêter dans cet établissement aux multiples facettes. La Dame Blanche est un salon de thé, café et librairie qui propose de la petite restauration sucrée et salée. Ouvert toute la journée, c'est un endroit fort sympathique et convivial où prendre un thé et une pâtisserie maison en feuilletant le livre que l'on vient de s'offrir. Et à la belle saison, on profite du jardin en fleurs... Une jolie adresse à découvrir.

PATISSERIE CHOCOLATERIE THIERRY HAFNAOUI

1, Rue du Driasker
PLOUHINEC ✆ 02 97 36 76 40
www.thierryhafnaoui.com
Ouvert du mardi au samedi de 8h à 19h ; le dimanche de 8h à 13h.

Spécialiste de la pâtisserie fine haut de gamme, Thierry Hafnaoui propose des macarons, des pièces montées, des entremets ou des wedding cakes à la française et à l'américaine. Dégustez également les fameux chocolats l'Ostréachoc qui ont reçu le premier prix de la meilleure spécialité chocolatée de France. Ce sont de délicieux chocolats noirs en forme d'huîtres au goût caramel au beurre salé, chocolat au lait praliné au blé noir ou chocolat blond croustillant de praliné.

LA PEAU DE L'OURS

16, Grande Rue
✆ 02 56 54 46 81
Ouvert mercredi, jeudi, dimanche de 17h à 23h ; vendredi de 17h à 1h ; samedi de 11h à 14h et de 17h à 1h. Terrasse.

C'est dans une ambiance atypique et bien sympathique que vous pourrez venir déguster votre apéro à la Peau de L'Ours, bistrot repris il y a maintenant 4 ans. On apprécie d'ailleurs la bière bio proposée ici... Au programme : des sessions irlandaises, des marathons de jeux de société, de nombreux concerts... Et ça toujours dans une ambiance hyper conviviale comme on vous le disait. Et pour en rajouter, la déco est originale et l'accueil, bien agréable. Sans oublier la terrasse pour en profiter encore davantage. Laissez-vous tenter !

PONT-SCORFF ★

Au XIIIe siècle, Pont-Scorff était le siège de la juridiction de la puissante seigneurie de la Roche-Moisan, avant de passer entre les mains des Rohan-Guémené. Aujourd'hui, cette petite cité de caractère a su conserver son riche patrimoine et mise sur son environnement culturel et artistique. Musée, espace d'art contemporain, théâtre, centre d'art vidéo, ateliers et boutique d'artisans d'art animent le bourg de Pont-Scorff. Et les visiteurs sont nombreux à venir découvrir la charmante localité. Sans compter les fêtes estivales et conviviales, telles que le rassemblement de véhicules anciens (l'Us Cars and Bikes) et le festival Saumon.

AU RAT QUI PÈTE

3, rue Terrien
✆ 02 97 32 52 92
www.auratquipete.com
Ouvert toute l'année. Du mercredi au dimanche de 17h à 01h. Wifi gratuit. Terrasse. Concerts.

© AU RAT QUI PETE

Voilà un Pub comme on les aime : bonne musique, bonne ambiance, décoration hyper originale et bon breuvage. Les produits sont essentiellement bretons et locaux. Cette taverne respire bon la Bretagne et ses savoir-faire ! Ne soyez donc pas étonné de vous voir proposer des « Breizhitos » à la place des classiques mojitos, ou une *craft beer* du coin. À l'étage, un jeu de fléchettes et un billard vous permettent de passer de bonnes soirées. Le Pub est également rempli de jeux de société, car ici vous pouvez vous installer autour de la cheminée, déguster et profiter.

PAYS DE LORIENT

LA COUR DES MÉTIERS D'ART

8, rue Prince-Henri-de-Polignac
✆ 02 97 32 55 74
www.lacourdesmetiersdart.com
Fermeture annuelle en janvier. Horaires consultables sur le site internet. Gratuit. Boutique.

Dans ce beau bâtiment des XVIIe, XVIIIe et XIXe siècles, la Cour des Métiers d'Art vous fait découvrir les créations d'artisans d'art de toute la France. Vous pourrez observer les œuvres, les apprécier et, si le cœur vous en dit et le porte monnaie aussi, en ramener une chez vous. Différents objets d'art sont proposés : bijoux, créations textiles, sculpture, peinture, accessoires, sacs, vaisselle. Au dernier étage de ce superbe bâtiment se trouve l'espace dédié aux expositions.

L'ATELIER D'ESTIENNE

1, rue Terrien
✆ 02 97 32 42 13
www.atelier-estienne.fr/
Ouvert du mardi au dimanche de 14h à 18h. Entrée gratuite.

Véritable espace d'exposition dédié à l'art contemporain sous toutes ses formes, l'Atelier d'Estienne est situé dans une superbe bâtisse du XVIIe siècle. Voilà un lieu qui fait la part belle à la création, aux rencontres et au partage. La programmation des différentes expositions de l'Atelier d'Estienne est enrichie tout au long de l'année de concerts, conférences, lectures et autres événements ponctuels – appelés programmation satellite – en lien avec la création et la culture contemporaine. Toutes les infos sur leur site internet.

CAMPING ENTRE TERRE ET MER €

Lieu dit Sapin en Gam ✆ 02 97 32 56 56
www.camping-terre-et-mer.com
Ouvert de fin février à fin novembre. 23 emplacements nus. 28 mobil-homes dès 248 €/semaine. Animaux acceptés.

Premier prix des campings fleuris et espaces verts pendant plusieurs années, le camping Entre Terre et Mer propose des emplacements pour tentes, campings-cars, caravanes ou mobil-homes en location, il y en a pour toutes les envies. Et si vous rêvez de dormir dans une bulle en haut d'un arbre, c'est aussi possible ! Nombreux équipements : piscine couverte chauffée, barbecues à disposition, espace multisports, salle de fitness, de jeux, animations et soirées contées autour du feu.

LA MAISON DES PRINCES ★

Place de la Maison des Princes

La fonction principale de la maison des Princes de Rohan (début du XVIe) était la justice d'où l'existence d'une prison. Son architecture date de la seconde renaissance bretonne : façade en granit biseauté aux angles, lucarnes, ornements de chimères et fleurons sur le rampant, vitraux. Une légende prétend qu'un souterrain joignait la cave au château de Leslé, au Bas-Pont-Scorff. Il aurait servi à amener les prisonniers dangereux sur le site de la pendaison. La maison des Princes, classée Monument historique depuis 1932, abrite aujourd'hui la mairie de Pont-Scorff.

CAMPING TY NÉNEZ €€

✆ 02 97 32 51 16
www.lorient-camping.com
Ouvert toute l'année. 93 emplacements (dont 69 en camping). Mobil-home dès 53 €/nuit. Restauration. Animations.

Situé au calme, à côté du zoo, à quelques minutes du centre historique de Pont-Scorff et à quelques kilomètres de Lorient et des plages, le camping Ty Nénez propose des emplacements pour tentes et camping-cars, ainsi qu'un large choix de mobil-homes avec possibilité de profiter du service hôtelier. Piscine couverte chauffée toute l'année, espace barbecue collectif, terrains de pétanque, aires de jeux pour les enfants, espace fitness extérieur, tout est prévu pour que votre séjour soit le plus agréable possible. Des animations sont proposées l'été.

L'ART GOURMAND €

14, place de la Maison-des-Princes
✆ 02 97 32 65 08
www.lartgourmand.com
Ouvert tous les jours midi et soir ; mardi et dimanche midi uniquement. Menu dès 24 € ; midi 17 €.

Le restaurant de Marc et Agnès Le Ouedec compte parmi les meilleures tables de la ville. Derrière les fourneaux, Marc compose une cuisine du marché savoureuse et de qualité, mitonnée à partir de produits frais que vous pourrez accompagner de vins de propriétaires. Tartelette de boudin noir, riz à la lotte et chorizo, poisson de pêche côtière, poêlée de poires aux épices.. Une jolie note sucrée comme l'est ce restaurant gourmand, jusque dans la décoration et les petites attentions posées sur les tables. La salle est petite, réservez.

PLOUAY ★

« Plouay c'est le sport ». En effet c'est ici qu'en 1908 se déroule le Grand Prix Cycliste de Plouay Ouest-France, devenu, en 1931, une épreuve internationale ! Aujourd'hui encore, chaque année, à la mi-août, ce grand prix réunit les meilleurs cyclistes au monde. Plouay est également une commune très appréciée des touristes puisqu'elle dispose de 300 km de sentiers de randonnée accessibles à pied, à vélo et à cheval... Au gré de vos promenades, vous pourrez ainsi admirer la beauté de la nature et de son patrimoine préservé : 9 chapelles, 4 manoirs, 3 châteaux, 62 sites archéologiques, la rivière le Scorff, 1 700 ha de bois et forêts.

L'ENTRE 2 €€

4, rue du vieux pont
✆ 09 80 58 91 17
Ouvert toute l'année. Fermé le samedi midi et lundi. Du mardi au vendredi le midi et le soir ; le week-end le soir.

Une architecture savamment étudiée mêlant le bois, la vieille pierre et le métal au milieu d'un écrin de verdure juste au-dessus de l'eau et une cuisine raffinée, assurément, le lieu invite à la pause gourmande. Des burgers aux saveurs originales : Montagnard, Morbier, Andouille de Guémené, bloc de fois gras, Soubressade, réalisé à partir de pains de la boulangerie Cloarec de Cléguer, et accompagnés de frites maison, mais également de l'andouillette de Troyes, du poisson fumé, vous aurez le choix. Concerts organisés dans la partie « pub » du restaurant.

POUL-FETAN - UN VILLAGE D'AUTREFOIS

QUISTINIC ✆ 02 97 39 51 74
www.poulfetan.com/fr/
Ouvert tous les jours du 13/05 au 30/09. Gratuit -3 ans. Restauration. Boutique. Aire de stationnement pour camping-car.

Au cœur de la lande bretonne, un village aux épais toits de chaume vit encore en 1850, avec ses habitants en costumes traditionnels. Les artisans perpétuent ici des gestes ancestraux : fabrication du beurre, filage de la laine, nourrissage des animaux de la ferme. Des moments uniques auxquels vous êtes invités à participer. Après l'effort, vous vous régalerez des plats à l'Auberge Ti Fanch' où vous dégusterez des spécialités à la cuillère en bois. Ludique, interactive et conviviale !

TI HENRI €€

3, rue du Prince-Henri-de-Polignac
✆ 02 97 32 58 33
Du jeudi au dimanche midi et soir. Réservation recommandée. Menu dès 29 €. Animations. Cave à vin et à whisky.

C'est dans une maison du XVIe siècle, avec pierres apparentes et belle cheminée d'époque, que Carine et Franck vous accueillent. En cuisine, Franck vous propose ses spécialités dont les grillades à la cheminée : brochettes de poisson ou de Saint-Jacques, saucisses de Molène fumées aux algues, côtes de bœuf et même homard grillé.. En salle, Carine vous conseillera sur le choix des vins et des whiskies. Faites-lui confiance, vous ne serez pas déçu. L'établissement propose également un coin cave à vin et à whisky et des ateliers dégustation.

CAMPING DE PONT CALLECK €

Le Grayo - **INGUINIEL** ✆ 02 97 50 78 70
www.camping-pontcalleck.fr
D'avril à décembre. 37 emplacements : 9 mobil-homes, 3 bungalows toilés, 25 emplacements nus. Bungalow dès 130 €/sem.

Ce camping situé en bordure de forêt, dans la zone Natura 2000, saura vous séduire. Les emplacements semi-ombragés sont vastes et bordés de jolies haies fleuries. Le camping est engagé dans une démarche respectueuse de son environnement naturel : tri sélectif, compostage, économiseur d'eau dans les douches, récupérateur d'eau de pluie, robinetterie temporisée, borne solaire à faible consommation, chaudière à condensation dans les sanitaires... L'établissement dispose également d'une belle salle de réception pour les fêtes. Très bel environnement !

DOMAINE DE MANEHOUARN €€

© 02 97 33 05 93
www.gitesdemanehouarn.com/
Gîtes de France. Ouvert toute l'année. Pour 45 personnes (8 chambres). De 34,85 € à 55 € /nuit. Animaux acceptés.

Au cœur d'un parc de 50 ha, a été rénovée cette ancienne dépendance de château en un gîte tout confort. 8 chambres, de la simple à la familiale, dont une se trouve au rez de chaussée pour les personnes à mobilité réduite, ainsi qu'un appartement pour 5 ou 6 personnes. Le gîte de Manéhouarn dispose également de 3 coins salon. Dans le parc, un espace de jeux pour les petits, un boulodrome, une aire d'activités (skate, basket), des circuits de VTT, des parcours d'orientation, un vélodrome, un parcours santé, des sentiers de randonnée... Un véritable havre de paix.

CRÊPERIE DES ÉTANGS €

Rue des Etangs
CALAN © 02 97 33 33 61
www.lacreperiedesetangs.com
Ouvert toute l'année. Fermé le lundi. ANCV, Chèque Restaurant. Chaises bébé. Jardin. Terrasse. Animations.

Voilà une crêperie très originale qui mêle la qualité des produits et le 100 % fait main. Des crêpes classiques aux plus originales, vous êtes assurés de vous régaler. Tout est fait pour que l'on s'y sente bien ! Face aux étangs, on apprécie ce véritable moment de détente ! Bonheur assuré pour les enfants avec une aire de jeux, une carrière pour les poneys, un enclos pour animaux... Et on pourra passer faire une caresse aux moutons noirs d'Ouessant ! Anthony, propriétaire des lieux n'a oublié personne, et l'accueil est des plus charmant !

AUBERGE DE PONT CALLECK €€

Le Grayo - **INGUINIEL** © 02 97 32 08 75
www.auberge-pont-calleck.fr
Du mercredi au dimanche le midi, vendredi et samedi le midi et le soir. Formule midi : 18 € (entrée, plat, dessert).

Ambiance chaleureuse et cosy pour cette auberge pleine de charme située au coeur de la forêt et en bordure du Scorff. Le restaurant propose une cuisine du terroir modernisée, généreuse et raffinée, respectueuse des saisons. Les produits sont d'une fraîcheur irréprochable et issus des producteurs locaux, comme le fricassé d'escargots de Groix, topinambour et noisettes. En dessert, laissez-vous tenter par le tiramisu de Valentin, crêpes, pommes, caramel au beurre salé. Le tout accompagné de vins de petits vignobles... Convivialité garantie dans un cadre idyllique.

LE DOUCE FRANCE €€

8, place de l'Eglise
© 02 97 33 17 15
Ouvert toute l'année. Midi et soir sauf mardi et dimanche : uniquement le midi. Menu enfant. Formule du midi.

Julia et Sébastien, deux passionnés de cuisine, vous accueillent dans leur restaurant. Côté cuisine, ils vous réservent une carte épurée et une cuisine inventive, variée et généreuse. On apprécie la petite dégustation à l'apéritif. Les fondues savoyardes et bourguignonnes sont également à la carte. La présentation est élégante et raffinée, tout comme l'ambiance du Douce France. A savoir : Julia et Sébastien peuvent proposer un menu spécial pour les groupes. N'hésitez pas à les contacter. Un restaurant à découvrir sans tarder.

HISTOIRE DE GOÛTS

14, place de la Mairie
© 02 97 33 38 87
Ouvert du mardi au samedi de 9h30 à 12h et de 14h à 19h.

En plein cœur de Plouay, ce magasin propose divers produits gourmands et de nombreux autres objets utiles : tasses, tirelires, torchons, porte-bouteilles... Pour les papilles, on est appelé par le coin fromages et chocolats à l'entrée de la boutique mais aussi par le côté épices, café, thé, miel, caramels au beurre salé, tisanes... Chez Histoire de Goûts, on trouve également une petite cave, ainsi que du pâté et des rillettes, des pâtes fraîches aux algues... Cette épicerie fine est le lieu idéal pour se faire plaisir et trouver des idées cadeaux.

LAITERIE DE KERGUILLET

1, rue Victor Hugo © 02 97 33 06 83
Ouvert du lundi au vendredi de 7h à 17h. Produits également en vente dans divers magasins bio de la région et de France.

Créée en 1920, cette entreprise artisanale se trouvait à l'origine à Lorient où elle a d'ailleurs conservé une boutique. Mais depuis 1999, les produits sont fabriqués à Plouay. En rayon : spécialités bretonnes, notamment le lait ribot, le beurre en baratte et produits laitiers plus classiques comme les yaourts, les fromages frais nature et fruits et la crème fraîche... Vous trouverez également un assortiment de délicieux fromages d'autres producteurs et des œufs frais. Les produits sont, pour plus de la moitié d'entre eux, estampillés biologiques.

PAYS DE QUESTEMBERT

Le pays de Questembert est entre terre et mer. Si vous hésitez entre l'armor (côté mer) et l'argoat (côté terre), cette destination vous permettra aisément de tout faire ! Commençons par la côte et citons, entre autres, la plage de la Mine d'Or à Pénestin, les activités de navigation et croisière d'Arzal, la vie animée de Damgan ou la superbe pointe de Billiers... Plage ou balades : pourquoi choisir ? Continuons par les terres avec quelques visites immanquables : Rochefort-en-Terre (village préféré des Français) avec ses boutiques et son incroyable Naïa Muséum, le parc animalier et botanique de Branféré, celui de la Préhistoire avec ses dinosaures géants (les enfants adorent !), mais aussi l'Île aux Pies et ses activités sportives, La Roche-Bernard et son port plein de charme à l'embouchure de la Vilaine... Et n'oublions pas les adresses de restaurants, crêperies et bars où il fait bon faire une halte gourmande !

D139
D5
D775
D775
La Vraie-Croix
D775
D1
Bel Air
D104
QUESTEMBERT
D183
D7
D1
D7
Berric
D5
C1
C3
P.N.R. du Golfe du Morbihan
Lauzach
La Trinité-Surzur
C1
D140
C1
D765
Noyal-Muzillac
C104
D5
D765
D140
D20
AMBON
D20
MUZILLAC
D140
BILLIERS
Penerf
D153
C301
DAMGAN
Kervoyal
Penlan
Dune de Kervoyal
Océan Atlantique
Le Haut-Pénestin
Tréhiguier
PÉNESTIN
4 KM

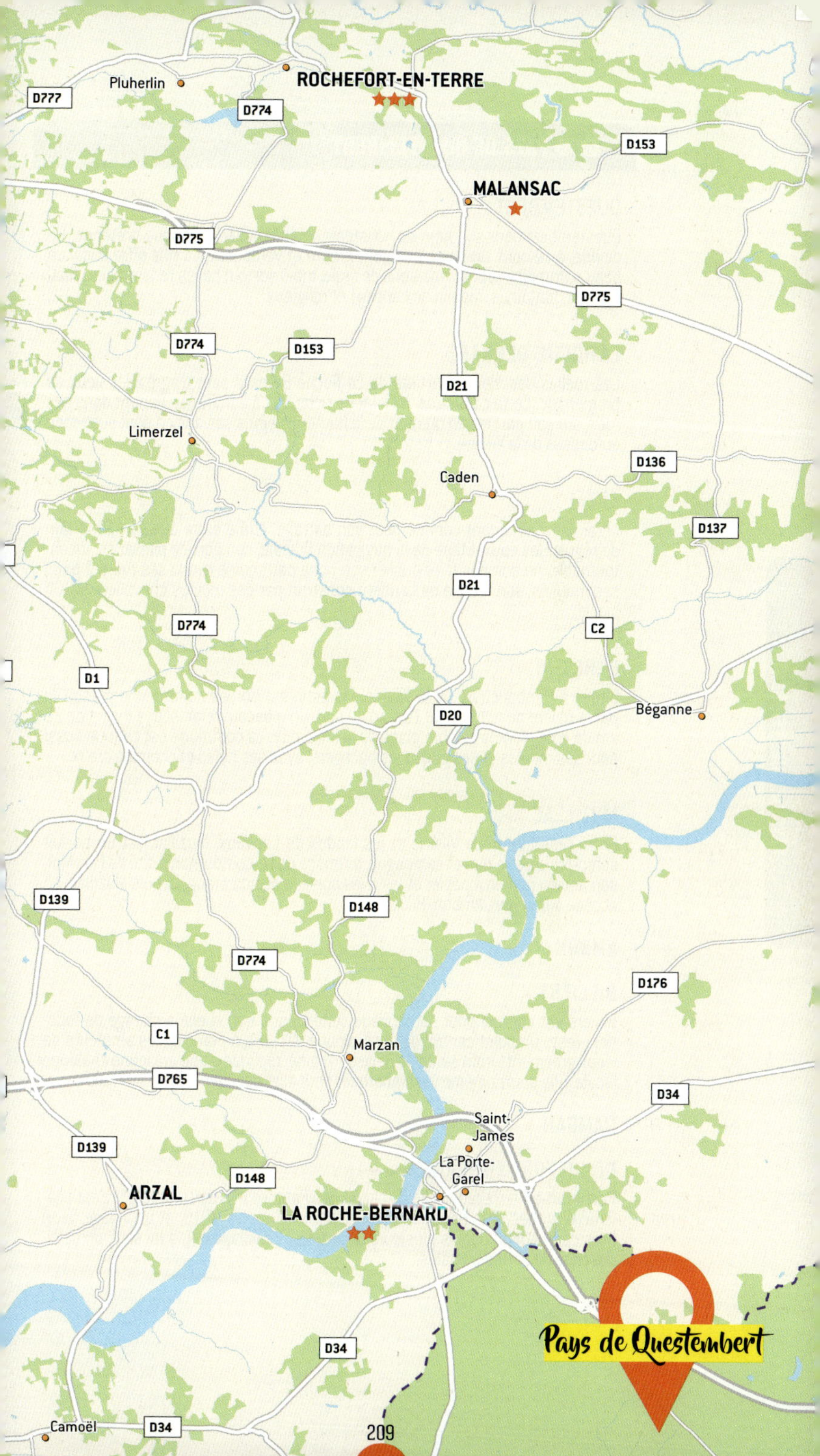
ROCHEFORT-EN-TERRE
Pluherlin
D777
D774
D153
MALANSAC
D775
D775
D774
D153
D21
Limerzel
Caden
D136
D137
D21
C2
D774
D1
D20
Béganne
D139
D148
D774
D176
C1
Marzan
D765
D34
Saint-
James
D139
La Porte-
Garel
D148
ARZAL
LA ROCHE-BERNARD
D34
Pays de Questembert
Camoël
D34

PAGES

QUESTEMBERT ★

Questembert est riche de maisons de style (XVe et XVIe siècles) et surtout de halles datées de 1552, dont la remarquable charpente classée vaut à elle seule une visite. Elles ont fait l'objet d'une rénovation complète en 1997. Elles sont les seules subsistantes en Bretagne, avec celles du Faouët (Morbihan) et de Plouescat (Finistère). L'histoire de la région est très intéressante : ayant préservé son indépendance grâce à la victoire de Nominoë sur les Francs en 845, les Questembertois repoussèrent aussi les Vikings normands (888) et purent jouir d'une paix qui leur permit, trois siècles avant le reste de la France, d'affranchir les serfs.

VOIE VERTE QUESTEMBERT-MAURON

Accès libre et gratuit.

Cet axe de promenade de près de 53 km emprunte le tracé d'une ancienne voie ferrée et vous fait traverser des territoires dotés d'un patrimoine naturel et architectural riche et diversifié (les landes de Lanvaux, des petites cités de caractère®...). D'accès entièrement libre et gratuit, et dotée d'une surface roulante (enrobé), cette voie verte est une piste cyclable très appréciée par les marcheurs, les personnes à mobilité réduite, ou pour les balades en rollers ou à vélo.

HALLES DE QUESTEMBERT

Ouvert toute l'année. Accès libre.

Construites en 1552, les halles de Questembert sont imprégnées d'histoire locale et continuent de vivre, aujourd'hui encore, grâce aux marchés qui s'y tiennent toujours les lundis et mercredis, mais aussi aux nombreuses festivités qui y prennent place tout au long de l'année. Classées monument historique depuis 1922, notamment pour leur charpente en bois, et restaurées en 1997, elles sont le cœur névralgique de la vie locale. Les amoureux de patrimoine bâti feront forcément un détour pour les admirer, et pourquoi pas prendre un café face à elles ?

LE DOMAINE DE BOBÉHEC €

Bobéhec - **LA VRAIE-CROIX** ✆ 02 97 63 73 18
www.domainedebobehec.com

Gîtes de France. 7 chambres (possibilité de bivouac dès 8€/nuit). Chambre double 31 €. Petit-déjeuner inclus.

Le choix est grand au Domaine de Bobéhec pour satisfaire tout un chacun avec 4 chambres d'hôtes, 3 chambres « gîte d'étape », un espace bivouac et un gîte avec ses équipements contemporains : TV, wifi, entrée indépendante, belle pièce de vie pour les repas, petits déjeuners. Le gîte d'une capacité de 8 à 10 personnes est en gestion libre avec une grande pièce de vie et une cuisine équipée donnant directement sur le jardin. Le grand parc de loisirs avec barbecue est très agréable. Le Domaine fait aussi camping avec ses aménagements tentes, ou caravanes.

MOULIN DE LANÇAY

Lançay
✆ 02 97 45 77 92
www.moulin-de-lancay.fr

Ouvert d'avril à septembre. Adulte : 4 €. Visite guidée. Aires de pique-nique.

Le moulin de Lançay vous raconte l'histoire de la meunerie depuis le XIVe siècle jusqu'au XXe. Situé dans un environnement verdoyant – un vallon des plus agréables –, inscrit aux monuments historiques, ce bâtiment a été restauré et remis en fonctionnement, vous offrant ainsi une visite des plus intéressantes. Les visites sont guidées, sur réservation. Des animations et expositions sont mises en place à la saison et pour des événements phares, comme les journées du patrimoine. Le site se fait aussi lieu de balade, avec un sentier botanique en parcours libre.

GITES DU MANOIR DE TRÉGU €€

Trégu - **LA VRAIE-CROIX** ✆ 02 97 67 22 13
tregu.free.fr

Clévacances. Pour 5 personnes (2 chambres). De 250 € à 520 € la semaine selon saison.

Au bout d'une impasse, vous trouverez les bâtiments du XVe siècle qui vous offrent un choix différent selon le nombre de personnes : séjour, chambres, cheminée, jardin privé avec tables, ainsi que cuisine fonctionnelle. Un bénéficie ici du charme sur un vaste environnement de près de 3 hectares de bois et de champs. Le bois pour les cheminées peut vous être fourni (participation financière). Le site est exceptionnel ! Profitez de ce lieu de vacances idéales pour découvrir La Vraie-Croix, Rochefort-en-Terre et le golfe du Morbihan.

LA CAVE DU FROMAGER €

10, rue Jérôme de Carne ✆ 02 97 69 66 01

Ouvert toute l'année, du lundi au samedi. Formule du midi : 8 € (tarif 2019-2020). Vente à emporter. Boutique.

Faites votre pause déjeuner à La Cave du Fromager. Voilà une adresse propre à provoquer le coup de cœur et surtout où trouver de quoi se faire plaisir. Boutique, cave à bière, fromagerie, bar, traiteur, primeur, *antipasti* italiens… quel programme ! Oui, mais un programme bien assumé et parfaitement assuré. Le midi, vous aurez le choix entre des plats sur le pouce, tous faits maison : sandwiches, frites, tartes, tourtes, tartines fromagères et plats du jour. Le soir, laissez-vous tenter par un succulent plateau de fromages, à partager en famille ou entre amis.

HISTOIRES DE CRÊPES €

Place René-Mulot ✆ 02 97 69 17 24

Ouvert toute l'année. Service continu en juillet et en août. Menus de 8,90 € à 13 € (prix 2020). Carte : 20 € environ.

On se sent bien dans cette crêperie à la décoration claire et reposante. Ici, tout est frais et cuisiné maison et les spécialités ne manquent pas : l'Écume des mers (noix de Saint-Jacques et fondue de poireaux, sauce crème citronnée) ou la Marité (andouille de Guémené, sauce moutarde et pomme de terre) pour les galettes ; l'île de Beauté (crêpe au beurre, glace, caramel au beurre salé maison, chantilly) côté crêpes. Deux « plus » futés : la boutique avec ses objets et souvenirs bretons et, l'été, la terrasse agrandie sur la place, face aux halles.

L'AUBÉPINE €€

6, place du Palais - **LA VRAIE-CROIX**

✆ 02 97 67 21 50

www.creperie-laubepine.com

Crêperie gourmande. Haute saison : du mardi au dimanche le midi et le soir. Jardin. Terrasse.

Dans le centre-bourg de La vraie-Croix, charmante commune labellisée 4 fleurs, L'Aubépine est un havre gourmand. Anne-Marie et Yannick vous accueillent dans cet établissement estampillé « Crêperie gourmande ». Ils vous proposent une belle carte de galettes et de crêpes, avec des spécialités aux accents tantôt locaux, tantôt exotiques. Une carte courte de grandes salades et de viandes vous est proposée en complément. La terrasse et la véranda côtoient un joli parc fleuri face à un étang. Profitez de votre passage pour découvrir le patrimoine religieux de la ville.

LES CAUDALIES €€

Place du 8-mai-1945

✆ 02 97 26 11 51

www.lescaudaliesquestembert.com

Ouvert toute l'année, midi et soir (sauf mercredi soir). Menus de 18,40 € à 29,40 €, midi dès 12 €. Vente à emporter.

Virginie et Martial Audren qui ont repris le flambeau de ce restaurant de Questembert. Leur *credo* ? Une cuisine fraîche, avec des produits locaux et du fait-maison ! Ajoutez à cela la passion de plus de 17 ans de métier et des petits prix, et l'on tient là une formule plaisante. La cuisine traditionnelle s'allie à l'exotisme pour des saveurs gourmandes, dans une ambiance décontractée et conviviale. Qu'il s'agisse d'un repas de groupe, d'une pause déjeuner entre collègues ou d'une sortie entre amis, Les Caudalies sont très appréciées.

MOULIN DE CÉLAC €€

Étang de Celac

✆ 02 97 26 00 06

www.moulindecelac.com

Ouvert toute l'année. Tous les jours le midi et le soir. Réservation recommandée. Menu : 31 €. Terrasse.

La façade de pierre du Moulin de Célac égayée par de fenêtres vertes offre un aspect bucolique et sa terrasse avec vue sur le plan d'eau est charmante et agréable. Au menu, des plats traditionnels revisités, mais aussi des pizzas, puisque le lieu est aussi une pizzeria, et des coupes glacées pour satisfaire toutes les envies. Depuis 2012, l'établissement détient le titre de « Maître Restaurateur », un gage de qualité et de cuisine élaborée sur place à partir de produits frais. C'est bien la confirmation que vous allez vous régaler !

L'HALLE TERRE NATIVE

Rue Gutenberg

Ouvert du lundi au vendredi de 9h30 à 12h30 et de 14h à 19h ; le samedi de 9h30 à 13h et de 15h à 18h30.

L'Halle Terre Native, comme son nom l'indique bien volontiers, est une épicerie alternative pleine de produits bio, écoresponsables et locaux. Retrouvez en un magasin une production en circuits courts et raisonnée de qualité. Pain, fruits, légumes, viande, poisson, vins bio, épicerie en vrac, mais aussi artisanat sont à l'honneur. L'établissement organise régulièrement des animations : conférences, ateliers, visites de lieux de production. Si vous avez envie de contribuer à un monde meilleur, cet établissement saura vous conquérir.

PAYS DE QUESTEMBERT

LA ROCHE-BERNARD ★★

L'origine de La Roche-Bernard remonte au Xe siècle. Un Viking, Bern Hart (fort comme un ours) bâtit son donjon sur le promontoire rocheux qui domine la Vilaine. La bourgade aura donc pour nom La Roche-Bernard. Le territoire devient la baronnie de la Roche-Bernard, où la féodalité s'organise et où se développent les activités portuaires. Jusqu'à la Révolution, c'est l'une des plus puissantes baronnies de Bretagne.
Les ruelles des vieux quartiers sont d'agréables lieux de promenade. Cette commune, à l'histoire riche, est à admirer en flânant dans ses rues, sur son port ou, en prenant de la hauteur, depuis son ancien pont suspendu au-dessus de la Vilaine.

CIRCUIT DES PONTS

www.damgan-larochebernard-tourisme.com
Ouvert toute l'année.

Cet itinéraire est une petite randonnée facile de 6.5 km (1h45). Vous apprécierez ses panoramas splendides sur la Vilaine, vous prendrez plaisir à traverser les ponts qui l'enjambent et, bien sûr, vous découvrirez la charmante petite cité de caractère qu'est La Roche-Bernard. Le circuit emprunte des tronçons des très réputés GR®39 et 349. L'adrénaline et l'émerveillement – vous prendrez de la hauteur – seront au rendez-vous ! L'itinéraire est téléchargeable sur le site de l'office de tourisme et bien balisé, ce qui évite de se perdre.

LA MAISON DE L'ABEILLE ★

8, rue du Passage ✆ 02 99 90 79 50
www.lamaisondelabeille-morbihan.fr
Ouvert d'avril à décembre. Haute saison : 7j/7, 10h30-12h & 14h30-19h. Visites libres et gratuites. Boutique.

Cette ancienne demeure piquée de caractère est aménagée pour que les visiteurs découvrent la vie des abeilles et le travail de l'apiculteur, de la Préhistoire à nos jours. Ruches vitrées, expositions et vidéo... Voilà une sortie en famille ludique et éducative ! La ruche vitrée aide à prendre conscience du rôle fondamental de cet insecte pollinisateur, primordial à la biodiversité. Dans la boutique, miel, chouchen, mais aussi pollen et propolis, ou encore bougies en cire d'abeille peintes à la main sont autant de souvenirs à s'offrir.

LE MUSÉE DE LA VILAINE MARITIME ★

Château des Basses-Fosses
✆ 02 99 90 67 98
lesamisdumuseevilainemaritime.jimdo.com
Haute saison : 7j/7, 10h30-12h30 & 14h30-18h30. Moyenne saison : voir web. Adulte : 3 €. Enfant : 1,60 €.

Ce musée, très complet, raconte les ponts de La Roche-Bernard (de 1839 à 1960), ainsi que l'histoire de la Couronne, premier grand vaisseau de guerre français construit à La Roche-Bernard en 1629. Il évoque les derniers témoins de la marine à voile traditionnelle, de l'habitat, des mœurs et des coutumes de ce pays maritime. Il n'oublie ni les paysans de l'intérieur ni la pêche de la civelle près d'Arzal. Près de 2 000 objets témoignent de la vie passée de la région.

La Roche-Bernard.

SITE DU ROCHER

www.damgan-larochebernard-tourisme.com

Accès libre et gratuit.

Le site du Rocher est un lieu emblématique de La Roche-Bernard, tant pour le point de vue qu'il offre sur la Vilaine, les ponts et le port de plaisance, que pour son histoire. La légende dit que c'est en voyant ce rocher et le site que les fondateurs de la cité – les Vikings, paraît-il – prirent la décision de s'y établir. Deux beaux canons y trônent, repêchés du vaisseau *Juste* coulé lors de la bataille des Cardinaux en 1759. Le site fait partie des points d'intérêt du parcours du patrimoine, mis en place par la commune.

MORWENNA

Quai Saint-Antoine

✆ 06 08 08 19 68

morwenna.fr

Navigation d'avril à octobre. Ouvert tous les jours de 11h à 21h. Balades de 2h (dès 17 € - 2020), journée et apéro.

« La Vilaine à la voile » : si vous rêvez d'une balade à bord d'un voilier classé d'intérêt patrimonial dans l'estuaire de la Vilaine, alors prévoyez une halte sur le port de La Roche-Bernard et réservez une excursion auprès du capitaine de Morwenna. Il se fera un plaisir de vous embarquer pour une croisière de 2 heures ou plus. Vous naviguerez sur rivière et hors des flots marins : les sujets au mal de mer seront ainsi préservés de ce mal. L'été, des croisières apéro le midi ou le soir (recommandée !) sont proposées. Hissez les voiles matelots !

L'AUBERGE BRETONNE €€

2, place Duguesclin

✆ 02 99 90 60 28

www.auberge-bretonne.com

Chambre double dès 72 €, petit-déjeuner dès 15 €. Parking. Animaux acceptés (8 € par nuit). Restaurant.

Audrey et Benoît Gauchet vous accueillent à l'Auberge bretonne, maison construite au début du XXe siècle sur les hauteurs de La Roche-Bernard. L'hôtel*** dispose de 10 chambres et offre tout le confort nécessaire à un agréable séjour. La carte du restaurant est élaborée avec des produits frais et locaux. Vous profiterez le temps d'un déjeuner ou d'un dîner d'un patio baigné par la lumière. L'Auberge bretonne est un beau point de départ pour parcourir le golfe du Morbihan, ses nombreuses îles, la Brière, Guérande et ses marais salants.

AU VAL DE VILAINE €€

Le Val - **SAINT-DOLAY** ✆ 06 77 08 70 42

www.auvaldevilaine.fr

Gîte : de 370 € à 690 € la semaine. Supplément ménage : 80 € et location de draps et serviettes (8 €/pers).

Au Val de Vilaine se situe en retrait de La Roche-Bernard, dans la campagne environnante de Saint-Dolay. Cette belle maison de vacances peut accueillir jusqu'à 9 personnes pour un séjour au vert, tout confort. Elle se divise en 3 chambres : une pour 2 personnes, une autre pour 3 personnes et la dernière pour une famille de 4 à 5 personnes. Le lieu offre une belle décoration authentique, avec une vue sur les prés superbe depuis la terrasse surélevée. Cette adresse est assurément une belle étape, et gourmande qui plus est, avec la livraison de produits locaux.

LE LABO DU SARAH B €€

2, rue du Pont-Pério ZA du Poteau

✆ 02 23 10 96 09

www.lelabo.bzh

Restauration le midi en self (11h30-14h, 15h le samedi), plats familiaux à emporter (11h30-19h30). Terrasse, parking.

Le labo du Sarah B est parfait pour un déjeuner express, avec sa formule self-service, en famille, entre amis ou entre collègues, ou pour prendre un plat fait maison pour le dîner. On est ici sur du 100 % local et 0 % conservateurs et additifs : bref, du sain, du bon et du frais. Le midi, vous aurez le choix entre des salades (grandes ou petites), des makis, des quiches ou tartes chaudes, grillades, burgers avec frites maison, à consommer sur place où à emporter en pique-nique. Les plats familiaux du soir sont traditionnels, avec une inspiration fusion.

AUX GOURMETS DE LA ROCHE €

7, place du Bouffay ✆ 02 99 90 60 24

Haute saison : lundi-samedi, 10h30-22h30. Terrasse et salle climatisée. Boutique. Épicerie, cave, salon de thé.

Aux Gourmets de la Roche est typique de ces établissements multifacettes, façon caverne aux trésors gourmande, où la passion de la bonne chère est reine. La boutique regorge de découvertes culinaires toutes plus tentantes les unes que les autres ! La carte du restaurant-salon de thé offre chaque semaine de nouvelles suggestions, fraîches, gourmandes et savoureuses. La vitrine des pâtisseries est alléchante et le goût à la hauteur de la présentation. L'accueil est le service sont pleins d'attentions, pour une pause agréable où l'on se sent chouchouté.

AUBERGE LES DEUX MAGOTS €€

1, place du Bouffay ✆ 02 99 90 60 75
www.aubergedesdeuxmagots.fr
Ouvert mardi-samedi midi & soir + dimanche midi. Réservation recommandée. Menus de 32 € à 53 €. Formule du midi : 24 €.

Cette auberge typiquement bretonne est tenue par une équipe jeune et ambitieuse. Ludovic Forestier et Johnny Couacault ont misé sur une cuisine régionale et parfumée, aux saveurs audacieuses. Ici, on parle d'osmose avec les saisons, de compositions inventives, de plaisirs sublimés... À chaque visite sa surprise culinaire… et son coup de cœur. L'Auberge est aussi un hôtel cosy au charme indéniable. L'établissement a été parfaitement rénové et offre un cadre authentique, pour un séjour apaisant, romantique et gourmand au cœur d'une petite cité au fort caractère.

L'AUBERGE DU PASSEUR €€

Pont de Cran
SAINT-DOLAY
✆ 02 99 90 24 98
www.aubergedupasseur.com
Ouvert tous les jours en juillet et en août, midi et soir (fermé le mardi soir). Menu du midi : 12 €.

Ancré à mi-chemin entre la Roche-Bernard et Redon, à côté du port de Cran, sur la commune de Saint-Dolay, ce restaurant offre une belle vue panoramique sur la Vilaine. On mitonne ici une cuisine traditionnelle et authentique de terroir, avec comme grande spécialité, l'anguille en persillade. Le lieu accueille les groupes, pour les grands banquets festifs. Le midi, il fait des menus ouvriers à petits prix. On apprécie notamment le bon rapport qualité-prix, l'inspiration locale de la cuisine et le cadre verdoyant, avec sa terrasse en été.

LA CRÊPERIE DU PORT €€

Quai de la Douane
✆ 02 23 10 72 19
http://la-creperie-du-port-creperie.business.site
Ouvert toute l'année. Haute saison : 7j/7 jusqu ´à 22h. Réservation recommandée. Basse saison : vendredi-lundi.

La Crêperie du Port offre deux atouts particulièrement appréciables : une cuisine de terroir généreuse et une vue imprenable. La vue sur la Vilaine, en salle à l'étage, ou la terrasse sont très agréables. La carte change plusieurs fois dans l'année avec un impératif : la gourmandise ! En plus des galettes et crêpes, la carte propose, côté salé, des salades gourmandes, viandes et plat du jour et côté sucré, des glaces fabriquées en Morbihan, par le glacier bien connu des amateurs de glaces, Terres de Glaces, des desserts du moment, et même une pause goûter.

AR ROC'H KAFÉ

19, rue Saint-James
✆ 02 56 50 56 21
www.arrochkafe.com
Ouvert du mardi au samedi de 9h30 à 12h30 et de 14h30 à 19h. Boutique.

Salon de thé et torréfacteur, la boutique Ar Roc'h Café, située au-delà du centre touristique de La Roche-Bernard, vaut qu'on y fasse un détour. Les amateurs de café apprécieront d'y déguster un café haut de gamme, torréfié sur place. Chaque café a une histoire, pour une dégustation chaque fois exceptionnelle. Les amateurs de thé apprécieront la vaste gamme proposée. Pourquoi ne pas l'accompagner d'une pâtisserie maison ? On ne vous parlera que du KooKiKiTue : un cookie tout chocolat ou presque, puisque son cœur fondant est un délicieux caramel au beurre salé.

CRÊPERIE LA SARRASINE €€

1, place du Marchix
✆ 02 99 90 77 44
Haute saison : ouvert tous les jours le midi et le soir. Carte : 18 € environ (pour une galette et une crêpe spéciales).

Cette crêperie traditionnelle, implantée dans le centre historique de La Roche-Bernard, séduit par ses galettes et crêpes, préparés avec amour et produits frais, tout autant que par la qualité du service et le décor. Ici, place est faite à la bonne humeur et à la convivialité. Vous pourrez composer vous-même votre galette ou choisir parmi les spécialités de la maison. Au menu aussi, des salades, une carte grill et des moules frites. Pour le dessert, c'est crêpes de froment ou glace artisanale. En été, vous pourrez dîner ou déjeuner en terrasse.

LOISIRS TEMPS LIBRE MORBIHAN

5, Le Pâtis
✆ 02 99 90 83 25
www.loisirs-temps-libre.fr
Fermé de décembre à février. Appeler pour réserver. Chèque Vacances.

École de voile, mais pas que !, Loisirs Temps Libre propose initiation et perfectionnement à l'année pour enfants, jeunes et adultes. Vous pourrez aussi vous essayer au kayak, canoë, stand up paddle ou louer votre bateau à pédales. L'école de voile propose également à la location un bateau à moteur sans permis ou une vedette avec permis. Le + du Petit Futé ? Le club propose aussi des stages d'initiation aux arts du cirque, pour réveiller la fibre artistique des petits et des grands !

ARZAL

Arzal est maintenant connue pour son barrage, édifié entre 1962 et 1970 afin de réguler les eaux. Étape de la navigation fluviale, son port de plaisance est incontournable. Cependant, la commune offre aussi un riche patrimoine rural.

Les vieilles maisons autour de la chapelle Saint-Jean-Baptiste, méritent le détour, de même que la Vieille-Roche, où l'on retrouve trace des gabelous qui surveillaient le trafic maritime. Les fours à pain et les moulins témoignent de l'intense activité de la région. Le temple de Lantiern construit par les moines chevaliers date du XIIe siècle. Niché au cœur d'un groupe de maisons anciennes, il séduit les visiteurs.

© MARKETA1982 - SHUTTERSTOCK.COM

Le Port d'Arzal.

BARRAGE D'ARZAL

Ouvert toute l'année. Gratuit. Restauration (à proximité).

Ne faites pas que passer sur (en voiture ou à vélo) ou sous (en bateau) la barrage d'Arzal : faites-y une halte. Selon l'heure de votre passage, vous le verrez peut-être se lever : la manœuvre est toujours intéressante. Vous aurez le temps de sortir de votre voiture pour voir la route s'ouvrir et se lever. Il est aussi à parcourir et étudier à pied, grâce à ses panneaux explicatifs et bornes d'interprétation : les informations techniques, biologiques, géographiques et historiques répondent aux questions de tous les curieux, petits comme grands !

VILLAGE DE LANTIERN

Lantiern

Accès libre.

Le village de Lantiern était autrefois une étape importante pour qui faisait le pèlerinage jusqu'à Saint-Jacques-de-Compostelle. On y découvre la chapelle Saint-Jean-Baptiste, édifiée par l'ordre des Templiers en 1182 et désormais classée aux Monuments historiques. Elle a abrité, jusqu'à la Révolution, des reliques rapportées des croisades. Le village se distingue également par ses belles maisons des XVIe, XVIIe et XVIIIe siècles, qui témoignent de son riche passé. Si vous êtes de passage et amateur de patrimoine de pays, faites un détour par ce hameau.

LES VEDETTES JAUNES

Le Barrage

✆ 02 97 45 02 81

www.vedettesjaunes.com

Haute saison : tous les jours de 9h à 18h. Adulte : dès 14 € (croisière entre La Roche-Bernard et Arzal).

Partez en croisière-déjeuner avec Hervé Dréno à bord du *Anne de Bretagne*. Pendant presque 3 heures, vous profiterez du spectacle du barrage d'Arzal et «coulerez» des moments heureux en compagnie de l'équipage et du personnel de restauration. En juillet et août, vous pourrez pousser une pointe jusqu'à Redon. Le *Anne de Bretagne*, est à la pointe de la préservation de son environnement. Les menus sont élaborées sur le bateau. Sur demande, vous pouvez organiser une soirée anniversaire avec gâteau personnalisé, un cocktail musical..

AU GRÉ DU VENT

Barrage d'Arzal

✆ 06 20 67 49 92

www.augreduvent.fr

Ouvert tous les jours en juillet et août et sur réservation le reste de l'année.

Avec ou sans permis, louez votre bateau à moteur ou votre kayak, canoë, paddle ou paddle géant dans ce centre situé du côté sud du barrage d'Arzal. Vous pourrez organiser des descentes de la Vilaine ou des sorties coucher de soleil sur le littoral. Envie de créer un événement fédérateur (séminaire, team building, journée d'étude...) ou de loisirs (sortie CE, journée récréative en colonie de vacances, séjours d'intégration étudiants...) ? Au Gré du Vent s'occupe de tout, clé en main, jusqu'à 150 personnes et rend votre événement mémorable !

CAMPING ET GÎTES DE KERNÉJEUNE €€

Kernéjeune ✆ 02 97 45 01 60
www.camping-de-kernejeune.com
64 emplacements. Emplacement + véhicule + 2 personnes dès 11,90 €. Mobil-homes, gîtes, chambre d'hôtes, camping-cars.

Traditionnel et familial, ce camping, idéalement situé entre le golfe du Morbihan et les plages de La Baule, vous invite à passer des vacances au calme et au plus proche de la nature. De ses emplacements spacieux et verdoyants, il offre une très belle vue sur les moulins. Mobil-homes, tentes, caravanes, places de camping-car, gîtes et chambres d'hôtes offrent un vaste choix d'hébergement. Des animations sportives et culturelles sont régulièrement organisées en juillet et en août.

L'INFLEXIBLE €

Port de plaisance
✆ 02 97 45 05 04
linflexible.wixsite.com/inflexible
Ouvert toute l'année. Tous les jours de 10h30 à 21h30. Formule du midi : 12,90 €. Formule burger : 13,90 €.

Le nom du restaurant fait référence à L'Inflexible, fameux vaisseau royal de 64 canons dont la carcasse fut désenvasée en 1966. Désormais, le gouvernail est tenu par un capitaine cuisinier ! Inflexible, oui sur la qualité des mets proposés et à la fraîcheur des produits ! Ici, pas de chichi, mais que du bon : la formule du midi est imbattable en rapport qualité-prix. La carte est variée avec des suggestions en brasserie et en crêperie pour déjeuner ou dîner, et s'adapte aussi très bien à une pause gourmande avec son grand choix de coupes glacées

LE MOULIN À PIZZAS €

3, rue des Palis
✆ 02 97 53 74 72
Fermé le mercredi. Sans réservation. Carte : 10 € environ.

Dans ce centre d'Arzal, cet établissement fait pizzeria, restaurant et bar. Vous y dégusterez des pizzas bien copieuses et bien garnies, de produits frais et savoureux servies par une équipe aux petits soins de ses clients. Vous pourrez aussi y trouver des panini ou des burgers, ainsi qu'un assortiment de desserts. Le Petit Futé apprécie aussi les horaires étendus du Moulin à pizzas, qui permettent de se régaler même à une heure indue ou un dimanche après-midi de retour d'une excursion en bord de mer. À noter aussi : le lieu organise des soirées concerts.

LA CALE SÈCHE €€

Port de plaisance
✆ 02 97 45 05 14
lacaleseche.wixsite.com/lacaleseche
Ouvert toute l'année. Plat + dessert : environ 20€. Terrasse. Vente à emporter. Réservation recommandée.

La Cale sèche est le restaurant-bar-traiteur de Julien et Anne-Gaëlle. La salle entièrement relookée, est vaste – jusqu'à 60 couverts – et lumineuse. La cuisine est traditionnelle et basée sur les produits de la mer (fruits de mer, moules, cotriade bretonne, choucroute de la mer...), mais pas seulement puisque l'on y déguste aussi des viandes et burgers. On apprécie la fraîcheur des produits de la mer, la générosité des assiettes et le bon rapport qualité-prix. La terrasse, très agréable l'été, permet d'observer le va-et-vient des estivants.

L'ÉPICERIE DU PORT

Port de Plaisance
✆ 02 90 73 77 66
Ouvert tous les jours de 7h à 21h. Ouvert toute l'année.

Jean-Richard Barrais vous accueille dans une spacieuse et lumineuse boutique. Les produits locaux ont une belle place : en témoignent les conserves et terrines de chez «Jagoury», les produits de chez Groix & Nature, les huîtres, palourdes, moules et autres produits de la mer proposés selon arrivage. Le pain provient de la boulangerie de Camoël et les viennoiseries sont cuites sur place. Cela en fait une halte parfaite pour s'assurer un pique-nique ou se réapprovisionner. L'accueil et les conseils sont toujours aussi agréables.

CENTRE NAUTIQUE ET DE NATURE PEP 56 D'ARZAL

Port de plaisance
✆ 02 97 45 03 58
lespep56.lespep.org
Ouvert toute l'année. Voile adaptée : découverte de la voile pour les personnes à mobilité réduite.

Ce centre nautique vous invite à explorer la nature autrement, que vous soyez débutant complet, sportif aguerri, photographe ou amoureux de la nature. Outre l'aspect sportif et loisir nautique, on aime la démarche de sensibilisation à l'environnement. Labellisé « École française de voile », l'établissement travaille avec une équipe de moniteurs expérimentés et passionnés pour faire découvrir à tous le voilier, le kayak, la pirogue, le paddle, la planche à voile et le catamaran.

PÉNESTIN ★

Située à l'embouchure de la Vilaine, Pénestin est bordée comme une presqu'île par la rivière au nord et par l'océan au sud. On y découvre ainsi pas moins de 25 km de côtes, dont la célèbre plage de la Mine d'Or. Des vestiges mégalithiques témoignent de la présence d'hommes au temps de la Préhistoire. Les Phéniciens entreposaient ici les cargaisons d'étain en provenance des îles anglaises des Scilly (d'où l'étymologie du lieu). Les Gaulois, habiles forgerons, ont laissé à Pénestin des traces de leur industrie du fer. Pénestin a échappé au remembrement, ce qui explique le charme intact de ses haies et de ses chemins creux longeant les marais et le bois.

PORT DE TRÉHIGUIER

Tréhiguier

Accès libre et gratuit. Musée de la mytiliculture à proximité.

Le passage de Tréhiguier au Moustoir existe depuis toujours. À la fin du XIXe siècle, les mauvaises conditions économiques des conserveries, le déclin des foires et l'ensablement ralentissent le trafic. Pour Pénestin, le bon fonctionnement de Tréhiguier est vital, car il constitue son seul moyen d'acheminer les marchandises. C'est ainsi qu'à la veille de la Première Guerre mondiale, d'importants travaux d'aménagement y sont entrepris, qui ne s'arrêteront pas avant les années 1960. Aujourd'hui, la principale activité de ce charmant petit port est la mytiliculture.

LES PARCS À MOULES

Accessible (extérieur) toute l'année. Gratuit.

C'est aujourd'hui le plus important secteur économique primaire de Pénestin. Les moules (et leurs parcs) contribuent grandement au charme de la commune. La rudesse du métier, soumis aux impératifs de la mise en place des pieux, du captage du naissain (petites moules), demande ténacité, compétence et courage. Sollicitez l'office de tourisme pour connaître les possibilités de visites guidées et tout connaître de la conchyliculture.

▶ **Info futée :** Pénestin est classé « Site remarquable du Goût » grâce à la moule de Bouchot et à sa confrérie des Bouchoteurs.

L'ANCRE D'OR €€

55, rue de la Plage

✆ 02 99 90 38 92

www.hotel-penestin.com

10 chambres, nuitée dès 79 €. Vue mer pour toutes les chambres. Locations meublées. Petit-déjeuner : 9 €. Parking.

Ce petit hôtel indépendant et familial vous accueille à proximité immédiate de la plage de la Mine d'or, site emblématique de Pénestin. L'accueil y est personnalisé, cordial et très professionnel. On veille à votre confort, au calme et à la qualité de votre séjour. Les chambres varient de 15 à 21 m², sont climatisées et certaines ont une terrasse. Toutes bénéficient d'une vue sur mer. Des locations meublées sont aussi disponibles. Vos hôtes se feront un plaisir de vous conseiller sur les activités et balades à faire dans les environs.

PLAGE DE LA MINE D'OR

Site de la Mine d'or

Accès libre et gratuit. Parking, WC et club de voile à proximité.

La plage de la Mine d'Or est la plus connue de Pénestin et elle vaut le détour. Ses falaises ocre scintillent de pépites dorées et elles ont même été exploitées pour ce métal précieux au XIXe siècle, d'où son nom. Grande et belle plage de 2 km de long, elle accueille les estivants adeptes de *farniente* ou est un point de passage incontournable pour tout randonneur qui serait aventuré sur les 25 km de côtes de la cité balnéaire. Vous trouverez, en saison, à proximité du site, des locations de vélo, un minigolf 16 trous, une école de voile et de parapente.

CAMPING LES PARCS €€

Route de la Roche-Bernard

✆ 02 99 90 30 59

www.camping-lesparcs.com

Ouvert d'avril à septembre. Réservation recommandée. 2,5 hectares. 92 emplacements. Nuit 2 personnes dès 15,50 € (2020).

À 300 m du bourg et à 1,5 km de la mer, sur un site verdoyant, ce camping a le bonheur d'être au calme et ombragé. Confortable, il offre les services habituels : bar, pain, journaux, pizzas à emporter (prestataire externe), sanitaires, laverie... Pour les loisirs, vous aurez le choix entre piscine couverte et chauffée par des panneaux solaire et pataugeoire ouverte de juin à septembre, salle de jeux, télévision, wifi, aire de jeux, structure gonflable, trampolines, ping-pong, terrain de boules, tours à grimper... sans oublier les animations !

LE CÉNIC €€

Allée du Toquen
✆ 02 99 90 45 65
www.lecenic.com

Ouvert d'avril à mi-octobre. 485 emplacements. Seulement des mobil-homes.

Le Cénic se situe au cœur d'un parc arboré et fleuri de 7 hectares agrémenté d'un étang paysager. C'est l'endroit idéal pour des vacances ludiques et familiales, se balader à pied ou à vélo, s'amuser et découvrir les joies de l'eau avec le parc aquatique à l'ambiance exotique, et même pour se relaxer en profitant du spa. Situé à 2,5 km de la mer, le camping sera le point de départ parfait pour la découverte de Pénestin et les proches environs tels que la Presqu'île de Guérande (Parc naturel régional de Brière, marais salants…), La Baule, le golfe du Morbihan...

CAMPING DES ÎLES €€€

119, route des Trois Îles
✆ 02 99 90 30 24
www.camping-des-iles.fr

Ouvert toute l'année pour les mobil-homes. 4,4 hectares. 184 emplacements. Nuitée 2 personnes dès 22 € (2020).

À la pointe du Bile, en bord de mer, ce camping très confortable offre diverses activités : tennis, tennis de table, pétanque, terrain multisport, piscine chauffée de mi-mai à mi-septembre (grande plage immergée, 4 glisses, rivière à contre-courant, banc de balnéothérapie, pataugeoire avec toboggan), salle de fitness, location de vélos sur réservation et commerces (bar-restaurant, épicerie). Les enfants sont particulièrement choyés. Les adultes apprécieront le nouvel espace spa et détente, avec possibilité de soins. Des animations en soirée sont proposées.

LE DOMAINE D'INLY €€€

Route de Couarne
✆ 02 99 90 35 09
www.camping-inly.com

Ouvert d'avril à septembre. 18 hectares. 556 emplacements. Nuitée 2 pers dès 33 €. Mobil-homes dès 476 € (tarifs 2020).

Le Domaine d'Inly est un véritable centre de vacances. Il dispose de plusieurs types d'hébergement, de la place simple au mobil-home tout confort, et même luxe, en bordure d'étang. Vous profiterez des piscines, du centre aquatique géant, couvert, avec toboggans, bains à remous, rivière à contre-courant, jeux d'eau... Vous apprécierez aussi les animations et les clubs enfants et ados, pour des sorties et des activités chaque jour. Une mini-ferme est accessible à tous, de même que le centre équestre, avec poney club et possibilité de balade à cheval.

RESTAURANT LA PLAGE DORÉE €€

50, rue de la Plage ✆ 02 99 90 79 45
www.restaurantlaplagedoree.fr

Restaurant-café ouvert toute l'année. Déjeuners, goûters, dîners. Terrasse. Sur place, sur le pouce ou à emporter.

La Plage Dorée jouxte l'emblématique Mine d'Or de Pénestin. Simplicité, convivialité et fraîcheur sont les maîtres mots. Simple et bon, comme une pizza préparée avec amour. Simple et frais comme les moules (de Pénestin, évidemment !) en saison, mais aussi les huîtres bretonnes ou les poissons de la criée. Les salades estivales laissent place, l'hiver, aux bons petits plats « de grands-mères ». Le fait maison (ou « fait artisanalement » pour les glaces) est roi dans ce lieu sympathique.

LA RÉGAL'ETTE €

8, rue de l'Église
✆ 02 23 10 02 84

Haute saison : ouvert tous les jours le midi et le soir. Terrasse.

Idéalement située en plein cœur de Pénestin, La Régal'ette séduit par son aura sympathique. Ici, on mange bien et à petit prix ! Les galettes et crêpes sont faites devant vous, à la demande, avec des préparations maison, à base de produits frais. Si les crêpes et galettes sont aussi variées que gourmandes, vous aurez aussi le choix de moules-frites en saison, de salades, d'une courte carte brasserie-grill et de coupes glacées débordantes de crème fouettée (maison). La terrasse sur la place particulièrement agréable les soirs d'été… ou les jours de marché.

L'ARMORICAIN €€

46, rue de l'Eglise
✆ 02 99 90 38 90

Fermé en janvier. Ouvert du mardi au dimanche le midi et le soir. Réservation recommandée. Menu dès 24,80 €. Terrasse.

Vous ne pouvez pas le manquer : L'Armoricain se situe en plein centre du bourg de Pénestin. À sa table, vous dégusterez principalement une cuisine de la mer. La carte, très variée, vous donnera l'embarras du choix : diverses terrines faites maison, crabe farci flambé à l'armagnac, fondue de poissons (gambas, Saint-Jacques, cabillaud et saumon) ou choucroute de la mer. Mais que tous ceux qui n'aiment pas ce qui se trouve dans l'eau se rassurent, vous pourrez essayer par exemple les viandes grillées à la plancha. Accueil charmant, une belle adresse !

LA BISQUINE €€

25, rue de l'Église
✆ 02 23 10 03 98
labisquine.bzh
Haute saison : 7j/7, midi et soir. Menus de 18,50 € à 25 €. Carte : 15 € environ (1 galette + 1 crêpe spéciales).

La Bisquine est un restaurant traditionnel et authentique niché dans le cœur de Pénestin. À la carte, les produits locaux se transforment et sont mis à l'honneur dans de belles et généreuses galettes et crêpes. Moules et fruits de mer sont aussi au menu – c'est la spécialité de Pénestin ! –, avec des recettes classiques et un poisson du jour à l'ardoise, selon l'inspiration du chef. L'accueil est sympathique et familial. La décoration de la salle s'inspire de la pêche, dans une ambiance marine, marquée par la proximité de la côte.

L'ENDROIT €€

37, rue de la Plage
✆ 06 25 79 04 78
Avril-octobre. Haute saison : 7j/7. Galette + crêpe spéciales dès 13 €. Chaises bébé. Terrasse. Vente à emporter.

L'Endroit, c'est un café-crêperie-restaurant à quelques pas de la célèbre plage de la Mine d'Or. Dans une ambiance conviviale, il propose plusieurs recettes de galettes, ainsi que des burgers (accompagnés de frites), des salades et des moules (de Pénestin, évidemment !). Pour le dessert, ce sera crêpes généreusement garnies ou coupe de glaces bien gourmandes. Cuisine maison, générosité et simplicité : voilà ce qui caractérise ce restaurant. Pendant l'été, l'établissement organise plusieurs soirées festives à thème, pour de belles soirées animées.

MUZILLAC ★

Muzillac a connu son premier développement avec l'invasion romaine. L'origine de son nom, attesté en 1130 sous la forme de Musuliacum, serait gallo-romaine et perpétuerait le souvenir d'un Gaulois nommé Musius. Situé sur la grande voie romaine de Vannes à la Loire, le bourg prit de l'importance au cours du Moyen Âge au point d'accueillir la Chambre des comptes de Bretagne de 1288 à 1432. Entre l'estuaire de la Vilaine et les landes de Lanvaux, Muzillac apparaît comme un parfait compromis entre mer et campagne, avec notamment son site de Pen-Mur. Muzillac est, depuis 2016, détentrice du label Village Étape, pour la qualité de son offre de services.

ÉTANG ET BOIS DE PEN MUR

Pen Mur
Accès libre et gratuit.

Pen Mur, avec son bois et son étang, est un site naturel verdoyant au charme irrésistible. Vous allez adorer vous y promener et y pique-niquer. Il s'étend sur 37 hectares, abrite un ancien moulin à papier, et offre aux randonneurs ou amoureux de nature un lieu de randonnée ou de flânerie enchanteur. Plusieurs itinéraires permettent d'arpenter le site : circuit des Chouans, boucle de Laluisso. Vous passerez près des marais, dans le village de Bourg-Pol ou dans le site naturel du Moustéro, avec sa chapelle et son cèdre de 150 ans, classé Arbre remarquable.

LA CHAUMIÈRE €€

La Chaumière en Bellevue
✆ 09 71 32 74 16
https://lachaumiere-muzillac.jimdofree.com/
Ouvert toute l'année. 3 chambres (2 gîtes). Chambre double dès 65 €. Petit déjeuner inclus. Parking gratuit.

Qui n'aurait pas le coup de foudre pour cette chaumière bretonne coiffée d'un toit de chaume ? C'est en tout cas ce qu'ont ressenti les nouveaux propriétaires de cette chambre d'hôte au charme indéniable. Profitez de son jardin paysager arboré ou de l'ambiance cosy de votre chambre : c'est comme il vous plaira. Celle-ci est équipée tout confort et décorée par la propriétaire des lieux, artiste. Autre bonheur : le petit déjeuner, avec des produits maison et locaux, vous permettra de faire le plein pour découvrir toutes les beautés du Morbihan.

PARC ANIMALIER BRANFÉRÉ ★★

RD139a - **LE GUERNO** ✆ 02 97 42 94 66
www.branfere.com
Haute saison ouvert tous les jours de 9h30 à 19h30. Adulte : 23,50 €. Enfant de 4 à 12 ans : 17 €.

Le parc de Branféré est un lieu d'émerveillement, de découverte et de jeux. Il offre aux visiteurs, petits et grands, une journée inoubliable en pleine nature. Vous voyagerez au cœur d'un parc botanique multicentenaire à la rencontre de 1 400 animaux des 5 continents en semi-liberté. Le spectacle d'oiseaux en vol libre devant le château est l'une des animations phare du site. La balade vous emmènera vers l'archipel des primates, l'espace marin des phoques et manchots, près des girafes de la plaine africaine et des rhinocéros de la vallée indienne. Des panneaux vous indiquent les heures de nourrissage, devant chaque enclos et à l'entrée du parc (Astuce : pensez à le prendre en photo) : soyez sur place pour écouter les soigneurs parler de leurs protégés, mieux les observer et tout savoir de leur mode de vie ! Vous ferez aussi de nombreuses haltes auprès des wallabys, gourmands de pop-corn, et rendrez visite aux animaux domestiques de la petite ferme. Les sportifs et téméraires de tous âges évolueront dans le Parcabout®, composé de 3 500 m² de filets suspendus dans les arbres, jusqu'à 13 m de haut.

- **Encas et pique-nique** : Plusieurs formules de restauration sur place permettent des pauses bien méritées, dans de superbes décors. Il est aussi possible de pique-niquer aux abords du parc.
- **Plus Futé :** Devenez soigneur d'un jour, une approche privilégiée inoubliable que vous pourrez offrir à un jeune de votre entourage pour son anniversaire. À partir de 8 ans, plus d'informations sur www.branfere.com

PIZZA RHUYS - MUZILLAC €

Parking du magasin Point Vert
✆ 06 49 92 41 15
www.pizza-rhuys.com/
Toute l'année. 7j/7, dès 17h30. Commande par téléphone. Pizzas à emporter entre 5,50 € et 15,50 €. 2 tailles de pizza.

© PIZZA RHUYS

Pizza Rhuys propose des pizzas de grande qualité : pâte bio certifiée Ecocert, ingrédients issus de l'artisanat et des fermes locales, cuisson au feu de bois, et un pizzaïolo champion de France. Les pizzas regorgent d'inventivité et de produits du terroir, pour des saveurs absolument incomparables. Les plus de cet établissement ? La possibilité de pizzas vegan et/ou sans gluten. Vous pourrez même prendre le dessert : des glaces biologiques. Plus besoin de choisir entre la découverte de produits locaux et une pizza ! Avec Pizza Rhuys, vous avez les 2 !

MANOIR DE BODREVAN €€

Bodrevan - **NOYAL-MUZILLAC** ✆ 02 97 45 62 26
www.manoir-bodrevan.com
5 chambres. Chambre double de 96 € à 159 €. Pension complète / Demi-Pension. Petit-déjeuner : 13 €.

Ce lieu recèle tout le charme de la campagne du Morbihan, toute la verdure et la beauté d'un site préservé à quelques kilomètres de la presqu'île de Rhuys et du golfe. C'est un enchantement que de découvrir cette demeure installée dans un écrin de nature d'un hectare clos et boisé. Le Manoir de Bodrevan met à votre disposition dans une longère attenante, trois chambres, et appartements aux doux noms. La Brocéliande est un appartement en duplex avec tête de lit à baldaquin et cheminée allumée à la demande. Un petit pavillon dans le parc permet un déjeuner intime.

KALON DIGOR €

1, Grande-Rue ✆ 02 97 41 68 43
www.creperiekalondigor.fr
Toute l'année. Haute saison : 7j/7, midi & soir. Réservation recommandée. Galette + crêpe spéciales : 15 € environ.

Édith et Rodolphe vous accueillent dans leur crêperie « Kalon digor », qui signifie « à cœur ouvert » en breton. Au menu, des crêpes et galettes – farine 100 % Blé Noir Breton (Label IGP). Kalon Digor propose également de belles salades-repas, des moules/frites en saison ainsi que des grillades. L'établissement a obtenu le label Crêperie gourmande en 2012, la médaille d'argent aux Trophées de la gastronomie bretonne en 2009, la médaille d'argent de la fête de la Galette à Pipriac en 2010... et il a su maintenir, depuis toutes ces années, une qualité indiscutable !

UN R DE FAMILLE €

4, rue du Général-de-Gaulle
✆ 02 97 40 57 14
un-r-de-famille.business.site
Ouvert toute l'année. Menus de 11,50 le midi € à 25,90 € le soir, menu enfant : 5 € (2020). Terrasse.

Un R de famille est de ces restaurants dont on ferait bien sa cantine ! Sophie et Jean-Jacques vous reçoivent dans un établissement chaleureux et familial. Enfants (et parents) seront aux anges en découvrant le petit espace de jeux réservé aux bambins et le menu qui leur est proposé à prix mini. Le midi, on vous propose une carte inspirée des brasseries et des plats plus typés « restaurants ». Les inspirations sont celles des saveurs bretonnes, de la tradition et d'un exotisme savoureux. La terrasse ombragée sur cour est très appréciable l'été.

RESTAURANTS DE BRANFÉRÉ €

Parc animalier de Branféré - **LE GUERNO**
✆ 02 97 42 94 66 - www.branfere.com
Accès avec l'entrée au parc, aux horaires du parc. Réservation obligatoire pour le restaurant de groupe.

- **Cafétéria du parc** : restaurant self-service qualitatif, produits frais, locaux, bio, de saison, issus de l'agriculture biologique et/ou du commerce équitable.
- **Crêperie de la plaine africaine** : l'emplacement avec la vue sur les girafes vaut le détour !
- **Restaurant « spécial groupe »** : service à table dès 20 personnes pour le déjeuner (30 pour le dîner), sur réservation uniquement. Les plats sont élaborés à partir de produits locaux, bio et équitables.
- **Snack** : récemment rénové, il propose une restauration rapide préparée sur place. Grande terrasse à l'extérieur.

LE 7 - ENTRE TERRE ET MER €€

7, Grande-Rue
✆ 02 97 45 69 38
Fermé le lundi. Menu dès 18.80 €.

On ne viendra pas dans ce restaurant pour y faire un repas gastronomique, mais on y viendra pour y faire un repas honnête, plutôt traditionnel, à prix accessible, dans un décor assez cosy, et dans une ambiance familiale. N'est-ce pas ce qu'on recherche le plus souvent ? Ici, on fait dans la simplicité et la convivialité, avec une agréable terrasse sur la rue piétonne, donc calme, et un service aimable. C'est sans chichi, familial et on mange bien, tout simplement.

BISTROT GOURMAND €€

18, place Saint-Julien
✆ 02 97 41 57 79
Ouvert toute l'année. Menus dès 13,50 €. Carte : 16 € environ (pour un plat à la carte). Terrasse sur rue piétonne.

Si le nom est tentateur, la cuisine traditionnelle proposée, entièrement maison, tient ses promesses. La carte est classique, mais les plats bien exécutés. Tous les week-ends des plats à l'ancienne sont mis à l'honneur. Laissez-vous séduire par les rendez-vous hivernaux : kig ha farz le premier vendredi de chaque mois, et soirée savoyarde le second. L'été, c'est moules frites, sardines grillées, méga brochette de Saint-Jacques... Le Petit Futé adore l'accueil, absolument charmant et la qualité de la cuisine proposée par le chef.

CRÊPERIE LA GARGOUILLE €€

4, rue des Hospitaliers
LE GUERNO
✆ 02 97 42 87 63
Haute saison : mercredi-dimanche, midi & soir. Réservation recommandée. 1 galette + 1 crêpe spéciales : 18 € environ.

Labellisé « Crêperie gourmande », cet établissement est avant tout un lieu plein de charme et de créativité. Installé dans une vieille bâtisse en pierres de pays, il offre des tentations gourmandes originales et bienvenues. Vous laisserez-vous tenter par les galettes de blé noir (blé noir de Bretagne IGP) répondant aux doux noms de la légende arthurienne ? Pour le dessert, on vous met au défi... Osez la crêpe de sarrasin (autre nom du blé noir) sucrée ! Enfin, au moment de repartir, ajoutez à votre panier un pot de caramel au beurre salé maison.

CRÊPERIE LA MARIE-JEANNE €€

22, rue du Couvent ✆ 02 97 48 69 94
www.creperiemuzillac.com
Ouvert toute l'année. Réservation recommandée. 1 galette + 1 crêpe spéciales : 15 € environ.

En salle ou sur l'agréable terrasse côté jardin, les maîtres des lieux vous proposent de découvrir leurs différentes spécialités préparées avec des produits frais et cuisinés maison. Côté galettes, nous avons tout particulièrement apprécié celle aux Saint-Jacques à la crème persillée, fondue de poireaux et salade et celle à la saucisse artisanale, crème moutarde, pomme de terre et salade ; tandis que que nous n'avons pas résisté à la crêpe Muzillac (pommes au beurre, caramel au beurre salé maison) pour finir sur une note sucrée.

LA TABLE DE YANN €€€

Bodrevan

NOYAL-MUZILLAC

✆ 02 97 45 62 26

www.manoir-bodrevan.com

Sur réservation uniquement. Menu unique : 41 €. Menu enfant : 10 €.

Le restaurant se situe dans l'enceinte du Manoir de Bodrevan, hôtel de charme***. Les adeptes de l'authenticité sauront trouver ici leur bonheur. Issu d'une lignée de très grand restaurateur, Yann Le Divellec se fait un vrai plaisir à concocter ses plats fétiches ou en fonction des marchés et pêches côtières. Les amateurs de fruits de mer seront aux anges. Les desserts sont eux aussi une ode aux saveurs gourmandes. Ajoutez à cela le cadre historique du Manoir, hôtel de charme 3 étoiles, et vous avez la recette d'un beau coup de cœur !

LE BRASSIN BELGE

2, rue de la Paix

LE GUERNO ✆ 02 97 42 87 16

www.brassinbelge.fr

Du mardi au vendredi à partir de 17h. Le week-end de 11h30 à 13h30 et à partir de 16h. Terrasse. Animations. Concerts.

Le Brassin belge ou la Belgique dans ce charmant petit village qu'est Le Guerno. Bar à bières et boutique spécialisés dans la bière belge, cet établissement est une ode à la convivialité. Les animations proposées régulièrement sont autant d'occasions de moments chaleureux et de belles découvertes. Qualité, simplicité, convivialité sont les valeurs des propriétaires, qui promeuvent un bel art de vivre, sous le signe de la zhytologie. Le Brassin belge est ce type de pépite que l'on découvre par hasard et où l'on revient immanquablement.

MAISON GAËL - ARTISAN

57, rue d'Armorique

✆ 02 97 41 54 08

www.patisseriegael.com

Haute saison : ouvert tous les jours de 6h30 à 20h. Ouvert le dimanche.

Quelle que soit votre envie d'encas ou votre (très) bonne excuse pour céder à la tentation, sachez qu'ici, vous serez comblé. Depuis 30 ans, Gaël, le maître des lieux, crée avec amour et passion des gourmandises originales, colorées, généreuses, savoureuses... Le savoir-faire artisanal est à l'honneur, tout autant que la qualité des produits sélectionnés. Le résultat ? Un pain que vous aurez bonheur à savourer, des viennoiseries qui enchanteront petits-déjeuners et goûters, des pâtisseries qui régaleront vos invités, des chocolats qui sublimeront vos cafés !

BISCUITERIE DE KERLANN

Rue des Orpins

✆ 02 97 45 65 65

www.biscuiterie-de-kerlann.com

Haute saison : ouvert tous les jours de 9h30 à 19h. Livraison possible (site de vente en ligne).

La Biscuiterie de Kerlann est une boutique idéale pour rapporter quelques souvenirs de votre séjour, ou simplement pour vous faire plaisir. Vous y trouverez un large choix de biscuits pur beurre, qu'ils soient nature, au chocolat ou encore fourrés au fruits... Il y a plus de 40 références ! La biscuiterie propose également un rayon d'épicerie fine avec des produits régionaux issus des producteurs locaux, des articles d'art de la table, des chocolats et des boîtes à collectionner. Le plus : la boutique en ligne, pour continuer vos achats de retour chez vous...

CERVOISES ET GOURMANDISES

ZAC du Parc

✆ 02 97 48 38 61

www.cervoisesetgourmandises.com

Ouvert le lundi à partir de 15h et jusqu´à 20h ; du mardi au samedi à partir de 10h et jusqu´à 20h. Livraison possible.

Imaginez un hangar ambiance rétro qui vous accueille sur près de 500 m² avec une offre cave et épicerie fort alléchante. Terroirs français et étrangers, alcools en tout genre, whiskies bretons, rhums arrangés, bières du monde, des fûts, des BIB, bouteilles au frais, et un superbe bar dégustation ! Côté épicerie, des produits bretons de la conserverie La Paimpolaise et autres offres en thés, cafés... Vous avez tout ce qu'il faut pour un panier garni.

PROCANAR

ZI La Haie

LAUZACH

✆ 02 97 67 03 39

www.procanar.fr

Ouvert le jeudi et le vendredi de 9h à 18h30 ; le samedi de 9h à 12h30.

Procanar propose à la vente des foies gras crus, mais aussi des foies gras cuits, entier sous vide ou en barquette, en bloc avec ou sans morceaux et quelques spécialités à base de foie (alliance de foie aux figues, alliance au filet de canard fumé, crumble de foie gras aux pommes...). Sachez que c'est Procanar qui est à l'origine de la marque Doyenné de Lanvaux, dédiée aux professionnels de la restauration et qui propose également une gamme complète de foies gras crus, frais, surgelés et élaborés (mi-cuits, conserves, surgelés).

AMBON

Ambon est une petite station balnéaire entourée d'anciens marais salants, qui se trouve au seuil de la presqu'île de Rhuys. Elle offre de belles plages et des petites criques qui feront le bonheur des petits comme des grands. À marée haute, vous pourrez longer les falaises et rejoindre le port de Penlan. Plus loin vers Damgan et l'océan vous découvrirez Pénerf, qui fut le 4e port breton au XVIe siècle. La géologie particulière de la rivière a permis l'implantation du premier parc ostréicole en 1858. Cette côte est idéalement située pour se baigner, s'initier à la pêche à pied ou pour faire de plaisantes randonnées sous le soleil breton.

CAMPING DE BROUËL €€

1, Brouël ✆ 02 97 41 10 22

www.campingdebrouel.com

Ouvert d'avril à octobre (inclus). 63 emplacements. Emplacement + véhicule + 2 personnes (avec 16 A) dès 19 €.

Ce camping à vocation familiale est situé à 4 km des plages de Damgan. Niché au cœur d'Ambon, entre la presqu'île de Damgan et celle de Rhuys, il vous propose la location de mobil-homes, caravanes et emplacements à deux pas de la mer et du golfe du Morbihan. Dans un cadre intimiste et un environnement verdoyant, ce camping vous invite à la détente lors de vacances à la mer placées sous le signe du calme et de la convivialité. Outre ses hébergements de vacances confortables et tout équipés et ses emplacements nus, vous apprécierez la piscine extérieure chauffée.

PLAGE DE BÉTAHON

Bétahon

Accessible toute l'année. Gratuit. Parking. WC. Animaux acceptés.

Une belle plage de sable, sauvage et préservée : c'est tentant, n'est-ce pas ? Il s'agit de la jolie page de Bétahon. Elle est accessible au bout d'un chemin, et en suivant de charmants sentiers de randonnée, vous faisant découvrir les marais d'Ambon ou vous offrant un joli point de vue sur la pointe de Pen Lan. Profitez-en pour prolonger votre marche sur les chemins côtiers en vous laissant guider par l'envie de découvrir, à chaque détour, de nouveaux panoramas. Ou prenez le temps du farniente sur le sable après une baignade tonifiante !

CAMPING KER YAOULET - ALOA VACANCES €€

Tréhervé plage ✆ 02 97 41 02 88

www.camping-keryaoulet.com

Ouvert de mi-avril à mi-octobre. 240 emplacements. Emplacement à partir de 13 €. Mobil-homes, chalets, lodges, tentes.

Le camping de Ker Yaoulet se situe à 300 m de la plage de Tréhervé, dans un cadre verdoyant de 6,5 ha. Il se prête particulièrement bien à des vacances tout confort en famille, avec ses hébergements en mobil-homes, chalets, lodges et tentes équipées, mais surtout avec son grand espace aquatique extérieur (deux piscines, bassins, jeux d'eau) et son club enfants. De nombreuses animations ponctueront votre séjour… sportif, festif ou farniente : c'est à vous de décider !

PLAGE DE TRÉHERVÉ

Tréhervé

Ouvert toute l'année. Gratuit. Parking. WC. Chiens non autorisés.

La plage de Tréhervé donne sur la baie de Kervoyal et est l'une des plus appréciées des environs. Marchez, randonnez… De jolies petites criques vous attendent en faisant quelques pas, ou dizaines de pas, de plus. Un parking la rend accessible en voiture, mais il est vite pris d'assaut. Elle est située à proximité d'une aire de camping-cars et près d'un camping, donc elle est très appréciée des vacanciers. Si vous préférez la solitude, prenez le sentier des douaniers, dans un sens ou dans l'autre, et vous découvrirez des petites criques charmantes.

DOMAINE DE KERIZEL €€

Kerizel ✆ 02 97 45 62 75

www.chambres-hotes-gites-ambon.fr

Ouvert toute l'année. 3 chambres. Chambre double 95 €. Petit déjeuner inclus. Sauna et bain finlandais. Relaxation.

Découvrez cette belle maison de caractère, longère de 1850 rénovée avec soin, blottie dans un écrin de verdure, véritable havre de paix. Trois confortables chambres d'hôtes, spacieuses et décorées avec goût, sont aménagées, ainsi qu'un gîte familial et, nouveauté 2020, un *kota* (cabane en bois d'inspiration nordique). Dégustez un (ou des) repas en table d'hôtes : menu galettes, kig ha farz, ayurvédique ou végétarien. Tentez un cours de cuisine ou détendez-vous dans le sauna, le bain finlandais, ou bien initiez-vous au yoga, au qi gong ou à la marche afghane.

DOMAINE DU LESTY - MAISON D'HÔTES €€

Le Listy d'En Bas
✆ 02 97 41 04 33
Ouvert toute l'année. 4 chambres. Chambre double à partir de 71 €. Petit déjeuner inclus. Parking.

C'est dans un environnement champêtre et verdoyant que vous logerez. Les quatre chambres d'hôte prennent place dans une longère traditionnelle, dans l'esprit breton. Un jardin et une terrasse sont mis à disposition des hôtes. Les chambres sont aménagées avec simplicité et tout confort, avec notamment un plateau de courtoisie. Chacune est accessible grâce à une entrée indépendante. Une aire de camping naturelle est aussi disponible, pour les baroudeurs nature.

LES GOÉLANDS €€

13, rue du Bédume
✆ 02 97 48 69 43
www.campinglesgoelands.com
Ouvert de mars à octobre. Nuitée (2 pers) dès 17 €. Mobil-homes, gîtes, camping-cars. Restauration. Animations.

Le camping Les Goélands bénéficie d'un atout de taille : il est situé sur le front de mer. Selon les emplacements (à voir à la réservation), en mobile-home ou en tente/caravane, vous pourrez jouir, pendant tout votre séjour, d'une imprenable vue mer. S'ajoutent à cet atout de belles installations, dont plusieurs pour les familles notamment avec bébés ou enfants en bas âge, un espace aqualudique, des jeux et équipements sportifs en libre-service. Les animations sont aussi de la partie : concours conviviaux, jeux à thème, soirées festives…

BILLIERS ★

Le duc de Bretagne Jean Ier fit construire à Billiers une abbaye cistercienne au XIIe siècle, qui resta active dans les tourments de l'histoire jusqu'à la Révolution française. Elle conserve une tour carrée, seul vestige de l'église abbatiale élevée au XVIIIe siècle. Elle est aujourd'hui transformée en centre de réadaptation sociale, mais ouvre ses portes. On y visite la ferme, les serres et le sentier botanique. Au port, à Pen Lan, si vous êtes amateurs de vieux gréements, les amateurs de vieux gréements iront saluer la Belle de Vilaine, réplique d'une ancienne chaloupe locale. Elle pourra même les embarquer pour aller découvrir Houat ou Hoëdic.

CAIRN DES GRAYS

Pointe de Pen Lan
Accès libre. Gratuit.

Ce site néolithique réunit cinq dolmens, sur 20 à 30 mètres. Il est inscrit au titre des monuments historiques. Des panneaux explicatifs racontent son histoire, son utilité, l'aspect stratégique de son emplacement, le déroulé des fouilles et découvertes, et invite à se projeter dans le passé. Un autre intérêt de ce site est la vue superbe qu'il offre vers le large. Amoureux d'histoire ou de nature, vous serez séduit par ce lieu. Profitez de votre visite pour prolonger la marche : le sentier côtier offre de superbes panoramas.

Billiers.

PLAGE DES GRANGES

Les Granges

Ouvert toute l'année. Gratuit.

Vous apprécierez cette plage pour de multiples raisons : son orientation plein sud (l'eau est encore meilleure !), ses 300 m de sable où étendre sa serviette et faire des châteaux de sable, sa proximité du sentier de randonnée (GR®349 – praticable avec une poussette –) et de la pointe de Pen Lan d'un côté et du dolmen du Crapaud de l'autre, la possibilité d'y pratiquer la pêche à pied à marée basse. Attention, la baignade n'y est pas surveillée et les chiens sont interdits entre le 15 mai et le 15 septembre, même s'ils sont sages.

POINTE DE PEN LAN

Pointe de Pen Lan

Ouvert toute l'année. Gratuit. Parking.

Marcher sur les sentiers de la pointe de Pen Lan est un ravissement. Vous y découvrirez une nature magnifique et sauvage, parmi les plus jolis paysages de Bretagne, entre océan et rivière. Vous êtes un peu comme dans une carte postale ! Les amateurs de vestiges néolithiques s'intéresseront au cairn des Grays : un panneau explicatif raconte son histoire et son importance.Ce site néolithique réunit cinq dolmens, sur 20 à 30 m. Autre intérêt de ce site : la vue superbe qu'il offre vers le large. Amoureux d'histoire ou de nature, vous serez séduits par ce lieu.

CAMPING LA PLAGE DES GRANGES €

5, Les Granges ✆ 02 97 45 68 23

www.campingdelaplage.net

Fermé en janvier. Terrain de 4 ha. 25 locations et 54 emplacements de caravane, tente ou camping-car.

Ce camping tenu depuis des décennies par la même famille saura vous ressourcer. Vous apprécierez l'ambiance familiale avec les aires de jeux, ses structures gonflables et un bassin chauffé et couvert avec espace « bambin ». Les adultes se délasseront dans l'espace bains à remous et balnéo près du grand bain de nage. Le camping s'anime l'été, de soirées dansantes, repas, concours… Enfin, il est à 200 m de la belle plage des Granges, pour du farniente sous les embruns marins.

GÎTE DE GROUPE LE CHÂTEAU €

Domaine de Prières

✆ 02 97 48 61 61

www.sejournerabilliers.fr

Ouvert toute l'année. Nuitée dès 20 € par personne, chambre étape : 15,45 €/nuit/pers (tarif 2020). Restauration.

Ce gîte de groupe dans le Domaine de Prières, ancienne abbaye cistercienne du XIIIe siècle, situé non loin des plages et des sentiers littoraux, offre un cadre pour le moins authentique et historique aux baroudeurs. Les 19 couchages sont organisés en 8 chambres, toutes avec lavabo. Certaines sont équipées de douche. Au rez-de-chaussée, la vie en commun est pensée pour être pratique : cuisine et laverie équipées, salle à manger, salon de détente, bibliothèque.

LES GLYCINES €€

17, place de l'Église ✆ 02 97 45 69 68

www.lesglycinesmorbihan.com

Ouvert toute l'année. 5 chambres. Chambre double de 98 € à 118 € ; suite de 118 € à 138 €. Petit déjeuner inclus.

Dans cette belle demeure, sise dans le centre du village, l'humeur est avenante et décontractée. Les chambres ont toutes un nom d'un lieu historique dans l'environnement immédiat et sont décorées de manière unique. Elles sont équipées de TV, petit salon, douche hydromassante, baignoire dans la suite. Pour les enfants, une annexe ludique est proposée avec maison de poupées et flipper. Vous apprécierez les moments de calme près de la cheminée ou sur une chaise longue, dans le grand solarium. Si vous aimez les fruits de mer, pensez à réserver votre plateau !

BISTROT DU PORT €€

1, rue du port

✆ 02 97 41 64 14

bistrotduport.bzh

Haute saison : 7j/7, 10h-22h. Brunch le dimanche. Réservation recommandée. Carte : 22 € environ plat et dessert).

Restaurant et bar, le Bistrot du Port a changé de propriétaire au printemps 2018. Théo Poivret est le capitaine de cette jeune équipe dynamique de moussaillons. Les piliers de ce qui fait une adresse futée sont là : la qualité des produits (frais, locaux, de saison !) avant tout, la convivialité avec un lieu chaleureux, la générosité et la gourmandise des propositions culinaires de type bistrot, des propositions à l'ardoise variées... Faire simple et bon, dans un lieu où l'on se sent bien, voilà un défi relevé haut la main par cet agréable équipage !

DOMAINE DE ROCHEVILAINE €€€

Pointe de Pen-Lan ✆ 02 97 41 61 61
www.domainerochevilaine.com

Ouvert toute l'année, 7j/7, midi & soir. Réservation impérative. Menus de 44 € (le midi) à 113 €. Hôtel & spa.

Voilà un cadre magique pour ce merveilleux restaurant sur la mer dans lequel Maxime Nouail, Maître Cuisinier de France, met à l'honneur le meilleur du terroir breton et des produits de la mer dans le plus grand respect des saisons, des produits et de leurs saveurs... Le vivier situé face à la cuisine offre homards et crustacés, huîtres de Pénerf et de la baie de Quiberon, soles de La Turballe, langoustines du Guilvinec, pour une fraîcheur incomparable. A noter que l'établissement (hôtel & spa) est référencé Relais & Châteaux.

DAMGAN ★★

Petite ville balnéaire située entre la presqu'île de Rhuys et l'embouchure de la Vilaine, protégée par les dunes et bénéficiant d'un excellent climat, Damgan jouit d'une réputation excellente, et à raison ! Ses plages, sur lesquelles vous pourrez vous adonner à la baignade, à la pêche aux coquillages, aux activités nautiques, et ses nombreuses manifestations culturelles telles que fest-noz, fête de la mer, concerts... font de Damgan une station familiale par excellence. Son petit port de pêche, à Pénerf, est aussi plein de charme. Quant aux amoureux de patrimoine, entre la tour des Anglais, l'église et les chapelles, ils seront aussi conquis.

GRANDE PLAGE DE DAMGAN

Boulevard de l'Océan

Ouvert toute l'année. Gratuit. Jeux pour enfants à proximité. Plage surveillée. Parking.

Cette grande plage de 4 km est sans doute ce qui a fait la renommée balnéaire et touristique de la jolie petite commune de Damgan. Facilement accessible, cette plage, exposée plein sud, offre de nombreux atouts : stationnement (relativement facile, selon les périodes), proximité immédiate du centre-bourg et des restaurants, grande balade agréable, sanitaires, jeux pour enfants à proximité, jeux pour grands aussi (boules bretonnes, entre autres). Si vous choisissez Damgan comme destination, cette plage sera à coup sûr le point focal de vos vacances !

PLAGES DE KERVOYAL

Impasse de la Pointe

Accès libre et gratuit. Parking.

La Pointe de Kervoyal offre un panorama superbe et est bordée, d'un côté et de l'autre, de la Grande Plage de Kervoyal et de la Petite Plage de Kervoyal. Plus sauvage que la Grande Plage de Damgan, elle est toute de sable, et praticable quelle que soit la marée. Vous pourrez vous garer sur le parking dédié (attention, nombre de places limité !) ou la rejoindre à pied, depuis Damgan par les sentiers côtiers, si vous êtes courageux. Mais n'est-il pas agréable de marcher en bord de mer ? Randonnée, farniente, baignade : le programme est sympa !

LES SAVEURS DE PÉNERF

11, rue du Port ✆ 06 84 39 36 86

Fermé d´octobre à mars. Visite guidée. Restauration (dégustation d'huîtres et de produits de la mer).

Guillaume, des Saveurs de Pénerf, vous convie sur son bateau (petits groupes : famille ou amis) pour découvrir la rivière et son patrimoine naturel. Deux formules sont proposées : « Balade pénerfine » (avec dégustation d'huîtres) en 45 minutes ou « Balade des saveurs » (avec apéritif, huîtres, assiettes de fruits de mer, poissons fumés) en 1h30. Les balades se font sur réservation uniquement, pour des groupes limités de 6 à 12 personnes. Assurément, c'est une délicieuse excursion à partager, qui ravira tous les amateurs d'huîtres !

ABBIS LOCATION VÉLO

28, bis, rue d'Ambon
✆ 02 97 48 10 49
www.legolfenvelo.com

Haute saison : ouvert tous les jours. Sur réservation hors saison. Chèque Restaurant.

Trouvez ici votre deux-roues ou plus ! Vélo classique ou vélo à assistance électrique, tandem ou rosalie, vélos suiveurs ou autres équipements pour les enfants, trailer bike, voiture à pédale : vous trouverez ici tout ce qu'il vous faut pour rouler au vert et au grand air, à la force des mollets, avec ou sans tricherie. Qui plus est, les parkings des plages étant souvent pris d'assaut, vous vous assurez, à vélo, de vous garer où bon vous semblera et de profiter des plaisirs de l'eau. Parcourrez les 10 km de front de mer le nez au vent... Bonheur assuré !

LES AJONCS D'OR €

5, route de Muzillac
✆ 02 97 41 24 99
www.camping-lesajoncsdor.com

Ouvert d'avril à octobre. Terrain de 1,1 ha. 66 emplacements. Semaine en mobil-home : dès 300 €.

Le camping Les Ajoncs d'or vous accueille dans son cadre apaisant. Vous y apprécierez son esprit familial et son calme (ni animations ni piscine : ici, vous vous reposez !). Situé à 800 m de la plage, il vous propose exclusivement des locations de mobil-homes. Spacieuse et équipée, chaque structure offre tout le confort souhaité, avec accès wifi, cuisine aménagée et tout le nécessaire pour se sentir comme chez soi. Les nombreux services de proximité vous permettent de vous passer de votre voiture... Depuis le camping, tout peut se faire à pied !

CAMPING CLOS NENN €€

2, allée du Clos Nenn
✆ 02 97 41 16 59
www.camping-closnenn.com

Avril à octobre. 2 hectares. 88 emplacements. Nuitée (2 pers) : dès 16.60 €, Mobil-home dès 270 € la semaine (2020).

Michel et Véronique sont les gérants de ce camping très accueillant situé à 500 m de la plage. Les espaces naturels de la rivière de Pénerf sont à proximité et prodiguent un calme bienfaisant tout le long de l'année. Dans ce grand parc verdoyant de plus de 2 hectares, les emplacements sont bien isolés les uns des autres. Vous profiterez des animations l'été : pot d'accueil, barbecues, soirées crêpes, moules frites et animations pour les plus jeunes autour de la structure gonflable et le trampoline. Ce camping, assez isolé, ravira les amoureux de tranquillité.

GRAND AIR CADU €€

Cadu
✆ 02 97 41 17 30
www.campingcadu.com

Ouvert d'avril à octobre. Terrain de 3 ha. 174 emplacements. Emplacement + véhicule + 2 personnes : dès 17 €.

Situé à 300 mètres de la plage et de ses activités, le camping Grand Air Cadu est l'endroit idéal pour des vacances en famille ou entre amis. Le bourg et ses commerces se trouvent à 800 mètres, donc accessibles à pied ou à vélo. Un grand espace de plein air de plus de 4 hectare offre jeux de boules, terrain de basket, ping-pong, billard, baby foot. Que demander de plus ? Ajoutez à cela l'air vivifiant de la Bretagne sud, le farniente, la randonnée ou les parties de pêche à pied sur le site renommé de Damgan... Et vous voilà comblés !

HÔTEL DE LA PLAGE €€€

38, boulevard de l'Océan
✆ 02 97 41 10 07
www.hotel-morbihan.com

Ouvert de février à octobre. 17 chambres. Chambre double dès 85 €. Petit-déjeuner : 13,50 €. Parking gratuit.

L'hôtel offre des chambres douillettes, agréablement décorées et confortables, exposées plein sud et s'ouvrant toutes sur l'océan. Les chambres supérieures classiques ou premium proposent un grand balcon et une grande salle de bain qui invitent à la relaxation. Des prestations bien-être corps et visage en spa vous sont proposées sur réservation. Un sauna et un bain à remous sont accessibles gratuitement aux résidents de l'hôtel. Les adeptes de la pêche à pied ou de la plage seront ravis puisqu'il suffit de traverser la rue pour avoir les pieds dans l'eau.

L'ALBATROS €€

1, boulevard de l'Océan
✆ 02 97 41 16 85
www.hotel-albatros-damgan.com

Ouvert toute l'année. 7j/7. Menus dès 19 € (le midi). Chambre double dès 64 €.

L'Albatros du même nom que le sympathique hôtel attenant, vous propose une situation idéale sur la plage vers Kervoyal. Julien Marion, Maître Restaurateur, vous accueille dans une ambiance contemporaine, lumineuse et aérée. Les menus du jour et du soir, ainsi que la carte, sauront satisfaire les plus gourmets d'entre vous ! Le restaurant sert aussi, situation oblige, d'excellents fruits de mer, de première fraîcheur. L'hôtel offre lui aussi de belles prestations avec des chambres confortables, vue sur mer ou sur cour, et de bons petits déjeuners.

BEEF BURGER €€

11, rue de la Plage
✆ 02 97 66 90 66

Ouvert toute l'année. Tous les jours le midi et le soir. Terrasse.

Restaurant de burgers, mais proposant aussi des plats du jour d'inspiration bistro et des moules-frites, le Beef Burger offre une cuisine moderne à travers des sandwiches gourmets et généreux. À la carte, vous choisirez entre des viandes 100 % françaises, mais pas que, puisque les végétariens ne sont pas oubliés, avec des options gourmandes juste pour eux. Vous pourrez aussi choisir parmi les entrées à partager, et, bien sûr, il y a les desserts, avec notamment de belles coupes glacées. Une adresse parfaite pour une sortie entre amis !

LE BISTROT DE LA MER €€

17, rue du Port
✆ 02 97 41 00 97
www.lebistrotdelamer.com
Fermé l'hiver. Haute saison : 7j/7, midi & soir. Réservation recommandée. Menus de 21,80 € à 38,50 € (2020). Terrasse.

Depuis plus de dix ans, Aurélie Jehanno a su faire évoluer son Bistrot de la Mer pour l'amener au titre de restaurant du Terroir et au titre personnel de Maître Restaurateur, acquis en avril 2015. L'approvisionnement local est de rigueur, tout comme – évidemment ! – les produits frais de qualité et le fait maison avec art et savoir-faire gastronomique. Voilà un lieu convivial, familial et généreux. L'établissement fait aussi bar et salon de thé, pour, en saison, une pause gourmande à tout moment. Voilà une très belle adresse, en toute simplicité !

CRÊPERIE LE PUITS CARRÉ €€

3, rue des Dunes ✆ 02 97 41 03 41
www.creperie-puitscarre-damgan.fr
Ouvert d'avril à novembre. Haute saison : 7j/7, midi & soir. Jardin. Terrasse.

Véritable institution, la crêperie Le Puits Carré a changé de mains en avril 2019, mais n'a rien perdu de sa qualité ni de son charme. Située sur le chemin de la plage et noyée dans une végétation luxuriante, elle invite à une pause gourmande. On y déguste de savoureuses galettes, crêpes et de belles coupes de glace. Tout est là pour vous faire passer un bon moment : du choix des produits frais à la générosité des portions, du décor foisonnant de verdure en extérieur et authentique en intérieur, à l'accueil très agréable des propriétaires.

LATITUDE 47° €€

38, boulevard de l'Océan
✆ 02 97 41 10 07
www.latitude47.fr
Ouvert de février à octobre. 7j/7, midi & soir. Réservation recommandée. Menus de 24,90 € à 39,90 € (2020). Terrasse.

Laissez-vous hâler ! Les pieds presque dans l'océan, à mi-hauteur, la vue est bluffante et le coucher du soleil sera encore plus magique avec la carte des cocktails proposée par un personnel très attentif, ou la surprenante et interminable carte de whiskies du monde entier. Vous serez emballé par le raffinement des menus et de la carte : produits locaux, produits frais, label du terroir, en fonction des saisons. Labellisé Restaurant du terroir et Maître restaurateur, cet établissement prône une qualité sans concession, mais généreuse et abordable.

BRISE ET VOILES

Route de Pénerf
✆ 02 97 41 10 62
www.briseetvoiles.com
Fermé de novembre à mars. Haute saison : ouvert tous les jours.

Optimist (stages découverte et perfectionnements à partir de 7 à 9 ans), catamaran (à partir de 13 ans), mini-cata (pour les 10-12 ans), planche à voile (initiation et perfectionnement à partir de 10 ans), kayak (kayak monoplace et bi-place), stand-up paddle, location de bateaux... rien n'est impossible avec cette école de voile qui, quel que soit votre niveau, offre de nombreuses possibilités. Vous pourrez par exemple profiter d'un guide pour découvrir les marais et sites ostréicoles. L'école assure également la formation au permis mer côtier.

VINCE SURF DAMGAN

Boulevard de l'Atalante
✆ 06 61 70 66 85
www.bouee-paddle-damgan.fr
Ouvert 7j/7 en haute saison. Bouée tractée, paddle, paddle géant, planche à voile.

Vincent, de Vince Surf Damgan (abrégé VSD), propose plusieurs activités sportives et funs pour s'offrir des sensations fortes ou découvrir le littoral de Damgan autrement. Au programme : location de stand-up paddle (individuels ou géants) ou de planche à voile à l'heure ou plus, avec possibilité de cours particuliers en planche à voile. Les amateurs de glisse et de vitesse tenteront la bouée tractée selon ses diverses variantes : « Banana multi-rider », bouée plate, « Flyfish », « Endless ride ». Idéal pour une sortie entre amis ou un challenge familial !

ROCHEFORT-EN-TERRE ★★★

La situation géographique de Rochefort-en-Terre, sis sur un éperon rocheux dominant des gorges abruptes, a fortement influencé la vie de la cité. Autour de 1900, le tourisme (déjà !) fait son apparition, attirant ici paysagistes et artistes divers. Parmi eux, le peintre américain Alfred Klots : il rachète les ruines du château et s'installe. Son parc se visite. En 1911, le peintre américain crée à Rochefort le premier concours de maisons fleuries. Depuis, ce village est toujours aussi fleuri. Rochefort-en-Terre fait partie du circuit des Petites Cités de caractère® ; c'est également un des Plus Beaux Villages de France® depuis 2016.

L'ÎLE AUX PIES

SAINT-VINCENT-SUR-OUST

Ouvert toute l'année.

L'île aux Pies, parmi les plus beaux lieux de la Bretagne intérieure, est classé Grand Site Naturel depuis 1981. Elle abrite une faune et une flore aussi variées que ses paysages : bois, falaises, marais, cours d'eaux... Découvrez un formidable site, qui se fait aussi terrain de jeux, à découvrir sur l'eau et à la verticale... en escalade ! Un circuit de 6 km, disponible sur le site de l'office de tourisme du pays de Redon, invite à en découvrir toutes les facettes, tantôt en prenant de la hauteur, tantôt sur le chemin de halage du canal de Nantes à Brest.

COLLÉGIALE NOTRE-DAME-DE-LA-TRONCHAYE ★

Place de l'Eglise

✆ 02 97 26 56 00

www.rochefortenterre-tourisme.com

Ouvert tous les jours 10h à 18h. Accès libre et gratuit.

De l'époque romane ne subsiste que le clocher aux allures de tour fortifiée, tandis que la façade principale révèle la délicatesse d'un gothique flamboyant. En 1925, Rochefort-en-Terre devient cité mariale, ce qui donne lieu à la réalisation de deux vitraux : en 1926, le vitrail de l'arrière-chœur représentant la Sainte Famille, et en 1927, le vitrail d'une bergère découvrant la Vierge dans un tronc d'arbre creux (légende à l'origine de la construction de l'église).

NAIA MUSEUM

14, parc du Château

✆ 02 97 40 12 35

www.naiamuseum.com

Fermé en janvier. Voir horaires sur site. Adulte : 6 €. Enfant : 4 €. Boutique. Animations.

Unique en son genre, le Naïa Museum, musée des arts de l'imaginaire, s'impose comme le lieu insolite à découvrir à Rochefort-en-Terre. Œuvres en mouvement, ambiances musicales, effets de lumière : tout est fait pour que vous vous sentiez hors du monde, dans des dimensions parallèles où l'émerveillement prend le pas sur la rationalité. Vous vous sentez tour à tour dans un film, tour à tour dans un roman fantastique. Le lieu provoque une fascination presque addictive : le Naïa Museum est un lieu que l'on a du mal à quitter et où l'on aime revenir.

Promenade dans les rues de Rochefort-en-Terre.

LE PARC DE PRÉHISTOIRE DE BRETAGNE ★

Croix-Neuve
MALANSAC ✆ 02 97 43 34 17
www.prehistoire.com
Ouvert d'avril à octobre. Adulte : 15,50 €. Enfant (de 4 à 12 ans) : 10 €. Restauration. Boutique. Animations.

Le parc de la Préhistoire de Bretagne invite à découvrir préhistoire et dinosaures autrement. Elle est illustrée en scènes où figurent personnages et animaux, grandeur nature. La première partie montre le monde géologique ou animal avec les dinosaures : dimétrodon, stégosaure, tyrannosaure... La deuxième présente les animaux extraordinaires et surprenants qui ont existé entre l'homme et le dinosaure. Puis viennent les premiers habitants de la Bretagne.

PARC DU CHÂTEAU DE ROCHEFORT-EN-TERRE ★

14, rue du Château
✆ 02 97 26 56 00
www.rochefortenterre-tourisme.bzh
Seul le parc se visite librement tous les jours de 10h à 18h30. Visite guidée (avec l'office de tourisme).

Le château de Rochefort-en-Terre est propriété de la commune depuis 2013. En partie rénové, il offre de beaux points de vue et invite à la flânerie, quand il n'est pas aménagé pour des animations. On ne le visite pas, mais on se promène avec plaisir dans le parc. On découvre le puits, la chapelle fraîchement rénovée et la splendide vue des remparts. Le château actuel fut, au début du siècle, restauré avec goût par le peintre américain Alfred Klots.

LA PLACE DU PUITS

Place du Puits
Accès libre.

La Place du Puits est le cœur de Rochefort-en-Terre. C'est la carte postale de la petite cité de caractère ! Avec ses vieilles pierres, ses maisons à colombages, ses fleurs et bien sûr son puits, le charme opère. On s'y installe pour jouir de la vue et du passage, une glace ou une autre gourmandise à la main. On admire la maison à tourelle, datée du milieu du XVIe siècle, reconnaissable à sa gracieuse tourelle d'angle, décorée selon les codes du gothique flamboyant, et classée aux Monuments historiques depuis 1926. Bref, c'est le lieu où faire une photo !

TROPICAL PARC

Laugarel - **SAINT-JACUT-LES-PINS**
✆ 02 99 71 91 98
www.tropical-parc.com
Ouvert d'avril à octobre. Adulte : 16,50 €. Enfant : 11,50 €. Visite guidée. Restauration. Boutique. Animations.

Tropical Parc offre les plaisirs d'un dépaysement complet. Sous les tropiques – du Morbihan ! – découvrez une serre des orchidées, asiatique, des cactus, un musée des minéraux, un jardin du Jurassique, un jardin mexicain, un jardin thaïlandais, un jardin africain ou encore une maison musicale, le tout peuplé ça et là de nombreuses sculptures. De nombreux animaux y évoluent en semi-liberté permettant ainsi une proximité privilégiée. En 2019 se sont ajoutés un jardin chinois avec pagodes et bonzaïs, entre autres, ainsi qu'une volière dédiée au Brésil.

ROCHEFORT-EN-TERRE TOURISME

3, place des Halles
✆ 02 97 26 56 00
www.rochefortenterre-tourisme.bzh
Haute saison : ouvert tous les jours de 10h à 13h et de 14h à 18h30. Fermé en janvier et le 1er mai.

Outre les brochures (plan de visite du patrimoine, guide restauration-hébergement, agenda des festivités estivales) et les nombreuses documentations et autres dépliants gratuits, un espace boutique propose à la vente un panel de produits : un livre sur l'histoire de Rochefort-en-Terre, le livre et la carte des Plus Beaux Villages de France, la Médaille touristique de Rochefort-en-Terre frappée de la Monnaie de Paris (2013), mais aussi de nombreux produits locaux.

CAMPING AU GRÉ DES VENTS €

2, chemin du Bogeais ✆ 02 97 43 37 52
www.campingaugredesvents.com
Ouvert d'avril à septembre. Terrain de 2,4 ha. 85 emplacements. Aire pour camping-cars. Nuitée (2 pers + auto) dès 15 €.

Ce camping offre la nature, le soleil et un peu de vent, d'où son nom. Vous apprécierez les emplacements spacieux et l'environnement verdoyant. Il est l'endroit adéquat pour des vacances familiales en toute sérénité, à 5 min à pied de Rochefort-en-Terre et à 400 m de l'étang du Moulin-Neuf. Aire de jeux pour enfants, piscine couverte et chauffée, pataugeoire pour les plus petits, transats, city-park pour jouer au basket ou au football, mobiles-homes et tentes lodges, snacking, bar, barbecue sont quelques-uns des atouts du lieu.

DOMAINE DU MOULIN NEUF €€

Étang du Moulin-Neuf
✆ 02 90 73 46 27
www.domaine-moulin-neuf.com

Ouvert toute l'année. 50 cottages. Studio/appartement dès 49 € (2020). Animaux acceptés (5 €/jour). Restauration.

Cette résidence Terres de France se situe sur un magnifique espace de verdure, de bois et d'étang. Les 50 chalets de 4 à 6 personnes, avec cuisines intégrées, sont disséminés dans un espace privatisé, près des aménagements de loisirs installés pour le confort des résidents : piscine chauffée, barbecue, terrains de sport, bibliothèque, salle TV et espaces jeux durant la journée. L'ensemble a obtenu le label Écoresponsable de Qualité. Un restaurant bio et un café « plaisir » sont à disposition devant le lac, côté Rochefort-en-Terre.

GITE DE LA FERME DE BRESPAN €€

LIMERZEL
✆ 02 97 66 17 51
www.lafermedebrespan.fr

Gîte pour 12 avec piscine intérieure, sauna. Location du gîte : 1020 € la semaine ou 580 € pour 2 nuits hors saison.

Aménagé dans une longère rénovée en 2009, ce gîte propose une habitation tout confort avec 12 couchages répartis dans 5 chambres avec sanitaires privatifs chacune. Vous pourrez profiter des parties communes, de la cuisine tout équipée, et été comme hiver de la piscine intérieure chauffée, avec son eau à 28 °C, et son sauna. Le plus *Petit Futé* ? Une vraie démarche en faveur des personnes en situation de handicap, avec un espace parfaitement adapté à leur accueil.

FERME DU VAU GRENARD €€

Lieu-dit le Vaugrenard
SAINT-GRAVÉ
✆ 02 97 43 44 20
www.gite-vaugrenard.fr

Chambre simple 46 € ; chambre double 55 € ; chambre triple 72 €. Petit déjeuner inclus.

Dans cet ancien corps de ferme, niché dans la vallée de l'Arz, Silvaine, Alain et leurs nombreux animaux (chevaux, chèvres, ânes, moutons...) accueillent leurs hôtes dans quatre chambres joliment décorées, avec accès au jardin et à la salle commune. Là, il est possible d'utiliser le coin cuisine et de se détendre près de la cheminée. Possibilité de participer aux activités de la ferme en fonction de la saison : jardinage, cuisine au four à pain, soirées châtaignes... Dans les environs : Rochefort-en-Terre à 4 km et Redon à 20 km.

MOULIN DE TREVELO €€

Le Moulin de Trévelo
CADEN ✆ 02 97 45 30 84
www.lemoulindetrevelo.fr

Ouvert toute l'année. Chambre double à partir de 139 €. Petit déjeuner inclus. Petite restauration sur demande.

Dormir sur l'eau, ça vous tente ? C'est ce que propose, entre autres, le Moulin de Trévélo. Ses propriétaires ont mis en place deux « Chouettes Dames », des cabanes en bois sur l'eau, l'une pour deux personnes, l'autre pour quatre. Leur terrasse offre une vue à 360 degrés sur l'étang pour des moments paisibles de contemplation. Le moulin est aussi un gîte de charme que l'on peut louer à deux, en famille ou entre amis. Les séjours sont personnalisables avec de multiples options selon vos souhaits : cocon, romantisme, aventure, gourmandise... Ou tout à la fois !

GÎTE DE BOURG POMMIER €€

Bourg-Pommier
LIMERZEL
✆ 06 83 86 97 38

Ouvert toute l'année. Dès 35 € la semaine, pour 6 personnes maximum.

Ce charmant gîte à la ferme est tenu par Nathalie et Laurent. Votre hébergement ? Une ancienne grange, parfaitement rénovée, il va de soi ! L'établissement est référencé Rando Accueil et se situe à proximité immédiate du GR®37 (2 km). Vous pourrez donc randonner, à pied, à dos d'âne ou en carriole : il n'en faudra pas plus pour ravir les petits et les grands. Vous pourrez aussi visiter les environs sur les conseils de vos hôtes, ou simplement prendre le temps d'être à la campagne, de faire un barbecue (en été) ou de profiter d'un bon feu de cheminée.

DOMAINE DU KELENN €€€

Le Balo
CADEN ✆ 06 59 58 18 95
www.domainedukelenn.com

6 chambres. Chambre double à partir de 95 €. Demi-pension. Petit déjeuner inclus.

Cet établissement, plein de charme, invite à la rêverie, au romantisme et au repos. Anaïs et Nicolas accueillent leurs visiteurs dans leur longère bretonne de 1830, rénovée avec goût et attention. Côté détente, on citera les chambres douillettes, mais aussi la piscine chauffée et la bibliothèque, riche de nombreux ouvrages et de jeux de société. Côté gourmandise, les amateurs de petits déjeuners copieux seront aux anges. Un autre atout original du domaine est sa proposition de dégustation d'huitres dans les règles de l'art, avec vins dûment choisis par Anaïs.

LES ARDOISIÈRES €

4, place Saint-Michel
✆ 02 97 43 47 55
Ouvert toute l'année. Basse saison : du jeudi au lundi et les jours fériés le midi et le soir. Réservation impérative.

Les Ardoisières fait partie des restaurants prisés de Rochefort-en-Terre. Sa terrasse est toujours parmi les premières à être prises d'assaut, alors pensez à y réserver votre place ! En effet, on apprécie la petite terrasse sur le devant de l'établissement où il fait bon prendre un verre — le lieu fait bar —, déjeuner ou dîner. La carte est diversifiée, avec pizzas (à pâte fine) le soir, plats du jour (cuisine de tradition française, façon brasserie) et burger-frites. L'accueil est agréable, le service sympathique et avenant.

L'AUBERGE LIMERZELAISE €€

9, place de l'Église
LIMERZEL ✆ 02 97 66 20 59
www.aubergelimerzelaise.com
Ouvert toute l'année. aute saison : du mardi au samedi le midi et le soir ; le dimanche midi. Réservation recommandée.

Ce restaurant, labellisé «Restaurant du Terroir» et «Maître restaurateur», est tenu par la famille Letué qui mitonne des produits frais et cuisinés maison inspirés des traditions les plus gourmandes. Pour vos repas de famille, l'Auberge, également traiteur, met à votre disposition sa salle pouvant accueillir jusqu'à 80 personnes ainsi qu'un petit salon de 16 personnes et se déplace avec son équipe jusqu'à 40 km à la ronde. Enfin, si vous voulez perfectionner vos talents de cuisinier, sachez que la maison dispense des cours dans les cuisines de l'auberge.

LA PETITE BRETONNE €

8, rue Porte-Cadre
✆ 02 97 43 37 68
Ouvert toute l'année. Fermé le mercredi et le dimanche midi. Environ 15 € pour 1 galette + 1 crêpe spéciale.

Situé face à l'église, cet établissement est labélisé Crêperie gourmande pour la 3e fois. L'hiver, vous apprécierez la cheminée et l'été une petite terrasse vous tend les bras. Parmi les spécialités de la maison l'éponyme Petite Bretonne (andouillette, oignons mijotés au cidre) la Triskell (trio de galettes sur lit de salade) et nouveauté l'attrap/andouille (galette au fromage de Trappes des moines de Trimadeuc, pomme boulangère et andouille de Trappes) et pour finir l'Aumonière (pommes, glace vanille, crême de mûre maison, chantilly) bon appétit !

LE CAFÉ BRETON €€

8, rue du Porche
✆ 02 97 43 32 60
Ouvert toute l'année. Tous les jours de 9h à 21h. Crêperie et bar. Réservation recommandée. Terrasse.

Le Café Breton fait partie des « Crêperies gourmandes », label de terroir valorisant le savoir-faire breton. Venez prendre un verre, déjeuner ou dîner dans cette maison médiévale authentique, joliment rénovée. C'est l'un des plus vieux cafés de France, ouvert depuis 1818. Côté décor, on aime être dans un lieu chargé d'histoires et empreint de décennies de convivialité. Côté cuisine, on apprécie les galettes craquantes et généreusement garnies, et une grande variété de recettes, en salé et en sucré. Tentez l'insolite... vous ne serez pas déçu !

LE VOYAGE GAUFRÉ €

5, rue Candré
✆ 09 50 44 96 58
Ouvert toute l'année, fermé le jeudi. Formule : 12 €. Réservation recommandée. Terrasse. Vente à emporter.

Et si on changeait des crêpes ? Juste une fois (ou deux)... Mais sans perdre de vue l'âme bretonne, puisque l'on met du sarrasin dans la pâte à gaufres. Des gaufres, c'est ce que propose ce charmant restaurant et salon de thé, situé en contrebas d'une ruelle de Rochefort-en-Terre. On craque pour le lieu, avec son décor façon brocante, ses couleurs et sa jolie cheminée ; on craque pour les gaufres, sucrées et salées, faites sur place et cuisinées en mode « tour du monde gustatif ». Et tant qu'à craquer, on y vient pour le déjeuner, pour le goûter et pour le dîner !

CRÊPERIE LA TERRASSE €€

4, rue Saint-Michel
✆ 02 97 43 35 56
Haute saison : 7j/7, midi & soir. Réservation recommandée. 1 galette + 1 crêpe spéciales : 17 € environ. Terrasse.

La crêperie La Terrasse invite à une pause en surplomb, dans un havre de verdure. Une fois la porte franchie et la petite salle de restaurant traversée, le camaïeu de verts de la double terrasse, avec pergola, est un ravissement. Les galettes croustillantes dépassent largement de l'assiette, beurrées à souhait, mais sans excès, et garnies comme il faut pour savourer chaque bouchée. Les crêpes, entre chantilly, chocolat et caramel au beurre salé maison, satisferont petits et grands. La Terrasse est aussi un glacier (fourni par un artisan local) et un café.

L'ANCOLIE €€

12, rue Saint-Michel
© 02 97 43 33 09

Fermé en février et octobre. Haute saison : tous les jours le midi et le soir. Réservation recommandée. Terrasse.

Le chef Gérard Lutz vous accueille depuis le 20 juin 2008 dans cette belle maison du XVIe siècle à la décoration feutrée, chic et romantique. On s'y régale d'une cuisine actuelle et innovante, savoureuse et harmonieuse. Vous avez le choix entre le côté bistrot et le restaurant gastronomique, selon vos envies du jour ou votre budget. Cet établissement, pour son atmosphère sereine et son décor soigné, sera à privilégier en couple ou du moins entre adultes, plutôt qu'en famille. Il est en effet parfait pour une soirée romantique !

LA TOUR DU LION €€

10, rue du Porche © 02 97 43 36 94
la-tour-du-lion-guest-house-rochefort-en-terre.hotelmix.fr

Ouvert toute l'année. 7j/7, midi et soir. Réservation recommandée. Formule du midi dès 16 €. Jardin. Terrasse.

La Tour du Lion est le siège de l'un des plus anciens cafés d'Europe : plus de 200 ans d'activité ! Cette brasserie, installée dans une maison du XVIe siècle, propose une cuisine de saison traditionnelle élaborée à partir de produits frais et locaux. Gage de cet engagement : l'ardoise du jour change quotidiennement, en fonction des arrivages et de l'inspiration du chef. Deux terrasses vous permettent de vous restaurer en plein air : l'une attenante au Café breton, l'autre donnant sur un jardin. Bon plan : la Tour du Lion fait aussi chambre d'hôtes !

MARINS D'EAU D'OUST €€

L'île aux Pies - **SAINT-VINCENT-SUR-OUST**
© 02 99 91 37 21
http://restaurant-creperie-bretagne.com

Fermeture annuelle après les vacances de la Toussaint : ré-ouverture en mars. Fermé le lundi.

Située à 25 minutes de Rochefort-en-Terre, à la limite avec l'Ille-et-Vilaine, la Crêperie Marins d'eau d'Oust vous accueille en toute simplicité, aux beaux jours, sur sa belle et grande terrasse avec vue imprenable sur le canal et son environnement classé «site naturel», et par temps maussade auprès de sa cheminée. Au menu, des galettes et des crêpes, mais aussi des grillades, préparés pour vous à base de produits locaux. Des formules à petits prix sont proposées le midi en semaine. Vous apprécierez aussi le lieu l'après-midi, pour une bonne coupe de glace !

AUX TROIS COLONNES €€

9, rue Haute-Candré
© 02 97 49 47 19

Ouvert toute l'année. Fermé le lundi. Réservation recommandée. Terrasse.

Dans l'une des plus anciennes maisons du village, celle des sculptures de Rochefort et sa femme, se tient la crêperie Aux trois colonnes. Appréciée pour l'environnement autant que pour les saveurs, elle met à l'honneur les produits locaux et la qualité, avec notamment des pâtes bio, mais pas que ! Ici, on est accueilli avec le sourire et on cuisine galettes et crêpes avec amour. Le bon plan ? Pouvoir venir manger une crêpe ou une galette à toute heure ! On aime aussi sa terrasse, dans une ruelle de la cité, où il fait bon s'installer.

LE PÉLICAN €€

Place des Halles
© 02 97 43 38 48
www.hotel-pelican-rochefort.com

Ouvert toute l'année. Du mardi au samedi le midi et le soir ; le dimanche midi. Hôtel et restaurant.

Dans ce restaurant chaleureux, on pratique une cuisine raffinée et généreuse, aux accents du terroir. À la carte, on est sur des produits frais, préparés avec un grand soin et une belle inventivités, pour des assiettes esthétiques et gourmande. C'est une adresse incontournable à Rochefort-en-Terre où l'on se sent bien ! L'établissement fait aussi hôtel 2 étoiles (2 cheminées aux Logis de France) et dispose de 7 chambres tout confort, pour un séjour au cœur même de la Petite cité de caractère® et Village préféré des Français.

L'ART GOURMAND

2, rue des Scourtets
© 02 97 43 46 69
http://art-gourmand.e-monsite.com

Haute saison : ouvert tous les jours de 10h à 18h30. Fermeture le lundi hors vacances scolaires. Boutique et salon de thé.

L'Art gourmand, c'est un festival de saveurs d'autrefois dans une bâtisse qui, elle-même, vaut la visite. Installée dans un ancien relais de poste daté du XVIe siècle, la boutique propose de nombreuses gourmandises sucrées : nougat, biscuits, pâtes d'amande, pâtes de fruits, caramels, chocolats, glaces... Tout est de fabrication artisanale et locale. Envie de goûter sur place ? Prenez place dans l'espace salon de thé ou sur la terrasse (accessible par l'intérieur). On vous servira une belle coupe de glace ou, s'il fait plus frais, un délicieux chocolat chaud.

Rochefort-en-Terre.

LE CAFÉ DE LA PENTE

9, rue du Vieux-Bourg
✆ 02 97 43 40 11
www.lepotcommun.com/
Ouvert toute l'année. Du jeudi au dimanche de 18h à 1h. Wifi. Terrasse. Restauration. Animations. Concerts.

Le Café de la Pente est un lieu totalement atypique, une pépite de convivialité et un lieu de culture alternative foisonnante. Il accueille toutes sortes d'animations : concerts, rencontres-débats, expositions, soirées contes, lectures publiques, performances d'artistes... Tout ici est à la bonne franquette, dans un style rétro et guinguette qui fait tout son charme. C'est dans le petit jardin attenant que se donnent les concerts l'été : les fameux Jeudis de la pente. Voilà un lieu où l'on aime se retrouver entre amis et en famille !

PRALINES DE ROCHEFORT-EN-TERRE

5, place des Halles
✆ 06 08 61 58 88
www.atoutfruitsec.com
Ouvert tous les jours de 10h à 19h. Fermé en janvier. Livraison possible (vente en ligne sur le site Internet).

Les Pralines de Rochefort-en-Terre surprennent par la richesse de la boutique. Les pralines sont déclinées dans tous leurs états : cacahuètes, noisettes, amandes, noix de pécan, de cajou... et avec de nombreuses variantes. Et puis il y a aussi la fine praline, surprenante et addictive, avec graines de tournesol, de lin et de chia, au sel de Guérande ou au chocolat. On varie les plaisirs avec les fruits confits, les pâtes de fruits et les nougats tendres.

LE RUCHER FLEURI

7, rue du Porche
✆ 02 97 43 35 78
www.painsdepices.com
Haute saison : ouvert tous les jours. Livraison possible (boutique en ligne).

Le Rucher Fleuri, boutique de l'entreprise artisanale Famille Hameau, a fait du pain d'épices sa spécialité. Depuis plus de 30 ans, on fabrique et on vend ici des pains d'épices traditionnels ou originaux, mais toujours gourmands. Sélection rigoureuse des miels, juste dosage d'épices, produits frais : tout concourt pour des produits de grande qualité et aux saveurs généreuses ! Entre le pain d'épices traditionnel, celui aux noix, aux écorces d'orange, aux pépites de chocolat, lequel sera votre préféré ? La bonne nouvelle, c'est que vous pouvez goûter !

BALADES ET PATRIMOINE

30, résidence Les Prés Courys - **ALLAIRE**
✆ 07 61 12 26 61
www.unebouffeedeire.fr
Balades simples ou balades pique-nique, dès 8 €/adulte (dès 15 ans) et 5 €/enfant (8-14 ans). Privatisation possible.

Pascal Frémaux est guide et passionné par la Bretagne. Il propose des balades à pied toute l'année. Les circuits sont adaptés à tous : il s'agit bien plus de rencontres, de découvertes et de partage que de sport intense. La convivialité est donc de mise, tout autant que l'émerveillement face aux superbes paysages traversés et aux trésors du patrimoine devant lesquels une halte explicative s'impose. Le site web propose des balades, avec indication du niveau et de la distance, mais Pascal peut aussi prévoir un itinéraire sur mesure pour vous mais aussi pour les CE.

CANOË LILOPI APACH'BIHAN

Route de l'île aux pies - **SAINT-VINCENT-SUR-OUST**
✆ 02 99 91 21 15
www.canoe-lilopi.fr
Horaires & tarifs : voir site web. Dès 17 €/heure, 26 €/demi-journée, 32 €/journée le canoë 2 places.

Aviez-vous pensé à faire du canoë à 18 ? Et pourquoi pas ! Rassurez-vous, on vous propose aussi la location de canoës 2, 3, 6 et 10 places et de kayaks de mer, plus stables et plus faciles à manier pour les débutants. Vous pouvez louer votre matériel sur plusieurs jours et faire appel aux services d'un moniteur diplômé. L'accueil est toujours agréable et sympathique. Important : il est indispensable de savoir nager pour faire naviguer, et, pour votre sécurité, on vous demandera de porter chaussures, casquette, tee-shirt et gilet de flottaison.

MOULIN NEUF AVENTURE - BASE DE LOISIRS

Étang du Moulin Neuf ✆ 02 97 26 56 00
www.rochefortenterre-tourisme.bzh/base-loisirs-moulin-neuf
Vacances scolaires : tous les jours de 13h à 19h. Hors saison : voir web. Accès gratuit et tarifs selon les activités.

Autour d'un étang de 15 hectares, dans un écrin de verdure, le site propose des activités nautiques avec le bateau à pédales, le paddle, le kayak ou... la Water-bulle pour marcher sur l'eau ! Si vous préférez la terre ferme, louez un vélo, une rosalie ou un kart et prenez de la vitesse ! Envie de vous creuser les méninges : le géocaching et la course d'orientation, sortes de chasses au trésor actuelles, seront des activités parfaites ou encore un *escape game* !

PAYS DE BROCÉLIANDE

Brocéliande... Rien que le nom fait rêver... Brocéliande est une terre de légendes bien connue dans le monde entier. Ici, on marche dans les pas de l'enchanteur Merlin, d'Arthur de Bretagne, des fées Viviane et Morgane... On épie prudemment les korrigans, réputés farceurs, on tente d'apercevoir une fée, on s'inquiète de croiser la Dame blanche... Profitez de votre séjour pour découvrir le charme de Josselin et de son château somptueux à flanc de canal, l'univers pittoresque du Poète Ferrailleur, l'exposition de photos géantes de La Gacilly, petite cité de caractère au charme enchanteur... Amoureux de cyclotourisme, aventurez-vous à vélo le long du canal de Nantes à Brest, mais aussi sur les voies vertes. Curieux de légendes, ne manquez pas le Centre de l'Imaginaire Arthurien (au château de Comper, à Concoret), le Val sans Retour et l'Arbre d'or (accessibles depuis Tréhorenteuc), les menhirs de Monteneuf... Bonne balade !

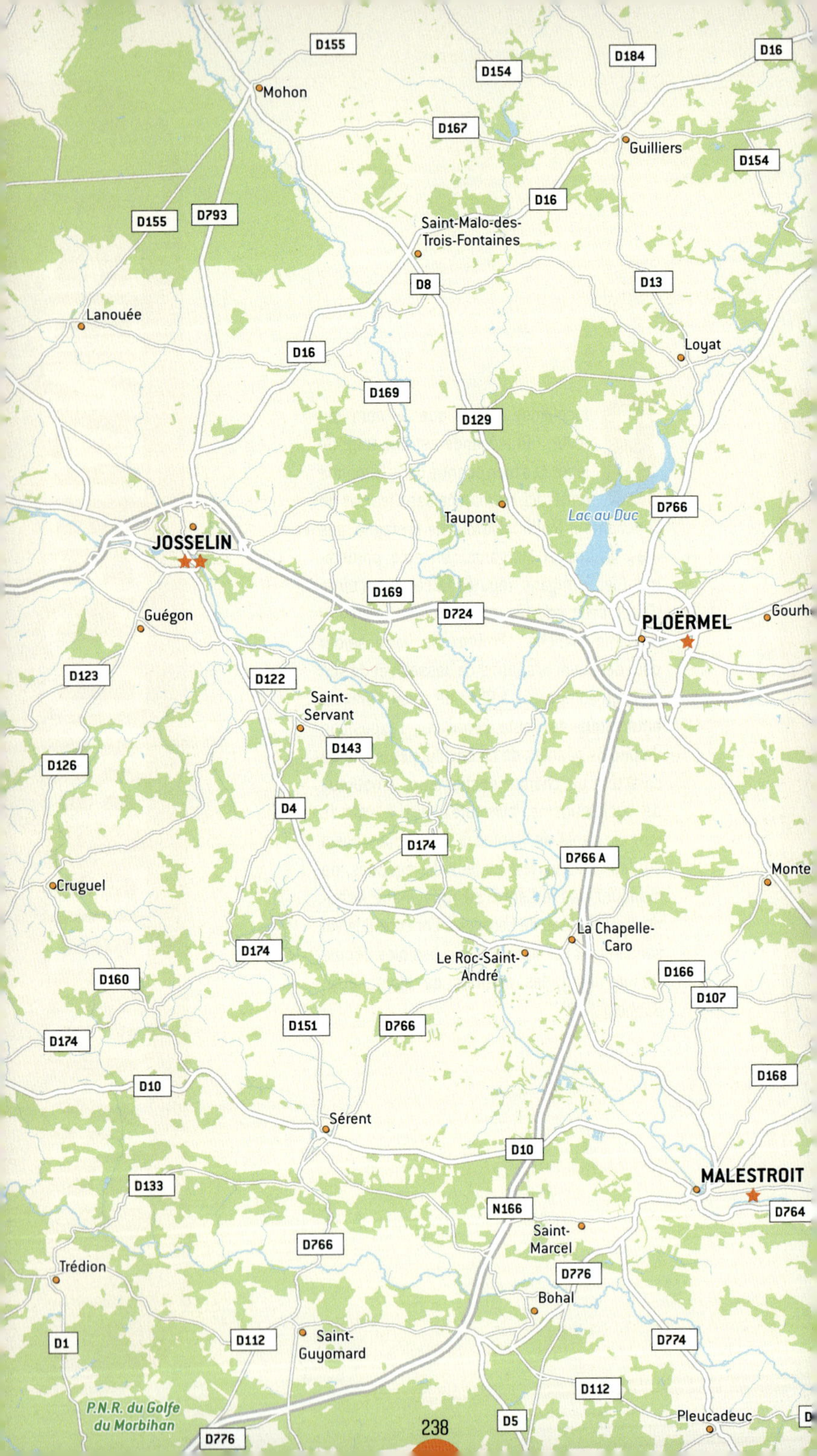
D155
D154
D184
D16
Mohon
D167
Guilliers
D154
D16
D155
D793
Saint-Malo-des-
Trois-Fontaines
D8
D13
Lanouée
Loyat
D16
D169
D129
Taupont
D766
Lac au Duc
JOSSELIN
D169
D724
PLOËRMEL
Guégon
D123
D122
Saint-
Servant
D143
D126
D4
D174
D766 A
Cruguel
La Chapelle-
Caro
D174
Le Roc-Saint-
André
D166
D160
D107
D151
D766
D174
D168
D10
Sérent
D10
MALESTROIT
D133
N166
D764
Saint-
Marcel
D766
D776
Trédion
Bohal
D1
D112
Saint-
Guyomard
D774
D112
P.N.R. du Golfe
du Morbihan
D5
Pleucadeuc
D776

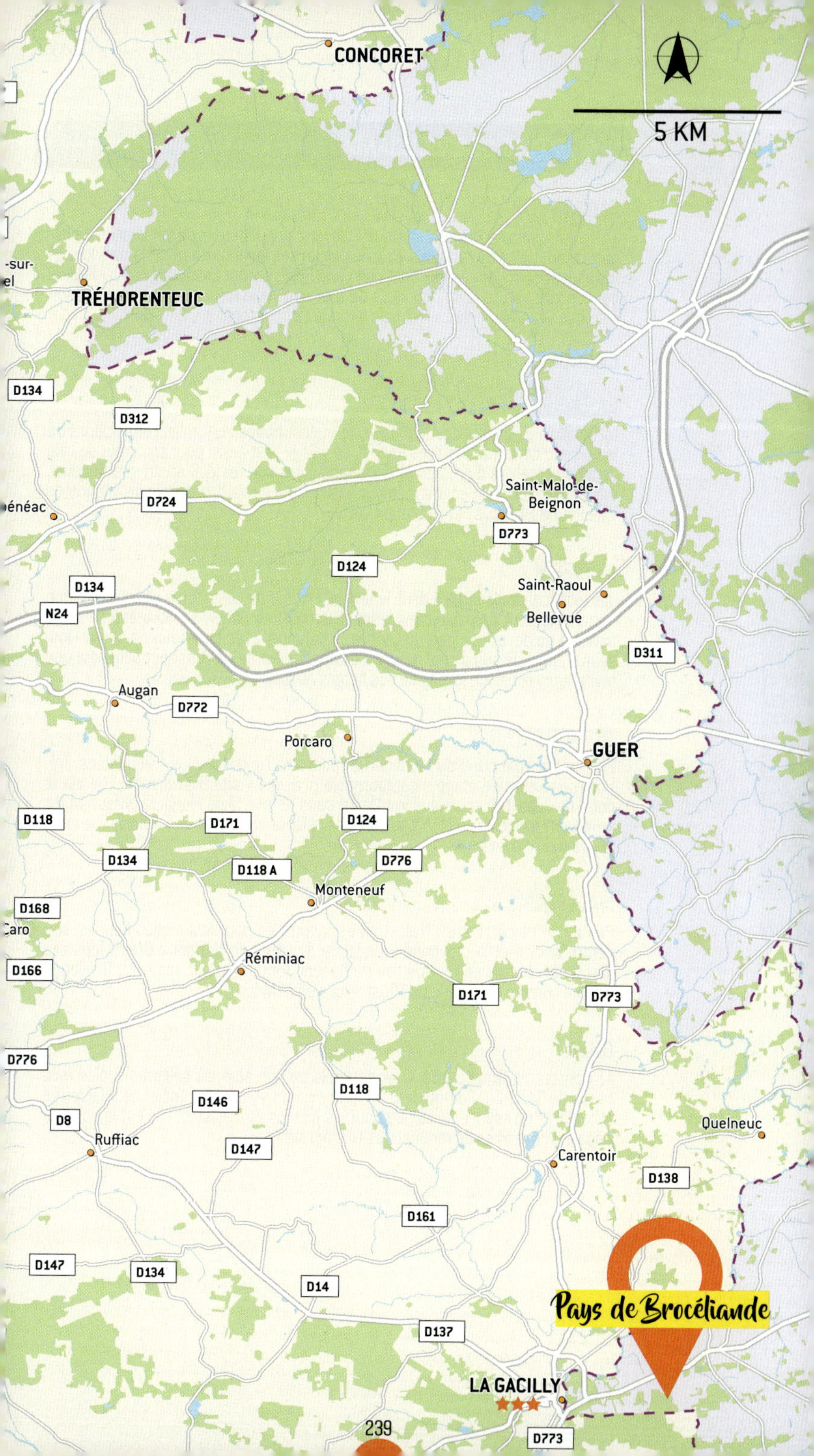
CONCORET
5 KM
-sur-
el
TRÉHORENTEUC
D134
D312
D724
énéac
Saint-Malo-de-
Beignon
D773
D124
Saint-Raoul
Bellevue
D134
N24
D311
Augan
D772
Porcaro
GUER
D118
D171
D124
D134
D118 A
D776
Monteneuf
D168
Caro
Réminiac
D166
D171
D773
D776
D118
D146
D8
Ruffiac
D147
Quelneuc
Carentoir
D138
D161
D147
D134
D14
Pays de Brocéliande
D137
LA GACILLY
239
D773

PAGES

PAYS DE BROCÉLIANDE

PLOËRMEL ★

Ploërmel se fait volontiers le point de départ de multiples explorations. Depuis sa voie verte, ancienne voie de chemin de fer désaffectée réhabilitée pour la randonnée, vous partirez à la découverte des hortensias de son circuit dédié, vous irez à la rencontre de la guivre – une sorte de dragon – noyée sous les eaux du lac au Duc… Brocéliande et ses légendes sont aussi toutes proches. Ploërmel est aussi une cité d'histoire. Lieu de villégiature favori des ducs de Bretagne, ville fortifiée dont il reste quelques vestiges, c'est aussi en son sein que Jean-Marie de La Mennais a fondé sa congrégation qui, ensuite, s'est déployée dans le monde entier.

Maison des Quatre Soldats à Ploërmel.

LE CIRCUIT DES HORTENSIAS ★★★

Lac au Duc ✆ 02 97 73 33 34
www.broceliande-vacances.com

Accès libre toute l'année. Meilleure période : de juillet à septembre. Accessible aux personnes à mobilité réduite.

Découvrez une plante étonnante – symbole de la Bretagne – aux formes variées et aux couleurs inattendues : l'hortensia et ses centaines de variétés ! Unique en Bretagne, le « Circuit des Hortensias » vous invite à la flânerie, mais aussi à la découverte botanique. Agréé par le Conservatoire des collections végétales spécialisées, il compte aujourd'hui plus de 5 500 *Hydrangea*, répartis en 750 variétés. Complétez cette visite avec la pépinière des Hortensias du Haut-Bois (Taupont).

HORLOGE ASTRONOMIQUE ★★★

1, boulevard Foch
✆ 02 97 74 06 67

Ouvert toute l'année. Tous les jours de 9h30 à 20h. Basse saison : tous les jours de 9h30 à 18h. Gratuit. Boutique.

L'horloge astronomique de Ploërmel est incontournable. Elle épate par sa précision et invite au voyage dans le temps, à en donner le vertige. Fabriquée par le Frère Bernardin entre 1850 et 1855 pour ses élèves, elle a intégré les Monuments Historiques en 1982. Une brève vidéo multilingue invite à comprendre ses rouages. Les frères à l'accueil de l'espace muséographique Jean-Marie de La Mennais, immédiatement à côté, se montrent volontiers disponibles pour quelques explications. Info futée : Pensez à visiter le musée des frères La Mennais et la chapelle.

LES HORTENSIAS DU HAUT-BOIS

18, rue des Hortensias - **TAUPONT**
✆ 02 97 93 55 12 - www.hortensias.fr

Ouvert toute l'année. Haute saison : lundi-samedi, 9h30-18h30. Gratuit. Vente d'hortensias. Salon de thé l'été. Gîte.

Aux portes de Brocéliande se niche un lieu unique en Europe. La pépinière des Hortensias du Haut-Bois cultive en pleine terre, sur 13 hectares, plus de 550 variétés d'hortensias. Lieu de vente de cette plante et fleur emblème de la Bretagne, le site est aussi un très agréable espace de promenade. Les propriétaires laissent un accès libre à leurs terres et, mieux que ça, ont balisé un parcours au milieu des hortensias et créé de magnifiques jardins d'agrément, offrant une vraie initiation botanique. La serre du XIXe siècle rénovée est aussi une merveille. Preuve, s'il en fallait, du caractère exceptionnel du site, celui-ci est agréé par le Conservatoire national des collections végétales spécialisées. La pépinière est typiquement le lieu dont on tombe amoureux…

Pause gourmande : Le salon de thé, ouvert en été, propose une étonnante et délicieuse infusion à l'hortensia, ainsi qu'une carte de thés floraux, boissons fraîches et gourmandises sucrées locales. Il dispose de tables à l'extérieur, bordées d'hortensias, et d'un espace intérieur, pour les jours de pluie.

Boutique : Vous aimez les hortensias ? Une boutique d'objets de déco inspirés par les hortensias jouxte le salon de thé. Vous y trouverez de la vaisselle anglaise, des accessoires pour le jardin, des livres pour petits et grands écrits dans la pépinière, des cartes postales…

Gîte : Un magnifique gîte, niché au milieu d'un jardin privatisé d'hortensias, offre un séjour familial coloré, confortable et plein de charme.

LES PETITS LOUPIOTS DU LAC

La Croix-Huguet
TAUPONT ✆ 06 36 89 92 11
www.lespetitsloupiotsdulac.com
Haute saison : 7j/7, 10h à 20h. Enfant (de 2 à 15 ans) : 8 €. Accompagnant adulte : gratuit.

L'établissement Les Petits Loupiots du Lac propose, sur 6 000 m², des structures gonflables : montagnes molles, toboggans, babyfoot géant, châteaux forts, piscine à balles et trampolines ! Les enfants sont obligatoirement accompagnés d'un adulte et apportent leur paire de chaussettes (obligatoire). Petite restauration gourmande et variée sur place

Entrez et sortez du parc toute la journée comme bon vous semble et profitez ainsi des abord du lac au Duc, de sa plage et du club nautique.

CAMPING DU LAC €

Les Belles Rives
TAUPONT ✆ 02 97 74 01 22
www.camping-du-lac-ploermel.com
115 emplacements. Emplacement + véhicule + 2 personnes : dès 13,10 €. Mobil-homes, chalets, camping-cars, caravanes.

Ce camping bénéficie du cadre exceptionnel du lac au Duc et d'hébergements classiques, mais agréables, comme ses chalets 4 et 5 places. Les services sont classiques et pratiques : épicerie (confiserie, boissons, jeux de plage, produits régionaux...), pains et croissants tous les matins, réfrigération accumulateur à glacière, laverie (lave-linge et sèche-linge), bar (boissons et petite restauration de pizzas, croque-monsieur...). Autour du site, les activités foisonnent : randonnée, golf, parc de jeux pour enfants, baignade surveillée, club nautique...

CAMPING MERLIN L'ENCHANTEUR €

8, rue du Pont - **LOYAT** ✆ 02 97 93 05 52
www.campingmerlin.com
143 emplacements. Emplacement + 2 personnes : 16 €. Mobil-homes (dès 265 € la semaine), aire pour camping-cars.

Le Camping Merlin l'Enchanteur vous accueille à l'orée de Brocéliande, en contrebas du joli village de Loyat. Situé en bordure de la voie verte et de l'Yvel, tout au bout du Lac au Duc, il offre un havre de paix aux amoureux de la nature. Lieu parfait pour des vacances simples et vertes, il est un bon point de départ pour découvrir les environs à vélo, pour s'adonner à la pêche ou pour s'émerveiller des légendes locales : celles de Merlin, Arthur et des chevaliers de la Table Ronde.

LA BELLE ÉPOQUE €€

15, rue du Val
✆ 06 07 10 03 76
Ouvert toute l'année. 2 chambres ou maison entière. Petit déjeuner inclus. Stationnement facile et gratuit à proximité.

Choisir La Belle époque, c'est s'offrir un voyage dans le temps. La décoration, très *vintage*, mêle brocante et atmosphère familiale. Meubles chinés et trouvailles Art déco sont agencées avec goût pour une ambiance romantique et unique. L'accueil de Barbara est chaleureux et tout est fait pour que vous vous sentiez bien et savouriez votre séjour. Le cœur de Ploërmel, ancienne cité des ducs de Bretagne riche d'histoire et de patrimoine, est tout proche, comme le lac au Duc avec ses nombreuses activités de tourisme vert, et Brocéliande.

LE COBH €€

10, rue des Forges
✆ 02 97 74 00 49
www.hotel-lecobh.com
12 chambres : double de 85 à 100 €. Petit déjeuner buffet : 11 € (en chambre 15 €). Parking fermé. Restaurant.

L'hôtel se compose de chambres très confortables, et comptent parmi ses atouts l'insonorisation, le wifi gratuit, la télévision par satellite et un accès sécurisé avec digicode. On aime son ambiance maison de famille, ses beaux fauteuils et ses tissus chaleureux. Pour vous détendre, un salon-bar, un salon de lecture, des jeux de société sont à votre disposition, ainsi qu'un restaurant gastronomique pour déjeuner et dîner. Pour les séjours en toute indépendance, une annexe, Ty Bihan, dans une jolie maison de ville, propose deux studios à louer à la nuitée.

LES COURTILS DE GABY €€

29, Boyac
✆ 06 79 42 16 80
www.chambresdhotes-ploermel.fr
Ouvert d'avril à octobre. 2 chambres + 1 roulotte. 70 €/nuit. Petit déjeuner inclus. Parking. Bain bouillonnant.

Les Courtils de Gaby sont parmi ces lieux inclassables. Danielle Gabriel, votre hôtesse, vous accueille dans une magnifique maison typique du pays de la pierre pourpre. Le lieu est plein de charme et de magie... Sans doute parce que Danielle est une artiste et qu'elle offre en partage ses sculptures de verre et lumière, mais aussi une grande bibliothèque où l'on piochera volontiers un livre à dévorer dans le jardin fleuri et arboré. Le lieu invite à la détente, dans la roulotte, dans la maison, dans le bain à remous (en été), mais aussi aux activités nature.

L'HERMINE DU LAC €€

33, La Châtaigneraie
TAUPONT ✆ 06 74 49 78 49
www.herminedulac.com

Ouvert toute l'année. Accueil jusqu'à 22h30. 3 chambres. Chambre double 70 €. Petit déjeuner inclus. Parking.

Corinne et Sébastien, vos hôtes, sont de grands amoureux du territoire. Leur projet de chambre d'hôtes, ils l'ont construit avec passion et conviction. Rénové de manière écoresponsable, avec le concours d'artisans locaux, le lieu allie confort moderne, authenticité et nature. Le petit déjeuner continental illustre parfaitement l'état d'esprit des hôtes : il est généreux, gourmand, local et bio ! La maison est située au bord du Lac au Duc et à 15 minutes de la forêt de Brocéliande. Les chambres bénéficient toutes d'une vue sur l'eau et sur les arbres centenaires.

MANOIR DESNACHEZ €€

7, rue du Domaine
TAUPONT ✆ 02 97 74 65 03
www.manoir-desnachez.com

Ouvert toute l'année. 5 chambres. Chambre double dès 67 € (petit-déjeuner inclus). Demi-pension : 34 €/personne.

Nichée au cœur de la Bretagne, entre la forêt de Brocéliande et la cité médiévale de Josselin, cette demeure de charme du XVe siècle vous accueille pour une halte bien-être et nature. Elle sera le point de départ parfait pour des balades à pied ou à vélo dans les paysages vallonnés de l'Oust à Brocéliande, le long de la voie verte ou du canal de Nantes à Brest. Vous apprécierez le parc du manoir – un écrin de verdure de 5 000 m^2 – ainsi que l'espace spa – avec bain bouillonnant et sauna – ou encore le copieux dîner servi sur réservation.

LA VALLÉE DU NINIAN €€

Le Rocher - **TAUPONT** ✆ 02 97 93 53 01
www.camping-ninian.fr

Ouvert avril-septembre. 83 emplacements. Emplacement + auto + 2 pers dès 13,50 €. Mobil-homes, cabanes, camping-cars.

La Vallée du Ninian comblera de bonheur les amoureux de la nature et les adeptes de vacances insolites. Dans un environnement très champêtre de prairies et de forêt, vous trouverez des emplacements idylliques quel ce soit votre mode de vacances : tente, caravane, aire pour camping-car, ou location de mobile-home, tente toile/bois. Ici, vous pourrez faire du pain ou du cidre artisanalement, profiter de veillées contées au coin du feu, découvrir le yoga-conte®, vous initier à l'escrime médiévale, faire valoir vos talents de musicien lors de feux de camp musicaux...

LE ROI ARTHUR €€€

1, rue de la fée Viviane
✆ 02 97 73 64 64
www.hotelroiarthur.com

Ouvert toute l'année. 46 chambres. Chambre double dès 188 €. Petit déjeuner inclus. Restaurant gastronomique. Spa. Golf.

Les prestations haut de gamme de cet établissement (chambres raffinées et de grand confort, piscine couverte et chauffée, espace bien-être...) en font un lieu privilégié. Plus encore, la cuisine gastronomique de son restaurant est une invitation au plaisir. Les loisirs ne manquent pas : parcours de golf, multiples activités nautiques sur le lac, initiation à la magie des hortensias grâce à un sentier dédié, espace bien-être de l'hôtel (sauna, hammam, modelages...). Voilà un lieu enchanteur... un havre de paix pour le corps et pour l'esprit !

TERRE DES SENS €€

1, rue des Forges
✆ 02 97 74 06 03
www.traiteur-terre-sens.fr

Ouvert du lundi au samedi midi. Réservation recommandée. Carte : 15 € environ (plat + dessert). Terrasse. À emporter.

Terre des Sens est une boutique traiteur, primeur et épicerie fine située au cœur de Ploërmel. Lieu agréable où l'on est toujours bien servi, l'établissement propose le midi des plats à déguster sur place ou à emporter. Au menu : les plats traiteurs faits maison, mais aussi de délicieux burgers originaux avec frites maison, des tartes, salades, soupes... et des desserts simples et savoureux. Les places sont limitées (une dizaine en intérieur et quelques tables en terrasse aux beaux jours), donc la réservation est vivement conseillée.

CRÊPERIE DU LAC €

21, Les Belles Rives
TAUPONT ✆ 02 97 74 16 60

Haute saison : ouvert 7j/7, midi et soir. Carte : 14 € environ (pour une galette et une crêpe spéciales).

Au bord du Lac au Duc, côté Taupont, la Crêperie du Lac bénéficie d'un emplacement idéal. La carte des galettes, salades, snacks, crêpes et glaces répond parfaitement à ce que l'on attend du lieu : de la simplicité, des saveurs généreuses et la possibilité aussi bien de grignoter que de faire un repas consistant. Parmi les galettes préférées des gourmands, on citera la Caro, avec son fromage de chèvre, ses pommes de terre et ses lardons. L'été sera aussi l'occasion de déguster des moules frites, les pieds (presque) dans l'eau douce !

LES ATELIERS GOURMANDS €€

7, rue Beaumanoir
✆ 02 97 72 10 76
http://lesateliersgourmands.fr

Ouvert toute l'année. Réservation recommandée. Carte : 15 € environ (pour une spécialité de galette + crêpe).

Située dans la maison des Marmousets, considérée comme la plus ancienne bâtisse de Ploërmel, cette crêperie tenue par Christelle et Patrick offre un décor chaleureux, pierres apparentes et pieds de tables de vieilles machines à coudre. Du côté des assiettes, tout est concocté avec des produits frais et cuisinés maison. À la carte, crêpes et galettes bien sûr, mais aussi de généreuses salades et délicieux gratins. Côté ingrédients, on est local : fromage de chèvre de Campénéac, légumes d'Augan, cidre de Merdrignac... Coup de cœur spécial pour les crumbles !

L'ESSENTIEL €€

75, rue de la Gare
✆ 02 97 73 47 02
www.restaurant-ploermel-essentiel.com

Fermé le lundi. Réservation recommandée. Menus : 14 € le midi, 28 € le soir.

L'Essentiel vous accueille dans une bâtisse authentique, à quelques pas du cœur de ville. Le lieu annonce l'ambiance culinaire : tradition et raffinement. Le chef, Gérald Ludec, propose une cuisine de marché fraîche et généreuse. Dégustez la terrine de lapin au romarin ou la crêpe parmentière au saumon fumé pour l'entrée. En plat, savourez une délicieuse bavette angus ou un filet de bar cuit au plat, avec céréales gourmandes et beurre blanc. En dessert, la traditionnelle crème brûlée maison au chocolat reste une valeur sûre testée et approuvée...

LE PÈRE GOLVEN €€

21, avenue du Porhoët
TAUPONT
✆ 02 97 93 52 82

Ouvert toute l'année. Réservation recommandée. Menus dès 11,40 € le midi (tarif 2020). Terrasse. Vente à emporter.

Ce sympathique bar-restaurant-pizzeria porte le nom du fondateur de la paroisse de Taupont, saint Golven. L'établissement est bien connu des habitants du coin pour sa cuisine traditionnelle et ses portions copieuses. La carte met tout le monde d'accord, surtout les groupes qui hésitent entre pizzeria et cuisine traditionnelle, façon brasserie. Pizzas et plats sont à emporter pour ceux qui logeraient dans le camping des rives du lac au Duc. À noter également : les jeudis à thème avec, selon les semaines, couscous, paella, cassoulet...

LE ROND DE SERVIETTE €€

11, place d'Armes ✆ 02 97 74 25 88

Ouvert le midi, du lundi au samedi. Réservation recommandée. Menu dès 12,50 € (tarif 2020). Terrasse.

Décoration très agréable, harmonieux mélange de contemporain et d'ancien, il y a fort à parier que vous serez sous le charme de la qualité des produits proposés. Les produits frais et bien travaillés composent une cuisine simple et savoureuse. Le restaurant propose uniquement des formules du jour. C'est donc une surprise savoureuse qui vous attend à chaque fois, avec deux propositions d'entrée, de plats (viande ou poisson) et plusieurs desserts. Nos tables préférées ? Celles tout au fond du restaurant, en tête à tête dans l'espace verrière !

LE BIRDY

1, rue de la fée Viviane
✆ 02 97 73 64 64
www.hotelroiarthur.com

Ouvert toute l'année. Horaires variables selon les saisons. Terrasse.

Le Birdy est le bar de l'hôtel-restaurant-spa Le Roi Arthur. Quasiment dans l'enceinte du golf, il est ouvert à tous, golfeurs ou non, clients de l'hôtel ou non. Faites-y une halte : vous serez séduit ! Si ce n'est par le panorama sur le golf, le lac et les hortensias, ce sera par l'ambiance cosy et élégante de la salle ou encore par la carte de cocktails (avec ou sans alcool) riche de saveurs. Une chose est sûre : une fois installé dans les fauteuils confortables à l'intérieur ou sur la terrasse, vous n'aurez plus aucune envie de quitter les lieux.

CAFÉ DE LA TOUR

1, place d'Armes
✆ 02 97 74 05 40
www.cafe-de-la-tour.fr

Ouvert toute l'année. Du lundi au samedi de 8h à 20h. Wifi gratuit. Terrasse. Restauration.

Au centre névralgique de Ploërmel, le Café de la Tour vous accueille dans une ambiance qui oscille entre le pub anglais et l'inspiration médiévale. Si la grande terrasse est agréable l'été, les meilleures places sont sans doute celles tout au fond, le long de la vieille bibliothèque de livres plus ou moins anciens, dans les canapés de cuir confortables. Indéniablement, le charme opère. Les amateurs dégusteront les bières et sodas de la Brasserie Lancelot. Le lieu étant aussi un bistrot, vous pourrez déguster plats du jour, pizzas, salades, burgers et galettes.

LE HANGAR PAR MORGANE

15 A, rue du Pardon
✆ 09 71 49 77 17
www.biscuiterie-le-hangar.com
Ouvert toute l'année. Du mardi au samedi de 9h à 18h. Espace salon de thé et restaurant. Terrasse. Boutique.

Bienvenue dans un lieu cosy et design, entièrement dédié à la gourmandise ! L'été, le Hangar par Morgan décline une carte de thés glacés, glaces artisanales et milk-shakes ultra généreux. L'hiver, ce sont les chocolats chauds très gourmands (avec éclats de marrons glacés, caramel, coulis de chocolat, chantilly...) ou les cafés revisités qui réchauffent les estomacs. Ils s'accompagnent, toute l'année, de pâtisseries maison et autres douceurs (macarons, entremets, biscuits artisanaux...), à découvrir au comptoir et au tableau.

LE LAC AU DUC

Lac au Duc
Ouvert toute l'année. Accès libre. Base nautique accessible côté Taupont. Café, crêperie, camping, jeux pour enfants.

Créé par la main de l'homme, le Lac au Duc baigne de ses rives trois communes, Loyat, Taupont et Ploërmel, et couvre 250 hectares. Établi sur le cours de l'Yvel, une vieille légende raconte qu'un dragon étouffé par saint Armel, saint patron de Ploërmel, gît à cet endroit désormais recouvert par les eaux. Il constitue un site privilégié pour la détente ainsi que pour les amateurs de sports nautiques, de golf, pêche, randonnées pédestres, rollers sur la voie verte, vélo et VTT... Les plus courageux feront la randonnée de 14 km, entre voie verte et rives ombragées.

ULM CLUB DE BROCÉLIANDE

Le Bas des Grées
LOYAT
✆ 06 22 42 50 88
www.ulm-broceliande.fr
Ouvert toute l'année. Baptêmes ULM en 20 ou 30 min. Sur réservation.

Pourquoi ne pas découvrir Brocéliande, le canal de Nantes à Brest, le pays vallonné de l'Oust, le château de Josselin ou le lac au Duc de Ploërmel vu du ciel ? C'est ce que propose l'ULM Club de Brocéliande, avec des baptêmes accessibles à tout âge. Plaisir des yeux ou des sensations : personne ne reste insensible au sentiment de liberté et de bien-être que le fait de survoler un paysage procure... Les baptêmes sont évidemment réalisés en toute sécurité avec un instructeur membre de l'école. Les vols de découverte durent 20 ou 30 minutes.

CONCORET

Concoret est l'une des portes de Brocéliande... Pays des fées et des sorciers, la commune est un haut-lieu de légendes. C'est à Concoret que vous visiterez le château où vit la Dame du Lac : le château de Comper. Il accueille Viviane, dissimule, en son étang, le palais de cristal de la fée, et reçoit chaque année de nombreux visiteurs, puisqu'il abrite le Centre de l'Imaginaire Arthurien. Ses expositions et spectacles en font un lieu de visite incontournable pour tous les amoureux de légendes. C'est aussi à Concoret que vous pourrez admirer le fameux Chêne à Guillotin et les Trois Roches de Tréban, et découvrir les histoires qui leur sont attachées.

CENTRE DE L'IMAGINAIRE ARTHURIEN

Château de Comper-en-Brocéliande
✆ 02 97 22 79 96
www.centre-arthurien-broceliande.com
Ouvert de mi-mars à fin octobre. Haute saison : tous les jours de 10h à 19h. Adulte : 7 €. Animations.

Le Centre de l'Imaginaire Arthurien se trouve dans le château de Comper depuis plus de 30 ans. Il est le lieu idéal pour découvrir Brocéliande et toute la richesse de la geste arthurienne. L'ancienne place forte est fondée au XIIIe siècle et on se promène dans les restes de son enceinte. Les salles constituent un espace consacré au vaste univers arthurien, avec un espace permanent et des expositions temporaires variant régulièrement. On apprécie également le parc du château (accessible en poussette), qui s'étend sur les rives du lac de Viviane : venez voir le célèbre chêne Merlin, cherchez dans le lac le palais de cristal bâti par Merlin l'Enchanteur, longez les rives et finissez par l'allée plantée d'ifs centenaires. Chaque année, c'est un programme foisonnant d'animations qui est mis en place. Parmi les rendez-vous incontournables, on citera la Pentecôte du roi Arthur, les Rencontres de l'Imaginaire, le marché médiéval ou le Grand spectacle au mois d'août. L'actualité du Centre de l'Imaginaire Arthurien, très riche, est à découvrir sur son site web ou sur sa page Facebook.

Hors saison : en automne et en hiver, quand le château est fermé, le Centre de l'Imaginaire Arthurien prend ses quartiers à la Petite Maison des Légendes, dans le bourg, tout proche, de Concoret. Le lieu est une librairie spécialisée sur les mythes arthuriens et les contes traditionnels. Il offre régulièrement des animations, comme un petit salon du livre de Noël ou des soirées contes et légendes.

CHÊNE À GUILLOTIN

Le Vaubossard

Ouvert toute l'année. Gratuit.

Le chêne à Guillotin est l'un des arbres remarquables de la belle Brocéliande. Ce chêne pédonculé a vu défiler quelque 800 à 1 000 ans d'histoire et a connu les sombres périodes des combats entre chouans et républicains. C'est de là que lui vient son nom. En effet, l'abbé Guillotin aurait trouvé refuge dans l'anfractuosité de son tronc (toujours visible, mais désormais inaccessible) pour échapper à la poursuite de ses assaillants. Il aurait alors prié très fort la Vierge Marie de le protéger. Celle-ci se serait matérialisée sous la forme d'une araignée et aurait tissé une toile. Les révolutionnaires la voyant en auraient déduit que personne ne pouvait se trouver à l'intérieur et l'abbé leur échappa. Plusieurs légendes sur ce fait et d'autres se croisent et s'entremêlent : une autre dit qu'Eon de l'Étoile, sorte de Robin des Bois breton, y aurait caché des barriques d'or. À vous de trouver celle qui vous parle le plus !

Si vous aimez randonner, sachez qu'un circuit PR® vous fait passer devant ce chêne multicentenaire, mais aussi longer le château du Rox, découvrir la fontaine de Barenton (où Merlin a vu Viviane pour la première fois), les lieux où vivait Eon de l'Étoile et arpenter les sous-bois et bocages de Brocéliande. La randonnée s'intitule « Au pays des fées » et commence au parking du village de Folle-Pensée, en Paimpont (Ille-et-Vilaine). Elle fait 11 km pour un parcours que l'on boucle tranquillement en trois heures. L'itinéraire est téléchargeable gratuitement sur le site broceliande-vacances.com.

LA PETITE MAISON DES LÉGENDES

Place du Pâtis-Vert

✆ 02 97 22 79 96

www.centre-arthurien-broceliande.com

Ouvert seulement de novembre à février, quand le château de Comper est fermé.

La Petite Maison des Légendes vous accueille au cœur de Concoret, l'hiver. Librairie spécialisée sur l'univers arthurien, toutes les légendes de Brocéliande et les contes du monde entier, elle propose aussi des expositions et animations. Pendant les vacances scolaires ont lieu des ateliers, contes, dédicaces d'auteurs et d'illustrateurs... Le site web et la page Facebook du Centre de l'Imaginaire Arthurien permettent de consulter l'agenda de ces événements.

LA GACILLY ★★★

La Gacilly est à la fois destination verte et destination culturelle. Amoureux de nature, arpentez les abords de l'Aff à vélo ou directement sur l'eau. C'est une nature foisonnante qui s'offre ici à vous ! Surtout, prenez le temps d'explorer le bourg… Les ruelles de cette jolie cité vous invitent, au gré des saisons, à moult découvertes : l'art de la ferronnerie, du verre, du bois, du cuir… ; un voyage hors les frontières ou au cœur de la nature selon les thématiques des photos grand format exposées le long des murs ou dans le labyrinthe végétal ; une visite gourmande grâce aux artisans du goût et aux talents des restaurateurs locaux…

CAFÉ CRÊPERIE AU NOMBRE D'OR €€

10, rue Abbé-Flohye

MAURON

✆ 02 97 22 63 53

Ouvert toute l'année. Carte : 15 € environ (pour une galette et une crêpe spéciales). Terrasse.

Café depuis de longues années, l'établissement Au Nombre d'Or s'est fait café-crêperie. Au menu, des galettes préparées avec des farines Blé Noir Tradition Bretagne : la Paimpont est garnie de chèvre, miel et noix, la Huelgoat d'andouille de Guémené et de confit d'oignons. Les desserts se composent au fil des rivières : l'Oust avec un chocolat maison, une glace vanille et de la chantilly, l'Aff avec une glace noix de coco, de la banane, du chocolat et de la chantilly.

LA FERME DU MONDE ★

Le Bois Brassu

CARENTOIR ✆ 02 99 93 70 70

www.lafermedumonde.com

Ouvert d'avril à octobre. Haute saison : 7j/7, 10h-19h. 9,50 €/adulte, 6 €/enfant ou tarif réduit. Petite restauration.

Ici, 400 animaux d'élevage des 5 continents vivent en semi-liberté sur 25 ha de prairies boisées : yacks, zébus, chameaux, grands lamas, Watussi, Vaches des Highlands, Chevaux Paint d'Australie... L'aménagement des allées et de la basse-cour permet d'observer les 90 espèces présentées. Le circuit de 1 km en pédal'kart (dès 5 ans) ou le petit train sont des façons ludiques de découvrir le parc. Vous profiterez aussi des jeux pour enfants et adultes, expositions, festivités régulières, aire de pique-nique...Tout a été pensé pour de bons moments en famille !

JARDIN BOTANIQUE YVES ROCHER ★★

5, La Croix-des-Archers
✆ 02 99 08 37 36
www.jardinbotanique-yvesrocher.fr
Entrée libre et gratuite. Visite conseillée de juin à octobre. Programmation en ligne sur www.maisonyvesrocher.com.

Partez à la découverte du jardin botanique riche de plus de 1 500 espèces végétales pour y apprendre les usages étonnants de ces plantes : l'alimentation, la parfumerie, la cosmétique, la teinture, la médecine... et parcourez des espaces remarquables tels que la bambouseraie, l'arboretum ou encore la collection d'armoises. Côté animations, le programme varie chaque année, mais conserve toujours ses visites guidées pour un voyage ethnobotanique sensoriel étonnant.

MAISON YVES ROCHER - MUSÉE IMMERSIF ★★

Le Bout du Pont
✆ 02 99 08 37 36
www.maisonyvesrocher.fr
Ouvert toute l'année. 7.50 € / adulte. Informations sur les animations et ateliers sur le web.

Yves Rocher vous fait entrer dans son univers à travers une grande scénographie. En 45 minutes, vous découvrirez comment une aventure lancée dans un grenier en 1959 est devenue une marque internationale. La mise en scène propose une expérience sensorielle originale : décors, projections sonores et visuelles, jeux de lumières, matières et parfums... La visite plaira aux petits comme aux grands. Des animations musicales et culturelles sont régulièrement organisées.

PARCOURS DES ATELIERS ★★★

Centre-bourg
Ouvert toute l'année. Boutiques en accès libre.

La Gacilly est estampillée Cité des Métiers d'Art. Le centre-bourg, fleuri et charmant, réunit une vingtaine de boutiques d'artisans d'art et d'artistes. Promenez-vous dans les ruelles pavées et laissez-vous happer par le chatoiement des couleurs des ateliers : ici, c'est le verre que l'on travaille en le soufflant, là, ce sont des vitraux que l'on crée... Découvrez un artisan créateur de girouettes, une sellerie d'art, une savonnerie artisanale, des galeries de peinture et de sculpture, des créateurs de bijoux, de vêtements, de luminaires en feuille de bois...

ÉCHAPPÉE FLUVIALE

1, rue de l'Aff
✆ 06 68 17 66 71
https://echappee-fluviale.com/
Ouvert d'avril à fin octobre. Juillet et août : 7j/7, 10h-19h. Bateau dès 35 €/heure, dès 180 €/journée.

Et si vous voguiez sur les eaux calmes de l'Aff ? En bateau électrique de 5 ou 7 places, en famille, en amoureux ou entre amis, explorez les berges de La Gacilly, du marais de Glénac ou les abords de l'île aux Pies depuis l'eau. Nul besoin de permis pour vous offrir cette escapade à la rencontre des libellules ou des martins-pêcheurs... Prenez le temps et observez... La nature est, dans ce petit coin du Morbihan, de toute beauté. La location peut se faire à l'heure, à la demi-journée ou à la journée, et suivre des balades suggérées, plus ou moins longues.

La Gacilly.

HOLLAND BIKES

14, avenue des Archers
✆ 07 69 72 50 39
locations.hollandbikes.com/ville/location-de-velos-electriques-a-gacilly/
Ouvert tous les jours de juin à septembre et les jours fériés de 9h30 à 12h30 et de 14h à 18h.

Il est désormais possible de louer un vélo électrique à La Gacilly ! En période estivale, Holland Bikes met à disposition des vacanciers des vélos simples et cargos pour arpenter les villages environnants accueillant, eux aussi, des expositions de photos en plein air. Roulez, tête au vent, le long du canal de Nantes à Brest, foncez à la découverte du Jardin botanique d'Yves Rocher, découvrez la Forêt-Noire et le marais de Glénac. Selon votre envie, vous pourrez choisir entre 3 parcours fléchés (16, 20 et 30 km) ou pédaler (assisté) où bon vous semblera !

LE CLOS DU TAY - GÎTE BLÉ NOIR €

Le Tay
✆ 06 65 55 36 58
www.closdutay.com
Pour 5 personnes (3 chambres). De 260 € à 470 € la semaine selon saison. Chambres d'hôtes 2 personnes dès 62 € la nuit.

Posez vos bagages dans l'un des trois gîtes – « Blé Noir », la métairie de schiste rouge, « Palis », la maison à ossature bois et « Ardoisine », le logement labellisé Tourisme et Handicap – et reposez-vous... Ou bien partez à la rencontre de vos hôtes, très accueillants, et de leurs compagnons : des animaux de la ferme ou de compagnie qui seront ravis de vos caresses. Côté table d'hôtes, savourez des produits du terroir et bio, agrémentés de touches florales.

EUROP HÔTEL €€

15, place Yves-Rocher
✆ 02 99 08 11 15
www.hotel-lagacilly.com
16 chambres. Chambre double à partir de 58 €. Petit déjeuner buffet : 8 €.

Cet hôtel familial au cadre convivial et chaleureux, qui fait partie des Logis de France, est idéalement situé en plein cœur de La Gacilly. Le lieu est simple et apprécié comme tel par les visiteurs qui y font étape, pour profiter quelques jours du charme du village et découvrir sa célèbre exposition de photos. D'un bon rapport qualité-prix, agréable et sympathique, il est une adresse pratique et calme. Les plus ? Le petit déjeuner généreux et complet, proposé en buffet, et la situation qui permet un accès immédiat au centre-ville.

LA GRÉE DES LANDES €€€

Cournon ✆ 02 99 08 50 50
www.lagreedeslandes.com
Ouvert toute l'année. Accueil 24h/24. Chambre double dès 120 € (2020). Parking inclus. Forfaits spa. Restaurant.

Au cœur d'un écrin de verdure, ce complexe hôtelier 4 étoiles, unique en son genre car inspiré de la nature, est un éco-hôtel spa Yves Rocher. Il bénéficie de 29 chambres de plain-pied avec terrasse privative, confortables et personnalisées, esthétiques et écologiques propices au calme et à la sérénité.

Les hôtes de la Grée des Landes ont accès aux espaces piscines de l'espace bien-être, au bassin de relaxation, et au hammam du spa. Le restaurant gastronomique Les Jardins Sauvages, dans l'enceinte de l'hôtel, offre une ambiance zen et chaleureuse.

LA MAUVAISE GRAINE €

16, rue Lafayette ✆ 02 99 08 57 83
Ouvert toute l'année. Haute saison : 7j/7, midi et soir. Carte : 15 € environ (1 galette + 1 crêpe spéciales). Terrasse.

La Mauvaise graine est... une bonne trouvaille ! Les touristes comme les locaux l'ont d'ailleurs plébiscitée. Cette crêperie située au cœur du bourg décline une riche carte de galettes et crêpes, complétée de quelques salades et de coupes glacées. Vous choisirez votre galette parmi les classiques complètes (traditionnelles ou améliorées), les inspirations d'antan et les aventurières... L'Épinette mêle andouille de Guémené, fromage de chèvre et compotée de tomates pour des saveurs salées. Côté sucré, osez la galette de blé noir sucrée au miel !

AU BOUT DU PONT €€

7, place de la Ferronerie
✆ 02 99 08 12 42
Ouvert toute l'année, du mercredi au samedi. Réservation recommandée. Menus 2020 de 13 € (midi) à 32 €. Terrasse.

Violaine et Sylvain, intronisés « Maître restaurateur » depuis 2013, vous régaleront dans leur établissement situé en bordure du centre touristique. Les menus sympathiques conviennent parfaitement aux ventres affamés et gourmets. Il est particulièrement apprécié pour ses viandes d'une tendreté exceptionnelle et ses beaux plateaux de fruits de mer, à déguster en terrasse. Le soir, c'est une carte réduite qui est proposée. Le petit futé a apprécié la terrasse sur jardin à l'arrière du restaurant, plus calme que celle donnant sur la route, plutôt passante.

LE COIN DES ARTISTES €€

3, place de l'Église
✆ 02 99 93 21 82
www.restaurantlecoindesartistes.eatbu.com

Ouvert toute l'année. Réservation recommandée. Formule du midi : 13,90 € (2020). Carte : 24 € environ (plat + dessert).

Ce restaurant, situé un peu à l'écart des zones les plus fréquentées, offre une cuisine traditionnelle travaillée avec des produits locaux et une délicieuse pointe d'originalité. Le chef propose des plats lumineux et copieux évoluant au fil des saisons et des menus du jour. Préférez, si vous réservez, la salle du rez-de-chaussée, plus agréable que celle du sous-sol. En novembre 2018, le restaurant a gagné le prestigieux concours de la ville : celui de la meilleure soupe, lors de la traditionnelle fête qui lui est dédiée chaque année, à la fin du mois de novembre.

LE VÉGÉTARIUM €€

Moulin de La Gacilly
✆ 02 99 08 37 37
www.maisonyvesrocher.fr

Ouvert toute l'année. 7j/7 d'avril à septembre. Réservation recommandée. Carte : 22,50 € environ (plat et dessert).

Situé dans l'enceinte de la Maison Yves Rocher, le Végétarium propose une carte simple. Côté saveurs, on s'oriente vers la fraîcheur et l'originalité : citons, à la carte de l'automne 2020, le couscous végétalien ou le médaillon de courge spaghetti farcie à l'effiloché de porc braisé, ou encore le fondant au chocolat et crème de marrons. Dans une atmosphère lumineuse et naturelle, au jardin d'hiver ou sur la terrasse, vous serez séduit par les formules et l'ambiance. Le Végétarium décline quelques plats «sur le pouce» et à petits prix, pour les plus pressés.

LES ENFANTS GAT'THÉS €€

24, rue Lafayette
✆ 02 99 08 23 01
www.lesenfantsgatthes.fr

Ouvert toute l'année, du mardi au dimanche midi. Réservation obligatoire. Menus dès 22 € (2019-2020). Terrasse.

Entrer aux Enfants Gat'thés, c'est venir se ressourcer dans une atmosphère de cour d'école ! Les menus et la carte sont bio, faits maison, composés à base de produits locaux (dans le respect des saisons). Qui plus est, les restaurateurs sont engagés pour proposer une cuisine plus saine, haute en couleur, et particulièrement originale, avec des fleurs comestibles ou des légumes anciens sublimés. Ici une passiflore rehausse une assiette de foie gras sur lit de pain d'épices maison, là c'est un houmous de courgette qui étonne agréablement vos papilles...

LES JARDINS SAUVAGES €€€

Les Tablettes
✆ 02 99 08 50 50
www.lagreedeslandes.com

Ouvert toute l'année. 7j/7. Réservation impérative. Menu dès 42 €. Formule du midi dès 30 €. Jardin. Terrasse. Boutique.

Ce restaurant gastronomique bio vous invite à découvrir, au rythme des saisons, des saveurs inoubliables mises en valeur par un jeune chef qui conjugue avec brio produits locaux de qualité en accord avec une démarche locavore et en faveur de la biodiversité. Le potager est attenant, avec ses fruits, ses légumes et ses herbes aromatiques. L'ambiance zen et chaleureuse du bar *lounge* vous permettra sur la terrasse en bois l'été, ou au coin de la cheminée l'hiver, de prendre un verre en admirant des nombreuses œuvres d'art installées sur le site...

LE MOUCHOIR DE POCHE €€

7, rue Lafayette ✆ 02 99 08 50 63

Ouvert toute l'année. Du mardi au dimanche en haute saison. Réservation recommandée. Carte : 15 € environ.

Aux nombreux inconditionnels des galettes et des crêpes, cette adresse est celle qu'il vous faut ! Labellisé Crêperie Gourmande depuis 2008, vite pris d'assaut aux beaux jours, l'établissement de Brigitte et Jean est digne de sa renommée : ici, vous ne trouverez que des produits de qualité, frais et du terroir remarquablement cuisinés par la maison. Le Mouchoir de poche propose également des salades, des omelettes et des viandes. Le *Petit Futé* apprécie beaucoup la belle terrasse couverte en été et le feu de cheminée en hiver.

CHOCO & CO

2, place du Général-de-Gaulle
✆ 02 23 10 47 34

Ouvert toute l'année, du mardi au samedi + dimanche matin.

La Chocolaterie offre mille gourmandises cacaotées, dont une vaut particulièrement que l'on franchisse les portes de sa boutique. Il s'agit du « menhir », nommé aussi « la Roche piquée ». Recette unique, par définition seulement disponible dans la boutique, elle est un chocolat croustillant au praliné de sarrasin avec une touche de coquelicot. Le résultat est un bonheur pour les papilles ! À cette spécialité, qui à elle seule a rendu fou le *Petit Futé*, s'ajoutent, au gré des inspirations de la cheffe chocolatière, des nouveautés saisonnières.

MAISON PIERRE MOREL

4, rue Saint-Vincent
✆ 02 99 70 33 49
www.maison-pierre-morel.com
Ouvert du mardi au vendredi de 10h30 à 12h30 et de 15h à 19h ; le week-end de 10h à 12h30 et de 14h30 à 18h30.

Pierre Morel est créateur de macarons. Installé à son compte depuis 2012, ce spécialiste de la pâtisserie fine propose, dans une échoppe tout en couleur, de subtiles gourmandises. Dans la fraîcheur de sa boutique se déclinent des macarons aux saveurs tantôt classiques, tantôt originales, et assurément d'une grande finesse. Bretagne oblige, le caramel au beurre salé a sa place dans une recette où il est roi et dans une autre où il partage la vedette avec le chocolat. Vous pourrez aussi déguster (à emporter) des glaces artisanales ou des gaufres, selon la saison.

LA GRÉE DES LANDES

Cournon
✆ 02 99 08 50 50
www.lagreedeslandes.com
Ouvert tous les jours. Coffrets et bons cadeaux possibles. Soins visages et modelages corps à partir de 52 €.

Bienvenue dans l'espace spa d'Yves Rocher. Cet espace consacré au bien-être, à la détente et à la beauté est labellisé depuis 2012 « Spa de France », pour la qualité de ses prestations et services. Pendant un soin, une demi-journée ou un séjour, adoptez la slow attitude et laissez-vous chouchouter. Relaxez-vous dans le bain à débordement ou dans le hammam traditionnel, au cœur d'une nature verdoyante. Offrez-vous, dans une cabine insolite installée dans un arbre, un rituel beauté, une séance de réflexologie, un modelage... Vous ne toucherez plus terre !

THÉÂTRE ÉQUESTRE DE BRETAGNE

Chemin de la Ville-Beau
✆ 06 09 25 42 50
www.equusarte.com
Spectacles en juillet et août. Possibilité d'intervention pour les groupes. Entrée : 10 €. Enfant : 5 €.

Le Théâtre Équestre de Bretagne est un lieu artistique unique... Chaque année, il met en scène un spectacle inédit avec sa troupe équestre Equus Arte. Les différents arts, dont le théâtre et la musique, se marient pour des soirées fantastiques. Sous la houlette de Patrice Massé, le directeur du site, les chevaux, avec leurs cavaliers, s'expriment avec grâce... La magie opère, les émotions se libèrent... Qui danse ? Le cheval ou la danseuse à ses côtés ?

JOSSELIN ★★

Josselin, cité millénaire, a défié le temps. Elle est de ces petites villes au charme immédiatement palpable dans lesquelles on aime flâner. Selon les rues par lesquelles vous atteindrez son cœur, à pied, à vélo ou en voiture – préférez les déplacements doux, la ville s'apprécie et s'arpente bien mieux ainsi ! –, vous découvrirez d'abord l'architecture traditionnelle du faubourg médiéval avec ses maisons à pans de bois, sa basilique, ses boutiques d'artisans et les terrasses accueillantes de ses restaurants et cafés ; ou alors c'est la vue sur le château somptueux, en contrebas duquel s'étire le canal de Nantes à Brest, qui vous vous émerveillera.

BASILIQUE NOTRE-DAME-DU-RONCIER ★★

Place Notre-Dame
Accès libre de Pâques à la Toussaint.

La Basilique Notre-Dame-du Roncier est un des plus beaux exemples de gothique flamboyant de Bretagne. La basilique accueille le pèlerinage de Notre-Dame-du-Roncier et possède certains éléments d'architecture uniques en Bretagne, tels les chapiteaux sculptés, restes d'un édifice du XIIIe siècle. Les vitraux sont très illustrés, et l'on peut y reconnaître des membres de la famille de Rohan. Bon plan Petit Futé : montez en haut du clocher et profitez d'une vue panoramique somptueuse !

LE CANAL DE NANTES À BREST ★★★

✆ 02 97 22 36 43
www.broceliande-vacances.com/a-decouvrir/nature-evasion/canal-de-nantes-a-brest
Accès libre et gratuit. Accessibilité PMR. Piste piétonne et cyclable partagée. Location de bateaux.

Jadis importante voie de commerce fluvial, le Canal de Nantes à Brest n'occupe plus cette fonction aujourd'hui, mais est devenu un joyau du tourisme vert en Bretagne. Les péniches de villégiature ont remplacé celles de marchandises. Que vous optiez pour une randonnée, à pied, en vélo ou avec une poussette, sur ses chemins de halage, pour une paisible navigation ou que vous préfériez pêcher, vous savourerez sur ses rives des vacances hors du temps !

CHÂTEAU DE JOSSELIN ★★★

Place de la Congrégation
✆ 02 97 22 36 45
www.chateaudejosselin.fr
Avril à novembre. Voir horaires sur site. Adulte : 9,70 €. Enfant : 5,90 € (2019-2020) Visite guidée. Animations.

L'histoire du château de Josselin remonte au début du XIe siècle. À découvrir à l'intérieur : la salle à manger, dans laquelle vous admirerez une cheminée monumentale et une statue équestre d'Olivier de Clisson ; l'antichambre où sont présentés un certain nombre de portraits de famille ; le grand salon meublé avec des éléments du XVIIIe siècle ; ainsi que la bibliothèque qui comprend pas moins de 3 000 ouvrages qui datent du XVIIe siècle au début du XXe siècle. Après la visite guidée, vous pourrez profiter du parc du château le temps d'une balade.

CIRCUIT AU FIL DE L'EAU

✆ 02 97 22 36 43
Accessible toute l'année. Parfait pour les familles.

Le Circuit Au fil de l'eau invite à un parcours ludique et sonore en Josselin. Il débute au pied du château, au niveau du quai fluvial, et invite à découvrir le conservatoire des rhododendrons, l'horloge à eau installée pour le millénaire de la ville, le lavoir et sa légende des Aboyeuses, le Bois d'Amour, la fontaine Notre-Dame-du-Roncier... Vous vous familiariserez aussi avec la faune et la flore grâce aux installations dédiées. Les multiples animations, tactiles et sonores, raviront les enfants comme les adultes. Comptez 1h30 de douce et instructive flânerie.

ÉCOMUSÉE DES VIEUX MÉTIERS

Bobhuet
LIZIO ✆ 02 97 74 93 01
www.ecomuseelizio.com
Haute saison : ouvert tous les jours de 10h à 12h et de 14h à 19h. Adulte : 7 €. Enfant (de 5 à 12 ans) : 5,50 €.

Un univers à la Prévert à découvrir en famille... Vous découvrirez la vie à la ferme et le travail des artisans à travers la reconstitution de plus de 60 métiers ; vous replongerez dans la nostalgie des anciens marchands (épicerie, mercerie, modiste, coiffeur, boucher) ; vous admirerez des objets et des jouets insolites... L'écomusée de Lizio vous offre un très beau moment de loisirs, mais aussi de nostalgie et de redécouverte, en visite guidée (1h30) ou libre.

L'INSECTARIUM ★

12, rue du Stade
LIZIO ✆ 02 97 74 94 31
www.insectariumdelizio.fr
Haute saison : 7j/7, 10h-19h. Dernières entrées 1h30 avant la fermeture. 9€/adulte, 7€/enfant. Gratuit -4ans.

L'Insectarium se distingue en différents espaces aménagés pour vous faire découvrir le monde aérien et souterrain des insectes. Une salle du mimétisme, pédagogique, dans laquelle beaucoup d'espèces sont exposées dans leur milieu naturel reconstitué, la salle des fourmis et des abeilles, la salle à inversion des échelles dans laquelle vous prendrez la place de l'insecte… Le jardin avec sa mare aux insectes, son potager et la volières aux papillons (ouverte du 15 juin au 15 septembre) est très agréable. Après cette visite, vous verrez les insectes autrement !

Josselin.

L'UNIVERS DU POÈTE FERRAILLEUR

La Ville-Stéphant - **LIZIO** © 02 97 74 97 94
www.poeteferrailleur.com
À Lizio. Avril-novembre. Adulte : 7,50 €. Enfant (de 4 à 18 ans) : 6,50 € (tarifs 2019-2020). Restauration, boutique.

Robert Coudray, enfant du pays et génie de la fantaisie, vous fait entrer dans un monde hors du commun façonné depuis 30 années. La visite offre deux heures dans un monde magique, insolite et turbulent inventé avec un fabuleux mélange de techniques et d'ingéniosité, d'humour, de poésie, de sensibilité et d'intériorité. Vous découvrirez près d'une centaine de sculptures animées, automates... Un café, un restaurant et une boutique-librairie, dans le même esprit, complètent la visite.

CAMPING DOMAINE DE KERELLY €€

Bas de la Lande - **GUÉGON** © 02 97 22 22 20
camping-josselin.com
Accueil vélo. Ouvert de mai à octobre inclus. Accueil 9h-12h et 14h-20h. 55 emplacements. Tarifs et infos sur le site.

Dans la partie nord du Morbihan, tout près de la forêt de Brocéliande et du lac au Duc que borde le canal de Nantes à Brest et non loin de Josselin, vous trouverez ce camping 3 étoiles à taille humaine et bien équipé. Que vous soyez en voiture, à pied ou à vélo, vous serez parfaitement accueilli dans cet établissement, au calme et dans une région qui recèle de trésors patrimoniaux, au cœur de la Bretagne. Emplacements pour tentes et villages locatifs de mobil-homes vous attendent.

HÔTEL-RESTAURANT DU CHÂTEAU €€

1, rue Général-de-Gaulle
© 02 97 22 20 11
www.hotel-chateau.com
35 chambres. Chambre double de 83 à 88 €. Petit déjeuner buffet 11 €. Garage 9,50 €.

Cet établissement récemment rénové (2019) est admirablement situé face au château, de l'autre côté du canal. L'hôtel dispose de belles chambres décorées avec simplicité et fraîcheur. Pour vous détendre, un bar de style pub anglais et une agréable terrasse sont à votre disposition. Le restaurant propose une carte aux notes de tradition et de terroir. La vue de la salle, sur le château, est exceptionnelle (réservez une table avec vue) et le rapport qualité-prix très bon.

AUX LITS DU CANAL €€

2, rue du Halage © 06 36 11 76 12
www.auxlitsducanal.fr
Chambres pour 2 à 4 personnes, de 80 € (2 pers) à 150 € (4 pers) la nuitée.

Cette chambre d'hôtes de charme a pris place près du lit du canal de Nantes à Brest d'où, entre autres, son nom. Située dans Josselin, le long du chemin de halage et à quelques pas du cœur historique, elle offre un cadre agréable où se ressourcer. Le petit futé a craqué pour son petit-déjeuner copieux, qui met d'attaque pour une journée de vélo-promenade, les lits tellement confortables qu'ils vous inviteront à la grasse matinée, ou encore la décoration qui fait espérer une journée de pluie pour rester bouquiner dans la maison, vue sur l'eau, en contrebas...

TI WAR AN DOUR €€

Base de loisirs du Rouvray - **GUÉGON**
© 07 64 09 12 06
www.tiwarandour.bzh
Ouvert à l'année. Jeux enfants. Wifi. Location vélos électriques, bateaux et sports nautiques (en saison).

Ti War an Dour (« maison sur l'eau », en breton) est un projet né d'un rêve de vie sur l'eau, réalisé par Eddy, un entrepreneur très accueillant ! Ici, tout est intimiste (25 m²). Les gîtes disposent d'une chambre parentale avec un grand lit, d'une chambre mitoyenne équipée de deux lits superposés, d'une salle de douche et de toilettes séparées. Les cuisines sont tout équipées (lave-vaisselle, plaques vitro...). La vue depuis la terrasse (avec salon de jardin) sur l'environnement fluvial est imprenable ! L'établissement est référencé Clef Verte.

À MA FAÇON €€

3, rue des Korrigans
REGUINY
© 09 51 77 74 36
www.restaurant-amafacon.com
Ouvert du mardi au jeudi le midi ; le vendredi et le samedi le midi et le soir.

À Ma Façon est un restaurant de cuisine traditionnelle française revisitée. Le concept : pas de carte, mais une ardoise. Il ne vous reste qu'à choisir parmi 3 entrées, 3 plats, du fromage et 4 desserts. La cuisine est ainsi sans cesse renouvelée avec des produits locaux et de saison : panna cotta de fenouil au saumon, tartelette de canard au spéculoos, cuisse de canard confite au vin rouge et galette de pomme de terre, cake au brie, coquille Saint-Jacques à la bretonne... Ça en jette dans l'assiette... Le plus : un grand espace de jeux pour les enfants.

CRÊPERIE DES TRENTE €€

4, rue du Château ✆ 02 97 22 33 69

Haute saison : ouvert 7j/7, midi et soir. Salon de thé l'après-midi. Carte : 15 € environ (1 galette + 1 crêpe).

Sise à quelques pas du château, la Crêperie des Trente offre une table conviviale et familiale dans un environnement authentique. Galettes, salades et gratins composent la carte salée ; crêpes et coupes glacées la carte sucrée. L'après-midi, la crêperie se fait salon de thé et glacier, pour les pauses gourmandes en famille. Les amateurs de saveurs salées apprécieront les spécialités de galettes où la charcuterie a une belle place. Le Petit Futé donne un double point bonus à cet établissement : pour l'accueil et pour le très bon rapport qualité-prix !

HÔTEL-RESTAURANT DU CHÂTEAU €€

1, rue Général-de-Gaulle ✆ 02 97 22 20 11

www.hotel-chateau.com

Ouvert toute l'année. Réservation recommandée. Formule du midi : 17,50 € (tarifs 2019-20). Terrasse. Vue sur château.

Face au château des Ducs de Rohan et le long du canal de Nantes à Brest, le restaurant de l'hôtel du Château est une adresse classique et traditionnelle de la Petite Cité de caractère®. Établissement très apprécié des Anglais (carte bilingue et référencement Brittany Ferries), il jouit d'un indéniable charme à la française, dans une ambiance un brin rétro, mais surtout très authentique. Les menus du midi, renouvelés quotidiennement, sont d'un très bon rapport qualité-prix.

LA MARINE €€

8, rue du Canal

✆ 02 97 22 21 98

www.lamarinejosselin.com

Ouvert toute l'année. Réservation recommandée. Carte : 18 € environ (pour 1 galette + 1 crêpe spéciales). Terrasse.

Située sur les bords du canal de Nantes à Brest avec, depuis sa terrasse, une vue splendide sur le château de Josselin, cette crêperie est une pépite. Membre de « Blé noir tradition Bretagne », elle exprime son amour de la région à travers une carte originale où chaque galette ou crêpe promeut, à sa manière, le terroir breton. On revisite la gastronomie locale avec un tiramisu breton, un far perdu au caramel au beurre salé ou des profiteroles à la manière armoricaine, avec glace au sablé breton et caramel au beurre salé (oui, encore, mais qui s'en lasserait ?).

LA TABLE D'O €€

9, rue Glatinier

✆ 02 97 70 61 39

latabledo.eatbu.com

Ouvert toute l'année. Du mardi au samedi le midi et le soir. Réservation impérative. 30 € pour entrée, plat et dessert.

C'est LA bonne adresse de Josselin et celle qui met tout le monde d'accord. On vous dira qu'elle est idéale pour un dîner en amoureux ou pour épater la famille de passage... Et c'est vrai ! Cette table gastronomique mérite d'être encensée pour les prix doux, l'accueil souriant et les assiettes particulièrement bien présentées et au moins aussi savoureuses. Vous dégusterez une cuisine traditionnelle réinventée, pour un voyage gustatif heureux dans le beau terroir breton, avec, en bonus, une jolie vue sur le canal de Nantes à Brest.

TI WAR AN DOUR

Quai fluvial

✆ 07 64 09 12 06

www.gite-flottant.fr

Haute saison : 7j/7, 11h-18h. Basse saison : vendredi-dimanche, 14h-18h. Dès 24 € les 30 min (bateau 5 places).

Venez découvrir Josselin et ses environs depuis le Canal de Nantes à Brest ! Au départ de la base nautique de Josselin, au pied du château, prenez l'un des bateaux électriques et laissez-vous aller au calme, admirez la nature et la beauté des paysages bretons ! Nul besoin d'un permis, la location de ces bateaux est accessible à tous. Vous avez le choix entre 2 modèles : « Ace » pour 5 personnes (3 adultes et 2 enfants) et le « Scoop » pour 7 personnes (4 adultes et 3 enfants). Alors mettez votre casquette de capitaine et larguez les amarres !

L'AUBERGE DU DRAGON ROUGE

Le Val-Joint

LIZIO

✆ 02 97 22 87 14

escapegame-bretagne.fr

Ouvert d'avril à octobre. 3 salles. Ouverture possible pour groupes, séminaires... Réservation en ligne indispensable.

L'*espace game* de Lizio était le premier à naître dans le Morbihan. Ce lieu atypique est situé en plein milieu de la forêt, dans une vallée encaissée, hors du temps...Vous choisirez entre *trois escape games* : l'Auberge du dragon rouge, le Hall de Ragnar et nouveauté 2020, « Le Logis de Perceval ». Le premier se déroule dans l'univers des créatures mystérieuses de la forêt bretonne, le second s'inspire de la mythologie scandinave, le troisième puise son inspiration de la quête du Graal.

TRÉHORENTEUC

Plus petite commune du Morbihan et pourtant l'une des plus fréquentées, Tréhorenteuc est une étape incontournable pour tous ceux souhaitant visiter Brocéliande. Elle abrite la célèbre « chapelle du Graal » pensée et réalisée sous l'égide de l'abbé Gillard, figure locale. Elle est aussi le point de départ d'excursions vers le Val sans Retour, là où Morgane enfermait les amoureux infidèles, le Miroir aux fées, le célèbre Arbre d'Or de François Davin ou le jardin aux Moines. De Tréhorenteuc, vous pourrez rejoindre Concoret et son château de Comper, autre haut lieu de Brocéliande, en passant devant le château du Rox et le chêne à Guillotin.

AUX AJONCS D'OR €€

Place de l'Église - **NÉANT-SUR-YVEL**
✆ 02 97 93 03 88
broceliande.ajoncs-dor.com

Ouvert toute l'année. Menus de 24 à 36 €. Formule du midi : 13 €. Hôtel : nuitée de 38 à 45 €, petit-déjeuner 9 €.

Voilà trois générations que la famille Louapre tient ce restaurant du bourg de Néant. Guylaine et Philippe vous y accueillent pour une halte très terroir, à budget tout à fait maîtrisé. La cuisine est familiale et traditionnelle, à l'image de ces quelques suggestions : terrine de campagne, escargots, navarin d'agneau, dos de sandre... Selon la saison, on pourra aussi vous proposer des gibiers. La mer est aussi à l'honneur avec des huîtres de Crach ou des cassolettes de fruits de mer. L'établissement fait hôtel (5 chambres) avec possibilité de soirée étape.

L'ÉGLISE DU GRAAL

Place de l'abbé Gillard

Ouvert toute l'année. Tous les jours. Gratuit. Visites guidées régulières (renseignements à l'office de tourisme).

Si vous visitez Brocéliande, une halte dans l'église du Graal s'impose. En visite simple ou guidée, vous découvrirez une symbolique immensément riche. De l'inscription «La porte est en dedans» à l'entrée, à celle du nombre d'or, de la présence du cerf en mosaïque à celle des chevaliers de la Table Ronde autour du Graal, de l'histoire de sainte Onenne à celle, sulfureuse en son temps, d'une trop séduisante représentation féminine dans le chemin de croix, l'église regorge de secrets. Prenez le temps d'observer : rien n'a été laissé au hasard...

BROCÉLIANDE CAFÉ

4, rue de Brocéliande
✆ 02 97 93 27 93

Ouvert toute l'année. Haute saison : 7j/7, 10h-19h. Hors saison : fermé le mercredi. Terrasse. Restauration. Animations.

Ce bar-salon de thé met à l'honneur les producteurs locaux avec une sélection privilégiant le «fait en Bretagne»... et au plus près de Brocéliande : le cidre et les jus de pomme locaux, les thés et les cafés bretons... Le *Petit Futé* a adoré les cookies maison, généreux à souhait, à se damner, et les rochers aux amandes, parmi les gâteaux maison que prépare avec amour Anne, la gérante du lieu. Les randonneurs apprécieront la petite restauration sur place avec sandwichs et paninis le midi en été, confectionnés avec le bon pain frais d'une boulangerie locale.

CRÊPERIE LE MIROIR AUX FÉES €

19, rue du Pâtis
✆ 02 97 73 80 92

Ouvert en haute saison seulement. Réservation conseillée. Environ 15 € pour une galette + une crêpe spéciales. Terrasse.

La Crêperie du Miroir aux Fées a fait peau neuve en 2019... et sa mue est une belle réussite. Par beau temps, vous apprécierez la terrasse dans son écrin de verdure à moins que vous ne privilégiez la fraîcheur de la longère traditionnelle... Quant aux galettes : c'est simple, efficace et bon ! Composez votre galette ou crêpe avec les ingrédients de votre choix ou allez vers une suggestion du jour. L'établissement propose également de délicieuses glaces artisanales.

CHEVAL BROCÉLIANDE

Le Terrier
✆ 02 97 93 01 05
www.chevalbroceliande.fr

Ouvert toute l'année. À partir de 32 € la balade de 2h (tarifs 2019-2020).

Cheval Brocéliande est un centre équestre différent. Ici, on parle équitation bienveillante, approche comportementale du cheval et convivialité. Vous êtes invité à venir découvrir et à approcher les chevaux comme vous le souhaitez : en balade sur leur dos ou simplement à côté d'eux, pour nouer une autre relation. Ici, on monte sans mors, pour un rapport doux et sans violence à l'animal. Le club propose des balades accompagnées en forêt de Brocéliande, pour 1h ou plus, en randonnée pique-nique ou, plus insolite, des balades nocturnes au cœur des légendes...

MALESTROIT ★

Petite cité de caractère®, Malestroit est appréciée pour ses ruelles fleuries, son centre ancien et la proximité immédiate du canal de Nantes à Brest. Malestroit vous invite à être curieux et observateur, car sur les façades de ses maisons anciennes, à colombages et sculptées, cohabitent des personnages loufoques et improbables. Les maisons autour de la place du Bouffay, ainsi que l'église Saint-Gilles, s'ornent de créatures inattendues : une truie qui file, un lièvre jouant du biniou, un pélican... De ces personnages aux lapins crétins, il n'y a qu'un pas... Leurs fans pourront s'amuser à découvrir la cité en suivant leurs traces et leurs jeux.

PLACE DU BOUFFAY

Place du Bouffay

Place en accès libre. Parking à proximité.

La place du Bouffay est le centre névralgique de Malestroit. C'est ici et dans ses très proches environs que se concentrent les commerces, bars et restaurants de la cité. Depuis la terrasse de l'un d'eux, vous observerez la riche architecture des bâtisses qui vous entourent. Entre les habitations bourgeoises, les maisons à pans de bois, les façades sculptées et la magnifique église Saint-Gilles, vous ne saurez plus où donner de la tête... Un détail en amenant un autre, vous vous prendrez au jeu de débusquer les sculptures les plus étonnantes !

MUSÉE DE LA RÉSISTANCE BRETONNE ★

Les Hardys Béhelec - **SAINT-MARCEL**

✆ 02 97 75 16 90

www.resistance-bretonne.com

Réouverture fin juin 2021. Voir tarifs et horaires d'ouverture sur le site web.

Saint-Marcel est l'un des hauts lieux de la Résistance française. C'est aux abords de cette petite commune du Morbihan intérieur que s'est constitué, au printemps 1944, un maquis mobilisateur sans équivalent où plusieurs milliers de jeunes résistants bretons ont été armés et entraînés en vue de reprendre la lutte pour la libération de notre territoire. C'est là qu'eut lieu le 18 juin 1944 un des tout premiers combats livrés par des combattants français contre l'occupant allemand après le débarquement allié en Normandie. Victoire des âmes plus que des armes, la bataille de Saint-Marcel restera à jamais comme le symbole de l'union sacrée entre les parachutistes SAS de la France Libre largués quelques jours plus tôt pour armer la Résistance et harceler l'ennemi et les jeunes maquisards soutenus et ravitaillés par les habitants du territoire qui subiront de terribles représailles. Situé sur les lieux même des combats dans un vaste parc boisé, le musée de la Résistance bretonne vous invite à découvrir, sur 1 000 m² d'exposition, la vie quotidienne des Bretons sous l'Occupation et leur engagement dans l'armée des Ombres jusqu'aux combats de la Libération. Une visite historique et pédagogique pour toute la famille, qui sensibilise chacun au devoir de mémoire...

2021 marque une belle étape pour ce musée qui a fait peau neuve et s'est modernisé. Après deux années de travaux, il devrait accueillir à nouveau du public dès le 18 juin 2021, date hautement symbolique de son inauguration.

DOMAINE DU ROC €

Rue Beaurivage - **VAL D'OUST** ✆ 02 97 74 91 07

www.domaine-du-roc.com

Ouvert d'avril à novembre. Terrain de 2 ha. 66 emplacements. Emplacements simples, chalets, mobil-homes, camping-cars.

Avez-vous déjà souhaité vous replonger dans les années 1930 à 1960 ? Ou dormir dans une cabane dans les bois ? Ici, vous pouvez bien sûr louer un emplacement, un mobil-home, un chalet et un campétoile ; mais aussi des caravanes anciennes, des cabanes perchées dans les arbres, ou encore des « Baricanes », sortes de gros cylindres de bois. Des balades sont à faire sur un chemin de hallage le long du canal de Nantes à Brest. Vous pouvez également faire un saut dans la piscine. Des balançoires, toboggan et trampoline sont mis à la disposition des enfants.

DOMAINE DE KERVALLON €€

Le Val Saving - **CARO** ✆ 06 76 68 83 67

www.domaine-de-kervallon.com

40 emplacements. Ouvert d'avril à oct. Hébergements traditionnels et insolites : roulottes, gîtes trappeurs, cottage...

Vous rêvez d'un séjour placé sous les signes de la nature et de l'insolite ? Alors le Domaine de Kervallon est fait pour vous... Niché en plein cœur de la nature dans un beau parc paysager, le domaine offre diverses possibilités d'hébergements originales et confortables : chalets, yourtes au mobilier typique et roulottes chaleureuses et romantiques... Mieux que du camping, c'est du «glamping» ! Il offre de belles structures et de nombreux services : parc aquatique avec piscines chauffées dont une couverte, aire de jeux pour enfants, espace bien-être, restaurant...

CRÊPERIE LA GAVOTTE €

24, La Ville Nayl
VAL D'OUST © 02 97 74 81 19
www.creperie-la-gavotte.fr

Ouvert du juin à septembre. Haute saison : 7j/7, midi et soir. Menus de 9,60 € à 14,80 €. Terrasse. Jeux pour enfants.

Située en pleine campagne, sur les rives du canal de Nantes à Brest, cette crêperie est ouverte seulement en saison... et il faut la connaître pour la trouver, car on ne tombe pas dessus par hasard ! Parfaite pour un déjeuner en famille, elle propose une carte à tout petit prix. Le lieu fait dans la simplicité, et c'est très bien comme ça ! On aime l'environnement verdoyant et la vue sur l'eau. Pourquoi pas, après votre repas, rejoindre le chemin de halage sur l'autre rive et aller découvrir, par exemple, l'écluse de Blond ?

LA GALETTE RIEUSE €

2, rue Jacques-Bonsergent
MISSIRIAC
© 02 97 75 10 60

Ouvert toute l'année. Du mercredi au dimanche le midi et le soir. Spécialité de galette : dès 9 €. Terrasse.

Anne et Nicolas, maîtres des lieux, jouent la carte de la qualité et de la simplicité. Ils vous accueillent dans une atmosphère familiale. Choisissez votre composition selon les spécialités de galettes, ou alors, suggestion qui fait toujours son effet : on compose sa galette selon vos envies créatives. Côté crêpes, là encore, le choix est roi ! Le test ultime dans une crêperie ? Une simple beurre sucre. Chez la Galette rieuse, elle était réussie à la perfection. Crêpe parfaitement cuite, beurre salé fondant justement dosé et sucre qui pétille sous la dent.

LA GRANGE À LOUISE €€

4, rue aux Anglais
© 02 97 72 21 74
http://lagrangealouise.onlc.fr

Ouvert toute l'année. Réservation recommandée. Carte : 14 € environ (pour une galette et une crêpe spéciales). Terrasse.

La Grange à Louise vous réserve un accueil on ne peut plus charmant ! Ici, le *Petit Futé* aime tout : de la décoration zen et chaleureuse avec ses pierres apparentes au très joli jardin avec terrasse, en passant par les expositions d'artistes locaux... Et bien sûr les spécialités de la maison, galettes et crêpes, sont délicieuses. On craque aussi pour les coupes généreuses de glaces artisanales... Multi-facettes, la crêperie est également un salon de thé, une épicerie fine et une boutique cadeaux. On se sent, dans cet établissement familial, comme chez soi !

LE PETIT KÉRIQUEL €€

1, place de l'Eglise
VAL D'OUST © 02 97 74 82 44
www.lepetitkeriquel.com

Ouvert toute l'année, 7j/7, midi et soir. Restaurant et hôtel. Réservation impérative. Menus de 15,90 (midi) à 36,90 €.

Le Petit Kériquel est un lieu bien connu par les gourmets des environs. Côté carte et menus, la couleur est annoncée à chaque page : c'est du fait maison ! Cela explique pourquoi la réservation est indispensable... Les gourmets de toute nature y trouveront leur compte : la cuisine de saison allie les saveurs de la terre et de la mer, et n'oublie pas les végétariens. Les amoureux de tradition ne pourront passer à côté du plat Conversation autour du cochon, avec andouillette artisanale, boudin noir, rouelle de jambon et poitrine fumée.

RESTAURANT DU CORPS DE GARDE €€

4, rue du Général-de-Gaulle © 02 97 74 43 31
www.corps-de-garde.com

Ouvert du jeudi au dimanche, midi et soir + lundi midi. Carte : 25 € environ pour plat et dessert. Terrasse.

L'ambiance est chaleureuse dans cet agréable restaurant qui a pris ses quartiers dans un beau bâtiment du XVe siècle, ancré au pied du centre historique. Vous y dégusterez des mets savoureux, cuisinés maison, dans un environnement superbe, pour des prix très raisonnables. On apprécie le poisson de la criée au cari gosse ou le carré d'agneau en croûte d'herbes, avec, pour la note sucrée, un dessert exotique, comme l'ananas flambé au rhum avec perles au lait de coco et sorbet mojito.

LA MAISON DES LAPINS CRÉTINS

25, rue des Ponts © 02 97 75 69 67
www.lamaisondeslapinscretins.bzh/

Ouvert du mardi au dimanche en haute saison. Voir web pour horaires. Simulateur des lapins crétins : 3 €.

Unique en France, ce QG n'a pas été établi en Morbihan par hasard : c'est de cette petite commune qu'est originaire l'un des cofondateurs d'Ubisoft, maison mère des terribles lapins, aussi incontrôlables qu'attachants. C'est tout leur univers qui est décliné dans la boutique, à travers de nombreux objets fantasques. Vous pourrez essayer le simulateur d'attraction : dans un siège, casque de réalité virtuelle sur la tête, vous partirez à l'aventure avec les abwaaaaminables créatures.

GUER

Aux portes de Brocéliande, Guer accueille en son sein les célèbres écoles militaires de Saint-Cyr-Coëtquidan. Divisée en deux centres-bourgs, Guer Bellevue, avec l'accès au camp, et Guer centre, cette commune offre de nombreux avantages à qui voudra y poser ses valises. Traversée par la voie verte, ancienne voie ferrée réhabilitée en espace de balade pour les piétons et cyclistes, elle est le point de départ d'itinéraires de randonnées très agréables : le long de la vallée de l'Oyon ou sur la butte du Dran. Les amoureux d'histoire se hâteront de découvrir le prieuré Saint-Étienne, qui abrite la plus ancienne chapelle du Morbihan encore debout.

LES MENHIRS DE MONTENEUF ★

MONTENEUF ✆ 02 97 93 26 74

www.menhirs-monteneuf.com

Ouvert toute l'année. Animations en continu en juillet et août. Accès libre et gratuit. Activités payantes. Voir web.

Les Menhirs de Monteneuf, Archéosite de Brocéliande, est labellisé Espace remarquable de Bretagne. Il compte une quarantaine de pierres dressées, dont l'origine nous invite à nous replonger 6 500 ans en arrière. Moins arpenté que Carnac, il gagne vraiment à être connu. Le visiteur est invité à parcourir le sentier d'interprétation et à découvrir la vie quotidienne il y a plusieurs milliers d'années, mais aussi le travail que les archéologues ont mené depuis 30 ans. L'association Les Landes propose tous les ans un programme d'animations pour l'été.

MUSÉE DE L'OFFICIER ★

✆ 02 97 70 77 49

www.st-cyr.terre-net.defense.gouv.fr

Ouverture d'avril à novembre. Dans l'enceinte du camp : papiers à présenter à l'entrée. Livret pour enfants. Gratuit.

Le musée de l'Officier, autrefois appelé musée du Souvenir, est implanté au cœur des écoles de Saint-Cyr Coëtquidan. Il raconte l'histoire de l'école, mais pas seulement. Le lieu plaira aux passionnés d'histoire, militaire ou non, mais aussi aux amateurs d'art. Le musée expose une collection très riche d'objets témoins de destins d'exception ou de grands épisodes historiques : tableaux, bronzes, trophées, armes, uniformes... Pour les enfants, le musée propose un livret de jeux, qui invite à découvrir de manière ludique le lieu et sa richesse.

HÔTEL AUX BERGES DE BROCÉLIANDE [O2B] €€

Rue Saint-Cyr-Coëtquidan - **BEIGNON**

✆ 02 97 70 71 30

o2b.fr

Ouvert toute l'année. 7j/7. 12 chambres. Chambre double de 80 à 105 €. Petit déjeuner buffet : 10 €.

Beignon ne manque pas de charme... et cet hôtel non plus. Derrière sa façade en pierre, l'établissement est moderne : l'ambiance lounge du bar, ses fauteuils club en cuir et sa décoration épurée font leur effet, tout autant que les chambres de l'hôtel. L'établissement propose une offre duo, qui inclut une nuit avec petit déjeuner et un dîner dans l'un des restaurants à proximité. À noter : les généreux petits déjeuners sont idéals pour bien commencer une journée de randonnée !

HÔTEL LE BELLEVUE €€

3, rue de Saint-Cyr ✆ 02 97 75 70 51

www.hotel-guer.com

Ouvert toute l'année. Accueil 24h/24. Chambre double de 65 € à 125 €. Parking ouvert inclus. Animaux acceptés (5 €).

L'hôtel Le Bellevue est situé face à l'école militaire de Saint-Cyr-Coëtquidan. Entièrement rénové en 2012, l'établissement propose des chambres confortables toutes équipées de douche ou baignoire, lits 160x 200 cm et couettes, toilettes, TV écran plat, téléphone et wifi gratuit. Le bar (ouvert en semaine, et le week-end lors des manifestations de l'École militaire) vous accueille avec des couleurs tendance et un aspect rétro, et vous propose une carte intéressante de rhums arrangés et de whiskies. Un espace jeux de société et bibliothèque est mis à disposition.

À LA CRÊPERIE - MAISON TIEGEZH €€

7, place de Gare

✆ 02 97 22 00 26

https://maisontiegezh.fr/fr/bistrot.html

Ouvert du lundi au vendredi, midi et soir. Menu déjeuner : 16 €. Réservation conseillée.

À la crêperie est l'annexe de la Maison Tiegezh. Ici, la carte est plus accessible, mais tout aussi gourmande et originale ! Dans un décor néo-rétro, on vient s'offrir une pause déjeuner haut en saveurs. On déguste de délicieuses galettes et crêpes, aux compositions revisitées, créatives et dépaysantes. Tout ce qui est cuisiné est bio ou issu de l'agriculture raisonnée, local et, inspiré de l'histoire de la famille Denieul ; puisque c'est Béatrice, la mère du chef, qui est au bilig.

AUX DÉLICES DES ROIS €€

39, rue Saint-Cyr Coëtquidan - **BEIGNON**
✆ 02 97 70 80 37
auxdelicesdesrois.fr
Ouvert toute l'année. Haute saison : 7j/7, midi et soir. Réservation impérative. Menus dès 11,50 € le midi. Terrasse.

« Cuisine de saison », nous indique-t-on dès l'entrée de ce charmant établissement… Cuisine maison aussi ! L'été, deux belles terrasses vous accueilleront – dont une couverte, pour de belles et généreuses grillades, en plus de la carte habituelle. Le chef Richard Ménard est auréolé du titre de Maître Restaurateur, ce qui confère une réelle authenticité et qualité à l'établissement. On apprécie cette gastronomie abordable et généreuse, l'atmosphère conviviale et la générosité dans l'assiette, le tout pour un excellent rapport qualité-prix.

MAISON TIEGEZH €€€

7, place de la Gare
✆ 02 97 22 00 26
maisontiegezh.fr
Ouvert du mercredi au dimanche. Réservation impérative. Menus de 59 à 119 € (2019-2020).

T*iegezh* signifie famille en breton. C'est le nom qu'a donné Baptiste Denieul au restaurant qu'il a repris. L'établissement est dans la famille depuis 1972, et s'est fait crêperie en 2003. Passionné de gastronomie, le fils de la maison s'est formé chez les plus grands avant de relever un formidable défi : créer son restaurant gastronomique dans sa commune… et obtenir une étoile au guide Michelin ! Les plats sont inspirés de ses souvenirs d'enfance et composés avec les spécialités locales. La carte évolue à chaque saison. La Maison Tiegezh est aussi un hôtel.

ÉPICES ET CIE €€

7, rue Saint-Thomas
✆ 02 97 22 10 41
Fermeture 3 semaines en août. Réservation recommandée. Menus dès 19,50 €. Carte : 20 € environ (plat + dessert).

Bienvenue dans ce restaurant du cœur de Guer où l'on vous propose une cuisine inventive, à base de produits frais cuisinés maison ! La carte est variée et les plats renouvelés, à l'ardoise, avec toujours une viande et un poisson. Au menu, des burgers et plats d'inspiration bistro, gourmands et savoureux. Le cadre est cosy et le service aimable pour un excellent rapport qualité-prix, et un bon moment, entre amis ou en famille. Le restaurant fait traiteur et cocktails dînatoire sur réservation, vous pouvez aussi prendre vos burgers à emporter.

PENSÉE LOCALE

3, avenue de Brocéliande
✆ 02 97 72 05 17
pensee-locale.fr
Ouvert du mardi au samedi de 8h30 à 20h ; de 15h à 20h.

Pensée Locale met à l'honneur des produits de terroirs, pour valoriser la gastronomie locale et régionale. Épicerie générale et épicerie fine, ou encore cave et primeur, elle propose des fruits et légumes issus d'exploitations locales, des douceurs sucrées comme des miels, confitures ou biscuits, quelque 20 fromages fabriqués en Brocéliande, des charcuteries traditionnelles… On y trouve des mets artisanaux locaux comme des pépites issus des autres régions. Un lieu à découvrir pour composer un menu gourmand et surprendre ses invités !

LITTLE ITALY €€

5, rue Saint-Gurval
✆ 02 97 22 08 03
www.littleitalyguer.fr
Ouvert toute l'année. Du mercredi au dimanche le midi et le soir. Pizzas de 6,90 € à 13,40 €. Vente à emporter.

Lieu parfait pour une sortie entre amis, Little Italy propose pizzas, pastas et spécialités italiennes. Côté pizzas, les amateurs de pâte et de garniture généreuse seront servis. La calzone est réputée pour satisfaire les appétits les plus féroces. La pazza (la folle, en traduction littérale) revisite ce qui, pour les puristes, est une hérésie : la pizza hawaïenne… Oui, celle avec de l'ananas. Chez Little Italy, on vous la propose saupoudrée légèrement de cannelle : une petite touche qui fait toute la différence. Côté pasta, on reste traditionnel et efficace.

AUBERGE DES VOYAJOUEURS

Rue du Chaperon-Rouge - **MONTENEUF**
✆ 02 97 93 22 18
www.auberge-des-voyajoueurs.com
Ouvert à l'année. Haute saison : tous les jours de 14h à 19h. Entrée : 8 €/adulte. Nuit en chambre double : dès 75 €.

Voilà le lieu idéal un jour de pluie ! Ici, vous jouez toute la journée, et comme bon vous semble. Jouez en famille, entre amis, en couple. Choisissez le jeu qui vous inspire et on vous explique les règles. Vous souhaitez tenter un autre jeu ? De même, on vous donne toutes les explications et à vous de jouer… Indiquez vos goûts, vos envies ou laissez-vous surprendre : dans tous les cas, vous passerez un excellent moment ! Et s'il fait beau ? Venez aussi ! Un grand espace extérieur du bâtiment invite à de nombreux jeux de quilles, de boules et autres variantes.

PAYS DE PONTIVY

Bienvenue dans le Centre-Morbihan. Ses terres vous réservent de belles surprises. Moins fréquenté (à tort!), le pays de Pontivy regorge pourtant d'attraits. Pontivy, en elle-même, est une ville aux multiples trésors : les férus d'Histoire se régaleront de remonter le temps dans ses rues, entre son château, ses ruelles médiévales et ses quartiers impériaux marqués par l'époque napoléonienne. Vous aimez l'art ? Alors il vous faut visiter l'exposition L'Art dans les Chapelles, qui occupe plusieurs chapelles remarquables du pays. Vous êtes plutôt balades nature ? Chaussez vos souliers de randonnée et marchez le long du canal de Nantes à Brest, mais aussi le long du Blavet, dans la superbe forêt de Camors ou poussez jusqu'au lac de Guerlédan. La destination ne manque pas d'excellentes adresses gourmandes et traditionnelles, d'hôtels et chambres d'hôtes de charme et d'activités familiales pour occuper joyeusement les enfants.

Pays de Pontivy
Neulliac
D15
D125
D767
D191
D125
D764
D764
D159
D15
D768 B
D782
Stival
Malguénac
C4
PONTIVY
D2
D130
Le Sourn
D768
D1
D2 B
Guern
D768 A
Saint-
Thuriau
D2
D159
D156
Moustoi
Remung
D188
MELRAND
Bieuzy
D179
D1
Saint-Nicolas-
des-Eaux
D203
Pluméliau
D203
D1
D159
D142
Saint-
Barthélemy
D203
D156
C1
D197
Guénin
4 KM
D724

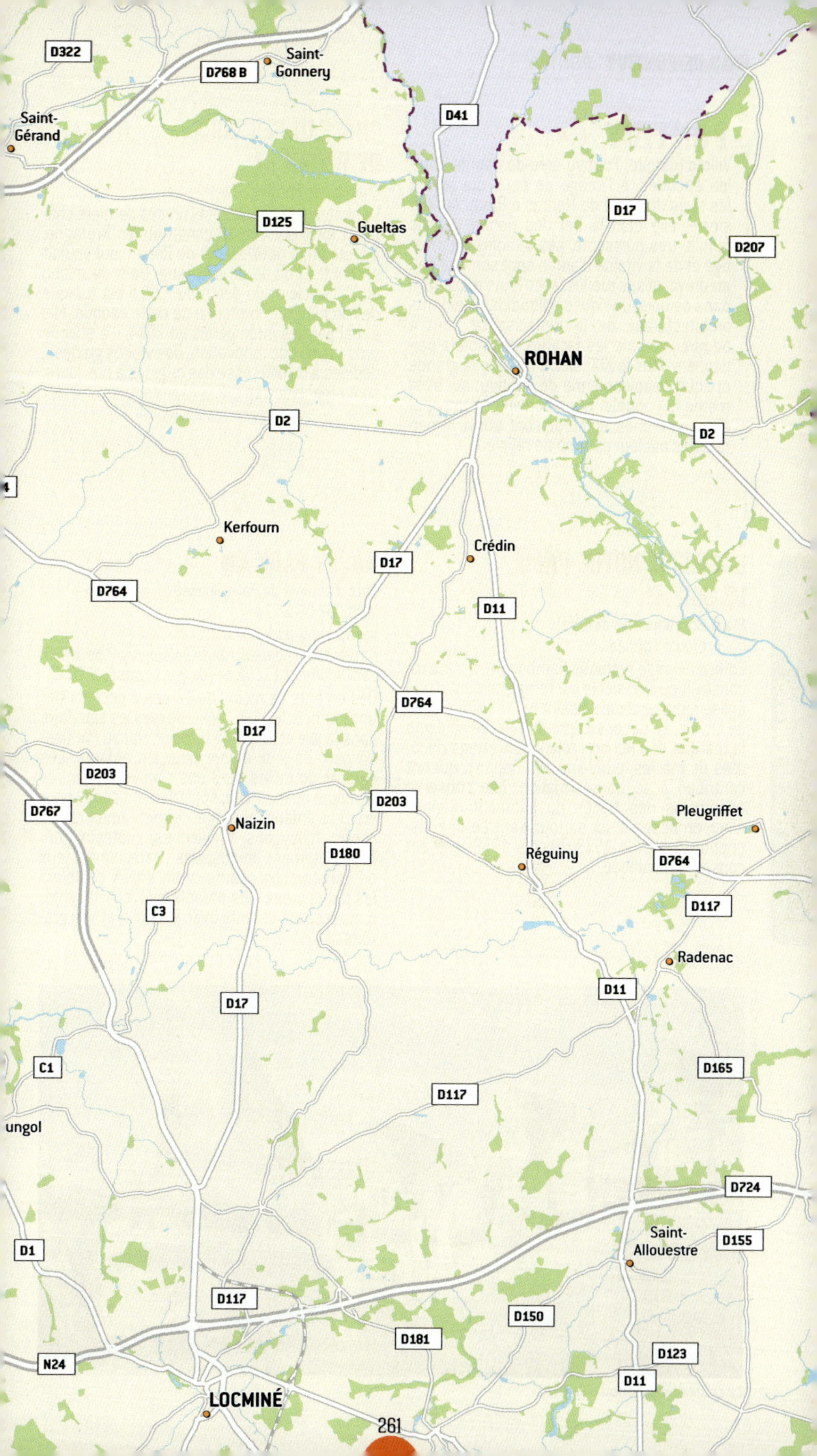
D322
D768 B
Saint-
Gonnery
Saint-
Gérand
D41
D17
D207
D125
Gueltas
ROHAN
D2
D2
Kerfourn
Crédin
D17
D764
D11
D764
D17
D203
D767
D203
Naizin
Pleugriffet
D180
Réguiny
D764
C3
D117
Radenac
D11
D17
C1
D165
D117
ungol
D724
Saint-
Allouestre
D155
D1
D117
D150
D181
D123
N24
D11
LOCMINÉ

PONTIVY ★★

Ville d'Histoire, Pontivy crée des ponts entre les époques, à l'image de ceux qui relient les rives du canal de Nantes à Brest. Au XIVe siècle, elle était le fief des Rohan, grande famille très puissante. Les témoins du prestige et de la vitalité d'antan sont son château médiéval et ses ruelles, avec leurs maisons à pans de bois. Quelques splendides éléments architecturaux de la Renaissance sont à admirer, comme les façades des hôtels particuliers. Puis le XIXe siècle marque la grande époque napoléonienne de Pontivy, qui s'est même fait appeler Napoléonville ! Pontivy et ses communes alentour sont aussi remarquables par leur patrimoine religieux.

CHÂTEAU DES DUCS DE ROHAN

Château de Pontivy

Le château de Pontivy est l'un des derniers châteaux forts que l'on ait construits en Bretagne. Il a été érigé pour Jean II de Rohan, qui voulait un château digne de son rang. Daté du milieu du XVe siècle et du début du XVIe, il est typique de l'architecture bretonne de cette époque. Mis à mal par des intempéries en 2014, il a subi de gros travaux de rénovation. Des visites guidées, dédiées à la forteresse des origines à nos jours, sont organisées en été.

BASILIQUE NOTRE-DAME DE JOIE ✝

Place Bourdonnaye-du-Clézio

Ouvert toute l'année.

Édifice de style gothique flamboyant, il a été reconstruit au XVIe siècle sur l'emplacement d'une église romane dédiée à saint Ivy, le saint patron de la ville. Le décor sculpté de l'entrée souligne la marque des Rohan (colonnes frettées décorées de macles, emblème des Rohan), qui ont contribué à sa transformation. Elle conserve néanmoins des traces du bâtiment originel. Ainsi, on observe sur sa tour d'entrée une inscription datée de 1533. Depuis 1959, elle est consacrée basilique.

HAPPY PARK

Parc d'activité de Porh-Rousse

✆ 02 97 08 17 34

www.happy-park.fr

Ouvert toute l'année. Haute saison : 7j/7 de 10h à 19h. Adulte : 1 €. Enfant (de 3 à 12 ans) : 8,90 €.

Des enfants de moins de 12 ans à occuper par une journée de pluie ? Voici de quoi les satisfaire dans la joie et la bonne humeur. Happy Park est un parc de jeux *indoor* pour les enfants. Les enfants de moins de 3 ans s'amusent dans le parcours de motricité, spécialement conçu pour eux. Les enfants plus âgés auront l'embarras du choix : toboggans, tyroliennes, châteaux gonflables, terrains multisports, trampolines, jeux de construction géants… Un snack comblera les petits creux. Les parents peuvent patienter dans l'espace détente avec journaux et wifi gratuits.

Le château des Rohan à Pontivy.

LOUARNIG PARK

Maison éclusière
SAINT-GONNERY
✆ 06 30 74 27 95
www.louarnigpark.bzh
Haute saison : parc ouvert 7j/7, 14h-18h. Gratuit -15 ans. +15 ans : 5 €.

Le Louarnig Park, ou «parc du renardeau» en breton, promeut les jeux bretons traditionnels. Ce parc de loisirs invite à découvrir le patrimoine ludique breton à travers une trentaine de jeux en accès libre : jeux de quilles, jeux de force, jeux de boules, jeux de palets... Il est possible d'y jouer simplement, à l'envi, de s'affronter en tournois ou encore de tester les jeux sur le mode d'un jeu de piste. La maison éclusière se fait lieu d'exposition avec une présentation des jeux bretons et des expositions ponctuelles sur la culture bretonne.

OFFICE DE TOURISME DE PONTIVY COMMUNAUTÉ

2, quai Niémen
✆ 02 97 25 04 10
Ouvert toute l'année. Haute saison : ouvert tous les jours de 9h30 à 13h et de 14h à 18h30.

L'office de tourisme de Pontivy Communauté – Lac de Guerlédan est ouvert toute l'année. Vous y trouverez de nombreuses documentations (agenda des animations, monuments et musées, infrastructures de loisirs, circuits de randonnées, cartes thématiques...) et tous les conseils pour un séjour riche en découvertes. Pour la boutique Côté Tourisme, qui présente des spécialités de producteurs locaux, rendez-vous au 21, quai Presbourg (quasiment en face de l'office).

CAMPING MERLIN LES PIEDS DANS L'EAU €

Anse de Sordan
SAINT-AIGNAN ✆ 02 97 27 52 36
www.restaurant-merlin.fr
Ouvert de mars à novembre. Emplacements, chambres d'hôtes et restaurant. Infos et tarifs sur le site.

Ce camping se situe à deux pas de l'agréable crique de Sordan. À proximité, de nombreux loisirs occuperont toute la famille : location de bateaux à pédales, électriques et de canoës pour faire le tour du lac de Guerlédan, cyclotourisme, randonnées, plage... À l'heure du déjeuner et du dîner, vous pourrez profiter de la cuisine traditionnelle à base de produits locaux et bio du restaurant Merlin (fruits de mer, salades, pizzas, viandes et poissons...) et de son irrésistible terrasse.

HÔTEL DU CHÂTEAU €€

41, rue du Général-de-Gaulle ✆ 02 97 25 34 88
www.theoriginalshotels.com/hotels/du-chateau-pontivy
Ouvert toute l'année. Fermeture à Noël. 27 chambres. Chambre double dès 65 €. Petit-déjeuner : 10 € (tarifs 2020).

Au cœur de la Bretagne, à proximité du château des Rohan, face au canal de Nantes à Brest, cet établissement membre des réseaux « Inter-Hotel » et « *The Originals Human Hotels & Resorts* » offre d'agréables prestations. Les 27 chambres bénéficient toutes d'une belle literie et d'une télévision LCD, sèche-cheveux dans la salle de bains, wifi et téléphone. Aux environs, diverses activités et lieux de détente font de cet hôtel dans ce joli coin de ville, une halte des plus sympathiques. Les restaurants proches de l'hôtel permettent de trouver facilement où dîner.

HÔTEL LE ROHAN €€

90, rue Nationale
✆ 02 97 25 02 01
www.hotelpontivy.com
Ouvert toute l'année. 16 chambres. Chambre double dès 77 €. Petit déjeuner buffet : 12,50 €.

C'est au cœur du Pontivy historique napoléonien que prend place Le Rohan. Situé près de l'église Saint-Joseph et du jardin public, il offre de jolies chambres, bien agencées, très design, mariant très bien modernité et charme de l'ancien. Elles sont bien équipées et permettent des séjours en famille (chambres triples et quadruples) comme des séjours romantiques en suite ou des soirées étapes au calme. Des studios sont aussi disponibles, et bientôt des salles de réunion pour les professionnels. Le + *Petit Futé* ? Le salon-bar, particulièrement agréable.

LES LOGIS DE PENKÊR €€

Chef-de-Ville
✆ 02 97 27 93 26
www.logisdepenker.com
Gîtes de France (4 épis). Qualité Tourisme. Ouvert toute l'année. Studio/appartement de 160 à 570 € la semaine.

Les logis de Penkêr sont un magnifique manoir avec dépendances, aménagés en gîte (4 à 7 personnes), appartement (2 personnes) et chalet (2 personnes). Situé à proximité des commerces, mais aussi dans un écrin de verdure, sur un itinéraire de randonnée et à 1,5 km du chemin de halage, il propose une halte revigorante dans le confort feutré d'une vieille bâtisse rénovée avec goût. Labellisé « Étape rando Bretagne » et « Accueil vélo », il est le point de départ idéal pour un séjour convivial au vert et au grand air, à pied ou à vélo.

MANOIR DU GROS CHÊNE €€

61, rue de Bretagne
✆ 02 97 27 99 17
www.agc-manoir.fr
Ouvert toute l'année. Pour 8 personnes.

Les gîtes du Manoir du Gros Chêne appartiennent à l'association du même nom, qui œuvre en faveur de l'insertion sociale et professionnelle des personnes éloignées de l'emploi. La location de gîtes figure parmi ses activités. Les 3 gîtes sont situés dans l'enceinte d'un manoir daté de la fin du XVe siècle : le Four à pain accueille 7 personnes, idem pour la Chapelle. Quant aux combles, elles offrent un logement plus rustique. Mobilier traditionnel, commodités de base : la simplicité est de mise. Voilà un lieu parfait pour des vacances à prix mini !

À L'ABRI DU TEMPS €

47, rue des Déportés
✆ 02 97 25 74 43
www.creperie-pontivy.fr
Ouvert le lundi midi ; mercredi-dimanche et jours fériés midi et soir. Réservation recommandée. Menus dès 11 € (2020).

Jacqueline Huet vous accueille dans sa maison de caractère, composée de deux salles et d'une terrasse, près du ruisseau, dans un cadre on ne peut plus apaisant. Connue et reconnue, la maison est labellisée « Crêperie Gourmande » depuis 2007 et s'est distinguée en obtenant le 2e prix au niveau départemental des Maisons Fleuries. En ces lieux, on a l'art et la manière d'accommoder les produits du terroir, et ce d'une délicieuse façon... Venez aussi découvrir les cocktails à base de cidre. Offrez-vous un moment savoureux à l'abri du temps !

L'AIGLON €€

42, rue du Général-de-Gaulle
✆ 02 97 27 98 08
www.laiglon-pontivy.com
Ouvert midi & soir, du lundi au samedi + le dimanche en vacances scolaires. Réservation recommandée. Menu midi : 21 €.

Cette belle maison vous proposera une cuisine traditionnelle créative, faite maison, fraîche et gourmande avec une carte revisitée tous les trois mois, au rythme des saisons. Ce sont des mets variés et originaux que propose ce Maître Restaurateur, et ce, dans un décor très contemporain, aux matériaux « nature ». L'Aiglon, dirigé par la famille Morvant depuis plus de 10 ans, met aussi à la carte des spécialités italiennes, dont de savoureuses pizzas. Qualité des produits et de la cuisine sont les maîtres mots de cette table réputée !

AL DENTE €€

22, rue de Lourmel
✆ 02 97 25 85 24
Ouvert du mardi au samedi midi et soir. Réservation recommandée. Menus de 16 € (midi) à 33 €. Terrasse.

Il y a de la couleur, de la fraîcheur, de l'originalité dans ce « bistronomique italien » ! Le chef saura vous surprendre par son obsession bienheureuse à rechercher, créer et présenter les produits les plus frais et locaux... le tout en mêlant les inspirations des cuisines italienne et française. Les assiettes, colorées et délicatement présentées, mettent en joie les yeux comme les papilles. Voilà une bonne adresse à visiter, pour se dépayser gustativement le temps d'un repas, et goûter au soleil méditerranéen en plein cœur de Pontivy.

LE BOEUF QUI FUME €€

2, rue Jean-Jaurès ✆ 02 97 07 09 29
www.leboeufquifume.fr
Ouvert du mardi au samedi midi et soir. Réservation recommandée. Menus de 17 € (midi) à 21 €. Terrasse.

Le Bœuf qui Fume est un restaurant de viandes à Pontivy. Situé le long du Blavet, l'établissement vous accueille dans un décor résolument moderne. La cuisine est traditionnelle et mitonnée à partir de produits frais, dont d'excellentes viandes bovines de races françaises et d'angus, pour les amateurs. La carte décline le bœuf sous toutes ses formes : belles pièces, tartares, carpaccios, burgers, mais aussi planches de charcuterie et quelques poissons, pour ceux qui auraient envie d'autre chose. Frites maison et desserts copieux : serait-ce une clé du bonheur ?

CRÊPERIE LE SARRAZIN €€

14, rue de la Fontaine-Jean ✆ 02 97 25 05 11
www.creperie-lesarrazin.com

Ouvert toute l'année. Du mardi au samedi le midi et le soir. Réservation recommandée.

Pour trouver cette crêperie, il vous faudra passer les panneaux de sortie de ville « Pontivy » ou indiquer « Saint-Thuriau » sur votre GPS. Ici, on promeut la tradition ! Tradition dans l'assiette avec de bonnes galettes de blé noir bien garnies. Tradition familiale, car il s'agit de la reprise de la crêperie des parents. Tradition de bon accueil des Bretons. Tradition de gourmandise et d'audace avec des recettes originales... En plus du bon rapport qualité-prix, on aime le cadre et la petite terrasse où prendre l'apéritif, quand l'été pointe le bout de son nez.

LE CUL DE POULE €€

67, rue Nationale
✆ 02 97 25 36 35

Ouvert toute l'année. Le lundi et du mercredi au samedi le midi ; le mardi et le dimanche le midi. Terrasse.

Voilà un établissement qui a une âme ! Tenu depuis plus de 25 ans par Denis et auparavant, en tant que magasin de chaussures, par sa mère, le lieu est riche d'une belle histoire humaine et familiale. C'est une histoire d'amour entre Pontivy, la cuisine et le chef qui s'écrit là et qui transparait dans le plaisir que l'on peut avoir à découvrir ce restaurant et crêperie au nom cocasse. Dans une ambiance détendue et familiale vous découvrirez de belles assiettes copieuses, de belles galettes et des crêpes, authenticité et simplicité : voilà une recette qui plaît !

HYACINTHE ET ROBERT €€

100, rue Nationale
✆ 06 43 68 26 45
www.hyacinthe-et-robert.fr

Ouvert mardi à vendredi midi et soir ; le samedi soir ; le dimanche midi. Réservation recommandée. Menus dès 18 € (midi).

Le restaurant du jeune chef Damien Le Quillec a ouvert ses portes en octobre 2019. Son nom, Hyacinthe et Robert, est un hommage à ses deux grands-pères, tous les deux sources d'inspiration du chef. Au menu de cet établissement qui prône « la gastronomie pour tous », une cuisine inventive et généreuse où les produits frais et locaux sont rois. Les plus audacieux testeront le menu à l'aveugle. Le décor emprunte à la tradition et à la modernité, puisque c'est un ancien garage qui a été réhabilité, pour une ambiance loft, verrière et mur en pierres apparentes.

LE GRENIER À BIÈRES

15, rue Leperdit
✆ 02 97 07 01 84
www.le-grenier-a-bieres.com

Café de Pays. Ouvert toute l'année. Du mardi au dimanche et jours fériés. Restauration. Animations. Jeux à disposition.

L'ambiance conviviale ainsi que l'accueil chaleureux de Sylvie et Olivier font que l'on se sent ici tout de suite un peu comme chez soi. Les amateurs de bières seront aux anges, car on n'en compte pas moins de 45 différentes à la carte, en pression ou en bouteilles, de la bretonne à la canadienne, en passant par la bière belge, hollandaise, allemande ou encore française. On y boit, on y mange, et on y mange bien, et ce quelle que soit l'heure ! Tout est préparé maison et les produits proposés par ce Café de Pays sont évidemment frais et locaux.

LA BOUTIQUE CÔTÉ TOURISME

21, quai Presbourg
✆ 02 97 25 32 07

Fermé d'octobre à mai inclus.

En face de la « péniche », la Boutique du tourisme vous accueille pour vous présenter une panoplie de produits de producteurs locaux qui enchanteront petits et grands : cidre et jus de pomme de Cléguérec, biscuits Joubard, charcuteries du Lavandier, rillettes de bœuf bio, pâtes de fruits de l'Abbaye de Timadeuc, bières St-Georges de Guern. On trouve aussi des livres sur l'histoire de Pontivy, le Lac de Guerlédan, la construction du canal de Nantes à Brest...

LA BRETAGNE GOURMANDE - BISCUITERIE JOUBARD

37, rue Colbert
✆ 02 97 25 45 61
www.biscuiterie-joubard.fr

Ouvert du lundi au samedi de 9h30 à 12h30 et de 13h30 à 19h. Livraison possible (site de vente en ligne).

Il y a du métier dans la famille Joubard... Fils et petit-fils de pâtissier font prospérer la biscuiterie depuis 1957. Vous trouvez plus de 20 variétés de biscuits en libre-service et de spécialités régionales : galettes et palets pur beurre, biscuits, cakes, kouign-amann et autres gâteaux bretons, cidre... Découvrez également quelques spécialités bretonnes telles que confitures de lait au beurre salé de Guérande, les rillettes de Saint-Jacques ainsi que des chocolats à Noël.

ROHAN

De nombreux sites sont à découvrir à Rohan : les églises, la chapelle Notre-Dame-de-Bon-Encontre, les calvaires, fontaines et presbytères, mais aussi le musée des Sanglots-Longs, l'écurie, le château de Porhman ou encore l'abbaye de Timadeuc. Rohan offre de belles promenades le long du canal de Nantes à Brest, du lac de Réguiny avec son cadre boisé de 10 hectares, et du plan d'eau de la commune. Elle est d'ailleurs labellisée Escales d'une Rive à l'Autre et ainsi reconnue comme l'un des plus beaux sites riverains des canaux et voies navigables de l'ouest de la France. Son petit port aménagé est le point de départ de croisières fluviales.

CHAPELLE NOTRE-DAME-DE-BONNE-ENCONTRE ✞

Rue du Point-du-Jour

Accès libre.

Surplombant le canal de Nantes à Brest, la chapelle Notre-Dame-de-Bonne-Encontre fut fondée au XIIe siècle et classée monument historique en 1922. C'est en 1510 qu'elle fut reconstruite par Jean II de Rohan. Celle-ci présente deux curiosités : une voûte en pierre sur croisée d'ogives dont la clef est ornée de l'écu des Rohan et une statue de saint Barthélemy écorché portant sa peau sur le bras. La chapelle, qui a des vitraux neufs depuis 2009, attend une restauration en son intérieur.

CAMPING DU VAL D'OUST €

Rue de Saint-Gouvry

✆ 02 97 51 57 58

rohan.fr

Ouvert de mai à septembre. 45 emplacements. Emplacement + véhicule + 2 personnes à partir de 11,90 € (tarif 2020).

Le camping municipal du Val d'Oust saura vous séduire par sa simplicité et ses tarifs abordables. Situé à proximité du canal de Nantes à Brest, près de l'étang de La Villemoisan, il vous permettra de pouvoir partir rapidement à la découverte du territoire et d'aller faire de belles promenades à vélo sur le chemin de halage. Ouvert de début mai à mi-septembre, le camping dispose de 45 emplacements vastes et bucoliques, pour tentes et camping-cars. Pour les amateurs de simplicité et de vacances au vert et au grand air, c'est un lieu parfait !

LE MANOIR DU QUENGO €€

✆ 02 97 25 50 68

www.manoirduquengo.fr

Ouvert toute l'année. 2 chambres (et 4 gîtes). Nuitée en chambre d'hôtes : 105 €.

Le manoir du Quengo, qui était à l'origine la propriété d'une grande famille de chevaliers à l'époque médiévale, fut ensuite reconverti en pensionnat pédiatrique pour l'hôpital de Vannes. Aujourd'hui, c'est Valérie Millot qui est l'heureuse propriétaire de ce petit bijou et qui en fait un lieu d'exception pour accueillir les voyageurs. Dans sa demeure du XVIe siècle, cette ancienne architecte d'intérieur a décoré avec beaucoup de charme ses deux chambres d'hôtes. Pour plus d'intimité ou d'indépendance, vous pourrez opter pour l'un des gîtes.

VILLA TRANQUILLITÉ €€

6, rue de la Minoterie

✆ 02 97 38 58 68

www.villa-tranquillite.fr

Fermé de décembre à mars. 5 chambres. Chambre double de 55 à 80 € la nuit, de 420 à 525 € la semaine. Demi-pension.

Au bord du canal de Nantes à Brest, la Villa Tranquillité porte bien son nom. Les randonneurs à pied ou à vélo apprécieront le lieu autant que les touristes ayant choisi les terres mystérieuses du Centre-Morbihan pour leur séjour. Décorées avec soin dans les tons pastel, les chambres invitent véritablement au repos. Les plus de cet établissement ? Sa table d'hôtes en moyenne saison : des produits bio, frais et locaux cuisinés avec amour ! Et aussi les possibilités de soins bien-être, selon l'agenda de l'établissement bien sûr : modelages, yoga, travail corporel...

L'EAU D'OUST €€

6, rue du Lac

✆ 02 97 38 91 86

www.leaudoust.fr

Ouvert le lundi et du jeudi au samedi midi et soir ; le mardi et le dimanche à midi. Menus dès 15,80 € (midi).

Dans le restaurant de madame et monsieur Sinquin, maîtres des lieux depuis 2012, tous les produits sont frais, locaux tant que possible et cuisinés maison ! La carte, qui change trois fois par an, suit les saisons. La cuisine est élégante (divine) et humble ; elle a d'ailleurs permis à Franck et Stéphanie d'obtenir un Bib Gourmand en 2020. Les tarifs sont restés très accessibles, pour une gastronomie à savourer de manière conviviale, entre amis, en famille ou lors d'une soirée romantique. Enfin, le lieu est plein de charme et d'histoire.

LOCMINÉ

Son nom veut tout simplement dire Lieu des moines. L'abbaye fut fondée au VIe siècle. En cette place fort religieuse, le visiteur s'étonnera de ne trouver qu'une église contemporaine. Il faut dire que les deux constructions précédentes, jumelées, l'église Saint-Sauveur et la chapelle Saint-Colomban se trouvaient dans un tel état de vétusté, au milieu du village, qu'il fallut se résoudre, en 1975, à les détruire. Elles furent donc remplacées par cet édifice aux belles lignes modernes. À l'intérieur, on conserve cependant un autel en bois sculpté, peint et doré, et des panneaux de vitrail ancien présentant la vie de saint Colomban, patron de la paroisse.

DOMAINE DE KERGUEHENNEC

D123

BIGNAN ✆ 02 97 60 31 84

www.kerguehennec.fr

Parc accessible gratuitement et librement (aux horaires d'ouverture), expositions selon saisons (voir site web).

Ce magnifique domaine est classé aux Monuments historiques. Patrimoine et création sont les maîtres mots de ce site, qui attire les amateurs d'art contemporain et de land art, mais aussi d'art paysager. Le château, niché dans un parc paysager exceptionnel, date du XVIIIe siècle. La promenade réserve de belles surprises, avec ses nombreuses sculptures en pleine nature. On y trouve des œuvres d'artistes majeurs en exposition permanente et des expositions temporaires. Plusieurs artistes sont accueillis en résidence au château chaque année.

LA BALADE DU PÈRE NICOLAS

Le Rohic

PLUMELIAU ✆ 02 97 51 90 10

www.la-balade-du-pere-nicolas.fr

Ouvert d'avril à septembre. Haute saison : 7j/7, dès 11h. 8,50 €/adulte. Gratuit -4 ans. Petite restauration.

Le Parc du Père Nicolas est le lieu idéal pour jouer en famille, découvrir des animaux, s'amuser dans la nature... Jeux de plein air en bois, tyrolienne, tracteurs à pédales, manège extérieur, jeux traditionnels en bois : voilà de quoi faire le bonheur des petits et grands enfants ! Découvrez aussi les bâtiments dédiés aux insectes et à la biodiversité, la planète Terre vivante, le jardin potager biologique, l'espace arboré et le rallye nature. Quel programme !

FORÊT DE CAMORS

CAMORS

Nombreuses sont les légendes en Bretagne et parmi elles, celle des korrigans, des petits êtres espiègles purement bretons... Et bien, prenez garde, la forêt de Camors en abrite... Pour aller plus loin dans la légende, un petit livre est disponible à la bibliothèque municipale. Au gré de vos promenades dans la forêt de Camors, vous découvrirez le chêne de Bé-er-San (le tombeau du saint). On y trouve à son pied... des chaussures. On raconte que les Chouans y ont tué un officier alors qu'il venait parlementer, et il devint un saint qui a aidé les enfants à marcher.

LE CARTON VOYAGEUR (MUSÉE DE LA CARTE POSTALE) ★

3, Avenue Jean-Moulin

BAUD ✆ 02 97 51 15 14

www.lecartonvoyageur.fr

Ouvert mardi-dimanche 14h-18h. Gratuit jusqu'à 25 ans. Adulte : 5€. Tarif réduit 4€. Fermé en janvier et jours fériés.

Ce musée possède une collection de plusieurs milliers de cartes postales de 1872 à aujourd'hui. Situé au Quatro, pôle culturel de la ville de Baud, le musée vous propose un parcours permanent ainsi qu'une exposition temporaire renouvelés tous deux chaque année. Et pour les enfants, des animations sont proposées ainsi qu'un livret-jeux, rendant la visite ludique. À noter pour les professionnels : le Carton voyageur propose des expositions temporaires itinérantes en location.

KINGOLAND

Pondigo

✆ 02 97 54 70 60

www.kingoland.com

Ouvert aux vacances scolaires et les week-ends d'avril à octobre. Adulte : 18 €. Enfant : 16 €. Restauration. Boutique.

Ce grand parc de loisirs et de jeux a investi dans des animations, manèges et attractions pour tous les âges et propose aujourd'hui quelque 40 attractions et un spectacle. Les enfants comme les adultes y trouveront leur compte de sensations et de rires. On y fête un anniversaire, on s'y retrouve pour une cousinade, un enterrement de vie de garçon ou de jeune fille, on passe une journée en famille... Un grand parking de 250 places à proximité, gratuit, permet d'y accéder en toute tranquillité. Pense-futé : on peut acheter ses billets en ligne.

LA VÉNUS DE QUINIPILY

Jardin de la Vénus de Quinipily
BAUD
© 02 97 39 04 94
www.jardinez.com
Haute saison : tous les jours de 10h à 19h. Gratuit jusqu'à 12 ans. Adulte : 3 €.

Cette Vénus en granit de 2,2 mètres de haut trôna jusqu'au XVIIe siècle sur le promontoire de Castennec qui domine le Blavet et Saint-Nicolas-des-Eaux. Telle une idole païenne, elle fut adorée, malmenée et jetée dans le fleuve à deux reprises... Pour en être retirée en 1695 par Pierre de Lannion, seigneur de Quinipily. Ce dernier la fit transporter dans son château, aujourd'hui détruit. Le jardin en terrasse dans lequel se trouve la statue à spécialement été aménagé pour mettre en valeur l'œuvre (sans doute remaniée au cours des siècles précédents).

AUBERGE DU CHEVAL BLANC €€

16, rue de Pontivy - BAUD © 02 97 51 00 85
www.hotelduchevalblanc56.com
Chambre double dès 60 €. Petit déjeuner : 9 € (11,50 € en chambre).

Située en centre-ville, l'Auberge du Cheval blanc est dotée de beaucoup de charme et d'authenticité. Vous aurez la possibilité de choisir entre des chambres composées de deux lits jumeaux ou d'un lit king size, mais aussi de chambres pour 3 personnes et même pour 4. Les 19 chambres de l'auberge, récemment remises au goût du jour, sont joliment décorées. Le plus : le sauna et le bain bouillonnant qui permettent un agréable moment de détente. L'accueil est souriant et convivial. Et pour profiter au maximum, l'auberge dispose également de son restaurant.

AU DOMAINE DES CAMÉLIAS €€

Béven - PLUMELIAU © 02 97 51 86 66
www.audomainedescamelias.com
Ouvert toute l'année. 3 chambres (dont une familiale). Chambre double dès 60 €. Petit déjeuner inclus.

Béatrice et Arnaud Raimbaud vous accueillent dans cette ancienne maison de pays rénovée avec soin, cachée comme un secret au cœur de son écrin de verdure d'un hectare. Les chambres d'hôtes, douillettes et raffinées, sont situées dans l'ancienne étable et bénéficient d'un accès indépendant. Les chambres communiquent avec le salon d'été où sont servis les petits-déjeuners maison. Chaleureux et spacieux, le gîte peut accueillir jusqu'à 6 personnes. Le Domaine des Camélias possède une piscine sous verrière entièrement découvrable et propose des forfaits bien-être.

HÔTEL LE NOMINOÉ €€

Jean-Le-Ster
© 02 97 44 23 04
www.hotel-locmine.com
Ouvert toute l'année. 19 chambres. Chambre simple dès 65 € ; chambre double dès 70 €. Petit déjeuner : 8,50 €.

Avec ses 19 chambres en rez-de-chaussée, cet hôtel écologique et écoconstruit propose une offre très attractive. Bien situé à Locminé, il est très pratique pour une soirée étape business : vous apprécierez d'avoir accès à l'espace sauna et fitness, tout autant que le plateau de courtoisie, le stationnement pratique à quelques mètres de la chambre et les formules demi-pension avec le restaurant adjacent. Il est aussi très appréciable pour un week-end zen ou en famille, à proximité de hauts lieux touristiques morbihannais et de parcs de loisirs.

UNCLE BREIZH €

30, rue de l'Église
BAUD © 09 53 37 48 27
www.unclebreizh.bzh
Du mercredi au samedi le midi et le soir et le dimanche soir. Burger'zh : de 3,50 à 13 €. Terrasse. Vente à emporter.

À la carte, une quinzaine de burgers bien copieux (et très bons), à base de viande hachée fraîche de race limousine (150 g). L'originalité est dans l'assiette : le bleuzh (sauce au bleu), le breizhouille (avec de l'andouille de Guémené et du steak haché), le kinkin, le tartibreizh, servis avec des frites maison (pommes de terre de Pontivy). Uncle Breizh propose également des grandes salades, des nugget'zh et calamar'zh, des panini'zh, sans compter le burger du mois ! Sur place ou à emporter, on ne se lasse pas de venir apprécier ces burgers bien bretons.

AUBERGE DE LA VILLE AU VENT €

9, rue Olivier-de-Clisson
© 09 83 35 90 45
Ouvert du mardi au dimanche midi. Réservation recommandée. Entre 25 et 30 €. Terrasse.

Ce restaurant réputé aime les épices et la cuisine du monde. Le chef apporte sa touche personnelle à chaque plat, pour de surprenants voyages gustatifs. L'ardoise change et se renouvelle régulièrement selon les arrivages des produits frais et de saison. L'expérience culinaire régalera les gourmets de passage comme les habitués. La salle contemporaine et lumineuse, ainsi que le personnel accueillant et attentif font de cette adresse une très belle halte sur la route du Morbihan.

AUBERGE LA TAVERNE €

Pont de Baud
BAUD
✆ 02 97 51 03 66

Ouvert toute l'année. Tous les jours sauf le samedi midi et le dimanche. Menu dès 11 € le midi. Jardin. Terrasse.

Thierry et Joëlle sont heureux de mener leur barque. Et ça se voit : ils vous reçoivent avec plaisir. Ils vous proposent une cuisine gourmande, fine, épicée à souhait, où se conjuguent idéalement charcuterie et poissons, les « 2 mamelles bretonnes ». En entrée le saumon d'Ecosse est fumé sur place au bois de hêtre de Claude Simon, le sabotier de Camors. Le *must* : la brochette de Saint-Jacques au lard et à l'andouille crème au beurre. Carte alléchante de pizzas. Desserts gourmands. Ambiance *cosy* et chaleureuse au coin du feu de la cheminée.

CRÊPERIE LE CHALET €

3 bis, promenade des Estivants - **PLUMELIAU**
✆ 02 97 51 88 87
www.creperie-le-chalet.fr

Juillet et août : ouvert tous les jours. Carte : 15 € environ (pour une galette et une crêpe spéciales). Terrasse.

Cet établissement 100 % crêperie est, comme son nom l'indique, un véritable chalet comme à la montagne grâce à sa décoration tout en bois et sa belle cheminée. Il bénéficie d'une grande terrasse ensoleillée et d'un espace jeux à l'intérieur pour occuper les enfants. Appétissante, la carte propose des crêpes fines, divinement préparées avec des produits frais cuisinés maison. Le *Petit Futé* aime beaucoup ce lieu, avec sa belle terrasse et son point de vue imprenable sur les bords du Blavet ! Et pourquoi n'en profiteriez-vous pas pour faire une balade digestive ?

L'ÉPI D'OR €

3, rue Charles-Le-Goffic
✆ 02 97 60 55 26
epidorlocmine.wixsite.com/creperie-epidor

Ouvert toute l'année. Réservation recommandée. Carte : 14 € environ (pour une galette et une crêpe spéciales). Terrasse.

L'Épi d'Or est l'une des plus anciennes crêperies de Locminé. En salle ou sur la terrasse semi-ombragée et abritée, vous apprécierez ici des spécialités régionales cuisinées maison à partir de produits frais. Au programme, des spécialités de galettes aux saveurs de la terre et de la mer ; des salades repas et des plats grill ; sans oublier les délicieuses crêpes de froment au caramel au beurre salé maison, ou, comble de la gourmandise, une assiette gourmande composée de part de kouign amann, de glace caramel, de caramel au beurre salé et chantilly maison.

LA GUINGUETTE DU PETIT-BOIS €

Le Petit-Bois
CAMORS
✆ 02 56 62 67 81
www.utopia-parc.fr

De Pâques à la Toussaint, juillet et août 7j/7 de 11h à 23h.

La Guinguette du Petit-Bois est le bar-restaurant d'Utopia Parc. Situé au sein du parc, il est accessible à tous et sert à manger et à boire en continu. Sa carte se compose de produits frais et locaux, issus de l'agriculture du terroir et bio dès que possible. Au choix, on vous proposera burgers, assiettes de tapas, tartes, gâteaux faits maison... sur le pouce ou en menu entrée-plat-dessert. La Guinguette s'anime régulièrement : concerts, soirées à thèmes, spectacles...

À LA FONTAINE AU BEURRE €€

17, La Vraie-Croix
✆ 02 97 46 63 93
www.alafontaineaubeurre.fr

Ouvert du lundi au samedi. Menu unique à 22 € le midi et 26 € le soir. Terrasse. Grand parking. Vente à emporter.

On est sous le charme de cette auberge rurale dans la pure tradition bretonne. La cuisine est faite de produits frais, de saison, locaux et en partie bio. 3 entrées, 3 plats et 3 desserts changent tous les 15 jours et s'adaptent au gré des saisons et des produits des fournisseurs locaux. Ceux-ci sont mis à l'honneur : au tableau et dans un espace boutique, pour prolonger chez soi la dégustation. L'établissement fait aussi salon de thé. Les amateurs de saveurs sucrées seront enchantés de déguster une pâtisserie maison dans ce bel écrin de verdure.

DOMO VERDE €€

41, rue Saint-Yves
BAUD ✆ 09 80 39 33 18

Ouvert du mardi au samedi de 9h à 15h et le vendredi et samedi de 17h30 à 22h. Terrasse. Vente à emporter.

Face du champs de foire, cet établissement à la déco moderne, originale, et chaleureuse vous charmera à coup sûr ! Voilà un endroit pas comme les autres puisqu'en plus d'un service de petite restauration, il propose également un coin épicerie avec 80 références de the en vrac, mais aussi du chocolat (le pêché mignon de la patronne...). Pour manger sur le pouce, le Domo Verde propose paninis, salades repas, burgers, bagels, *fish and chips* ou encore, des quiches. Le lieu est chaleureux avec un coin jeux pour les enfants, un coin avec livres et jeux de société.

PAYS DE PONTIVY

E-TAL AN TAN [AU COIN DU FEU] €€

Le Guiben
CAMORS
✆ 02 97 39 24 97
https://restaurantaucoindufeu-56.fr

Ouvert toute l'année. Environ 23 € pour un plat et un dessert. À emporter.

Ce restaurant au coin du feu sent bon la Breizh... Dans son nom bretonnant « E-tal an Tan » (traduisez « Au coin du feu »), dans ses choix de produits locaux, et pour sa spécialité : sa cuisine au feu de bois. Ici, la cuisine est simple, saisonnière et faite maison, et l'on se régale. Qui plus est, le restaurant est installé dans un écrin de verdure où il n'est pas rare, paraît-il, de rencontrer des korrigans, ces fameux lutins farceurs des légendes bretonnes...

LE FLAMAMBO €€

13, rue d'Auray
BAUD
✆ 02 97 38 12 57
www.le-flamambo.com

Ouvert du mardi au samedi, midi et soir. Formule du midi : 14 € (2020). Terrasse. Vente à emporter.

Le Flamambo nous dévoile un décor contemporain dans un environnement spacieux et lumineux. L'établissement, en plus de sa grande salle intérieure, dispose également d'une belle terrasse extérieure, idéale pour les beaux jours. À la carte, on retrouve des pizzas ainsi que des burgers et des plats du jour. Sans compter les pizzas au blé noir ! La curiosité de la maison... Le restaurant propose également des pâtes à la carte. L'accueil est agréable et il est facile de stationner puisque le restaurant se trouve à proximité d'un grand parking.

AU RENDEZ-VOUS DES PÊCHEURS €€

Pont-Augan
BAUD
✆ 02 97 51 06 85

Ouvert toute l'année. Du lundi au samedi de 12h à 14h30. Vendredi soir et samedi soir sur réservation.

Emmanuelle et Nicolas sont connus dans la proche région pour la qualité de leur cuisine, gourmande et locale, et de leur accueil. Leur table, ouverte le midi, reste l'une des plus appréciées de la vallée du Blavet. La cuisine est restée traditionnelle avec un accent marqué pour les viandes originaires de la région. Tout proche de l'eau, ce restaurant se prête parfaitement à une balade, avant ou après le repas, pour découvrir le décor bucolique qui l'environne.

AU PETIT PRINCE

10, place Le Sciellour
BAUD ✆ 02 97 08 13 34
www.aupetitprince.fr

Ouvert mardi, mercredi, vendredi : 10h-12h45 et 14h30-19h, samedi : 9h-13h et 14h30-19h, dimanche : 9h-13h.

Véritable petit prince de la pâtisserie, Maëlig Georgelin, qui a d'ailleurs enregistré 4 émissions pour la télé dont le *Meilleur pâtissier spécial célébrités* !, n'est jamais à court d'idées et de créativité... Le magasin de Baud, 2e de la lignée, est ouvert depuis 2013. Les couleurs chatoyantes de cette boutique attirent l'œil et une clientèle de plus en plus fidèle qui viennent pour ses créations originales telles que la carte postale en chocolat (petit clin d'œil au musée de Baud) ou les pavés de Saint-Goustan (port d'Auray)...

MINUTES PAPILLONS

ZA Kermestre
BAUD
✆ 02 57 97 01 10

Ouvert du lundi au samedi de 9h15 à 19h15.

En novembre 2020, Minutes papillon, à mi-chemin entre l'épicerie et la grande surface, a vu le jour dans la zone de Kerbrest, à Baud. Une initiative dans l'air du temps, rêvée et menée par deux compères, amis depuis l'enfance, Valentin Pichard et Matthieu Le Goff. Ce beau projet aura mis plus de deux ans à voir le jour et il est d'envergure. Sur 420 m², le magasin propose un maximum de produits locaux : en vrac et frais, des fruits et légumes, des cosmétiques et une cave. Un espace restauration est prévu et l'option à emporter est bien entendu disponible.

CLUB NAUTIQUE DE BAUD

BAUD
✆ 02 97 51 10 83
www.baudcanoe.com

Kayak 1 place : 7 €/heure. Canoé 2 places : 12 €/heure. Stand Up Paddle : 10 €/heure.

La base nautique de Pont-Augan est l'une des plus importantes sur le Blavet. Elle propose des balades et des randonnées aux départs de Saint-Adrien (d'1h30), de Talhouet (de 2 à 3 h), ou encore de Boterneau (de 5 à 6 h). Mais vous pouvez aussi bénéficier de randonnées à la demande (par exemple avec bivouac). Autre possibilité : partir en vélo et revenir en canoë pour une randonnée à la journée. Attention, des conditions spécifiques s'appliquent pour les sorties sur l'eau. Vous pouvez aussi louer des vélos et profiter de belles balades le long du canal du Blavet.

UTOPIA ÉCO-PARC AVENTURE

Le Petit Bois
CAMORS ✆ 02 56 62 67 81
www.utopia-parc.fr

De Pâques à la Toussaint, juillet/août 7j/7 de 10h à 19h. Activités dès 5 €. Voir tarifs sur site.

Né en 2020, l'éco-parc aventure Utopia est une super idée d'excursion à la journée, à tester en famille, entre amis, ou pour vos événements. Au programme : un parcours accrobranche accessible dès 2ans (parcours ouistiti) et jusqu'à 18m de haut pour les plus audacieux, un laser game en forêt, un saut dans le vide depuis une tour de 22m, le Quick flight, un sentier pédagogique pour découvrir l'écosystème local. Nouveauté 2021 : l'Explor Games®, mélange de jeux de piste et d'escape game interactif. Après l'effort, venez vous restaurer à la Guinguette du Petit Bois.

MELRAND

S'étendant sur plus de 4 000 ha, la commune de Melrand est située au nord-ouest du canton de Baud. On y découvre un important patrimoine historique avec de nombreux calvaires, des maisons de caractères, d'anciens manoirs, des moulins, des fontaines, des puits, des fours à pain ou encore des chapelles qui jalonnent ce paysage verdoyant et vallonné, tandis qu'au creux de chaque colline se dissimule un cours d'eau. On ne manquera pas de découvrir le village de l'An Mil (vestiges d'un village médiéval) sur le site archéologique de Lann Gouh. Pour les amateurs de la pêche, l'espace de loisirs et le plan d'eau de Kerstraquel offrent un cadre idéal de 2 ha.

VILLAGE DE L'AN MIL

D2

✆ 02 97 39 57 89

www.villagedelanmil-melrand.fr

Ouvert juillet et août 7j/7, 11h-18h. Hors saison : voir site web. Adulte 6,50 €. Enfant (de 6 à 18 ans) 4,50 €.

Habité à partir de l'an mil, le site a été déserté à plusieurs reprises par ses habitants. Le Centre Archéologique de Melrand présente ici une image vivante et variée de la vie dans le Centre Bretagne il y a mille ans. On y découvre les divers aspects de la vie médiévale : les fouilles du village de Lanngouh au XIe, l'habitat rural (des maisons médiévales ont été reconstituées pour l'occasion), les expérimentations agricoles en ruralité (jardin expérimental), la vie quotidienne, les animaux du Moyen Âge (vache pie noir bretonne, mouton d'Ouessant...).

LA ROULOTTE DU VIEUX CHÊNE €

Keropert

✆ 02 97 51 77 82

roulotte-du-chene.monsite-orange.fr

Ouvert d'avril à octobre. 1 chambre double 60 €. Petit déjeuner inclus. Tarif dégressif dès la seconde nuit.

Vous rêvez de passer une nuit dans un hébergement insolite ? C'est possible à Melrand car ici, vous aurez la possibilité de vivre à l'ancienne dans une véritable roulotte transformée en chambre d'hôtes ! À l'intérieur : deux lits de 70x190. Il y a bien un cabinet de toilette, mais pas d'eau courante ni de douche (l'eau, froide et chaude, est apportée sur demande). Et pour les WC, il faudra sortir de la roulotte et se diriger vers des toilettes sèches.

AUBERGE DE LA TOURELLE €

1, place de l'Eglise

✆ 02 97 39 51 13

Ouvert toute l'année. Menus de 18 € à 30 €. Formule du midi : 11,50 € (du lundi au samedi). Terrasse.

Dans cette belle maison de caractère de 1650, venez découvrir l'Auberge de la Tourelle, Vieilles pierres et Rock'N'Roll comme on l'entend... Ici, tous les produits sont frais et proviennent, tant que possible, de producteurs locaux. Le chef Mikaël élabore une cuisine traditionnelle particulièrement savoureuse et bien présentée. La carte évolue sans cesse avec, chaque fois, 2 poissons frais et 3 viandes de saison. Sous la houlette de Gwenn, l'accueil de l'équipe est également fort sympathique. Futé : l'établissement fait également hôtel et bar.

Village de l'an mil.

PAYS DE PONTIVY

PAYS DU FAOUËT

Bienvenue en terre de nature et de recueillement ! Au Pays du Roi Morvan, les vallées se succèdent et l'environnement se pare de vert, de champs, de prairies et de forêts. Laissez-vous bercer par le chant des oiseaux et le doux bruit de la rivière l'Ellé… la campagne morbihannaise vous partage ses secrets. Empruntez les nombreux circuits qui balisent les contrées et flânez d'églises en chapelles. La région regorge de sites enchanteurs : l'abbaye Notre-Dame de Langonnet, les chapelles gothiques de Saint Fiacre et de Sainte-Barbe, les Halles du XVIe siècle et l'ancien couvent des Ursulines du XVIIe siècle qui abrite aujourd'hui l'admirable musée du Faouët, mais aussi le centre bouddhique tibétain Drukpa à Plouray, et enfin l'incontournable Petite Cité de Caractère de Guémené-sur-Scorff et sa spécialité, l'andouille de Guémené. Entre vieilles pierres et grands espaces, un séjour unique et 100% patrimoine au cœur de la Bretagne.

Pays du Faouet
PONTIVY
GUÉMÉNÉ-SUR-SCORFF
LE FAOUËT
KERNASCLÉDEN
Stival
Malguénac
Le Sourn
Guern
Saint-Thuriau
Melrand
Bieuzy
Saint-Nicolas-des-Eaux
Pluméliau
Bubry
Inguiniel
Lignol
Ploërdut
Saint-Caradec-Trégomel
D18
D191
D110
D128
D128 A
D3
D764
D159
D1
D132
D782
D128
D130
D131
D2 B
D768 A
D768
D178
D142
D2
D156
D188
D145
D159
4KM

LE FAOUËT

La commune propose quelques monuments intéressants, du point de vue architectural et culturel. En plein centre de la ville, on découvre ainsi les superbes halles du XVIe siècle. Non loin de là, dans la campagne sauvage et verdoyante, se niche la jolie chapelle Sainte-Barbe. Bâtie en 1498 dans le style gothique flamboyant, elle culmine au-dessus de profonds ravins où coule l'Ellé, une rivière qui attire pêcheurs de truites et de saumons. Aux alentours, la chapelle Saint-Fiacre mérite, elle aussi, une attention toute particulière. À pied, à vélo ou à cheval, les multiples randonnées balisées de la région vous feront découvrir des sites enchanteurs.

CHEZ DAME NATURE

Pencleux - **MESLAN** ✆ 02 97 34 26 72
www.chezdamenature.com

Ouvert de mars à octobre tous les jours de 11h à 19h. Gratuit - de 4 ans. Adulte : 9,90 €. Enfant (4 à 11 ans) : 7,90 €

Venez découvrir toutes sortes d'animaux, pour la plupart en voie de disparition. Le parc se dévoue à préserver et pérenniser certaines espèces menacées comme le taureau miniature de race Dexter ou la plus petite vache du monde. Venez vous détendre dans ce parc magnifique au milieu de cerfs blancs, wallabies, alpagas, chèvres, moutons... Plus qu'un parc c'est une ferme conservatoire. Il y a également un labyrinthe végétal ainsi que plusieurs aires de jeux et de pique-nique et une piste de descente de 300 mètres en Zorb Ball (double sphère humaine).

L'ABEILLE VIVANTE ET LA CITÉ DES FOURMIS

Kercadoret ✆ 02 97 23 08 05
www.boutique.abeilles-et-fourmis.com

Ouvert d'avril à novembre. Haute saison : 11h-19h. Gratuit - 4 ans. Adulte 9,50 €. -12 ans 7,50 €. Boutique.

Pour en savoir plus sur les abeilles et les fourmis, rien ne vaut ce musée unique, dans une ancienne ferme. Vous pourrez y découvrir leur univers de manière ludique. Du côté des abeilles : les ruches vitrées vous permettront d'observer les ouvrières, les ventileuses, la reine et sa cour sans les déranger. Du côté des fourmis on découvre différentes espèces : les champignonnistes qui transportent des feuilles, les rousses des bois qui s'activent parmi les aiguilles de pin, etc.

LES HALLES ★★

Rue des Halles

Inscrites aux Monuments historiques depuis 1914, les halles ont été créées au XVIe siècle par le Seigneur du Faouët. Elles ont ensuite été restaurées au XIXe. Tous les mercredis, il s'y tenait un grand marché. Sans compter les neuf foires annuelles. La magnifique charpente est rehaussée d'un toit d'ardoises soutenu par une rangée de courtes colonnes de granit, portées par un muret de pierres. On peut également observer le clocher octogonal coiffé d'un bulbe à huit pans. Avec une superficie de 940 m^2, sachez que c'est l'une des plus grandes halles de Bretagne !

LA CHAPELLE SAINTE-BARBE ✞ ★

Nichée au milieu de la végétation, en pleine campagne, la chapelle Sainte-Barbe, de style gothique flamboyant, ne laisse pas indifférent. Sa construction, commencée en 1489 et achevée en 1512, fait suite à un vœu de Jean de Toulbodou qui, selon les dires, échappa à la foudre à cet endroit précis et promis alors de faire édifier un lieu de culte à sainte Barbe en ce même lieu. C'est ainsi qu'il acheta le terrain au baron du Faouët, Jehan de Bouteville, et qu'il tint sa promesse. On invoque alors sainte Barbe pour se protéger du tonnerre et de la foudre.

LE MUSÉE DU FAOUËT

1, rue de Quimper ✆ 02 97 23 36 75
www.museedufaouet.fr

D'avril à début octobre. Gratuit jusqu'à 18 ans. Adulte : 7 €. Visite guidée. Boutique.

Les artistes français et étrangers à la recherche de motifs nouveaux sont vite attirés par Le Faouët, et ce dès le milieu du XIXe siècle. Installé dans un ancien couvent d'Ursulines du XIIe siècle, le musée fut inauguré en 1987 et abrite aujourd'hui une collection de près de 450 œuvres (peintures, dessins, gravures,...) présentées par roulement lors des expositions temporaires. A partir du 2 mai venez découvrir l'exposition «Le Paysan dans la peinture bretonne». Un lieu culturel hautement fréquenté dans le département. A découvrir.

LE STEROU - PARC NATUREL

Le Sterou - **PRIZIAC** ✆ 02 97 34 63 84
www.lesterou.com
Toute l'année. 9h-19h, restauration jusqu'à 21h. Gratuit jusqu'à 4 ans. Adulte : 10 €. Enfant (de 4 à 12 ans) : 6 €.

Au cœur d'un parc de 80 hectares, Le Stérou compte quelque 120 cervidés vivant en totale liberté, un lieu unique en Bretagne. Pour les observer, vous pourrez suivre les 12 km de parcours pédestres aménagés et découvrir de remarquables sites. On notera d'ailleurs les inoubliables balades à thème comme la rencontre des arbres insolites ou encore les contes. Profitez du safari d'une heure en voiturette pour observer les cervidés.

Pour un séjour insolite emprunt de magie, venez dormir dans l'un des 3 chalets en bois, vous y croiserez certainement quelques Trolls.

CAMPING LE LAC Ô FÉES €€

Lac du Bel Air
PRIZIAC ✆ 02 97 34 63 55
campinglelacofees.fr
Ouvert toute l'année. 55 emplacements. 7 mobil-homes. Cabane des fées. Jeux enfants. Wifi. Restauration. Animations.

L'océan à la campagne, le calme en plus ! Dans ce camping écoresponsable, vous êtes au bord du lac pour profiter de la baignade et des joies du nautisme avec la base nautique attenante qui propose stages, location de voile, kayak, canoë et *paddle* ainsi que des balades natures. Bénéficiez d'un environnement inouï qui se prête à de nombreuses activités : randonnée pédestre et à vélo, pêche, équitation... Par ailleurs, les équipements sont excellents et bien entretenus et les services de qualité. Tous les ingrédients pour un séjour ressourçant !

L'ARGOAT €€

19, rue de la Croix-Blanche
✆ 02 97 23 09 18
www.largoat.fr
Ouvert toute l'année. Le lundi midi ; le mardi, le mercredi, le vendredi et le samedi le midi et le soir.

Situé à proximité des halles, le restaurant L'Argoat vous propose une carte variée avec crêpes, pizzas, plats préparés et salades. La spécialité : la poêlée de Saint-Jacques à l'andouille ou la corolle de Saint-Jacques. Quant aux pizzas, elles sont à déguster sur place ou à emporter. Mais il serait dommage de repartir sans avoir goûter au gâteau breton fait maison. Vous pourrez le déguster accompagné de chantilly et d'une glace caramel et vanille caramel. Il s'agit du dessert intitulé l'Argoat, l'autre spécialité de la maison.

LA FOURMI ROUGE €€

20, rue de Portz en Haie
✆ 02 97 23 59 70
Ouvert le mardi soir ; du mercredi au dimanche le midi et le soir. Carte : 14 € environ. Jardin. Terrasse. Animations.

Dans une ambiance bistrot moderne, Thierry et Youçef vous accueillent chaleureusement et vous préparent leur spécialité : les tartines XXL. A la dégustation : la Larzac (purée de tomates, emmental, jambon cru, chèvre), la Basque (purée de tomates, emmental, chorizo, huile d'olives), la Lorientaise (crème fraîche, emmental, curry poulet, chèvre), accompagnées de salade. N'hésitez pas à demander pour moduler les tartines si vous avez des préférences. Des sessions celtiques ont lieu tous les mardis soir dans une ambiance festive et conviviale. Pensez à réserver.

© MÉLANIE CHOSSON

Chapelle Ste Barbe, Le Faouët.

PAYS DU FAOUËT

LA SARRASINE €€

1, rue du Château
✆ 02 97 23 06 05
Ouvert le mardi midi ; du mercredi au dimanche le midi et le soir. Accueil des groupes.

La crêperie La Sarrasine se trouve dans une ancienne et charmante maison bretonne, située dans la petite localité du Faouët. En poussant la porte de l'établissement, on découvre un lieu chaleureux, avec murs en pierres apparentes et belle cheminée. L'accueil est tout aussi chaleureux et agréable. Quant aux crêpes, elles sont bonnes et bien garnies avec des produits frais. Le plus : le kig ha farz tous les jeudis midi d'octobre à mars. Si vous cherchez un lieu authentique dans un cadre traditionnel, vous êtes ici à la bonne adresse.

LE THON QUI RIT €€

23, rue du Soleil
✆ 02 97 23 21 67
www.lethonquirit.com
Plat du jour : 9,50 €. Formule du midi : 13 € (entrée, plat et 1/4 de vin). Terrasse. Vente à emporter.

Avec une superbe vue sur les halles datant du XVIe siècle, c'est très agréable de se poser en terrasse pour le déjeuner ou le dîner. Le Thon qui Rit propose des salades, des pâtes mais aussi des viandes (burger, andouillette...) et des poissons (risotto de Saint-Jacques, dos de cabillaud en crumble de chorizo...). Et bien sûr ses pizzas classiques, fromagères), originales, végétariennes et les spéciales «Thon qui Rit» (Saumon, Océane, Saint-Jacques...). En salle ou en terrasse, l'atmosphère est toujours chaleureuse et détendue. Bon appétit !

GUÉMENÉ-SUR-SCORFF ★

La cité médiévale de Guémené, située sur le bord du Scorff, est célèbre pour son bâti patrimonial riche. Le bourg est constitué de maisons anciennes bien préservées, de maisons à colombages, de jardins en terrasse, de la maison du Sénéchal, qui sont autant de vestiges du Moyen Age. La « petite cité de caractère » est également, et surtout, connue pour sa spécialité culinaire : l'andouille ! Une fête lui est d'ailleurs consacrée chaque année au mois d'août. Au programme : concerts, fest-noz, marché de producteurs et artisans, concours de boules, sans oublier la partie restauration qui célèbre la préparation charcutière locale, bien évidemment !

GITES KERHOTTEN €€

1, Hameau de Kervotten - **LANGOËLAN**
✆ 02 97 39 30 24
gitesmorbihankerhotten.simplesite.com
Ouvert toute l'année.Jeux enfants. Animaux acceptés. Réceptions et mariages. Service ménage. Salon de jardin. Vélos.

Tapi dans son écrin de verdure de 7 000 m², ce joli hameau propose 4 maisons de 1697 aménagées en gîtes confortablement équipés et spacieux. Chacun dispose d'un jardin et d'une terrasse avec barbecue.

Ce petit coin de paradis avec vue magnifique sur le lac du Dordu offre une pause de calme et de dépaysement, loin du tumulte de la ville. Différents services proposés : aire de jeu pour les enfants, prêt de vélos, jeux de société, terrain de pétanque, livraison de repas et massage possible également, sur réservation. Le plus : la piscine extérieure solaire chauffée.

L'ATELIER BISTROT €€

24, rue Duchelas
LANGOËLAN
✆ 02 97 51 37 81
Ouvert du jeudi au dimanche, de 12h à 22h. Accueil des groupes. Terrasse.

Un charmant bistrot tenu par des propriétaires tout aussi charmants ! Ici, il y a des produits frais et une cuisine maison. Et les vins viennent directement de la production. A l'Atelier Bistrot, la table est soignée, généreuse, conviviale. Les préparations gourmandes et créatives : Tatin d'andouille de Guéméné et échalotes confites, filet de lieu jaune et lard grillé, filet de bar et son bouillon crémeux aux algues, joues de porc confites... Pour le dessert : coque de chocolat et crémeux vanille, café ou thé gourmand finiront de vous régaler. Une belle adresse.

AUX SABOTS ROUGES €€

6, rue Bisson ✆ 02 97 51 24 38
www.auxsabotsrouges.fr
Ouvert du jeudi au dimanche - Fermé samedi midi. Haute saison du mercredi au dimanche midi et soir. Vente à emporter.

Dans une belle maison du XVIIe, Aux Sabots Rouges est à la fois bar, restaurant et chambres d'hôtes. L'accueil de ce couple anglo-breton est tout à fait charmant et l'atmosphère du lieu n'en est que plus singulière. Venez découvrir la sélection de bières internationales ainsi que la belle carte des vins. Des jeux de société et livres sont à disposition ainsi qu'une aire de jeux pour enfants.

On vous propose un buffet d'entrées et de desserts maison ainsi que des plats aux saveurs d'ici et d'ailleurs. 4 chambres joliment décorées. Un très bel établissement.

ANDOUILLES RIVALAN-QUIDU

5, rue de Bellevue
✆ 02 97 51 21 10
www.andouille-guemene.com
Du lundi au samedi 9h-12h30 et 14h15-19h. Possibilité de commander via le site Internet.

Benoît Rivalan, sa femme Françoise et leurs enfants Mylène et Thomas, perpétuent une tradition suivie par la belle-famille depuis des décennies. Tout ce petit monde maîtrise parfaitement la fabrication de la véritable andouille de Guémené. Les chaudins de porc sont enfilés les uns sur les autres avant d'être fumés puis l'andouille est mise à sécher de longues semaines, voire plusieurs mois. Elle est ensuite cuite pendant 3 à 4h dans une eau frémissante. C'est ainsi qu'elle acquiert son goût parfumé, et qu'elle peut se conserver plusieurs semaines après l'achat.

MAISON DE LA CHAUVE-SOURIS

1, place de l'Eglise ✆ 02 97 28 26 31
www.maisondelachauvesouris.com
Rendez-vous sur le site www.maisondelachauve-souris.com pour connaitre les jours et heures d'ouverture et les tarifs.

Ce musée original abrite la 4e plus grande colonie de chauves-souris en France. Il est le plus grand musée dédié à cet animal sur notre territoire ! La Bretagne recense 21 espèces protégées sur les 34 répertoriées. Des visites guidées avec un spécialiste sont organisées. Vous pourrez ainsi voir via des caméras infra-rouges une importante colonie de reproduction installée dans l'église. N'ayez crainte, vous êtes accompagné ! Ne manquez pas non plus les nuits de la chauve-souris en été.

KERNASCLÉDEN

Petit village rural situé dans la vallée du Scorff, Kernascléden est rattaché par ses traditions au pays Pourlet. La commune doit essentiellement sa renommée à sa chapelle surnommée la « Chapelle aux mille clochetons ». De nombreux visiteurs y viennent parfois de très loin afin d'y admirer ses fresques représentant une scène de danse macabre du peintre Maurice Denis. L'église de Kernascléden est également un important édifice dont la construction fut sans doute rendue possible par la volonté des Rohan, des chauves-souris ont élu domicile dans son clocher. Proche de là, les amoureux de la nature pourront se promener dans la forêt de Pontcallec.

DOMAINE DU SCORFF €€

8, Canquisquélen ✆ 02 97 28 27 06
www.domaine-du-scorff.com
Ouvert toute l'année. Chalets, Chambres d'hôtes, Roulotte ou Emplacement camping-cars. ANCV. Jeux enfants. Wifi.

Le domaine du Scorff vous propose la location de 4 chambres d'hôtes, chalets pour 4 à 6 personnes, roulotte pour 4 personnes mais aussi d'un gîte pour 5 personnes. L'ensemble résidentiel peut accueillir ainsi jusqu'à 70 personnes. Les camping-caristes pourront également profiter du lieu avec une aire qui leur est réservée.

Profitez de l'espace bien-être (avec sauna, spa et table hydro-massante), la piscine couverte et chauffée, ainsi que des salles pour l'organisation de vos événements. Ces dernières peuvent être louées avec une formule repas si vous le souhaitez.

ÉGLISE NOTRE-DAME ★

Datant du XVe siècle, l'église catholique Notre-Dame-de-Kernascléden est un monument de style gothique flamboyant. Construite entre 1420 et 1464, cette ancienne chapelle est un véritable vestige de l'architecture bretonne. La nef avec la voûte en pierre est une chose peu fréquente par ici, en Bretagne ! Si vous entrez, vous pourrez remarquer les différentes fresques murales représentant la vie de Jésus et de la Vierge Marie. On y découvre également une représentation de la danse macabre, l'une des seules dans notre région...

LE CHARLY'S €€

2, place de l'Eglise
✆ 02 97 39 84 79
Lundi 9h-15h mardi/dimanche 10h-16h mercredi 10h-16h30 jeudi 10h-22h vendredi/samedi 9h-23h30 dimanche 18h30-21h45.

Ouvert depuis 2015 dans l'ancienne forge de Kernascléden, Le Charly's est un bar restaurant qui propose des formules simples le midi ainsi que des pizzas et une carte brasserie les vendredis et samedis soir. Quiche brocolis, chèvre, basilic, dos de cabillaud aux petits légumes et riz, escalope de poulet avec sa crème de gorgonzola, tarte poire-chocolat, mousse au chocolat... Egalement des pizzas, des hamburgers et des salades... Des événements et des soirées sont organisés de temps en temps. Un endroit où l'ambiance est de mise.

ORGANISER SON SÉJOUR

Cap sur le Morbihan ! La « petite mer » en breton, ne vous décevra pas. Le département compte plusieurs îles : l'île d'Arz, Belle-Île-en-Mer, l'île d'Hoedic, l'île de Houat, l'île de Groix, l'île aux Moines... Et de nombreux paysages admirables : la côte sauvage de Quiberon, le superbe golfe du Morbihan et la ria d'Étel. Explorer ce territoire, c'est naviguer autour de ses îles et arpenter ses 905 km de côtes, se laisser transporter par les légendes de Brocéliande, Arthur et ses chevaliers, visiter des sites naturels remarquables. Le lac de Guerlédan, les alignements de Carnac, la réserve naturelle des marais de Séné, les Montagnes Noires, Vannes et ses remparts, le château de Suscinio, le lieu de pèlerinage de Sainte-Anne d'Auray, les cités de caractère de Josselin et de Rochefort-en-Terre et les cités balnéaires... Plus qu'un patrimoine architectural pittoresque, c'est tout un monde qui vous attend !

S'Y RENDRE

On vient dans le Morbihan très facilement : en voiture, avec des quatre-voies gratuites dès lors que l'on franchit les frontières de la Bretagne, en car avec les compagnies nationales, en avion (aéroport de Lorient, Nantes ou Rennes) et bien sûr en train, avec un TGV qui a pris de la vitesse jusqu'à Rennes et raccourcit les distances depuis Paris. Si vous venez sans voiture hors d'une grande ville (Vannes ou Lorient), prévoyez une location de véhicule sur place, sauf si vraiment, vous visez un tourisme vert très local et qu'un taxi pour rejoindre votre lieu de villégiature suffit. Le vélo, le covoiturage et les transports en commun seront vos alliés pour des excursions nature, touristiques, culturelles... On loue facilement des vélos, à assistance électrique qui plus est, dans les différents hauts lieux de visite du département. Il faut dire qu'entre les voies vertes et le canal de Nantes à Brest, il y a de quoi pédaler et visiter !

AÉROPORT VANNES GOLFE DU MORBIHAN

Aérodrome
MONTERBLANC © 02 97 60 78 79
www.vannes.aeroport.fr
Du 1er avril au 31 octobre du lundi au vendredi de 8h à 19h. Le samedi, le dimanche et les jours fériés de 9h à 19h30.

L'aéroport de Vannes accueille les petits avions ou vols privés que ce soit pour des vols de loisirs ou des vols d'affaires. D'ici, vous pourrez également survoler le golfe du Morbihan en hélicoptère et découvrir ainsi toutes les merveilles de la côte comme des terres. Et pour ceux qui veulent découvrir d'autres sensations, l'aéroport de Vannes vous propose également de vous lancer dans les airs, à 3000 mètres d'altitude, pour un véritable saut en parachute...

GARE SNCF DE VANNES

Rue Favel-et-Lincy
VANNES
www.gares-sncf.com/fr/gare/frvne/vannes
Ouvert toute l'année.

Arrivez directement dans le golfe du Morbihan et profitez sans plus attendre de votre séjour, avec un centre-ville accessible à pied. Avec la LGV, Vannes n'a jamais été aussi proche de Paris ! 2 heures 18 ! Rejoignez aussi la gare pour relier d'autres villes bretonnes : Questembert, Quimper, Saint-Brieuc, Lorient... Petit plus Petit Futé : ne manquez pas l'étal de légumes bio et le tube de fleurs les vendredis après-midi ! Sur le parking situé de l'autre côté de la rue, bus et autocars inter-régionaux (*low cost*) sont accessibles facilement.

GARE DE LORIENT

Place François Mitterrand
LORIENT
Ouvert tous les jours toute la journée, et le vendredi soir jusqu'à 01h45 du matin. Boutiques. Restauration.

Après de gros travaux de rénovation, la gare de Lorient a été totalement transformée, assurant aux voyageurs les meilleurs services possible. Côté trains, vous pourrez rejoindre Quimper d'un côté et Vannes, Nantes, Paris de l'autre. Des cars sont également présents à la gare routière adjacente et vous conduiront dans toute la ville, mais aussi plus largement dans le reste du département et de la Bretagne. Côté restauration, un Tibs vous propose des produits bons et frais pour accompagner votre voyage ou à déguster sur place.

OUIBUS

Place de la gare
VANNES
fr.ouibus.com
Tous les jours.

Venez en car à Vannes ! Ou, de Vannes, que vous souhaitiez partir en déplacement professionnel, en vacances avec votre moitié ou juste pour un week-end entre amis, montez à bord de OUIBUS ! Une cinquantaine de trajets est proposée au départ de Vannes. Filiale de la SNCF, ce développement des voyages à courte ou grande distance est une alternative économique au train. Les bus sont confortables : wifi gratuit à bord, sièges inclinables, climatisation, prises électriques à chaque rangée. Les départs et arrivées se font en gare SNCF.

SÉJOURS ET CIRCUITS

Un circuit dans le Morbihan, et pourquoi pas ? Ce sera à vous de l'imaginer... Il pourra se faire par pays. Chacun d'eux à son ou ses offices de tourisme et propose soit des cartes touristiques, soit des circuits tout faits. En Brocéliande, par exemple, à cheval entre le Morbihan et l'Ille-et-Vilaine, vous pourrez marcher dans les traces du grand roi Arthur et de l'enchanteur Merlin. Dans le golfe du Morbihan, vous pourrez suivre la route de l'huître, ou encore randonner sur son sentier côtier, qui est une pure merveille. Vous aimez les mégalithes ? Faites votre propre circuit : un jour à Carnac, un jour à Gavrinis, un jour à Monteneuf... C'est un circuit artistique qui vous plairait ? Visitez le Dédale à Vannes, le domaine de Kerguéhennec, le Naïa Museum (Rochefort-en-Terre), les ateliers de Saint-Goustan (Auray)... Vous pourrez aussi choisir les ports comme thématique : Vannes, Lorient, La Trinité-sur-Mer, Port-Louis...

HANNELE LE BARON - ORGANISATRICE DE VOYAGES

3, avenue Palud
CARNAC
✆ 06 37 36 33 95
www.voyages-finlande.com

Hannele Le Baron est une consultante spécialiste de la Finlande qui peut vous organiser votre voyage sur mesure, selon vos envies et votre budget. Basée en Bretagne, elle parle couramment le français et connaît parfaitement son pays d'origine, la Finlande. N'hésitez pas à la contacter par mail ou par téléphone ! Pour un séjour authentique, vous avez frappé à la bonne porte. Les séjours sont généralistes ou très spécifiques mais toujours variés et passionnants.

QUOTATRIP

www.quotatrip.com

QuotaTrip est une nouvelle plateforme de réservation de voyage en ligne qui met en relation des voyageurs à la recherche d'expériences authentiques et uniques et des agences de voyages locales sélectionnées pour leurs compétences et leur sérieux. Le réseau de QuotaTrip couvre près de 200 destinations du monde entier. Le but de ce rapprochement est simple : proposer un séjour entièrement personnalisé aux utilisateurs. QuotaTrip promet ainsi l'assurance d'un voyage serein, sur mesure, sans intermédiaires et sans frais supplémentaires.

SE DÉPLACER

On se déplace très facilement dans le Morbihan, d'autant plus que les routes sont toutes gratuites. La voiture sera pratique pour des vacances itinérantes ou avec des visites aux quatre coins du département, mais si vous restez dans un même lieu, le vélo pourra être un choix plus pertinent. Beaucoup de routes et de parkings sont saturés en été, alors il sera souvent bien plus facile d'accéder à une plage à vélo, et encore plus de trouver à se garer. Des transports en commun sont aussi bien organisés, dans l'agglomération des grandes villes, mais aussi pour en sortir et aller visiter les sites alentours : vous trouverez tous les bons plans dans l'office de tourisme de votre secteur. Vous pourrez ainsi miser sur les cars et sur les trains, pour une excursion à la journée. Se rendre sur les îles est très aisé, car les traversées sont nombreuses et régulières, quelle que soit l'île. Les compagnies proposent même des croisières.

COCONUT'S LOCATION

Port-Tudy
GROIX ✆ 02 97 86 81 57
www.coconutslocationgroix.com
Ouvert tous les jours. Voiture dès 49 € / jour, vélo de 11 à 6 € / jour. Tarif dégressif dès la deuxième journée.

Situé à Port-Tudy, près de l'embarcadère, voici l'un des principaux loueurs de véhicules de l'île. Lorsque vous sortez du bateau, vous ne pouvez pas louper cet établissement. Coconut's Location vous propose un grand choix de véhicules : des voitures citadines, des voitures électriques, des scooters, des tandems, des vélos VTC, VTT ainsi que des vélos électriques. Les tarifs sont dégressifs en fonction de la durée du contrat de location et le dépannage est gratuit en cas de besoin. Coconut's propose aussi la livraison de vos bagages.

LOCATOURISLE - LES CARS BLEUS

Face au débarcadère Quai Bonnelle - **LE PALAIS**
✆ 02 97 31 83 56
www.locatourisle.com
Ouvert tous les jours. D'octobre à mars : 8h30-12h15/14h-18h et d'avril à septembre : 8h30-18h45.

Située face au port de Palais à la sortie des bateaux, cette agence de location de voitures vous propose différents modèles pour découvrir l'île. De l'extrême 500-2 places, au Trafic-9 places, en passant par sa gamme électrique avec la Bluesummer-4 places électrique ou la Zoé-5 places, entre autres, les véhicules de Locatourisle répondront à tous vos besoins et à vos envies d'évasion. L'accueil est des plus agréables ! Pensez à réserver, surtout en saison.

A LOCA SCOOT

Route de Bangor
LE PALAIS
✆ 02 97 31 49 94
www.velo-scooter-belle-ile-56.fr
Locations à la 1/2 journée, à la journée et à la semaine.

A 50 mètres de l'embarcadère, sur le quai Bonnelle, vous pourrez louer des vélos adultes et enfants, des tandems, des vélos électriques, des scooters 50 et 100cc, des motos 125cc ainsi que des suiveurs et même des remorques. L'établissement propose du matériel récent et de qualité, révisé systématiquement entre deux locations. Le + : une carte des routes de Belle-Ile vous est fournie avec la location. Et si vous êtes en panne, un mécanicien viendra gratuitement vous dépanner. L'accueil y est très sympathique. On recommande..

ABBIS LOCATION VÉLO

28, bis, rue d'Ambon
DAMGAN
✆ 02 97 48 10 49
www.legolfenvelo.com
Haute saison : ouvert tous les jours. Sur réservation hors saison. Chèque Restaurant.

Trouvez ici votre deux-roues ou plus ! Vélo classique ou vélo à assistance électrique, tandem ou rosalie, vélos suiveurs ou autres équipements pour les enfants, trailer bike, voiture à pédale : vous trouverez ici tout ce qu'il vous faut pour rouler au vert et au grand air, à la force des mollets, avec ou sans tricherie. Qui plus est, les parkings des plages étant souvent pris d'assaut, vous vous assurez, à vélo, de vous garer où bon vous semblera et de profiter des plaisirs de l'eau. Parcourrez les 10 km de front de mer le nez au vent... Bonheur assuré !

AU CHEVAL DE FER

1 bis, quai Gambetta
LE PALAIS
✆ 09 74 56 22 28
www.auchevaldefer.fr

Tarif groupe. Location à la journée, à la semaine, ou au séjour.

Situé à quelques encablures du port et des ferries, en direction de l'accès à la citadelle devant le pont, vous trouverez ce magasin un peu en retrait de l'effervescence des arrivées des voyageurs. Ce qui n'est pas désagréable... Au Cheval de Fer vous propose la location de vélos (électriques ou non), tandems, VTT, VTC, carrioles enfants et scooters 50 ou 125 CC. Bon à savoir : l'entreprise peut également vous proposer la vente de vélos, motos et scooters. Futé : à partir de 3 jours de location, vous pouvez vous faire livrer les vélos dans toute l'île !

CARNAC LOCATION VÉLOS

76, avenue des Druides
Face à l'office de Tourisme
CARNAC
www.velocouest.fr

Ouvert d'avril à octobre. Livraison possible. Réservez votre vélo sur le site internet.

La jolie commune littorale de Carnac se parcourt agréablement à vélo. Et il fait bon pédaler à la découverte de la ville, des sentiers côtiers, des plages, et des incontournables alignements préhistoriques pour tenter de percer les secrets des menhirs, des dolmens et des mégalithes ! Chez Carnac Location (qui appartient à Véloc'Ouest), vous pourrez louer pour une journée ou plus, des vélos classiques pour adultes et pour enfants, des vélos électriques, avec baby van, sièges bébé et des casques pour rouler en toute sécurité !

ÎLE AUX MOINES LOCATION VELOS

Rue Benoni-Praud
ILE-AUX-MOINES
✆ 06 52 30 91 45
www.velocouest.fr/ile-aux-moines-locations

Ouvert du 01/04 au 30/10 - Réservation possible sur le site www.velocouest.fr.

L'île aux Moines s'arpente à pied... et à vélo ! L'île, tout à fait ravissante, se prête à la balade en famille. Vous trouverez, chez Île aux Moines Locations (entité de Véloc'Ouest), des vélos enfants et adultes, tandem et vélos électriques, ainsi que des casques, sièges bébé et remorques, pour circuler en toute sérénité dans les ruelles étroites des villages et sur les routes et chemins bucoliques de ce petit écrin de verdure, niché au cœur du golfe.

ÎLE D'ARZ LOCATION VÉLOS

Port de Béluré
ILE-D'ARZ ✆ 06 73 58 72 33
www.velocouest.fr

Ouvert du 01/04 au 30/10 - Réservation des vélos en ligne sur le site www.velocouest.fr. Dès 6 €/2h, tarifs degressifs.

Arz Location, antenne de Veloc'Ouest, propose des deux-roues, mais pas seulement. Vous trouverez à coup (coût) sûr votre véhicule pour des déplacements doux ou sportifs : vélo adulte ou enfant, vélo électrique, rosalie, tandem, tricycle adulte ou enfant, avec leurs accessoires, casque, siège bébé et remorque. Arz Location dispose aussi de kayaks, pour découvrir l'île depuis l'eau. La réservation se fait sur internet, dès 1h ou pour plusieurs jours. Vous récupérez votre moyen de locomotion sur place : tout est facile. Il ne vous reste plus qu'à randonner !

ILE D'HOUAT LOCATION VÉLOS

Port de St Gildas
ILE-D'HOUAT
www.velocouest.fr

Ouvert du 01/04 au 30/10 - Pensez à réserver votre vélo sur le site www.velocouest.fr

La petite île de Houat, au large de Quiberon, est un espace naturel remarquable en Bretagne Sud. Pour partir à la découverte de sa nature sauvage et de ses magnifiques panoramas ouverts sur les plages de sable fin, quoi de mieux que le vélo ? C'est le moyen de locomotion incontournable pour arpenter l'île ! Vous pourrez louer des vélos pour adultes et pour enfants, des vélos électriques, avec baby van, sièges bébé et des casques pour rouler en toute sécurité !

VANNES LOCATION VÉLOS

Quai Tabarly
VANNES
www.velocouest.fr

Réservations possibles le site www.velocouest.fr - Livraison sur toute la Bretagne, y compris les îles. Toute l'année.

La cité historique de Vannes se parcourt agréablement à vélo. Balade sur les quais, découverte de la ville, randonnée dans le golfe du Morbihan, accès privilégié aux plages et panoramas imprenables... tout est à portée de mollets et facilement accessible ! Chez Vannes Location (qui appartient à Véloc'Ouest), vous pourrez louer pour une journée ou plus, des vélos adultes ou enfants, des vélos électriques, avec baby van, sièges bébé et bien sûr casques, pour rouler en toute sécurité. Véloc'Ouest a ses antennes dans le golfe et dans les îles.

S'INFORMER

Comment s'informer sur le Morbihan et votre futur séjour ? Première étape : ce guide, que vous avez entre les mains. Puis... pêle-mêle, car à chacun ses ressources préférées : les offices de tourisme, qui restent les grands alliés d'un séjour réussi, la presse locale, le web et ses commentaires, les blogs... La presse locale quotidienne, en Morbihan, se partage entre *Ouest-France* et *Le Télégramme*. Côté hebdomadaires et magazines, le choix s'élargit selon le territoire et vos centres d'intérêt. Un bon plan est, en été, de mettre la main sur l'un des cahiers spéciaux (chaque journal ou groupe de presse propose le sien, gratuitement, en complément de l'achat d'un numéro) compilant toutes les festivités et activités du département pour le mois ou pour l'été. Côté radio, outre la traditionnelle France Bleu (Armorique et Breizh Izel), écoutez les radios indépendantes, pour entendre parler breton ou gallo, découvrir des groupes locaux...

FRANCE 3 BRETAGNE

9, avenue Jean-Janvier
RENNES
✆ 02 99 01 79 79
france3-regions.francetvinfo.fr/bretagne
Rendez-vous infos quotidiens à 12h, 19h et 22h30.

L'antenne régionale de *France 3* est située à Rennes. Les équipes rattachées à *France 3 Bretagne* produisent des documentaires et émissions de qualité, alliant proximité et professionnalisme, qu'on retrouve en podcast sur le site Internet ou sur la chaîne YouTube. Présent sur les grands événements comme sur les plus petits, toujours à l'affût, *France 3 Bretagne* est un excellent relais régional. Ses équipes interviennent d'ailleurs pour la préparation d'émissions diffusées sur le canal national de *France 3*. Là encore, un gage de leur compétence.

FRANCE BLEU ARMORIQUE

place Albert Einstein
VANNES
✆ 02 97 62 02 70
www.francebleu.fr

Diffusée sur 103.1, Radio France Bleu Armorique couvre le département du Morbihan sud à l'est d'un axe Auray-Josselin. Information locale ancrée dans le territoire du pays de Vannes, particulièrement en matinale, avec des points info de 6h à 9h tous les quarts d'heure et à 17h et 18h. La radio généraliste et locale multiplie les reportages sur les événements locaux, les bons plans de sorties, les lieux incontournables à visiter... Les acteurs locaux, de la culture comme de l'économie, y sont à l'honneur. À écouter pour une immersion totale !

OUEST-FRANCE

15, rue de Closmadeuc
VANNES
✆ 02 97 47 42 05
www.ouest-france.fr
Ouvert toute l'année.

Ouest-France est le plus grand tirage de la presse quotidienne en France. Chaque jour, 53 éditions différentes sont publiées, de la Bretagne à la Basse-Normandie, en passant par les Pays de la Loire. Culture, sport, politique, justice et faits de société côtoient au sein de la pagination les informations d'une actualité locale riche. A Vannes, la rédaction est bien implantée dans le tissu local avec une équipe de 53 journalistes professionnels complétée par un réseau important de correspondants pour une information de proximité.

PLUM'FM [102.1]

2, rue des Rosiers
SÉRENT
✆ 02 97 73 30 00
www.plumfm.net

Créé en 1990 comme simple atelier radio à l'Institut Médico Éducatif Les Bruyères de Plumelec afin de permettre aux résidents d'utiliser la radio en tant qu'outil pédagogique, Plum'FM propose aujourd'hui 40 émissions régulières en tout genre (musicales, culturelles, d'actualité, de débat, pédagogiques, éducatives, sur l'environnement...) et une trentaine de chroniques. Plum'FM assure également la promotion des langues régionales telles que le gallo avec 14 heures de programmes en gallo chaque semaine, ce qui fait d'elle la première radio gallésante au monde !

RADIO BRO GWENED 92.6 MHZ

2, quai du Plessy
PONTIVY
✆ 02 97 25 14 00
www.radio-bro-gwened.com
92.6 Pontivy ; 94.8 Vannes ; 97.3 Lorient ; 101.7 Nord-Morbihan.

Radio Bro Gwened est une radio associative créée en 1983 qui a pour vocation de défendre la langue et la culture bretonnes. Bien que la radio mette principalement en avant les chanteurs et les musiciens de Bretagne, elle a tout de même su conserver une grande diversité dans les genres : musiques du monde, rock, chanson française, reggae, techno, classique, jazz, salsa, flamenco... Elle propose des émissions régulières sur la vie du coin et les acteurs locaux.

RCF SUD BRETAGNE - RADIO SAINTE-ANNE [90.2]

55, rue Mgr-Tréhiou
VANNES
✆ 02 97 47 51 91
www.rcf.fr

Radio généraliste et grand public à spécificité chrétienne, Radio Sainte-Anne a vu le jour en 1998 grâce à la fusion de quatre radios chrétiennes du département. Appartenant au réseau des radios chrétiennes francophones (64 radios locales et 270 fréquences en France et en Belgique), elle tient son nom de la sainte patronne des Bretons, et mêle culture, musique, loisirs et divertissement, information nationale, internationale et locale, ou encore spiritualité.

RÉCRÉATILOUPS

VANNES
www.recreatiloups.com
Ouvert toute l'année.

Récréatiloups est devenu la référence en matière de loisirs en famille et de sorties pour les enfants, en Morbihan et dans toute la Bretagne. Le site, le blog et les pages des réseaux sociaux proposent un flux d'idées d'escapades et d'activités à pratiquer avec des enfants de 0 à 15 ans. Quels que soient le temps, la période de l'année ou votre budget, vous trouverez sur ce site l'information adéquate... et même un webzine avec des suggestions d'activités créatives. Les activités sont testées sur le terrain avec des « mini-testeurs » heureux de se prêter au jeu.

LE TÉLÉGRAMME

6-8, rue Hoche
VANNES
✆ 02 97 42 44 22
www.letelegramme.fr/morbihan
Ouvert toute l'année.

Ce quotidien né en 1944 est aujourd'hui l'un des premiers quotidiens français. Il est également devenu un groupe national qui utilise tous les réseaux de communication pour vous informer : multimédia (presse, télévision, internet), services aux entreprises et événementiel. Toute l'actualité locale et régionale, dont les festivités et la culture, y est traitée, avec un rappel sur le site web. En été, un supplément gratuit recense tous les événements, marchés, festoù-noz, salons, foires, concerts et fêtes traditionnelles du département.

TV RHUYS

12, rue de Govéan
SARZEAU
✆ 02 97 68 45 47
tvrhuys.com
Ouvert toute l'année.

Évadez-vous grâce à la TV locale par Internet. Dernière-née d'info télévisuelle, TV Rhuys est à communique sur tous les évènements de la partie sud du Morbihan : portraits, spectacles, gastronomie, voyages, bons plans. Son slogan ? «Bouge ton Ouest». La chaîne met sur le devant de la scène tous les acteurs locaux qui font bouger les lignes : pour réaliser leurs rêves, pour faire parler de leur région, pour créer de l'emploi, pour partager des passions... L'info est optimiste et traitée avec bonne humeur, pour un bon bol d'air frais audiovisuel !

VANNES BRETAGNE SUD - VBS

VANNES
www.vannes-bretagne-sud.bzh

Ce site d'infos locales s'intéresse à l'actualité de Vannes, de son agglomération, de la presqu'île de Rhuys et du pays d'Auray. Les rubriques Découvrir, Sortir et Bons plans sont des mines d'inspiration pour votre séjour en sud Morbihan. Expositions, fêtes et festivals, promotions sur des activités, événements sportifs, lieux où sortir, adresses gourmandes ou détente : tout y est. Un site web à visiter avant et pendant votre séjour, et des pages à suivre sur les réseaux sociaux !

L'île d'Arz.

INDEX

EDITION
Directeurs de collection et auteurs : Dominique AUZIAS et Jean-Paul LABOURDETTE
Responsable d'édition : Mélanie CHOSSON
Auteurs : Maud POUPA, Sophie AUBRY, Emilie SOK, Marion-Isabelle CAVAGNA-THIVET , Juhel YVON, Nina MONTAGNE, Michel HUELLOU, Anne-Sophie FESSELIER-HAGUET,Fabienne BLUM, Jean-Paul LABOURDETTE, Dominique AUZIAS et alter
Directeur Editorial : Stéphan SZEREMETA
Rédaction France : Elisabeth COL, Tony DE SOUSA, Mélanie COTTARD, Audrey VEDOVOTTO
Rédaction Monde : Caroline MICHELOT, Morgane VESLIN, Pierre-Yves SOUCHET, Natalia COLLIER

FABRICATION
Responsable Studio : Sophie LECHERTIER assistée de Romain AUDREN
Maquette et Montage : Julie BORDES, Delphine PAGANO
Iconographie et Cartographie : Anne DIOT, Julien DOUCET

WEB ET NUMERIQUE
Directeur Web : Louis GENEAU DE LAMARLIERE
Développeurs : Adeline CAUX et Kiril PAVELEK
Intégrateur Web : Mickael LATTES
Webdesigner : Caroline LAFFAITEUR
Community Traffic Manager : Alice BARBIER, Mariana BURLAMAQUI et Vincent PHAM

DIRECTION COMMERCIALE
Directeur commercial : Guillaume VORBURGER assisté de Manon GUERIN
Responsable Régies locales : Michel GRANSEIGNE
Responsables Développement régie inter : Jean-Marc FARAGUET et Guillaume LABOUREUR
Chefs de Publicité : Camille ESMIEU
Chefs de Publicité Régie nationale : Caroline AUBRY, François BRIANCON-MARJOLLET, Perrine DE CARNE MARCEIN

DIFFUSION ET PROMOTION
Directrice des Ventes : Bénédicte MOULET assistée d'Aissatou DIOP
Responsable des ventes : Jean-Pierre GHEZ assisté de Nelly BRION
Relations Presse-Partenariats : Jean-Mary MARCHAL

ADMINISTRATION
Président : Jean-Paul LABOURDETTE
Directrice des Ressources Humaines : Dina BOURDEAU assistée de Sandra DOS REIS et Eva BAELEN
Directrice Administrative et Financière : Valérie DECOTTIGNIES
Comptabilité : Jeannine DEMIRDJIAN
Recouvrement : Fabien BONNAN assisté de Sandra BRIJLALL et Vinoth SAGUERRE
Responsable informatique : Elie NZUZI-LEBA

PETIT FUTÉ MORBIHAN
LES NOUVELLES EDITIONS DE L'UNIVERSITE
18, rue des Volontaires - 75015 Paris.
✆ 01 53 69 70 00 - Fax 01 42 73 15 24
Internet : www.petitfute.com
SAS au capital de 1 000 000 € - RC PARIS B 309 769 966
Couverture : Ile de Groix © Xavier Dubois-LBST
Impression : IMPRIMERIE CHIRAT - 42540 Saint-Just-la-Pendue
Achevé d'imprimer : juillet 2021
Dépôt légal : 16/08/2021
ISBN : 9782305059631

Pour nous contacter par email, indiquez le nom de famille en minuscule suivi de @petitfute.com
Pour le courrier des lecteurs : info@petitfute.com

IMPRIMÉ EN FRANCE

N

P

Q

R

S

T

U

V

Ich bin Ihr Vademecum, das heißt *lateinisch "geh mit mir". Ich möchte also also Ihr treuer Begleiter-* für die Zeit Ihrer Prüfungsvorbereitung und auch für die Zeit danach. In mir sind.die prüfungsrelevanten Themen in den Formulierungen wiedergegeben, die der Amtsarzt "***wörtlich***" - **so und nicht anders** hören möchte. Sie können in der Prüfung seitenweise Beschreibungen liefern, bzw. in der mündlichen stundenlange Monologe führen, **DIES** sind die geforderten Antworten und solange sie nicht kommen, ist die betreffende Antwort nicht gegeben! Deshalb wird auch jede Neuauflage von uns an geänderte oder hinzugekommene Definitionen angepasst.

Zur Prüfung selbst:

Es gab und gibt ja schon bei einigen Schulen den Etikettenschwindel des "*Lebensberaters*" oder so ähnlich (*die Namen variieren hier je nach Fantasie der Schulen*) mit abschließender "*hausgebackener*" Prüfung und Zertifikat. Diese Dinge sind gesetzlich reine Makulatur und berechtigen Sie zu nichts. Das, worum es hier geht, ist die Prüfung zum Psychotherapie im Sinne des Heilpraktikergesetzes.

Für diese Prüfung melden Sie sich an dem, für Sie zuständigen Gesundheitsamt an. Sie bekommen dann einen Termin für die **schriftliche Prüfung** (*wenn sich Ihr Gesundheitsamt nach den neuen Richtlinien hält, ist dies ein Termin im Frühjahr oder Herbst - also* ***zweimal jährlich***).
Nach bestandener schriftlicher Prüfung werden Sie zur mündlichen (*praktischen*) zugelassen. Im Rahmen der **mündlichen Überprüfung** kann Ihr Amtsarzt auch die Rolle eines Patienten spielen und sich von Ihnen untersuchen lassen (*Anamnese!!*), oder eine **Therapieform** demonstrieren lassen. Es kam schon vor, daß die gesamte Prüfungskommision die Rolle einer Familie übernahm und von Ihnen einen Behandlungstermin in Familienberatung wollte. Natürlich kann man sich auch von Ihrer - hoffentlich fundierten - Ausbildung in allgemeiner **Notfallmedizin** überzeugen wollen (*praktischer Hintergrund: Ihnen kann ein Patient in der Praxis kollabieren, kaum daß er Tür herinnen ist - und dann ...?*).
Nach bestandener Prüfung sind sie berechtigt eine "Praxis für Psychotherapie (HPG)" zu eröffnen, (*im Sinne des Heilpraktikergesetzes*) und, soweit die Leistungen übernommen werden, mit den **Kassen** abzurechnen (*meist Privatkassen - kleine Psychotherapie*). Sie selbst führen dann eine nichtpersonale Berufsbezeichnung - also keinesfalls Psychotherapeut - auch nicht mit Zusätzen wie naturheilkundlich oder so ähnlich. Seit dem 1. 1. 99 ist der Begriff des Psychotherapeuten geschützt und nur der Berufsgruppe mit Hochschulabschluß vorbehalten.
📖 aktuelle Gesetzeskunde (ARDEA®-Verlag)
Sie sehen also, daß es sich hier um eine reguläre Tätigkeit im Sinne des Gesetzgebers handelt, die natürlich entsprechend - ***keine Gefahr für die Volksgesundheit*** - überprüft wird.

Daher, wenn Sie die neue Chance nutzen möchten, die uns der Gesetzgeber hier geschaffen hat, lernen Sie meinen Inhalt auswendig, bevor Sie sich mit Prüfungsgedanken tragen. Erst, wenn Ihnen die Formulierungen, und damit verbunden die Hintergründe, in Fleisch und Blut übergegangen sind, hat es Sinn, sich der Prüfung zu unterziehen.

Also, auf gute Zusammenarbeit und viel Spaß mit mir ...

p.s. Sie dürfen die Prüfung beliebig oft wiederholen - wenn Sie das tröstet. Aber besser wäre es schon, sich mit einer guten Ausbildung entsprechend vorzubereiten und auf's erste Mal zu bestehen.

Inhaltsverzeichnis

Ich bin Ihr Vademecum, das heißt *lateinisch "geh mit mir". Ich möchte also also Ihr treuer Begleiter-* für die Zeit Ihrer Prüfungsvorbereitung und auch für die Zeit danach. In mir sind.die prüfungsrelevanten Themen in den Formulierungen wiedergegeben, die der Amtsarzt "***wörtlich***" - **so und nicht anders** hören möchte. Sie können in der Prüfung seitenweise Beschreibungen liefern, bzw. in der mündlichen stundenlange Monologe führen, **DIES** sind die geforderten Antworten und solange sie nicht kommen, ist die betreffende Antwort nicht gegeben! Deshalb wird auch jede Neuauflage von uns an geänderte oder hinzugekommene Definitionen angepasst.

Zur Prüfung selbst:

Es gab und gibt ja schon bei einigen Schulen den Etikettenschwindel des "*Lebensberaters*" oder so ähnlich (*die Namen variieren hier je nach Fantasie der Schulen*) mit abschließender "*hausgebackener*" Prüfung und Zertifikat. Diese Dinge sind gesetzlich reine Makulatur und berechtigen Sie zu nichts. Das, worum es hier geht, ist die Prüfung zum Psychotherapie im Sinne des Heilpraktikergesetzes.

Für diese Prüfung melden Sie sich an dem, für Sie zuständigen Gesundheitsamt an. Sie bekommen dann einen Termin für die **schriftliche Prüfung** (*wenn sich Ihr Gesundheitsamt nach den neuen Richtlinien hält, ist dies ein Termin im Frühjahr oder Herbst - also **zweimal jährlich***).
Nach bestandener schriftlicher Prüfung werden Sie zur mündlichen (*praktischen*) zugelassen. Im Rahmen der **mündlichen Überprüfung** kann Ihr Amtsarzt auch die Rolle eines Patienten spielen und sich von Ihnen untersuchen lassen (*Anamnese!!*), oder eine **Therapieform** demonstrieren lassen. Es kam schon vor, daß die gesamte Prüfungskommision die Rolle einer Familie übernahm und von Ihnen einen Behandlungstermin in Familienberatung wollte. Natürlich kann man sich auch von Ihrer - hoffentlich fundierten - Ausbildung in allgemeiner **Notfallmedizin** überzeugen wollen (*praktischer Hintergrund: Ihnen kann ein Patient in der Praxis kollabieren, kaum daß er Tür herinnen ist - und dann ...?*).
Nach bestandener Prüfung sind sie berechtigt eine "Praxis für Psychotherapie (HPG)" zu eröffnen, (*im Sinne des Heilpraktikergesetzes*) und, soweit die Leistungen übernommen werden, mit den **Kassen** abzurechnen (*meist Privatkassen - kleine Psychotherapie*). Sie selbst führen dann eine nichtpersonale Berufsbezeichnung - also keinesfalls Psychotherapeut - auch nicht mit Zusätzen wie naturheilkundlich oder so ähnlich. Seit dem 1. 1. 99 ist der Begriff des Psychotherapeuten geschützt und nur der Berufsgruppe mit Hochschulabschluß vorbehalten.
📖 aktuelle Gesetzeskunde (ARDEA®-Verlag)
Sie sehen also, daß es sich hier um eine reguläre Tätigkeit im Sinne des Gesetzgebers handelt, die natürlich entsprechend - ***keine Gefahr für die Volksgesundheit*** - überprüft wird.

Daher, wenn Sie die neue Chance nutzen möchten, die uns der Gesetzgeber hier geschaffen hat, lernen Sie meinen Inhalt auswendig, bevor Sie sich mit Prüfungsgedanken tragen. Erst, wenn Ihnen die Formulierungen, und damit verbunden die Hintergründe, in Fleisch und Blut übergegangen sind, hat es Sinn, sich der Prüfung zu unterziehen.

Also, auf gute Zusammenarbeit und viel Spaß mit mir ...

p.s. Sie dürfen die Prüfung beliebig oft wiederholen - wenn Sie das tröstet. Aber besser wäre es schon, sich mit einer guten Ausbildung entsprechend vorzubereiten und auf's erste Mal zu bestehen.

Inhaltsverzeichnis